高等职业教育工学结合系列教材·汽车类

二手车鉴定评估 第2版

主　编　吴兴敏　金艳秋　刘海云
副主编　尤建祥　纪建平　吴志强
主　审　张西振

北京理工大学出版社
BEIJING INSTITUTE OF TECHNOLOGY PRESS

内 容 提 要

本书按《二手车鉴定评估规范》（GB/T 30323—2013）规定的二手车鉴定评估流程，将各工作步骤分类整理后，设计为"前期准备、现场鉴定、价格估算"三个学习项目，考虑到实际工作的需要，增设"二手车经销"为第4个学习项目。本书系统地介绍了二手车交易的业务洽谈内容及注意事项、如何签订二手车鉴定评估委托书、如何编制二手车鉴定评估工作方案、如何进行可交易车辆的核查、如何进行事故车判别、如何进行二手车现时技术状况的鉴定、二手车价格的计算方法、二手车交易后续手续的办理流程及要求、二手车收购与销售定价方法等。

本书可作为高等院校、高职院校汽车相关专业的教材，也可以作为二手车鉴定评估专业人员的培训教材和从事二手车相关工作者的自学参考书。

版权专有　侵权必究

图书在版编目（CIP）数据

二手车鉴定评估 / 吴兴敏，金艳秋，刘海云主编． --2版． --北京：北京理工大学出版社，2021.11（2022.3重印）
　ISBN 978 - 7 - 5763 - 0422 - 0

　Ⅰ．①二… Ⅱ．①吴… ②金… ③刘… Ⅲ．①汽车—鉴定—高等职业教育—教材②汽车—价格评估—高等职业教育—教材 Ⅳ．①U472.9②F766

中国版本图书馆 CIP 数据核字（2021）第247917号

出版发行 / 北京理工大学出版社有限责任公司
社　　址 / 北京市海淀区中关村南大街5号
邮　　编 / 100081
电　　话 /（010）68914775（总编室）
　　　　　（010）82562903（教材售后服务热线）
　　　　　（010）68944723（其他图书服务热线）
网　　址 / http://www.bitpress.com.cn
经　　销 / 全国各地新华书店
印　　刷 / 三河市天利华印刷装订有限公司
开　　本 / 787毫米×1092毫米　1/16
印　　张 / 19.25　　　　　　　　　　　　　　　责任编辑 / 多海鹏
字　　数 / 452千字　　　　　　　　　　　　　　文案编辑 / 多海鹏
版　　次 / 2021年11月第2版　2022年3月第2次印刷　责任校对 / 周瑞红
定　　价 / 49.80元　　　　　　　　　　　　　　责任印制 / 李志强

图书出现印装质量问题，请拨打售后服务热线，本社负责调换

前　言

从 2006 年起，我国汽车新车产销量一直位居世界第一，二手车交易量也名列前茅。随着二手车产业的快速发展，与二手车相关的经营行为也不断更新，从实体的经销、拍卖、经纪、置换、鉴定评估发展到网络经销及多功能网络服务平台等，这一庞大的二手车产业体系目前则面临一个严重的瓶颈，即相关的人才匮乏。笔者经过多年高职汽车车身维修技术专业带头人的工作经历深刻体会到，想从事二手车相关工作的高职毕业生历年均供不应求。

"二手车鉴定评估"是高职汽车定损与评估专业及高等职业教育体系中高职阶段的一门专业核心课程，也是高职汽车运用与维修技术专业、汽车车身维修技术专业、汽车电子技术专业及汽车技术服务与营销专业的一门专业限选课。通过本课程的学习，使学生在获得二手车鉴定估价理论知识基础上，能够进行二手技术鉴定、价值评估及二手车经销等职业技能，同时全面了解国家对二手交易的有关政策和法规要求。

本书是主编在经历了多年的课程改革、课程教学、二手车鉴定评估师职业资格培训及二手车经销实践的基础上，精心设计编写的。

本书第一版自 2014 年 8 月出版以来，由于采用了新颖的编写模式，以及理论知识的深度、知识与技能的融合方式适应职业教育突出技能培养的要求，配备了较为全面的教学素材而受到广大使用者的关注，经全国职业教育审定委员会审定，被评为"十二五"职业教育国家规划教材（由人民邮电出版社出版），目前已发行超过 2 万册。

第一版教材虽然具备了项目引领、行动导向、任务驱动的特点，但仍存在一些细节问题，如部分内容介绍还不够详细、引用标准及案例陈旧等。

为了更新技术、体现新职业教育教学理念、突出产教结合、适应中高职衔接职业教育教学要求、吸纳最新的课程改革成果，完善课程教学资源，故对本教材实施了修订。

本次教材修订，组织了由中、高职学校教师及汽车维修企业二手车经销专家组成的权威团队，体现了"产教融合"的特点。

修订后的教材完全按照《二手车鉴定评估规范》（GB/T 30323—2013）规定二手车鉴定评估流程与要求编写，详细说明了二手车鉴定与评估的全部工作内容，引用最新的国家与行业标准，并且紧密结合二手车鉴定与评估的实际工作情况，理论知识浅显易懂，实操技能叙

述条理清晰。

教材配套的教学资源有 PPT 课件、课程标准、授课计划、教学流程设计、题库及答案、卷库、视频、动画、微课及网络课程学习等，部分教学资源将于本教材出版后继续开发，并将免费提供给广大读者使用。

本课程建议教学学时数为 48 学时，具体安排如下所示。

教学内容组织与安排

序号	项目名称	教学内容	教学方法	教学场所	参考学时 理论	参考学时 实践
1	前期准备	任务 1-1 受理鉴定评估	讲授+角色扮演	教室	5	1
		任务 1-2 查验可交易车辆	讲授+任务驱动	汽车涂装实训室	3	1
		任务 1-3 签订二手车鉴定评估委托书	讲授+角色扮演	教室	3	1
2	现场鉴定	任务 2-1 判别事故车	讲授+任务驱动	教室+汽车涂装实训室	3	1
		任务 2-2 鉴定二手车技术状况	讲授+任务驱动	教室+汽车涂装实训室	5	2
3	评定估算	任务 3-1 计算二手车价格	讲授+任务驱动	教室	3	2
		任务 3-2 编制二手车鉴定评估报告书	讲授+任务驱动	教室	2	1
		任务 3-3 引导客户办理二手车交易后续业务	讲授+角色扮演	教室	2	2
4	二手车经销	任务 4-1 二手车收购定价	讲授+任务驱动	教室	2	2
		任务 4-2 二手车的销售定价	讲授+任务驱动	教室	2	2
合计：48 学时（其中实践教学学时比例为 35%）					30	15

本书由辽宁省交通高等专科学校张西振教授主审；由辽宁省交通高等专科学校吴兴敏、金艳秋，武汉交通职业技术学院刘海云任主编；盘锦职业技术学院尤建祥、烟台汽车职业技术学院纪建平、沈阳天广德众汽车销售服务有限公司吴志强任副主编；参与本书编写的其他人员有张成利、高元伟、翟静、郭大民、宋孟辉等。

受作者水平限制，书中难免存在疏漏和不妥之处，敬请广大读者批评指正。

编　者

目 录

项目1　前期准备 … 1

任务1-1　受理鉴定评估 … 2
任务导入 … 2
学习目标 … 2
相关知识学习 … 2
　一、汽车报废标准与报废汽车 … 2
　二、机动车的使用寿命及其影响因素 … 7
　三、二手车及二手车交易 … 9
　四、二手车鉴定评估 … 11
　五、二手车鉴定评估机构 … 17
任务实施 … 19
　受理委托 … 19
技能考核 … 20
学习效果检验 … 20

任务1-2　查验可交易车辆 … 24
任务导入 … 24
学习目标 … 25
相关知识学习 … 25
　一、二手车的法定证件 … 25
　二、二手车的税费 … 26
　三、车辆识别信息 … 31
　四、二手车交易规定 … 36
任务实施 … 37

一、核查法定证件 ………………………………………………………… 37
　　二、核查税费单据 ………………………………………………………… 45
　　三、识伪检查 ……………………………………………………………… 50
　　四、鉴别盗抢车辆 ………………………………………………………… 52
技能考核 ……………………………………………………………………… 52
学习效果检验 ………………………………………………………………… 52
任务 1-3　签订二手车鉴定评估委托书 ……………………………………… 57
任务导入 ……………………………………………………………………… 57
学习目标 ……………………………………………………………………… 58
相关知识学习 ………………………………………………………………… 58
　　一、我国汽车的分类 ……………………………………………………… 58
　　二、我国汽车产品型号编制规则 ………………………………………… 62
　　三、汽车查询信息 ………………………………………………………… 64
　　四、二手车价格评估的前提条件 ………………………………………… 65
　　五、二手车价格评估的计价标准 ………………………………………… 66
　　六、二手车价格评估的基本方法 ………………………………………… 67
　　七、二手车价格评估方法的选择 ………………………………………… 72
任务实施 ……………………………………………………………………… 73
　　一、签订二手车评估委托书 ……………………………………………… 73
　　二、制定二手车鉴定评估作业方案 ……………………………………… 74
技能考核 ……………………………………………………………………… 75
学习效果检验 ………………………………………………………………… 75

项目 2　现场鉴定 ……………………………………………………………… 80

任务 2-1　判别事故车 ………………………………………………………… 80
任务导入 ……………………………………………………………………… 80
学习目标 ……………………………………………………………………… 81
相关知识学习 ………………………………………………………………… 81
　　一、事故车 ………………………………………………………………… 81
　　二、非承载式车身的碰撞变形 …………………………………………… 82
　　三、承载式车身的碰撞变形及损伤类型 ………………………………… 85
　　四、漆膜厚度 ……………………………………………………………… 89
任务实施 ……………………………………………………………………… 91
　　一、登记车辆基本信息 …………………………………………………… 91
　　二、目视鉴别碰撞事故车 ………………………………………………… 92
　　三、设备检测碰撞事故车 ………………………………………………… 94
　　四、鉴别泡水车 …………………………………………………………… 97
　　五、鉴别过火车 …………………………………………………………… 98
　　六、判别描述事故车 ……………………………………………………… 98

技能考核 ·········· 98
学习效果检验 ·········· 99
任务2-2　鉴定二手车技术状况 ·········· 101
任务导入 ·········· 101
学习目标 ·········· 102
相关知识学习 ·········· 102
　　一、汽车技术状况 ·········· 102
　　二、汽车主要技术参数 ·········· 104
　　三、汽车主要使用性能 ·········· 107
　　四、汽车检测站简介 ·········· 111
　　五、二手车拍照的要求 ·········· 113
任务实施 ·········· 114
　　一、检查外观 ·········· 114
　　二、检查发动机舱 ·········· 120
　　三、检查客舱 ·········· 122
　　四、检查起动性 ·········· 124
　　五、检查行车状况 ·········· 125
　　六、检查车辆底部 ·········· 128
　　七、检查功能性零部件 ·········· 128
　　八、拍摄二手车照片 ·········· 129
　　九、查看综合性能检测报告单 ·········· 130
技能考核 ·········· 159
学习效果检验 ·········· 159

项目3　估算价格 ·········· 166

任务3-1　估算二手车价格 ·········· 166
任务导入 ·········· 166
学习目标 ·········· 166
相关知识学习 ·········· 167
　　一、成新率的计算方法 ·········· 167
　　二、用重置成本法计算二手车价格 ·········· 181
　　三、用收益现值法计算二手车价格 ·········· 188
　　四、用现行市价法计算二手车价格 ·········· 189
　　五、用清算价格法计算二手车价格 ·········· 192
　　六、二手车价格评估的其他方法 ·········· 193
任务实施 ·········· 193
　　一、重置成本法应用实例 ·········· 193
　　二、收益现值法应用实例 ·········· 194
　　三、现行市价法应用实例 ·········· 196

四、清算价格法应用实例 ································ 198
五、GB/T 30323—2013 推荐的方法应用实例 ················ 199
六、成本比率法应用实例 ································ 205
技能考核 ·· 205
学习效果检验 ·· 206
任务 3-2 编制二手车鉴定评估报告书 ····················· 211
任务导入 ·· 211
学习目标 ·· 212
相关知识学习 ·· 212
一、二手车鉴定评估报告书的作用 ······················ 212
二、编制二手车鉴定报告书的基本要求 ·················· 213
三、二手车鉴定报告书的基本内容 ······················ 213
四、编制二手车鉴定报告书的步骤 ······················ 216
五、编制二手车鉴定报告书应注意的事项 ················ 217
任务实施 ·· 218
一、编制二手车鉴定评估报告书 ························ 218
二、归档工作底稿 ···································· 221
技能考核 ·· 221
一、考核方法 ·· 221
二、评分标准 ·· 221
学习效果检验 ·· 225
任务 3-3 引导客户办理二手车交易后续业务 ··············· 228
任务导入 ·· 228
学习目标 ·· 228
相关知识学习 ·· 229
一、机动车相关登记 ·································· 229
二、二手车交易合同 ·································· 231
三、出售车辆基本情况 ································ 234
四、二手车交易程序 ·································· 240
五、机动车档案管理 ·································· 243
任务实施 ·· 243
一、引导客户办理车辆交易过户 ························ 243
二、引导客户办理车辆登记过户 ························ 246
三、引导客户办理车辆其他税、证变更 ·················· 251
四、引导客户办理网络平台二手车交易 ·················· 251
五、引导客户办理二手车委托拍卖 ······················ 254
六、引导客户办理二手车转入登记 ······················ 255
任务实施 ·· 257
学习效果检验 ·· 258

项目4　二手车经销　264

任务4-1　二手车收购定价　264
任务导入　264
学习目标　264
相关知识学习　265
 一、机动车折旧　265
 二、二手车收购定价的影响因素　267
 三、二手车收购定价方法　268
 四、二手车收购价格的计算方法　269
任务实施　270
 一、应用折旧法计算二手车收购价格　270
 二、引导客户收购二手车　271
 三、防范二手车收购风险　272
技能考核　273
学习效果检验　274

任务4-2　二手车的销售定价　277
任务导入　277
学习目标　278
相关知识学习　278
 一、二手车销售定价的影响因素　278
 二、二手车销售定价的目标　279
 三、二手车销售定价的方法　280
 四、二手车销售定价的策略　282
 五、二手车最终销售价格的确定　282
 六、汽车置换　283
 七、二手车质量保证　287
任务实施　287
 一、计算二手车销售价格　287
 二、引导客户办理二手车销售业务　288
技能考核　289
学习效果检验　290

参考文献　295

项目 1

前期准备

二手车鉴定评估时，必须遵守评估程序。二手车鉴定评估工作程序，也称为二手车鉴定评估操作流程，是指二手车鉴定评估机构在承接具体的车辆评估业务时，从接受立项、受理委托到完成评估任务，直至出具鉴定评估报告全过程的具体步骤和工作环节。

根据《二手车鉴定评估技术规范》（GB/T 30323—2013）（以下简称为 GB/T 30323—2013）的规定，二手车鉴定评估作业流程如图 1-1 所示。

由图 1-1 分析，可将二手车鉴定评估工作程序归纳为前期准备、现场鉴定和价格估算三个工作环节。前期准备环节包括受理鉴定评估、查验可交易车辆、签订委托书 3 个工作步骤；现场鉴定环节包括登记基本信息、判别事故车、鉴定

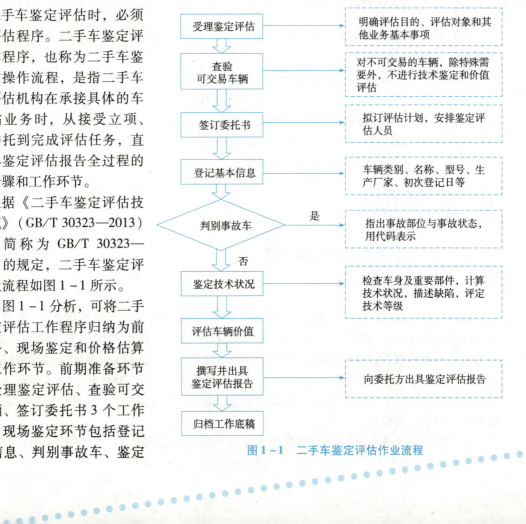

图 1-1 二手车鉴定评估作业流程

技术状况和车辆拍照 4 个工作步骤;价格估算环节包括评估车辆价格、编制评估报告和归档工作底稿 3 个工作步骤。

任务 1-1　受理鉴定评估

受理鉴定评估即通常所说的业务洽谈,是承接二手评估业务的第一步。与客户洽谈的主要内容有:车主基本情况、车辆情况及委托评估的目的、意向和时间要求等。

本任务的学习内容为与受理鉴定评估相关的理论知识及业务洽谈的内容与方法。通过本任务的学习,读者应该能够规范地进行二手车鉴定评估的业务洽谈并解答客户相关咨询。

(1) 能够正确描述二手车鉴定评估的一般程序。

(2) 能够正确解释汽车报废标准及报废汽车、二手车、拼装车、改装汽车等相关技术名词的含义。

(3) 能够正确解释机动车技术使用寿命、合理使用寿命和经济使用寿命的含义及三者之间的关系。

(4) 能够正确描述二手车鉴定评估的目的和范围。

(5) 能够正确描述二手车鉴定评估依据的原则。

(6) 能够正确描述二手车鉴定评估机构的职能、特征和地位。

(7) 能够规范地进行二手车鉴定评估业务洽谈。

(8) 培养和沟通与团队协作的职业素养。

一、汽车报废标准与报废汽车

1. 汽车报废标准

我国机动车相关报废标准始于 1997 年 7 月 15 日发布的《汽车报废标准》,其中对于私家车的强制报废标准为期限 10 年或行驶 10 万 km。之后,随着我国汽车工业的迅速发展、车辆技术水平的提升,这一限制显得过于苛刻。在 2000 年的《汽车报废标准规定》中,虽然私家车仍有年限限制,但是可通过年检将标准延长为 15 年。2006 年,商务部就《机动车强制报废标准规定》征求意见,首次取消了小、微型非营运载客运汽车使用年限限制,被认为是最为重要的变化。

为保障道路交通安全、鼓励技术进步及加快建设资源节约型、环境友好型社会,商务部、国家发展改革委员会、公安部和环境保护部①根据《中华人民共和国道路交通安全法》及其实施条例、《中华人民共和国大气污染防治法》《中华人民共和国噪声污染防治法》，制定并公布了《机动车强制报废标准规定》，于2013年5月1日起施行。

凡达到报废标准的机动车，其所有人应将机动车交售给报废机动车回收拆解企业，由报废机动车回收拆解企业按规定进行登记、拆解、销毁等处理，并将报废的机动车登记证书、号牌和行驶证交公安机关交通管理部门注销。

商务、公安、环境保护、发展和改革委员会等部门依据各自职责，负责报废机动车回收拆解监督管理、机动车强制报废标准执行有关工作。

> **说明：**
> ① 机动车登记证书是由公安车辆管理部门核发和管理的，是机动车的"户口本"和所有权证明，具有产权证明的性质。机动车登记证书上记载了有关机动车及其所有人的详细信息。当证书上所记载的原始信息发生变动时，机动车所有人应当及时到车辆管理所办理变更登记；当机动车所有权发生转移时，原机动车所有人应当将机动车登记证书作变更登记后随车交给现机动车所有人。因此，机动车登记证书是机动车从"生"到"死"的完整记录。
> ② 机动车号牌是由公安车辆管理机关依法对机动车进行注册登记核发的号牌，它和机动车行驶证一同核发，其号码与行驶证上记载的一致。它是机动车取得合法行驶权的标志。
> ③ 机动车行驶证是由公安车辆管理机关依法对车辆进行注册登记核发的证件，它是机动车取得合法行驶权的凭证。《中华人民共和国道路交通安全法》第十一条规定，机动车行驶证是车辆上路行驶必须携带的证件。

《机动车强制报废标准规定》从累计行驶里程数和（或）使用年限两个方面，对各类机动车的报废年限（里程）作了具体规定，见表1-1。

表1-1 机动车使用年限及行驶里程参考值

车辆类型与用途				使用年限/年	行驶里程参考值/万km
汽车	载客	营运	出租客运 小、微型	8	60
			出租客运 中型	10	50
			出租客运 大型	12	60
			租赁	15	60
			教练 小型	10	50
			教练 中型	12	50
			教练 大型	15	60
			公交客运	13	40
			其他 小、微型	10	60
			其他 中型	15	50
			其他 大型	15	80
			专用校车	15	40

---

① 2018年3月，组建中华人民共和国生态环境部，不再保留环境保护部。

续表

车辆类型与用途				使用年限/年	行驶里程参考值/万 km
汽车	载客	非营运	小、微型客车，大型轿车*	无	60
			中型客车	20	50
			大型客车	20	60
	载货		微型	12	50
			中、轻型	15	60
			重型	15	70
			危险品运输	10	40
			三轮汽车、装用单缸发动机的低速货车	9	无
			装用多缸发动机的低速货车	12	30
	专项作业		有载货功能	15	50
			无载货功能	30	50
挂车		半挂车	集装箱	20	无
			危险品运输	10	无
			其他	15	无
		全挂车		10	无
摩托车			正三轮	12	10
			其他	13	12
轮式专用机械车				无	50

注：1. 表中机动车主要依据《机动车类型 术语和定义》进行分类；标注"*"车辆为乘用车。
2. 对于小、微型出租客运汽车（纯电动汽车除外）和摩托车，省、自治区、直辖市人民政府有关部门可结合本地实际情况，制定严于表中使用年限的规定，但小、微型出租客运汽车使用年限不得低于6年，正三轮摩托车使用年限不得低于10年，其他摩托车使用年限不得低于11年。

> **说明：** 表1-1中相关汽车分类按以下标准执行。
> ① 大型客车是指核定载客人数≥20的载客汽车；中型客车是指核定载客人数≥10而≤19的载客汽车；小型客车是指核定载客人数≤9的载客汽车；微型载客汽车是指核定载客人数≤8，且排气量≤1 L的载客汽车，它是小型客车的一种，也称微型客车。
> ② 微型货车的总质量≤1.8 t；轻型货车的总质量为1.8~6 t（含6 t）；中型货车的总质量为6.0~14 t（含14 t）；重型货车的总质量>14 t。
> ③ 低速货车是以柴油机为动力，最高设计车速≤70 km/h，最大设计总质量≤4 500 kg，车长≤6 m，车宽≤2 m，车高≤2.5 m，具有4个车轮的货车。

另外，《机动车强制报废标准规定》还做了如下相关规定。

（1）机动车使用年限起始日期按照注册登记日期计算，但自出厂之日起超过2年未办理注册登记手续的，按照出厂日期计算。

（2）对于没收的走私机动车，其注册登记日期按照机动车的出厂年份录入年，按确定机动车登记编号的日期录入月、日。

（3）部分机动车的使用期限既规定了累计行驶里程数，也规定了使用年限，那么当其中的一个指标达到报废标准时，即认为该车辆已达到报废规定。

（4）营运载客汽车与非营运载客汽车相互转换的，按照营运载客汽车的规定报废；但小、微型非营运载客汽车和大型非营运轿车转为营运载客汽车的，应重新核算，其计算公式为

累计可使用年限 = 原状态已使用年限 +（1 − 原状态已使用年限/原状态使用年限）× 状态改变后年限

> **说明：** 公式中的原状态已使用年限不足 1 年的按 1 年计，例如已使用 2.5 年的，按 3 年计；原状态使用年限取定值 17；累计使用年限计算结果向下回整为整数，且不超过 15 年。

（5）不同类型的营运载客汽车相互转换，按照使用年限较严的规定报废。

（6）小、微型出租客运汽车和摩托车需要转出登记所属地省、自治区、直辖市范围的，按照使用年限较严的规定报废。

（7）危险品运输载货汽车、半挂车与其他载货汽车、半挂车相互转换的，按照危险品运输载货汽车、半挂车的规定报废。

（8）距本规定（《机动车强制报废标准规定》）要求使用年限 1 年以内（含 1 年）的机动车，不得变更使用性质、转移所有权或者转出登记地所属地市级行政区域。

> **说明：**
> ① 机动车是指上道路行驶的汽车、挂车、摩托车和轮式专用机械车。
> ② 非营运载客汽车是指个人或者单位不以获取利润为目的的自用载客汽车。
> ③ 危险品运输载货汽车是指专门用于运输剧毒化学品、爆炸品、放射性物品、腐蚀性物品等危险品的车辆。
> ④ 变更使用性质是指使用性质由营运转为非营运或者由非营运转为营运，小、微型出租、租赁、教练等不同类型的营运载客汽车之间的相互转换，以及危险品运输载货汽车转为其他载货汽车。

2. 报废汽车

报废汽车是指已经达到国家《机动车强制报废标准规定》或各地方制定的有关报废规定、报废标准的；或虽未达到报废规定，但因交通事故或车辆超负荷使用造成发动机和底盘严重损坏，经检验不符合国家《机动车运行安全技术条件》规定的有关汽车安全、尾气排放要求的各种汽车、挂车、摩托车和轮式专用机械车。

国家实施汽车强制报废制度，依照《报废汽车回收管理办法》和《汽车贸易政策》的有关规定，报废汽车是一种特殊商品，报废汽车所有人应当将报废汽车及时交售给具有合法资格的报废汽车回收拆解企业，任何单位或者个人不得将报废汽车出售、赠与或者以其他方式转让给非报废机动车回收企业或者个人。国家鼓励老旧汽车报废更新，并制定了老旧汽车报废更新补贴资金管理办法，符合有关规定的报废汽车所有人可申请相应的资金补贴。

报废机动车回收企业严禁从事下列活动：
（1）明知是盗窃、抢劫所得机动车而予以拆解、改装、拼装、倒卖。
（2）回收没有公安交通管理部门出具的"机动车报废证明"的机动车。
（3）利用报废机动车拼装整车。

报废汽车的五大总成是指从报废汽车上拆解下的发动机、前后桥、变速器、转向机和车架。国家禁止报废汽车整车及其五大总成流入社会。报废汽车的五大总成应当作为废钢铁，交售给钢铁企业作为冶炼原料。

报废机动车回收企业对按有关规定拆解的可出售的配件，必须在配件的醒目位置标明其为报废汽车回用件（拆车件）。

报废机动车回收企业凭公安交通管理部门出具的"机动车报废证明"收购报废汽车，并向报废汽车拥有单位或者个人出具"报废汽车回收证明"。报废机动车拥有单位或者个人凭"报废汽车回收证明"，向汽车注册登记地的公安机关办理注销登记。

> **说明**：机动车注销登记是指已注册登记的机动车，在达到了国家规定的报废标准、灭失或者因故不在我国境内道路上使用的，机动车所有人到机动车管辖地车辆管理所申请办理注销登记手续。办理注销登记手续时，车辆管理所在机动车登记证书上记载注销登记事项，收回机动车号牌、机动车行驶证和机动车登记证书。对于因机动车灭失无法交回机动车号牌和机动车行驶证的，将公告该机动车号牌和机动车行驶证作废。

除上述规定外，《机动车强制报废标准规定》还规定下述车辆应该报废。
（1）经修理和调整仍不符合机动车安全技术国家标准对在用车有关要求的。
（2）经修理和调整或者采用控制技术后，向大气排放污染物或者噪声仍不符合国家标准对在用车有关要求的。
（3）在检验有效期届满后连续3个机动车检验周期内未取得机动车检验合格标志的。

> **说明**：
> ① 检验合格标志主要指机动车安全技术检验合格标志。根据《中华人民共和国道路交通安全法实施管理条例》规定，机动车必须进行安全技术检验，检验合格后，公安机关发放合格标志，机动车检验合格标志应贴在机动车前风窗玻璃右上角。
> ② 检验周期是指《中华人民共和国道路交通安全法实施条例》规定的机动车安全技术检验周期。

3. 拼装汽车

拼装汽车是指使用报废汽车的五大总成及其他零部件组装的机动车。国家《报废汽车回收管理办法》第十五条规定，禁止任何单位或者个人利用报废汽车五大总成及其他零配件拼装汽车，禁止已报废汽车整车和非法拼装车上路行驶，禁止各种非法拼装车、组装车进入旧车交易市场交易或者以其他任何方式交易。

国家《道路交通安全法》第十六条规定，任何单位或个人不得有下列行为。
（1）拼装机动车或擅自改变机动车已登记的结构、构造或特征。
（2）改变机动车型号、发动机号、车架号或车辆识别代号。
（3）伪造、变造或使用伪造、变造的机动车登记证书、号牌、行驶证、检验合格标志、保险标志。

> **说明：** 保险标志是指机动车交通事故责任强制保险（简称交强险）标志。《机动车交通事故责任强制保险条例》（以下简称《条例》）规定：交强险是由保险公司对被保险机动车发生道路交通事故造成受害人（不包括本车人员和被保险人）的人身伤亡、财产损失，在责任限额内予以赔偿的强制性责任保险。按照《条例》规定，新车登记上牌必须办理交强险并核发交强险标志。交强险标志要求粘贴于前风窗玻璃右上角。

（4）使用其他机动车的登记证书、号牌、行驶证、检验合格标志、保险标志。

非法拼装汽车的另一种形式是采取进口全散件（Completely Knocked Down，CKD）或进口半散件（Semi—Knocked Down，SKD）形式，将整车拆散，并以零部件的名义报关，在缴纳了低得多的零部件关税进口后，再组装成整车出售，以逃避整车进口的高关税，牟取暴利。CKD与SKD的区别在于：前者是指汽车以完全拆散的状态进口，再把全部零部件组装成整车；后者则是指进口汽车总成（如发动机、底盘等），再装配成整车。国家《构成整车特征的汽车零部件进口管理办法》规定，对汽车生产企业进口汽车零部件在国内生产组装销售的，所进口的汽车零部件凡构成整车特征的，海关实施先保税加工、后征税清关的管理制度。凡构成整车特征的，按整车适用税率征税；不构成整车特征的，按零部件适用税率计征关税。

4. 改装汽车

改装汽车有两种基本类型：一是厂家的改装，使用的是经国家鉴定合格的零配件，对原车重新设计、改装；二是消费者自己或委托汽车改装公司在已购买汽车（主要是轿车和越野汽车）的基础上，做一些外形、内饰和性能的改装。二手车交易市场常讲的改装汽车是指后者。车辆改装在法规里的描述是车辆变更，其行为是受法律约束的。

二、机动车的使用寿命及其影响因素

机动车使用寿命是指从机动车初次注册登记日开始计算到不能被使用时为止所经历的总时间或总行驶里程。其中，总使用时间既包括其工作时间，也包括停驶时间。机动车能否继续使用的判断标准有4个：国家机动车报废标准、技术使用寿命、经济使用寿命和合理使用寿命。

> **说明：** 机动车注册登记是指对机动车辆的产权和机件设备所进行的登记。其内容主要为：机动车登记编号和登记证书编号；机动车所有人姓名或单位名称，身份证明名称、号码、地址、邮编、联系电话；车型、制造厂、品牌、型号、车辆识别代码（车架号码）、发动机号码、出厂日期、车身颜色；机动车有关技术数据；机动车使用性质；机动车获得方式；机动车来历凭证名称和编号；机动车购置税完税或免税证明的名称和编号；机动车办理第三者责任强制保险的日期和保险公司的名称；机动车外形照片；注册登记日期等。
>
> 机动车在申请注册登记前，要先到机动车安全技术检验机构进行安全技术检验，以取得安全技术检验合格证明。车辆管理所对机动车所有人提交的证明、凭证与机动车，按国家规定进行审查，核发机动车登记证书、号牌、行驶证和检验合格标志。

1. 机动车使用寿命

1)技术使用寿命

技术使用寿命也称自然寿命,是指车辆从开始使用(机动车初次注册登记日)直至其主要机件到达技术极限状态而不能再继续修理时为止的总使用时间或总行驶里程。这是一种极限标志,在结构上是零部件的工作尺寸、工作间隙达到极限,而在性能上常表现为车辆总体的动力性能下降或燃、润料的极度消耗。

汽车的技术寿命主要取决于各总成的设计水平、制造质量,车辆使用情况与维修状况。机动车到达技术寿命时,应对车辆进行报废处理。机动车维修工作做得越好,机动车的技术寿命就会越长。不过随着机动车使用时间的延长,机动车维修费用也会日益增加。

国家规定机动车必须进行年检,经检验不符合国家《机动车运行安全技术条件》以及各地制定的有关机动车安全、尾气排放要求的,便不允许(在该地区)继续使用,即使这些车辆还能够继续正常行驶,也要将车辆转移到其他区域、城市或进行报废处理。

2)规定技术使用寿命

规定技术使用寿命是指从机动车初次注册登记日开始计算,到依据国家或地方的相关法律法规而不允许继续使用为止的总使用时间或总行驶里程。各地方制定的机动车尾气排放标准不尽相同,同一辆车的规定技术使用寿命可能在不同地区是不一样的。如北京、上海的环保标准比较高,因此在北京、上海已经达到规定技术使用寿命的车辆,在其他环保标准比较低的地方,可能还没有到达规定技术使用寿命而允许被继续使用。

机动车的规定技术使用寿命主要与其注册登记地的机动车尾气排放标准有关,尾气排放标准越高,车辆的规定技术使用寿命就越短。

3)经济使用寿命

经济使用寿命是指对机动车使用情况进行全面经济分析后得出的能获得最大经济效益的使用期限。全面经济分析是从汽车运输总成本出发,分析汽车购置费用、使用和维修费用以及企业管理开支和车辆折旧等一系列因素,做出综合经济评定,确定车辆继续使用的经济合理性。目前汽车经济寿命的确定采用购买汽车成本与保持汽车正常工作状况的单位消耗之和的最小值为效益准则。

购买汽车的单位费用(购车费用除以汽车总行驶里程,单位为元/1 000 km)随行驶里程增加而逐渐下降,使用和修理的单位费用(简称使用费用)随行驶里程的增加而增高,这些费用的总和最小时的行驶里程就是汽车经济寿命。

4)合理使用寿命

合理使用寿命是指机动车从初次注册登记日开始计算,在到达经济使用寿命后,因为更新资金和更新车型来源等因素的制约,将车辆又继续使用一段时间后的总使用年数或总行驶里程。旧的国家《汽车报废标准》规定多种车辆在达到报废年限后,还可延缓报废,在定期检验合格的情况下,允许延长车辆使用年限的原因之一,就是基于机动车合理使用寿命的考虑。

技术使用寿命、合理使用寿命和经济使用寿命之间的关系为

$$技术使用寿命 > 合理使用寿命 \geqslant 经济使用寿命$$

2. 影响汽车使用寿命的因素

汽车的使用寿命,尤其是技术寿命,会受一些外部环境的影响而变化,这些影响因素主要包括以下几个方面。

1）磨损和腐蚀

磨损和腐蚀能使零件配合关系失常、密封性减弱，以致出现漏气、漏油、漏水、振动和噪声加剧等。

2）积垢和变质

积垢和变质是指汽车专用液（冷却液、润滑油、燃料、制动液、传动液等）在使用中变质和被污染。积垢和变质情况的存在，一方面使汽车专用液的性能和作用下降，而另一方面会造成通道变窄甚至堵塞，增加磨损。

3）老化

橡胶及塑料等非金属材料零件，因为使用时间的延长和温度的作用，会发生老化，使强度大幅下降，质地变脆或开裂，极易破坏或失去作用。此外，电气元件老化易引起电气系统的故障。

4）材料疲劳、机件变形或制造质量欠佳

由于材料疲劳、机件变形或制造质量欠佳引起的故障往往是由汽车设计或制造不当所引发的，汽车用户无法控制。

5）使用中操作失误或调整不当

由于使用者对汽车操作的生疏而造成的误操作，对汽车构造和调整方法不清楚而造成的错误调整，以及使用的消耗材料（燃料、润滑油、防冻液、制动液等）质量不佳、选择不当、标号不对甚至是伪劣产品等因素，均会引发汽车故障。

6）不正确的维修

低水平的维修、野蛮操作或反复拆装等会造成机件的隐性破坏，电气系统的短路、断路、虚接，部件内部脏污，安装和调整错误以及机械损伤等现象，是造成故障隐患和降低汽车寿命的原因之一。

三、二手车及二手车交易

1. 二手车

二手车标准术语为旧机动车。商务部、公安部、国家工商行政管理总局[①]、国家税务总局在2005年颁布的《二手车流通管理办法》中第二条对二手车定义为"二手车是指从办理完注册登记手续到达到国家强制报废标准之前进行交易并转移所有权的汽车（包括三轮汽车、低速载货汽车）、挂车和摩托车"。

《二手车流通管理办法》取代了1998年出台的《旧机动车交易管理办法》。在《二手车流通管理办法》中，首次明确了"二手车"的内涵与"旧机动车"相同。为了与《二手车流通管理办法》保持一致性，本书将全部采用二手车的概念。

尽管只是提法上的不同，但是"旧机动车"会让人感觉车辆很破旧，几乎不是什么好车，从而在一定程度上影响人们的消费情绪。其实二手车不等于旧车，通常认为只要上了牌照的车就是二手车，实际上有很多七八成新的车流入二手车市场。"二手车"通俗易懂，提法上也更中性，同时与国际惯例接轨。

---

① 2018年3月，将国家工商行政管理总局的职责整合，组建中华人民共和国国家市场监督管理总局；将国家工商行政管理总局的商标管理职责整合，重新组建中华人民共和国国家知识产权局。

在国外，二手车确实不等于旧车，不少国家对新车销售年限有严格的规定，比如年生产600万辆新车，卖掉了500万辆，剩下的100万辆过了规定的新车销售时间，就不能再进入新车的渠道销售，这些车就进入拍卖场，也就归入二手车一族了。

2. 二手车交易

二手车交易是指以二手车为交易对象，在国家规定的二手车交易市场或其他经合法审批的交易场所中进行的二手车交换和产权交易。

二手车交易中由于车辆技术状况各不相同，判定难度大，交易价格的构成复杂，因此二手车交易在技术和管理难度上远远超过一般旧货交易行为。为了规范交易双方的行为，保证交易双方的合法权益，1998年，国家原贸易部发布了《旧机动车交易管理办法》，首次对二手车交易做出了规范。为适应新的市场环境，2005年10月1日商务部颁布了《二手车流通管理办法》，对二手车交易规定做出了调整。《二手车流通管理办法》指出，所有二手车交易必须在经合法审批后设立的二手车交易市场或其他经合法审批的交易场所进行，并接受工商、税务、公安交管、环保、治安等部门的相应管理，涉及国有资产的交易行为还要受国有资产管理部门的监督。所有的交易车辆必须是办理了机动车注册登记等手续，距报废标准规定年限1年以上的汽车（含摩托车）及特种车辆。交易完成后，还应到有关管理部门办理过户登记等手续，以确保该交易车辆在以后使用过程中责任、权利的明晰。

> **说明**：机动车过户是指已注册登记的机动车的所有权发生转移，且原机动车所有人和现机动车所有人的住所在同一车辆管理所管辖区的，现机动车所有人应当于车辆所有权转移之日起30日内，到机动车管辖地车辆管理所申请办理过户登记手续（即完成车主变更手续）。

相关的二手车经营行为还包括二手车经销、拍卖、经纪、鉴定评估、置换、寄卖等。

（1）二手车经销是指二手车经销企业收购、销售二手车的经营活动。

（2）二手车拍卖是指二手车拍卖企业以公开竞价的形式将二手车转让给最高应价者的经营活动。

（3）二手车经纪是指二手车经纪机构以收取佣金为目的，为促成他人交易二手车而从事居间、行纪或者代理等经营活动。各种二手车网即为新兴的二手车经纪形式，是指为二手车交易双方提供评估、看车、网络代卖、代办过户等相关服务的二手车经纪机构。

（4）二手车鉴定评估是指二手车鉴定评估机构对二手车技术状况及其价值进行鉴定评估的经营活动。

（5）二手车置换即通常所说的以旧换新。狭义的置换就是以旧换新业务，即经销商通过二手车的收购与新车的对等销售获取利益。广义的置换则是指在以旧换新业务的基础上，还同时兼容二手车的整新、跟踪服务、二手车再销售乃至折抵、分期付款等项目的一系列业务组合，从而成为一种有机而独立运营的营销方式。不同于以往二手车交易的是，由于可以推动新车销售，二手车置换业务往往依靠汽车品牌专营店，以获得汽车制造厂商的强大技术支持，经销商为二手车的再销售提供一定程度上的质量担保，这大大降低了二手车交易中消费者的购买风险，规范了交易双方的交易行为，其发展潜力十分巨大。

（6）二手车寄卖

在我国，二手车委托寄卖主要分为以下3种：一是自行定价型，即由消费者自行定价，委托商家代卖，等到成交后再支付佣金；二是二次付款型，它是由商家先行支付部分费用，等到成交后再付余款，佣金以利润比例来定；三是周期寄卖型，是由商家向车主承诺交易周期，车价由双方共同确定，而佣金则以成交时间和成交金额双重标准来定。

3. 二手车交易市场及其行政管理

二手车交易中，各辆二手车在技术状况、使用经历和交易条件上千差万别，交易信息难以完备，使交易过程复杂、交易风险大。为了保护交易双方的合法权益，防止道德风险的发生，我国有关部门制定了一系列的法律法规，以规范二手车交易市场和交易双方的行为，其中一个十分重要的内容就是所有的二手车交易必须在依法设立的二手车交易市场或其他经合法审批的交易场所进行。《二手车流通管理办法》关于二手车交易市场的概念描述为"二手车交易市场是指依法设立、为买卖双方提供二手车集中交易和相关服务的场所，是二手车信息和资源的集散地，是买、卖双方进行二手车商品交换和产权交易的场所"。同时规定：二手车交易市场经营者应当为二手车经营主体（从事二手车经销、拍卖、经纪、鉴定评估的企业）提供固定场所和设施，并为客户提供办理二手车鉴定评估、转移登记、保险、纳税等手续的条件，二手车经销企业、经纪机构应当根据客户要求，代办二手车鉴定评估、转移登记、保险、纳税等手续。

国务院商务主管部门、工商行政管理部门、税务部门在各自的职责范围内负责二手车流通的有关监督管理工作。省、自治区、直辖市和计划单列市（以下简称省级）商务主管部门、工商行政管理部门、税务部门在各自的职责范围内负责辖区内二手车流通的有关监督管理工作。

二手车交易市场经营者和二手车经营主体需建立备案制度。凡经工商行政管理部门依法登记，取得营业执照的二手车交易市场经营者和二手车经营主体，应当自取得营业执照之日起2个月内向省级商务主管部门申请备案。省级商务主管部门应当将二手车交易市场经营者和二手车经营主体有关备案情况定期报送国务院商务主管部门。

二手车交易市场经营者和二手车经营主体应当定期将二手车交易量、交易额等信息通过所在地（市、县）商务主管部门报送省级商务主管部门。省级商务主管部门将上述信息汇总后报送国务院商务主管部门。国务院商务主管部门定期向社会公布全国二手车流通信息。工商行政管理部门会同商务主管部门建立二手车交易市场经营者和二手车经营主体信用档案，定期公布违规企业名单。

四、二手车鉴定评估

二手车鉴定评估是指对二手车进行技术状况检测、鉴定，确定某一时点价值的过程。二手车鉴定评估包含二手车技术状况鉴定和二手车价值评估两层含义：二手车技术状况鉴定是对二手车技术状况进行缺陷描述和等级评定；二手车价值评估是根据二手车技术状况鉴定结果和鉴定评估目的，对目标车辆价格进行计算估价的过程。

1. 基本要素

二手车评估属于资产评估，因此二手车鉴定评估理论和方法以资产评估学为基础。评估主要由8个要素构成，包括评估的主体、客体、原则、目的、依据、程序、标准和方法。

1）主体

二手车鉴定评估的主体是指二手车鉴定评估业务的承担者，指评估机构或评估师。

2）客体

二手车鉴定评估的客体是指被评估的车辆。

3）原则

二手车鉴定评估的原则是指二手车鉴定评估中应遵循的行为准则。

4）目的

二手车鉴定评估的目的是指二手车发生经济行为的性质，如交易、典当、资产清查、抵押贷款、司法咨询（裁决）、拍卖等。

5）依据

二手车鉴定评估的依据是指二手车鉴定评估中所依据的理论、价格及相关标准、法规等。

6）程序

二手车鉴定评估的程序是指二手车鉴定评估工作从开始到结束的工作流程。GB/T 30323—2013 明确规定了二手车鉴定评估的程序。

7）标准

二手车鉴定评估的标准是指鉴定评估时采用的计价标准。

8）方法

二手车鉴定评估的方法是指确定二手车评估价格的手段和途径。

2. 基本要求

二手车鉴定评估应当本着买卖双方自愿的原则，不得强制进行；属国有资产的二手车应当按国家有关规定进行鉴定评估。二手车鉴定评估机构应当遵循客观、真实、公正和公开原则，依据国家法律法规开展二手车鉴定评估业务，出具车辆鉴定评估报告，并对鉴定评估报告中车辆技术状况包括是否属事故车辆等评估内容负法律责任。

《二手车流通管理办法》等相关法规明确规定，二手车评估人员必须经过专业培训，通过国家有关部门组织的资格考试，取得二手车评估师职业资格证书，方可上岗从事有关鉴定评估业务。2017 年，国家人社部颁布文件，取消了二手车评估师这一职业资格证书，这就意味着二手车评估师的执业资格不再由国家统一管理。由于社会的需要，目前，部分行业组织仍然在进行二手车评估师能力等级的培训、考核与证书核发工作。

鉴于以上原因，本书后面不再述及二手车评估师职业资格证书及其相关的事宜。

3. 意义

对二手车鉴定评估过程不仅仅是原有价值的重置和现实价值的形成过程，其背后还隐含着很多深层次的重要意义。具体而言，二手车鉴定评估的意义如下所述。

1）促进二手车交易

二手车鉴定评估人员以第三方角色进行二手车的鉴定评估，其评估结果易于被交易双方接受，从而有助于促成交易。

2）保证合理税收

二手车进入市场再流通，属固定资产转移和处置范畴，按国家有关规定应交纳一定的税费。目前各地方这种税费的征管，基本是以交易额为计征依据，实行比率税（费）率，采用从价计征的办法，而实际的计征依据就是评估价格。因此，二手车鉴定评估的准确与否直接关系到国家税收和财政收入的多少及其公正合理性。目前，大部分地区已经减免二手车交易税。

3）参与国有资产管理

我国很多车辆为国家和集体所有，这是车辆管理方面有别于其他发达国家的明显之处。因此对二手车的鉴定评估很大程度上就是对国有资产的评估，评估结果直接关系到国有资产是否流失的问题。

4）防止非法交易

二手车流通涉及车辆管理、交通管理、环保管理、资产管理等各方面，属特殊商品流通。目前我国对进入二级市场再流通的二手车有严格的规定，鉴定评估环节恰是防止非法交易发生的重要环节。

5）促进相关行业业务的有序开展

二手车鉴定评估还关系到金融系统有关业务的健康有序开展，司法裁决公平、公正进行及企业依法破立、重组等诸多经济和社会问题。特别是在目前二手车市场已逐步成为我国汽车市场不可分割的重要组成部分的情况下，应该把科学准确地对二手车进行鉴定评估提高到促进汽车工业进步，有效扩大需求，乃至保障国民经济持续稳定发展与社会安定的高度来认识和把握。

4. 目的

二手车鉴定评估的目的是正确反映二手车的价值量及其波动，为将要发生的经济行为提供公平的价格尺度。具体而言，二手车鉴定评估的目的如下所述。

1）提供二手车交易的参考价格

交易是二手车业务中最常见的一种经济行为，在二手车的交易过程中，买卖双方对交易价格的期望值是不同的。而二手车鉴定评估人员对交易的二手车进行的鉴定评估是作为第三方估价，可以作为双方议价的基础，从而起到协助确定二手车交易成交额的作用，进而协助二手车交易的达成。评估人员必须站在公正、独立的立场对交易车辆进行评估，提供一个评估价格，作为买卖双方协商的参考价格。

2）确定车辆置换时的旧车价格

随着 2005 年《汽车贸易政策》的颁布，越来越多的品牌专卖店（如 4S 店）开展以旧换新的置换业务，为使车辆置换顺利进行，必须对待置换的二手车进行鉴定评估并提供评估价格。

3）确定资产价值

在公司合作、合资、联营、分设、合并、兼并等经济活动中，往往会牵涉资产所有权的转移，车辆作为固定资产的一部分，自然也存在产权变更的问题，在产权变更时，必须对其价值进行评估。

4）提供车辆拍卖的底价

法院罚没车辆、企业清算车辆、海关获得的抵税和放弃车辆、个人或单位的抵债车辆、公车改革的公务用车等均需经过拍卖市场公开拍卖变现，拍卖前必须对车辆进行评估，为拍卖公司提供拍卖的底价。

5）提供贷款额度参考基数

银行为了确保放贷安全，要求贷款人以一定的资产作为抵押物，如以在用汽车为抵押物，给予贷款人与汽车价格相适应的贷款。这个抵押物到底价值多少，也只有经过评估才能确定。因此，需要专业评估人员对汽车的价格进行评估。汽车评估价格的高低，对贷款人则决定其可申请贷款的额度；对放贷者而言，评估的准确性在一定程度上影响着贷款回收的安全性。

6）提供车辆投保额度

出险车主因车辆损坏从保险公司所获得的赔付额最大不得超出出险前的车辆价值，故必须对出险前车辆进行评估。

7）为司法部门鉴定非法车辆或提供判决证据

当事人遇到涉及车辆的诉讼时，委托鉴定评估师对车辆进行评估，有助于把握事实真相；同时，法院判决时，可以依据评估结果进行宣判，这种评估也可由法院委托评估机构进行。此外，评估机构也接受法院等司法部门或个人的委托，鉴定和识别走私车、盗抢车、非法拼装车等非法车辆。

8）提供事故车辆维修范围

汽车修理厂应根据鉴定评估人员提供的查勘定损清单资料，确定更换部件的名称、数量、金额和修理部件的范围、工时定额费用及附加费，从而控制事故车辆总的修理费用，防止修理范围任意扩大。

9）提供车辆的可担保额度

担保是指车辆所有人以其拥有的机动车为其他单位或个人的经济行为提供担保，并承担连带责任的行为。担保额度的大小取决于车辆的评估价格。

10）提供典当时放款额度参考

为了保障典当业务的正常进行，典当行可以委托二手车鉴定评估机构对典当车辆的价值进行评估，并以此作为放款的依据。当典当车辆发生绝当时，对绝当车辆的处理同样也需要委托二手车鉴定评估机构为其提供鉴定评估服务。

5. 范围

随着汽车与经济和社会活动联系的紧密和功能的拓展，二手车鉴定评估也逐步渗透到社会的各个领域，成为资产评估的重要组成部分。通过二手车评估目的可见，二手车评估的范围包括以下领域。

1）流通领域

二手车在不同消费能力群体中互相转手，需要鉴定评估。

2）二手车经营企业

收购、代购、代销、租赁、置换、回收（拆解）等二手车经营业务需要鉴定评估。

3）金融系统

银行、信托商店及保险公司开展抵押贷款、典当、保险理赔业务时，需要对相关车辆进行鉴定评估。

4）企事业单位

通过拍卖形式处理罚没、抵押、企业清算等车辆时，需要对车辆进行鉴定评估以获取拍卖底价。公司注册、合资、合作、联营及合并、兼并、重组过程中也会涉及二手车鉴定评估业务。

5）司法部门

在处理相关案件时，需要以涉案车辆的鉴定评估结果作为裁定依据。

6. 业务类型

按鉴定评估服务对象的不同，二手车鉴定评估的业务类型分为交易类业务和咨询服务类业务两大类。

1）交易类业务

交易类业务也称为转移产权类业务，是服务于交易市场内部的二手车交易，主要目的是判定二手车的来历，为交易双方提供交易的参考价格。

2）咨询服务类业务

咨询服务类业务也称为不转移产权类业务，是服务于交易市场外部的非交易业务，如资产评估（涉及车辆部分）、抵押贷款评估、法院咨询等。

交易类业务和咨询服务类业务一般都是有偿服务，其评估的程序和作业内容并没有太大的差别，但依评估目的的不同，其评估作业的侧重点有所不同。例如，交易类评估的侧重点是二手车的来历、能否进入二手车市场流通及二手车的价格；而咨询服务类涉及识伪判定、交易程序解答、市场价格咨询、国家相关法规咨询等方面的内容多些，当然也有一些要求提供正式的车辆评估价。

7. 特点

汽车虽然属于机器设备一类的固定资产，但汽车有其自身的特点，主要表现在以下几个方面。

（1）单位价值大，使用时间长。

（2）技术性强，使用范围广。车辆属于有形资产，同时也是无形资产的载体。

（3）使用强度、使用条件、维护水平差异较大。

（4）使用管理严格，税费高。

由于汽车本身具有以上特点，而二手车流通又属特殊商品流通，与其他资产评估相比，二手车鉴定评估具有以下特点。

1）知识面广

二手车鉴定评估的理论和方法以资产评估学为基础，涉及经济管理、市场营销、金融、价格、财会及机械原理、汽车构造等多方面知识，技术含量高，因此二手车技术鉴定的知识依赖性较强。

2）政策性强

从事二手车鉴定评估的人员既要熟知《拍卖法》《国有资产评估管理办法》《机动车强制报废标准规定》《二手车流通管理办法》等政策法规，还要掌握车辆管理有关规定及各地相关的配套措施。

3）实践和技能水平要求高

二手车鉴定评估工作要求从业人员不仅会驾驶汽车，而且还能使用检测仪器和设备，并能通过目测、耳听、手摸等手段判断二手车外观、总成的基本技术状况，能够通过路试判断发动机、传动系统、转向系统、制动系统、电路、油路等工作情况，甚至对汽车主要部件功能和更换方法也要有一定的了解。评估过程是以人的智力活动为中心开展的，评估质量的高低取决于评估人员掌握的信息、知识结构和经验，体现评估人员的主体性。

4）动态特征明显

汽车产品更新换代快，结构升级、技术创新频繁，加之市场经济条件下市场行情的多变难测，使二手车鉴定评估工作具有极强的动态性、时效性。要求从业人员在具体工作中不仅要掌握有关的账面原值、净值、历史依据，更要结合评估基准日这一时点的现实价格和行情，才能准确做出评估。

> **说明**：账面原值就是二手车购买新车时发票上显示的价格；净值是当二手车作为固定资产时，账面原值减去提取的累计折旧额的差值。相关的二手车价值术语还有继续使用价值、交换价值、残余价值和报废价值等。二手车继续使用价值是指二手车作为整车能继续使用而存在的价值；二手车交换价值是二手车在公平市场条件下能够实现的交易价值；二手零部件回收的价值称为残余价值；二手车报废回收金属的价值称为报废价值。

5）以技术鉴定为基础

汽车是集机械、电子、自动控制和信息技术于一身的产品，对汽车进行鉴定评估涉及对以上各方面技术状况的了解。此外，在长期使用中，由于机件的磨损和自然力的作用，汽车处于不断磨损的过程中。随着使用里程和使用年限的增加，车辆的有形损耗、无形损耗加剧，而其损耗程度的大小因使用强度、使用条件、维护水平的不同而相差很大，这些差异只有通过专业的技术鉴定才能鉴别出来。因此，要评估出汽车当前的实际价值，往往需要通过技术检测等技术手段来鉴定其损耗程度。

6）单车评估

由于汽车产品在不同环节的价值属性比较复杂，决定了二手车评估的多样性。因此对二手车应该采用一车一评估（单车评估），才能保证评估价格合理。

7）要考虑附加值

国家对汽车实施车籍管理，使用中需缴纳的税、费较多，税、费附加值较高。因此，对二手车进行评估时，除要考虑其实体性价值外，还要考虑车籍管理的手续费用及使用过程中各种规费的价值。

8. 依据

二手车鉴定评估的依据主要有理论依据、法律依据和价格依据3个方面。

1）理论依据

二手车鉴定评估实质上属于资产评估的范畴，因此其理论依据必然是资产评估学的有关理论和方法。

2）法律依据

涉及二手车价格评估的主要政策法规有《国有资产评估管理办法》《国有资产评估管理办法实施细则》《机动车强制报废标准规定》《二手车流通管理办法》《二手车交易规范》《二手车鉴定评估技术规范》及其他有关的政策法规。

3）价格依据

二手车价格评估中的价格依据主要有历史依据和现实依据。前者主要是二手车的账面原值、净值等资料，它具有一定的客观性，但不能作为估价的直接依据；后者在评估价值时都以评估基准日为准，即以现时价格和现时车辆功能状态等为准。

9. 原则

为了保证鉴定评估结果的客观、真实、公正、公开，二手车的鉴定评估必须遵循一定的原则，具体体现在以下几个方面。

1）公平性

公平性要求评估人员必须处于中立的立场上对车辆进行评估，这是鉴定评估人员应遵守的一项最基本的道德规范。目前在不规范的二手车市场中，时有鉴定评估人员和二手车经销

/经纪人员互相勾结损害消费者利益和私卖公高估而公卖私则低估的现象，这是严重违反职业道德，甚至是触犯法律的行为。

2）独立性

独立性要求二手车评估师依据国家的有关法律和规章制度及可靠的资料数据对被评估车辆独立地做出评定。坚持独立性原则，是保证评定结果具有客观性的基础。要坚持独立性原则，首先评估机构必须具有独立性，评估机构不应从属于和交易结果有利益关系的二手车市场，目前已不允许二手车市场建立自己的评估机构。

3）客观性

客观性指评估结果应有充分的事实依据。评估工作应尊重客观实际，反映被评估车辆的真实情况，所收集的与被评估车辆相关的统计数据准确。它要求车辆技术状况的鉴定结果必须翔实可靠，只有这样才能达到对被评估车辆现值的客观评估。

4）科学性

科学性指在二手车的评估过程中，必须依据评估的目的，选用正确的评估标准和评估方法，使评估结果准确、合理。如拍卖、抵押等适用清算价格标准计算，而一般的车辆交易则应选用重置成本标准或现行市价标准。

5）专业性

专业性要求鉴定评估人员，接受相关部门的能力培训，达到从事二手车鉴定评估的要求或获得相关部门核发的能力等级证书。

6）可行性

专业性要求评估人员素质是合格的；评估机构有可供利用的汽车检测设备；能获得评估所需的数据资料，而且这些数据资料是真实可靠的；评估的程序和方法是合法的、科学的。

五、二手车鉴定评估机构

GB/T 30323—2013 对于二手车鉴定评估机构的定义是"从事二手车鉴定评估经营活动的第三方服务机构"。

1. 相关规定

由于二手车评估直接涉及当事人双方的权益，是一项政策性和专业性都很强的工作，所以无论是对专业评估机构，还是对专业评估人员都有较高的要求。

按照我国 1991 年 11 月颁布的《国有资产评估管理办法》第九条的规定，资产评估公司、会计师事务所、审计事务所、财务咨询公司，必须获有省级以上国有资产评估资格证书，才能从事国有资产评估业务。依照《价格评估机构资质认定管理办法》设立的价格评估机构有资格对流通中的二手车与事故车辆进行鉴定和评估。

依据我国保险监督管理委员会公布的《保险公估机构管理规定》设立的保险公估机构，也可经营汽车承保前的估价与出险后的估损等相关业务。

2017 年 9 月 14 日，商务部发布 2017 第 3 号令《商务部关于废止和修改部分规章的决定》。经商公安部、工商总局、税务总局同意，删去《二手车流通管理办法》第九条、第十条、第十一条。至发布日起，二手车评估及评估机构具有以下特点。

（1）从事二手车鉴定评估业务不再要求持有二手车评估师职业资格证，可去职业培训学校学习二手车鉴定评估职业技能，并考取相应的职业能力等级证书作为执业水平的有效证明。

(2) 设立二手车鉴定评估机构不再需要商务部门审批的"二手车鉴定评估机构核准证书",可直接去工商部门申请设立企业。

(3) 解除外资进入二手车市场的限制,进一步释放二手车市场活力。

2. 职能

二手车鉴定评估机构主要有评估、公证和中介职能。

1) 评估职能

二手车鉴定评估机构与其他公估人一样具有一种广义的评估职能,包括评价职能、勘验职能、鉴定职能和估价职能等。二手车鉴定评估机构对二手车进行评估,得出评估结论,并说明得出结论的充分依据和推理过程,体现出其评估职能。评估职能是二手车鉴定评估机构的关键职能。

2) 公证职能

公证职能指二手车鉴定评估机构对二手车评估结论做出符合实际、可以信赖的证明。二手车鉴定评估机构之所以具有公证职能,是因为以下两点。

(1) 二手车鉴定评估人员有丰富的二手车评估知识和技能,在判断二手车评估结论准确与否的问题上最具资格和权威性。

(2) 作为当事人之外的第三方,二手车鉴定评估机构完全站在中立、公正的立场上就事论事、科学办事。

公证职能是二手车鉴定评估机构的重要职能,并具有以下特征。

(1) 这种公证职能虽然不具备定论作用,但却有促成司法结案、买卖成交的作用,因为当事人双方难以找出与评估结论完全不同的原因或理由。

(2) 这种公证职能虽然不具备法律效力,但该结论可以接受法律的考验。这是因为二手车鉴定评估机构的评估结论确定之后,必须经当事人双方接受才能结案或买卖成交。一旦当事人双方有一方不能接受,则需选择其他途径解决,如调解、协商、仲裁或诉讼。但是,二手车鉴定评估机构可以接受委托方的委托出庭辩护,甚至可被聘请为诉讼代理人出庭诉讼,本着对委托方特别是对评估报告负责的原则,促成双方接受既定结论。

3) 中介职能

二手车鉴定评估机构作为中介人,从事评估活动,不参与相关利益的分配,为当事人提供服务,具有鲜明的中介职能。这是因为二手车鉴定评估机构可以受托于双方当事人的任何一方,二手车鉴定评估机构以当事人之外的第三方身份从事二手车鉴定评估活动,从当事人一方获得委托,以中间人立场执行二手车评估,并收取合理费用。这样,二手车鉴定评估机构以中间人的身份,独立地开展二手车鉴定评估,从而得出鉴定评估结论,促成双方当事人接受该结论,为当事人提供中介服务,从而发挥其中介职能。

3. 地位

二手车鉴定评估机构的地位是独立的,主要表现在以下几方面。

1) 执行鉴定评估业务独立

二手车鉴定评估机构执行鉴定评估业务时,既不代表双方当事人,也不受行政权力等外界因素干扰。

2) 思维方式和判断标准独立

在开展二手车鉴定评估业务的整个过程中,二手车鉴定评估执业人员保持着独立的思维方式和判断标准。

3）评估分析和结论独立

二手车鉴定评估人员的评估分析和结论保持独立性，这一特征在二手车鉴定评估机构所出具的评估报告中得以充分体现。

4）鉴定评估人员坚持独立的立场

二手车鉴定评估人员具有知识密集性和技术密集性的特征，在二手车鉴定评估领域具有一定的权威地位，但从法律的角度来看，这种权威地位是相对的。就市场地位而言，二手车鉴定评估人员必须坚持独立的立场，无论针对哪一方委托的事务都应做出客观、公平的评判。

受理委托

1. 了解车主基本情况

车主即二手车所有人，指拥有车辆所有权的单位或个人。接受委托前应了解委托者是否是车主，是车主的即有车辆处置权，否则无车辆处置权；同时还应了解车主（或委托人）的单位（或个人）名称、隶属关系和所在地等其他信息。

《二手车流通管理办法》第二十条规定，二手车所有人委托他人办理车辆出售的，应当与受托人签订授权委托书。

2. 了解车主要求评估的目的

评估目的是评估所服务的经济行为的具体类型，二手车鉴定评估人员要根据评估目的选择计价标准和评估方法。车主要求评估的目的有交易、司法鉴定、抵押、典当、置换、资产清查等，一般来说，委托鉴定评估的大多数属于交易类业务范畴，车主要求评估价格的目的大多是作为买卖双方协商的参考底价。

3. 了解评估对象及其基本情况

在进行二手车鉴定评估工作时，鉴定评估人员需要了解的目标车辆信息如下所述。

（1）车辆类别，是乘用车，还是商用车；是客车、轿车还是货车等。

（2）车辆品牌、型号、生产厂家和出厂日期。

（3）车辆初次注册登记日期和行驶里程。

（4）新车来历，包括购买、走私罚没处理、捐赠、继承、中奖、法院判决、仲裁裁定等。

（5）车籍。车籍指车辆牌证发放地。

（6）使用性质。使用性质包括营运和非营运两大类，其中营运又分为出租客运、租赁、教练、公交客运、专用校车和其他营运。

（7）手续是否齐全，是否年检。

4. 确定委托评估意向

对上述基本情况了解清楚以后，鉴定评估人员就可以做出是否接受委托的决定。如果接受委托，接下来就要进行车辆查验和签订二手车鉴定评估委托书。

对于评估数量较多的业务，在签订二手车鉴定评估委托书之前，应安排鉴定评估人员到实地考察评估对象的情况。实地考察的目的是了解鉴定评估的工作量、工作难易程度和车辆现时状态（在用、已停放很久不用、在修或停驶待修等）。

技能考核

（1）两名学员组合为一个小组，分别互相扮演委托人及二手车评估人员，模拟业务洽谈接待现场，进行委托二手车鉴定评估业务洽谈，并完成相应的工单（见本书配套教学资源包中"技能学习工单1"）。

（2）教师观察学员业务洽谈情况（做适当的记录），审阅学员完成的工单，并给出评价。

学习效果检验

一、思考题

1. 简单描述二手车鉴定评估的作业流程。
2. 汽车为什么要强制报废？
3. 什么是报废汽车？在我国，对于报废汽车应如何处理？
4. 什么是改装车、拼装车？
5. 什么是汽车的技术使用寿命、经济使用寿命和合理使用寿命？三者之间是怎样的关系？
6. 二手车鉴定评估有什么意义？
7. 简要说明二手车鉴定评估的目的。
8. 二手车鉴定评估的依据有哪些？
9. 二手车鉴定评估为什么有公证的职能？
10. 解释二手车鉴定评估的中介性。

二、单项选择题

1. 下列二手车鉴定评估工作步骤中，（　　）是首先进行的。
   A. 登记基本信息　　　　　　　　B. 查验可交易车辆
   C. 判别事故车　　　　　　　　　D. 鉴定技术状况
2. 《机动车强制报废标准规定》是（　　）颁布实施的。
   A. 2005年10月1日　　　　　　　B. 2006年10月1日
   C. 2013年5月1日　　　　　　　 D. 2015年5月1日
3. 凡达到报废标准的机动车，其所有人可将机动车（　　）。
   A. 赠送给学校作为实习用车　　　B. 交售给报废机动车回收拆解企业
   C. 卖给农村　　　　　　　　　　D. 卖给汽车修理厂
4. 按《机动车强制报废标准规定》的要求，小、微型出租客运汽车的报废年限为（　　）年。
   A. 8　　　　　　B. 10　　　　　　C. 15　　　　　　D. 20

5. 按《机动车强制报废标准规定》的要求，大型营运客车的报废年限为（　　）年。
   A. 8   B. 10   C. 15   D. 20

6. 按《机动车强制报废标准规定》的要求，专用校车的报废年限为（　　）年。
   A. 8   B. 10   C. 15   D. 20

7. 按《机动车强制报废标准规定》的要求，大型非营运客车的报废年限为（　　）年。
   A. 8   B. 10   C. 15   D. 20

8. 按《机动车强制报废标准规定》的要求，非营运乘用车的报废年限为（　　）。
   A. 无限期   B. 10年   C. 15年   D. 20年

9. 对小、微型出租客运汽车（纯电动汽车除外）和摩托车，省、自治区、直辖市人民政府有关部门可结合本地实际情况，制定严于《机动车强制报废标准规定》中使用年限的规定，但小、微型出租客运汽车不得低于（　　）年。
   A. 5   B. 6   C. 8   D. 15

10. 某私用小型轿车，已使用2.5年，转为出租。按《机动车强制报废标准规定》的要求，该车还有（　　）年的寿命。
    A. 5   B. 6   C. 8   D. 10

11. 机动车报废后，其所有人可不将（　　）交回公安机关交通管理部门注销。
    A. 机动车登记证书   B. 驾驶证   C. 号牌   D. 行驶证

12. 大型客车是指核定载客人数≥（　　）的载客汽车。
    A. 9   B. 19   C. 20   D. 30

13. 微型载客汽车是指核定载客人数≤8，且排气量≤（　　）L的载客汽车。
    A. 0.6   B. 1   C. 1.3   D. 1.5

14. 按《机动车强制报废标准规定》的要求，机动车使用年限起始日期按照注册登记日期计算，但自出厂之日起超过（　　）年未办理注册登记手续的，按照出厂日期计算。
    A. 1   B. 2   C. 3   D. 4

15. 按《机动车强制报废标准规定》的要求，小、微型非营运载客汽车和大型非营运轿车转为营运载客汽车的，应重新核算，但累计使用年限不得超过（　　）年。
    A. 8   B. 10   C. 15   D. 20

16. 下列选项中，（　　）不属于报废汽车。
    A. 已经达到国家《机动车强制报废标准规定》的
    B. 达到地方制定的有关报废规定的
    C. 交通事故车辆
    D. 在检验周期届满后连续3个机动车检验周期内未取得机动车检验合格标志的

17. 报废汽车五大总成中不包含（　　）。
    A. 车架   B. 变速器   C. 转向机   D. 车身

18. 下列选项中，（　　）不属于拼装汽车。
    A. 使用报废汽车的发动机及其他零部件组装的汽车
    B. 进口全散件组装的汽车
    C. 进口半散件组装的汽车

D. 更换了车身壳体的轿车

19. 机动车使用寿命是指从机动车（　　）日开始计算到不能被使用时为止所经历的总时间或总行驶里程。

　　A. 出厂　　　　　B. 销售　　　　　C. 初次注册登记　　　D. 开始使用

20. 车辆从初次注册登记日开始，直至其主要机件到达技术极限状态而不能再继续修理时为止的总时间或总行驶里程称为（　　）。

　　A. 规定技术使用寿命　　　　　　　B. 技术使用寿命
　　C. 经济使用寿命　　　　　　　　　D. 合理使用寿命

21. 从机动车初次注册登记日开始计算，到依据国家或地方的相关法律法规而不允许继续使用为止的总使用时间或总行驶里程称为（　　）。

　　A. 规定技术使用寿命　　　　　　　B. 技术使用寿命
　　C. 经济使用寿命　　　　　　　　　D. 合理使用寿命

22. 下列选项中，（　　）不是交易类二手车评估的侧重点。

　　A. 市场价格咨询　　　　　　　　　B. 二手车的来历
　　C. 能否进入二手车市场流通　　　　D. 二手车的估价

23. 二手车购买新车时发票上显示的价格称为（　　）。

　　A. 账面原值　　　B. 净值　　　　C. 残余价值　　　D. 报废价值

24. 当二手车作为固定资产时，账面原值减去提取的累计折旧额的差值称为（　　）。

　　A. 账面原值　　　B. 净值　　　　C. 残余价值　　　D. 报废价值

25. 二手零部件回收的价值称为（　　）。

　　A. 账面原值　　　B. 净值　　　　C. 残余价值　　　D. 报废价值

26. 下列选项中，（　　）不是二手车鉴定评估的原则。

　　A. 有效　　　　　B. 公正　　　　C. 真实　　　　　D. 客观

27. 二手车鉴定评估人员必须处于中立的立场对车辆进行评估，体现了（　　）。

　　A. 公平性　　　　B. 独立性　　　C. 客观性　　　　D. 科学性

28. 要求二手车评估人员依据国家的有关法律和规章制度及可靠的资料数据对被评估的车辆独立地做出评定，体现了（　　）。

　　A. 公平性　　　　B. 独立性　　　C. 客观性　　　　D. 科学性

29. 选用合理的评估标准和评估方法，体现了（　　）。

　　A. 公平性　　　　B. 独立性　　　C. 客观性　　　　D. 科学性

30. 对于从事二手车鉴定评估业务的人员，（　　）作为其执业水平的有效证明。

　　A. 需要考取职业资格证书　　　　　B. 需要考取职业能力证书
　　C. 需要考取职业水平等级证书　　　D. 不需要考取任何证书

三、多项选择题

1. 国家制定《机动车强制报废标准规定》的目的有（　　）。

　　A. 保障道路交通安全　　　　　　　B. 鼓励技术进步
　　C. 加快建设资源节约型、环境友好型社会　　D. 防止非法车辆流入社会

2. （　　）参与制定并公布了《机动车强制报废标准规定》。

　　A. 交通部　　　　B. 商务部　　　C. 公安部　　　　D. 环境保护部

3. 下列选项中，（   ）属于报废汽车的五大总成。
   A. 发动机　　　B. 前后桥　　　C. 变速器　　　D. 转向机
4. 机动车使用寿命包括（   ）。
   A. 从买车到初次注册登记经历的时间　　　B. 工作时间
   C. 维修时间　　　D. 停驶时间
5. 机动车能否继续使用的判断标准有（   ）。
   A. 国家机动车报废标准　　　B. 技术使用寿命
   C. 经济使用寿命　　　D. 合理使用寿命
6. 汽车的技术寿命主要取决于各部分总成的（   ）。
   A. 设计水平　　　B. 制造质量　　　C. 车辆使用情况　　　D. 车辆维修状况
7. 二手车交易在技术和管理难度上远远超过一般旧货交易行为，主要是因为（   ）。
   A. 车辆技术状况各不相同　　　B. 判定难度大
   C. 交易价格的构成复杂　　　D. 车辆技术先进
8. 省级（   ）在各自的职责范围内负责辖区内二手车流通的有关监督管理工作。
   A. 交警部门　　　B. 商务主管部门
   C. 工商行政管理部门　　　D. 税务部门
9. 二手车技术状况鉴定包含（   ）。
   A. 对二手车技术状况进行缺陷描述　　　B. 二手车等级评定
   C. 二手车价格估价　　　D. 编写评估报告
10. 下列选项中，（   ）表明二手车鉴定评估具有明显的动态特征。
    A. 经常在不同地区使用　　　B. 产品更新换代快
    C. 市场行情多变　　　D. 技术创新快

四、判断题

（   ）1. 如果对汽车的使用期限既规定了累计行驶里程数，又规定了使用年限，则以使用年限为准。

（   ）2. 非营运乘用车，因可以无限期延长使用年限，所以国家对其不规定使用年限。

（   ）3. 机动车使用年限起始日期按照注册登记日期计算，但自出厂之日起超过2年未办理注册登记手续的，按照出厂日期计算。

（   ）4. 小、微型非营运载客汽车和大型非营运轿车转为营运载客汽车的，按照营运载客汽车的规定报废。

（   ）5. 公务用车达到报废年限，可以赠送给学校作为实习用车。

（   ）6. 对于没收的走私机动车，其注册登记日期按照机动车的出厂年份录入年，按确定机动车登记编号的月、日录入月、日。

（   ）7. 报废汽车专指达到国家《机动车强制报废标准规定》要求的使用行驶里程数或使用年限的车辆。

（   ）8. 由于CKD与SKD车辆均有合法的进口手续，所以不能认定为拼装汽车。

（   ）9. 改变机动车已登记的结构、构造或特征是非法的。

（   ）10. 改变机动车型号、发动机号、车架号或车辆识别代号是非法的。

（   ）11. 汽车的使用寿命是指汽车从投入使用到淘汰、报废的整个时间过程。

（   ）12. 汽车的自然使用寿命是指在正常使用条件下，从投入使用到由于物理与化学原因而损耗报废的时间。

（   ）13. 汽车的正常使用是指按照汽车制造厂家提供的使用手册所规定的技术规范使用。

（   ）14. 汽车的技术使用寿命是指汽车从投入使用，到由于技术落后而被淘汰所经历的时间。

（   ）15. 一般来说，汽车的技术使用寿命主要是受无形损耗影响。

（   ）16. 汽车的经济使用寿命是指汽车从投入使用，到因维持继续使用的投入过高、不经济、成本过高而退出使用所经历的时间。

（   ）17. 对汽车使用进行全面经济分析后得出的能获得最大经济效益的使用期限称为合理使用寿命。

（   ）18. 购买汽车的单位费用，随行驶里程增加而逐渐下降。

（   ）19. 二手车交易必须按照二手车鉴定评估的结果执行。

（   ）20. 以全散件报关进口，在国内组装的汽车，属于非法拼装车。

（   ）21. 合法改装的二手车，可以交易。

（   ）22. 只要未达到国家《机动车强制报废标准规定》的车辆，就可以进行交易。

（   ）23. 所有二手车鉴定评估必须是自愿进行的。

（   ）24. 只要进入二手车交易市场进行交易的车辆，二手车鉴定评估机构均有责任为其进行鉴定评估。

（   ）25. 二手车经销企业、经纪机构可以代办二手车鉴定评估、转移登记、保险、纳税等手续。

（   ）26. 二手车经销机构有定期将二手车交易量、交易额等信息向所在地商务主管部门报送的义务。

（   ）27. 二手车鉴定评估机构发现盗抢、走私等违法手段获得的车辆，应当向公安机构报告。

（   ）28. 二手车交易市场最好建立自己的鉴定评估机构，以方便二手车交易。

（   ）29. 二手车交易必经经过二手车交易市场。

（   ）30. 二手车鉴定评估的业务类型分为转移产权类业务和不转移产权类业务两大类。

任务1-2　查验可交易车辆

 任务导入

查验可交易车辆，即查验机动车登记证书、行驶证、有效机动车安全技术检验合格标志、车辆购置税完税证明、车船使用税缴付凭证、车辆保险单等法定证明、凭证是否齐全、合法、有效，判定待评估车辆是否符合可交易条件。如对这些证件资料有疑问，应向委托方

项目 1 前期准备

提出，由委托方向发证机关（单位）索取证明材料，或自行向发证机关（单位）查询核实。

GB/T 30323—2013 规定，对于不可交易的车辆，除特殊需要外，不进行技术鉴定和价值评估。

本学习任务主要学习二手车法定证件和税费的种类及作用、车辆识别信息、车辆交易规定及正确核查法定证件和税费凭证、正确进行车辆的识伪检查和正确鉴别盗抢车辆的方法。

学习目标

（1）能够正确描述二手车的相关证件、税费凭证的种类及各自的作用。
（2）能够描述车辆识别信息的种类及各类识别信息的作用。
（3）能够正确说明国家相关法规对禁止交易车辆的规定。
（4）正确进行二手车一般手续的齐全性、合法性及有效性检查。
（5）能够正确进行走私车和拼装车辆的鉴别。
（6）能够准确鉴别盗抢车辆。
（7）能够确定待评估车辆是否为可交易车辆。
（8）培养遵纪守法、对客户负责、工匠精神等职业素养。

相关知识学习

一、二手车的法定证件

二手车法定证件主要有机动车来历证明、机动车行驶证、机动车登记证书、机动车号牌、道路运输证、机动车检验合格标志等。机动车行驶证、机动车登记证书等前面已经述及，以下仅说明其他几种法定证件。

1. 机动车来历证明

机动车来历证明是二手车来源的合法证明。机动车来历证明主要包括以下几种类型。

1）购车发票

在我国境内购买的机动车的来历凭证，可分为新车来历证明和二手车来历证明两种。在国外购买的机动车，其来历凭证是该车销售单位开具的销售发票及其翻译文本。

（1）新车发票，是指经国家工商行政管理机关验证（加盖工商验证章）的机动车销售发票（即原始购车发票）。通常在购买新车时，可在当地的工商行政管理局机动车市场管理分局办理工商验证手续。

（2）二手车发票，是指经国家工商行政管理机关验证（加盖工商验证章）的二手车交易发票。二手车交易发票反映了即将交易的车辆曾是一辆已经交易过的合法使用的二手车。《二手车流通管理办法》颁布实施后，全国统一了二手车销售发票，目前国内大部分地区都使用了新版的"二手车销售统一发票"，而在统一发票出现之前，各地的二手车交易发票样式繁多，也造成了管理上的困难。

2）其他凭证

（1）人民法院调解、裁定或者判决转移的机动车，其来历凭证是人民法院出具的已经生效的"调解书""裁定书""判决书"或"协助执行通知书"。

（2）仲裁机构仲裁裁决转移的机动车，其来历凭证是"仲裁裁决书"。

（3）继承、赠与、中奖和协议抵偿债务的机动车，其来历凭证是继承、赠与、中奖及协议抵偿债务的相关文书和公证机关出具的公证书。

（4）资产重组或者资产整体买卖中包含的机动车，其来历凭证是资产主管部门的批准文件。

（5）国家机关统一采购并调拨到下属单位未注册登记的机动车，其来历凭证是全国统一的机动车销售发票和该部门出具的调拨证明。

（6）国家机关已注册登记并调拨到下属单位的机动车，其来历凭证是该部门出具的调拨证明。

（7）经公安机关破案发还的被盗抢且已向原机动车所有人理赔完毕的机动车，其来历凭证是保险公司出具的"权益转让证明书"。

（8）更换发动机、车身、车架的机动车来历凭证，是销售单位开具的发票及修理单位开具的修理发票（附维修结算单）。

2. 道路运输证

道路运输证是县级以上交通主管部门设置的道路运输管理机构对从事旅客运输（包括城市出租客运）、货物运输的单位和个人核发的随车携带的证件。营运车辆转籍过户时，应到运管机构及相关部门办理营运过户有关手续。

3. 机动车检验合格标志

1）机动车安全技术检验合格标志

机动车必须定期进行安全技术检验，检验合格后，由公安机关发放合格标志。根据《中华人民共和国道路交通安全法实施管理条例》第十三条的规定，机动车检验合格标志应粘贴在机动车前风窗玻璃右上角。

2）营运车辆综合性能检测合格标志

凡在我国境内从事客、货运输的车辆，每年必须经汽车综合性能检测站检测，检测合格后由道路运输管理部门核发综合性能检测合格标志，并要求粘贴于前风窗玻璃右上角。

3）机动车环保检验合格标志

机动车必须进行环保技术检验，检验合格后，由环保部门核发合格标志，并粘贴在机动车前风窗玻璃右上角。

经检验达到地方环保标准的，其检验合格标志为绿色；对于达到国家环保标准但没有达到地方环保标准的，其检验合格标志为黄色。粘贴黄色环保检验合格标志的车辆，又称为"黄标车"，这类车辆在城市内的某些路段限行。

2016年7月21日，环境保护部、公安部、国家认证认可监督管理委员会发布《关于进一步规范排放检验加强机动车环境监督管理工作的通知》，在通知中明确表示要加强和改进机动车尾气排放检测的管理，其中明确规定，以后将环保检难并入安全技术检验中并取消环保检验合格标志。

二、二手车的税费

二手车的税费包括车辆购置税、车船税和车辆保险费等。

1. 车辆购置税

车辆购置税是国家向所有购置车辆的单位和个人以纳税形式征收的一项费用，它由车辆购置附加费演变而来，设置该项税收目的是解决发展公路运输事业与国家财力紧张的突出矛盾，筹集交通基础建设资金。

1）车辆购置税的计算

车辆购置税的征收标准，目前是按车辆计税价格的 10% 计征，由车辆登记注册地的主管税务机关征收。它是购买车辆后支出的最大一项费用，其计算公式为

$$车辆购置税应纳税额 = 计税价格 \times 10\%。$$

根据不同情况，按照下列方法确定计税价格。

（1）纳税人购买自用应税车辆的计税价格，为纳税人购买应税车辆而支付给销售者的全部价款和价外费用，不包括增值税税款。也就是说按取得的"机动车销售统一发票"上开具的价费合计金额除以（1+17%）作为计税价格，乘以 10% 即为应缴纳的购置税。

在计算车辆购置税时，应注意国家对该项税收计税标准的调整政策，如 2009 年 1 月 20 日至 12 月 31 日期间，购置的排量在 1.6 L 及以下的小排量乘用车，车辆购置税税率减半征收（5%），而 2010 年又提高到 7.5%。

（2）纳税人购买进口自用的应税车辆的计税价格计算公式为

$$计税价格 = 关税完税价格 + 关税 + 消费税$$

（3）纳税人自产、受赠、获奖或者以其他方式取得并自用的车辆，计税依据由车购办参照国家税务总局核定的应税车辆最低计税价格核定。

购买自用或者进口自用车辆，纳税人申报的计税价格低于同类型应税车辆的最低计税价格又无正当理由的，计税依据为国家税务总局核定的应税车辆最低计税价格。最低计税价格是指国家税务总局依据车辆生产企业提供的车辆价格信息并参照市场平均交易价格核定的车辆购置税计税价格。申报的计税价格低于同类型应税车辆的最低计税价格又无正当理由的，是指纳税人申报的车辆计税价格低于出厂价格或进口自用车辆的计税价格。

（4）按特殊情况确定的计税依据。对于进口的旧车、因不可抗力因素导致受损的车辆、库存超过 3 年的车辆、行驶 8 万 km 以上的试验车辆、国家税务总局规定的其他车辆，主管税务机关根据纳税人提供的"机动车销售统一发票"或有效凭证注明的价格确定计税价格。

2）车辆购置税的征收范围

车辆购置税的具体征收范围依照《中华人民共和国车辆购置税暂行条例》所附"车辆购置税征收范围表"（见表 1-2）执行。

表 1-2 车辆购置税征收范围表

应税车辆	具体范围	注释
汽车	各类汽车	
摩托车	轻便摩托车	最高设计时速不大于 50 km/h，发动机气缸总排量不大于 50 cm^3 的 2 个或者 3 个车轮的机动车
	二轮摩托车	最高设计车速大于 50 km/h，或者发动机气缸总排量大于 50 cm^3 的 2 个车轮的机动车
	三轮摩托车	最高设计车速大于 50 km/h，或者发动机气缸总排量大于 50 cm^3，空车质量不大于 400 kg 的 3 个车轮的机动车

续表

应税车辆	具体范围	注释
电车	无轨电车	以电能为动力,由专用输电电缆供电的轮式公共车辆
	有轨电车	以电能为动力,在轨道上行驶的公共车辆
挂车	全挂车	无动力设备,独立承载,由牵引车辆牵引行驶的车辆
	半挂车	无动力设备,与牵引车辆共同承载,由牵引车辆牵引行驶的车辆
农用运输车	三轮农用运输车	柴油发动机,功率不大于 7.4 kW,载质量不大于 500 kg,最高车速不大于 40 km/h 的 3 个车轮的机动车
	四轮农用运输车	柴油发动机,功率不大于 28 kW,载质量不大于 1 500 kg,最高车速不大于 50 km/h 的 4 个车轮的机动车

> **说明**:财政部、国家税务总局于 2017 年 8 月 7 日发布《中华人民共和国车辆购置税法(征求意见稿)》向社会公开征求意见的通知。至本书编写时,尚未正式发布新的车辆购置税法,所以本书所介绍的相关标准仍为《中华人民共和国车辆购置税暂行条例》。

3)车辆购置税的免税、减税范围

车辆购置税的免税、减税范围按下列规定执行。

(1)外国驻华使馆、领事馆和国际组织驻华机构及其外交人员自用的车辆,免税。

(2)中国人民解放军和中国人民武装警察部队列入军队武器装备订货计划的车辆,免税。

(3)设有固定装置的非运输车辆,免税。

(4)有国务院规定予以免税或者减税的其他情形的,按照规定免税或者减税。

(5)对于挖掘机、平地机、叉车、装载机(铲车)、起重机(吊车)、推土机等六种车辆,免税。

2. 车船税

早期的车船税征收依据是 2007 年 1 月 1 日起实施的《中华人民共和国车船税暂行条例》(国务院令第 482 号)。2011 年 2 月 25 日,《中华人民共和国车船税法》由中华人民共和国第十一届全国人民代表大会常务委员会第十九次会议通过,自 2012 年 1 月 1 日起施行。2011 年 11 月 23 日国务院第 182 次常务会议通过并公布了《中华人民共和国车船税法实施条例》,自 2012 年 1 月 1 日起施行。所以目前车船税征收依据为《中华人民共和国车船税法》和《中华人民共和国车船税法实施条例》。

《中华人民共和国车船税法》规定:在中华人民共和国境内属于本法所附《车船税税目税额表》规定的车辆、船舶(以下简称车船)的所有人或者管理人,为车船税的纳税人,应当依照本法缴纳车船税,车船的适用税额依照本法所附"车船税税目税额表"(见表1-3)执行。

表 1-3 车船税税目税额表

税目		计税单位	年基准税额/元	备注
乘用车（按发动机气缸容量（排气量）分挡）	1.0 L（含）以下的	每辆	60~360	核定载客人数9人（含）以下
	1.0 L 以上至 1.6 L（含）的		300~540	
	1.6 L 以上至 2.0 L（含）的		360~660	
	2.0 L 以上至 2.5 L（含）的		660~1 200	
	2.5 L 以上至 3.0 L（含）的		1 200~2 400	
	3.0 L 以上至 4.0 L（含）的		2 400~3 600	
	4.0 L 以上的		3 600~5 400	
商用车	客车	每辆	480~1 440	核定载客人数9人以上，包括电车
	货车	整备质量每吨	16~120	包括半挂牵引车、三轮汽车和低速载货汽车等
挂车		整备质量每吨	按照货车税额的50%计算	
其他车辆	专用作业车	整备质量每吨	16~120	不包括拖拉机
	轮式专用机械车	整备质量每吨	16~120	
摩托车		每辆	36~180	
船舶	机动船舶	净吨位每吨	3~6	拖船、非机动驳船分别按照机动船舶税额的50%计算
	游艇	艇身长度每米	600~2 000	

《中华人民共和国车船税法》相关条款规定，下列车船免征车船税。

（1）捕捞、养殖渔船。

（2）军队、武装警察部队专用的车船。

（3）警用车船。

（4）依照法律规定应当予以免税的外国驻华使领馆、国际组织驻华代表机构及其有关人员的车船。

（5）对节约能源、使用新能源的车船可以减征或者免征车船税。

（6）对受严重自然灾害影响，纳税困难以及有其他特殊原因确需减税、免税的，可以减征或者免征车船税。

（7）省、自治区、直辖市人民政府根据当地实际情况，可以对公共交通车船，以及农村居民拥有并主要在农村地区使用的摩托车、三轮汽车和低速载货汽车定期减征或者免征车船税。

《中华人民共和国车船税法》第六条规定，从事机动车第三者责任强制保险业务的保险机构为机动车车船税的扣缴义务人，应当在收取保险费时依法代收车船税，并出具代收税款凭证。

《中华人民共和国车船税法》还提出以下规定：

（1）购置的新车船，购置当年的应纳税额自纳税义务发生的当月起按月计算。应纳税额为年应纳税额除以12再乘以应纳税月份数。

（2）在一个纳税年度内，已完税的车船被盗抢、报废、灭失的，纳税人可以凭有关管理机关出具的证明和完税凭证，向纳税所在地的主管税务机关申请退还自被盗抢、报废、灭失月份起至该纳税年度终了期间的税款。

（3）已办理退税的被盗抢车船失而复得的，纳税人应当从公安机关出具相关证明的当月起计算缴纳车船税。

（4）已缴纳车船税的车船在同一纳税年度内办理转让过户的，不另纳税，也不退税。

3. 机动车保险费

我国机动车保险险种分为基本险和附加险两大类。所谓基本险是指可以单独投保和承保的险别；所谓附加险是指不能单独投保和承保的险别，投保人只能在投保基本险的基础上，根据自己的需要加以投保。基本险和附加险又分别有不同险种。基本险（又称为主险）分为车辆损失险、第三者责任险和车辆盗抢险等。附加险又分为车上责任险、无过失责任险、车载货物掉落责任险、玻璃单独破碎险、车辆停驶损失险、自燃损失险、新增设备损失险和不计免赔特约险等。基本险与附加险有这样的关系：如果附加险的条款和基本险条款发生抵触，抵触之处的解释以附加险条款为准；如果附加险条款未作规定，则以基本险条款为准。保险人按照承保险别分别承担保险责任。

交强险是我国首个由国家法律规定实行的强制保险制度。国务院2006年3月28日颁布的《机动车交通事故责任强制保险条例》（以下简称《条例》）规定：交强险是由保险公司对被保险机动车发生道路交通事故造成受害人（不包括本车人员和被保险人）的人身伤亡、财产损失，在责任限额内予以赔偿的强制性责任保险。《条例》第二条规定，在中华人民共和国境内道路上行驶的机动车的所有人或者管理人，应当依照《中华人民共和国道路交通安全法》的规定投保机动车交通事故责任强制保险（即交强险）。交强险具有强制性、广覆盖性及公益性的特点。

《条例》规定，公安机关交通管理部门、农业（农业机械）主管部门（以下统称机动车管理部门）应当依法对机动车参加交强险的情况实施监督检查。对未参加交强险的机动车，机动车管理部门不得予以登记，机动车安全技术检验机构不得予以检验。

公安机关交通管理部门及其交通警察在调查处理道路交通安全违法行为和道路交通事故时，应当依法检查交强险的保险标志。

上道路行驶的机动车未放置保险标志的，公安机关交通管理部门应当扣留机动车，通知当事人提供保险标志或者补办相应手续，可以处警告或者处20元以上200元以下罚款。

伪造、变造或者使用伪造、变造的保险标志，或者使用其他机动车的保险标志，由公安机关交通管理部门予以收缴，扣留该机动车，处200元以上2 000元以下罚款；构成犯罪的，依法追究刑事责任。

4. 客、货运附加费

客、货运附加费是国家本着取之于民、用之于民的原则，向从事客、货营运的单位或个人征收的专项基金。它属于地方建设专项基金，各地征收的名称叫法不一，收取的标准也不相同。

三、车辆识别信息

准确对汽车进行识别，是确定二手车鉴定评估中新车购置价格的重要依据，也是准确判断、快速确定二手车价值的重要前提，在查验二手车是否为可交易车辆时，车辆识别信息也是必须查验的主要内容。汽车的识别信息一般包括汽车车标、车辆铭牌、车辆识别码（VIN码）等。

1. 汽车车标

车标是指在整车车身前部外表面显而易见部位上装置的能永久保持的标识（至少一个），是各种汽车品牌的标志。这些标识往往成为汽车企业的代表，是识别车辆、认识车辆的首选途径。车标在树立企业形象、培养用户认同感和信赖感等方面有着重要的作用，并且每个车标都有自己的寓意。图1－2所示为雪铁龙轿车车标，图形为人字形齿轮。其含义为：1900年，安德烈·雪铁龙发明了人字形齿轮。1912年，安德烈·雪铁龙开始用人字形齿轮作为雪铁龙公司产品标识。

图1－2 雪铁龙汽车车标

在二手车交易中常常会碰到一些车辆在使用过程中私自改装车标的现象，对这些车辆的身份还是应该注意加以辨别。有些品牌汽车在不同时期会由于生产商的原因出现不同的标志图案，这也是识别车辆年份和批次的重要依据之一。例如，海南马自达福美来轿车在历经合资到自主品牌的变化过程中，也伴随着车辆标识的变更。图1－3所示为海马福美来2005款和2006款轿车外形，可以清楚地看到这两款车的车标变化，也可以折射出福美来这款轿车"合资"与"自主品牌"的演变。一般来讲，在正常情况下，早期合资品牌的车辆在性能和可靠性上会优越于自主品牌，所以在二手车交易过程中会对这两款车给出不同的评估价格。

（a）

（b）

图1－3 福美来轿车的两个车款
（a）福美来一代（与马自达合资）；（b）福美来二代（自主研发）

2. 车辆铭牌

汽车制造厂商除了在其产品上装置整车车标外，还要装置一个能永久保持的车型标牌，称为车辆铭牌。在二手车鉴定评估时,车辆铭牌也是至关重要的一个检查项目,可从中获取其必要信息。

1) 车辆铭牌内容

车辆铭牌的内容是由两个半区组成的,上半区为规定区,下半区为自由区,上、下两个半区用一条横线分开,如图 1-4 (a) 所示。

规定区的内容为:厂牌(品牌)文字或图案、车辆识别代码、最大设计质量、发动机型号、发动机排量、发动机额定功率、制造年月、整车型号、乘员人数、制造厂家名称、制造国、最大设计装载质量(货车)、额定载客人数(客车)等信息。

自由区内容为:如果车辆是在无车身的非完整车辆的基础上制造完成的,车辆制造厂应在自由区内对车身类型加以描述。另外,还可以根据实际情况标出其他与车辆有关的信息,如车身颜色、代码等。

对于大多数车辆,因为没有需要在自由区内标示的内容,所以铭牌上没有自由区,如图 1-4 (b) 所示。

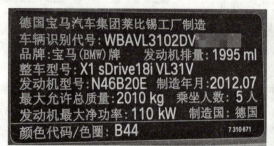
(a)

(b)

图 1-4 车辆铭牌示例
(a) 有自由区的汽车铭牌;(b) 无自由区的汽车铭牌

2) 车辆铭牌的要求

车辆铭牌应装置在不受更换部件影响的部位;内容编写规范、防腐耐磨、字码清晰并且易于阅读;固定在显而易见的位置;出口车辆的铭牌,可将汉字与外文并列标注,也可根据使用国的要求制作铭牌。

3) 车辆铭牌的位置

各型号汽车铭牌的位置不尽相同,如上海大众汽车的铭牌在发动机舱后围板,小型货车的铭牌在右前外柱,丰田轿车的铭牌在发动机舱后围板、左前门下(靠 B 柱)、左前减震塔上,大多数轻型客车的铭牌在座椅下,而中大型客车的铭牌多在仪表板左下方。

3. 车辆识别代码

车辆识别代码是识别汽车必不可少的工具,被称为"汽车身份证号",也是通常所说的车架号(大架号)、底盘号,通常用英文 VIN 来表示。车辆识别代码是车辆生产企业为了识别某一辆车而为该车辆指定的一组字码,由 17 位字码组成。VIN 中的数字和字母经过排列组合的结果可以使同一车型在 30 年内不会发生重号现象。因现在生产的汽车车型更新换代年限的逐渐缩短(一般在 8~12 年就淘汰,不再生产),所以 17 位码已经够用。

VIN 中含有车辆的生产年代、车型、发动机、车身形式、制造厂家以及其他装备等信息。全世界每一辆汽车都有其独一无二的 VIN，具有唯一性，并贯穿一辆车从出厂到报废的整个过程。在二手车鉴定评估过程中，需要重点查验 VIN，通过 VIN 来确定车辆的合法来源、出厂年份、产地、配置类型等要素。VIN 也是在二手车登记过户过程中交通管理部门要核对的一个重要信息。

1）作用

随着汽车修理逐步实现计算机管理和故障自诊断，在各种测试仪表和维修设备中存储汽车 VIN 数据，可作为汽车修理中故障查询的依据和记录。VIN 在汽车配件经营管理上也起着至关重要的作用，比如在查找零件目录中的汽车零件之前，首先确认 VIN 的车型年款和相应的车辆配置，以免出现误购，错装零配件。

VIN 是为了加强对机动车的管理，各国机动车管理部门办理牌照时可以将其输入计算机存储，以备需要时调用，如保险索赔、报案、处理交通事故、查获被盗车辆等，没有 VIN 的车辆是不允许交易的。有的国家规定不准进口没有 VIN 的车辆。

在二手车鉴定评估时查验车辆的 VIN，不仅可以获得车辆的车型年款、车身形式、国别、发动机型号等技术资料，还可查询故障维修记录，鉴定出是否为拼装车、走私车等非法车辆。

2）组成和基本内容

VIN 共由 17 位字码（阿拉伯数字和大写拉丁字母）构成，分为三部分，即世界制造厂识别代码（WMI）、车辆特征代码（VDS）、车辆指示代码（VIS），如图 1-5 所示。在构成 VIN 的所有代码中，为避免混淆，规定不使用 I、O、Q。

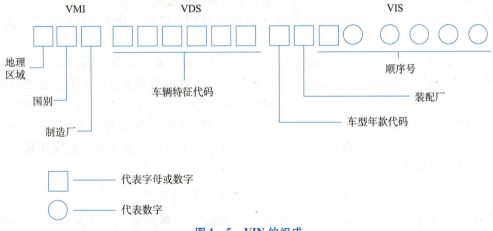

图 1-5　VIN 的组成

（1）世界制造厂识别代码。世界制造厂识别代码是美国汽车工程学会根据地理区域分配给各个车辆制造厂家的代码（现由 ISO 统一分配管理），该代码由 3 个字码组成，即 VIN 的第 1~3 位，用来表示由某个国家的某个汽车制造厂家生产的某种类型的汽车。WMI 必须经过申请、批准和备案后才能使用。

第一位字码标明一个地理区域或国家。如 ISO 统一分配给亚洲地区的代码是从 J~R，L 为中国。

第二位字码标明一个特定地区内的一个国家或制造厂商。如 ISO 分配给中国的代码为 0~9、A~Z，BJC 公司为的代码为 E。

第三位字码标明某个特定的制造厂或车型类别。如 4 表示 BJ2021 系列。

若年产量小于 500 辆，则第 3 位数为 9。

中国及其常见进口车辆国家代码见表 1－4。

表 1－4 中国及其常见进口汽车国家代码

1	美国	J	日本	S	英国
2	加拿大	K	韩国	T	瑞士
3	墨西哥	L	中国	Y	法国
4	美国			W	德国
6	澳大利亚			Y	瑞典
9	巴西			Z	意大利

（2）车辆特征代码。车辆特征代码为 VIN 码的第 4～9 位，由 6 位字码组成。其中第 9 位为校验位，是为了核对 VIN 码记录的准确性；第 4～8 位用以识别车辆的特征，不同的制造厂定义这 5 位字码也不相同。VDS 的说明部分包括：车辆种类、车身类型、发动机类型、底盘类型等内容。汽车中一般需要标明的特征如下所述。

①MPV：车身类型、种类、发动机类型、系列及车辆额定总重。

②客车：车身类型、型号或种类、制动系统、发动机类型及系列。

③载货车：驾驶室类型、系列、底盘、发动机类型、型号或种类、制动系统及额定总重。

④轿车：发动机类型、种类、车身类型、系列及约束系统类型。

（3）车辆指示代码。车辆指示代码为 VIN 码的第 10～17 位，由 8 个字码组成，其中最后 4 个字码是阿拉伯数字。

VIN 码的第 10 位字码表示车辆厂家规定的车型年款，不一定是车辆实际生产的年份，但一般与实际生产的年份之差不超过 1 年。例如，2015 款的雪铁龙爱丽舍不只是 2015 年生产，2016 年也可能还会生产，但 2017 年就不大可能继续生产了。在进行二手车鉴定评估时，要特别注意第 10 位代码，以查出二手车是哪年款。2001—2032 年的车型年份与指示字码的对应关系列于表 1－5。在年款代码中，除英文字母 I、O、Q 不用外，数字 0 和字母 U、Z 也不用，这样可保证 VIN 码 30 年内不会重复。

表 1－5 车型年份与指示字母对应关系

代码	年份/年	代码	年份/年	代码	年份/年	代码	年份/年
1	2001	9	2009	H	2017	S	2025
2	2002	A	2010	J	2018	T	2026
3	2003	B	2011	K	2019	V	2027
4	2004	C	2012	L	2020	W	2028
5	2005	D	2013	M	2021	X	2029
6	2006	E	2014	N	2022	Y	2030
7	2007	F	2015	P	2023	1	2031
8	2008	G	2016	R	2024	2	2032

VIN 的第 11 位字码可以用来指示装配厂家，若无装配厂家，则制造厂家可规定其他的内容。

如果制造厂生产的某种类型的车辆年产量≥500 辆，则第 12～17 位字码表示生产顺序号；如果制造厂的年产量＜500 辆，则此部分的第 12、13 和 14 位字码与第一部分的 3 位字码一起来表示一个车辆制造厂。

VIN 码 JT1GK12E7S9092125 中各位代码的含义见表 1-6。

表 1-6　VIN 码 JT1GK12E7S9092125 中各位代码的含义

位数	意义
1	生产国别代码（J-日本）
2	制造厂家代码（丰田汽车公司）
3	汽车类型代码（乘用车）
4	发动机为 1MZ-FE3.0 LV6
5	车辆品牌为佳美
6	汽车种类为 MCV10 L 型
7	汽车系列为 LE 系列
8	车身类型为 4 门轿车
9	工厂检验代码
10	车型年款代码（S-1995 年）
11	总装工厂代码（日本）
12 至 17	汽车的生产顺序号

3）管理要求

（1）每一辆汽车、挂车、摩托车和轻便摩托车等都必须有 VIN 码。

（2）在 30 年内生产的任何车辆的 VIN 码不得相同。

（3）VIN 码应尽量位于车辆的前半部分、易于看到且能防止磨损或易于替换的部位。

（4）9 座或 9 座以下的车辆和最大总质量小于或等于 3.5 t 的载货汽车的 VIN 码应位于仪表板上，在白天日光照射下，观察者不需要移动任一部件即可从车外分辨出 VIN 码。我国轿车的 VIN 码大多设置在仪表板上风窗玻璃下面。

（5）VIN 码在任何情况下都应是字迹清楚、坚固耐久和不易替换的。若直接打印在汽车和挂车（车架、车身等部件）上，则字码高至少应为 7 mm，其他情况则字码高度至少应为 4 mm；深度大于 0.3 mm。

（6）VIN 码在文件上表示时应写成一行，且不要有空格，打印在车辆上或车型标牌上时也应表示在一行。如果由于技术上的原因，VIN 码必须写在两行上，则两行之间不应有间隙，每行的开始与终止处应选用一个分隔符表示。分隔符必须是不同于 VIN 码所用的任何数字和字母，且不易与 VIN 码中的数字和字母混淆。

（7）VIN 码采用下列阿拉伯数字和大写拉丁字母：1、2、3、4、5、6、7、8、9、0、A、B、C、D、E、F、G、H、J、K、L、M、N、P、R、S、T、U、V、W、X、Y、Z（字母

I、O、Q、U、Z和数字0在年代位不用,I、O、Q在整个车辆识别代码中不存在)。

(8) 车辆识别代码中的后四位必须为数字。

4. 车身标识

目前汽车技术发展迅速,在不同品牌或同一品牌的车身上(通常在车辆的尾部)不断出现一些字母或者数字标识,这些标识通常称为车身标识。车身标识是展现本品牌、型号汽车技术,区别不同款型的最有效、最直接的方法之一。在二手车交易过程中,辨别某一款车辆的特殊性,或者用于区别同一款车的不同型号、配置等,都离不开这些直观有效的标识。下面仅列举一些目前常见的车身标识,并解释其含义。

(1) 大众TSI。"TSI"在国外的含义是双涡轮增压和分层燃烧;在国内"T"表示废气涡轮增压、"SI"表示燃油缸内直喷,并没有分层燃烧的技术。在国内,经常会看到不同的TSI标志,有全红色的,有的"SI"是红色的,有的只是"I"是红色的,这只是为了区分不同的排量。通常,2.0 L排量和1.8 L排量的车辆,"SI"是红色的;而排量为2.0 L的TSI车型中的高配车型或者高端车型则使用全红的标识;1.4 L排量的车型只有"I"是红色。

(2) 缸内直喷技术。表示缸内直喷技术的车身标识:大众TSI,奥迪TFIS(汽油)、TDI(柴油),奔驰CGI(汽油)、CDI(柴油)等。

(3) 发动机可变正时技术。表示发动机可变正时技术的车身标识:本田VTEC、i-VTEC,丰田VVT-i,日产CVVT,三菱MIVEC,铃木VVT等。

(4) 绿色发动机。油电混合动力车(Hybrid),是指同时装备两种动力源(热动力源,由传统的汽油机或者柴油机产生;电动力源,由电池与电动机产生)的汽车。

"EV"表示纯电动汽车;"HEV"表示混合动力汽车;"DM"表示双模电动汽车,是一种将控制发动机和电动机两种混合力量相结合的技术,实现了既可充电又可加油的多种能量补充方式。

(5) 驱动系统。四轮驱动的标识为"4WD"或"4×4"。两轮驱动通常不设标识,但有些汽车厂商为了区分车型特点还是设置两轮驱动的标识,如宝马用"sDrive"表示后轮驱动。

全时四轮驱动的标识为"AWD"或"Quattro",但一些汽车厂商会用不同的标识来表示,如宝马的"xDrive"、奔驰的"4MATIC"均表示全时四驱系统。

(6) 变速器。"MT"是指手动挡变速器,"AT"是指自动挡变速器,"CVT"是指无级变速器。

四、二手车交易规定

根据《二手车流通管理办法》的规定,下列车辆禁止经销、买卖、拍卖和经纪。

(1) 已报废或者达到国家强制报废标准的车辆。

(2) 在抵押期间或者未经海关批准交易的海关监管车辆。

(3) 在人民法院、人民检察院、行政执法部门依法查封、扣押期间的车辆。

(4) 通过盗窃、抢劫、诈骗等违法犯罪手段获得的车辆。

(5) 发动机号码、车辆识别代号或者车架号码与登记号码不相符,或者有凿改迹象的车辆。

（6）走私、非法拼（组）装的车辆。

（7）不具有《二手车流通管理办法》第二十二条所列证明、凭证的车辆。

> **说明**：按《二手车流通管理办法》第二十二条规定，车辆法定证明、凭证主要包括：机动车登记证书、机动车行驶证、有效的机动车安全技术检验合格标志、车辆购置税完税证明、车船税缴付凭证、车辆保险单（交强险）及其投保标志。

（8）在本行政辖区以外的公安机关交通管理部门注册登记的车辆。

（9）国家法律、行政法规禁止经营的车辆。

二手车交易市场经营者和二手车经营主体发现车辆具有（4）、（5）、（6）情形之一，应当及时报告公安机关、工商行政管理部门等执法机关。

交易违法车辆的，二手车交易市场经营者和二手车经营主体应当承担连带赔偿责任和其他相应的法律责任。

此外，车辆上市交易前，必须先到公安交通管理机关申请临时检验，经检验合格，在其行驶证上签注检验合格记录后，方可进行交易。

一、核查法定证件

1. 核查机动车来历证明

通过检查机动车来历证明可以及时发现该车是否合法、是否为涉案车辆，同时，登录公安机关交通管理部门的"全国被盗抢汽车信息资源库"网站，确认车辆是否为盗抢车，从而有效杜绝盗抢车、走私车、拼装车和报废车的非法交易，避免二手车交易市场成为非法车辆销赃的场所，切实维护消费者的合法权益。

二手车鉴定评估机构应拥有各类机动车来历证明样本，以便评估师进行对比鉴别。图1-6所示为机动车销售统一发票示例，图1-7所示为二手车销售统一发票示例。目前，凡是统一发票，均可通过国家税务总局全国增值税发票检验平台查验真伪。

2. 核查机动车行驶证

《中华人民共和国道路交通安全法》第十一条规定，机动车行驶证是车辆上路行驶必需的证件。在二手车鉴定评估的手续检查中，机动车行驶证也是检查二手车合法性的凭证之一。新版的机动车行驶证上标注有机动车的重要信息，如图1-8所示。

1）核查行驶证的真伪

（1）查验照片。2009年以前，车辆行驶证正本上的车辆照片上是带车牌照进行拍照，然后塑封；而在2009年以后，照片上不带有车牌照，但照片上的背景一定要清晰。

（2）查验文字和数字。2005年后全国实行新版的行驶证，可以对比行驶证正、副页之间的文字和数字。如果数字或文字颜色和形状明显差别很大，则可以判定是假证件。另外，真证件上打印的数字或文字是用专用打印机以喷墨或激光方式打印的；而假证制造者为了用一台打印机制造多种规格的假证，通常使用针式打印机。

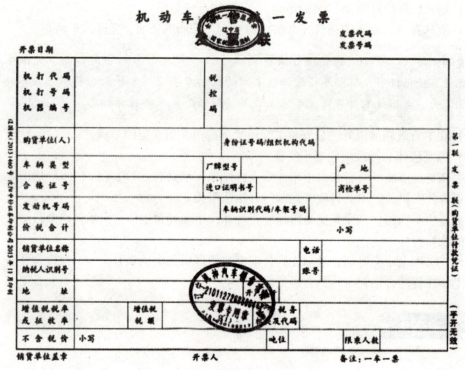

图1-6 机动车销售统一发票示例

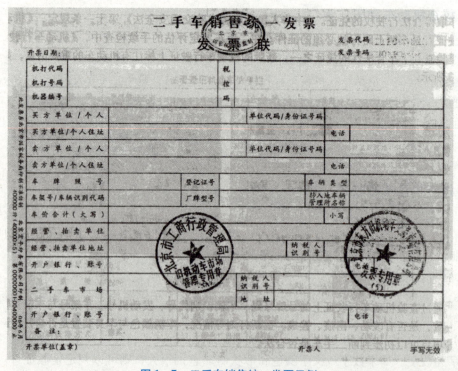

图1-7 二手车销售统一发票示例

(3) 查验正、副页的纸质。正、副页的纸是在一张纸上拆下的,把正、副页放在一起材质完全吻合才是真的。把手指弄湿,然后来回搓正、副页纸,如果发现纸面发毛、花纹仍

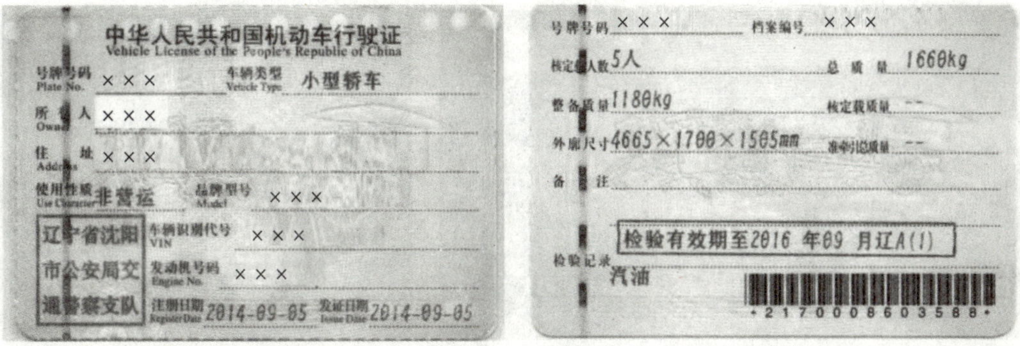

图1-8 机动车行驶证

在但不清晰则是真的；如果发现纸面越搓越光滑并且花纹逐渐消失那就是假的。

（4）查验公章。2001年以前的公章为"××省××市公安局车辆管理所"；2001—2004年期间的公章为"××省××市公安局交通警察支队车辆管理所"；2004年之后的公章为"××省××市公安局交通警察支队"。

2）核查唯一性

经上述核查断定行驶证为真后，即可核查行驶证与二手车对应的唯一性。

（1）核查行驶证上记录的号牌号码是否与汽车牌照上的号码一致（2009年以后的车辆）。

（2）核查行驶证上记录的车辆识别代码是否与汽车铭牌上、车外风窗玻璃左下沿处（VIN槽，见图1-9）打刻的号码一致，车上打刻的号码是否有改动、凿痕、锉痕、重新打刻的痕迹。

车辆铭牌在车辆前部易于观看之处，轿车通常位于发动机舱内的左前纵梁（或挡泥板）上；客车铭牌位于车前门的内上方。车辆的铭牌（见图1-10）应标明厂牌、型号、发动机功率、总质量、载重质量或载客人数、出厂编号、出厂年月日及厂名等。在查看的同时，要记录相关信息。

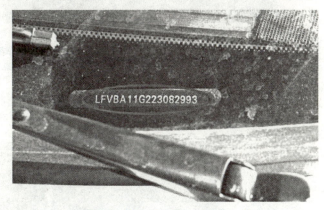

图1-9 风窗玻璃左下沿处（VIN槽）的VIN码

（3）核查行驶证上记录的车辆发动机号（或出厂编号）是否与发动机缸体上的号码一致，发动机上打刻的号码是否有改动、凿痕、锉痕和重新打刻的痕迹。

发动机号（或出厂编号）应打刻（或铸造）在发动机气缸体侧平面上，如图1-11所示。如气缸体上打刻（或铸出）的发动机号（或出厂编号）不易见，则应检查在发动机易见部位是否具有能永久保持的发动机号（或出厂编号）的标识。

（4）核查车架号。目前，轿车和客车几乎全部为承载式车身，即没有独立的车架，所以其车架号与VIN号相同。轿车通常在风窗玻璃下沿处的前围挡板（又称防火墙）上打刻车架号，也有打刻在车身其他部位（如副驾驶席位置的地板胶下面）的，如图1-12所示。

图 1-10 典型的汽车铭牌

图 1-11 发动机号打刻的位置

（a）

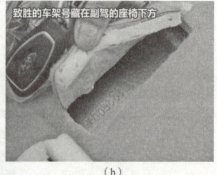
（b）

图 1-12 轿车的车架号
（a）防火墙上的车架号；（b）副驾驶席地板胶下面的车架号

对于货车及部分大客车而言，由于有独立的车架，所以会在车架上打刻车架号，如图 1-13 所示。

图 1-13 货车架号

对于车架号，主要核查内容是核对行驶证上记录的车架号与车架（或车身）上的号码是否一致，打刻的号码是否有改动、凿痕、锉痕和重新打刻的痕迹。

（5）核查车辆颜色与车身装置是否与行驶证上的车辆照片一致。

通过上述核查，可以初步判定二手车是否合法。相关法规条款如下。

①《机动车登记规定》第十七条。发动机号码、车辆识别代号因磨损、锈蚀、事故等原因辨认不清或者损坏的，可以向登记地车辆管理机构申请备案。机动车所有人应当提交身份证明、机动车登记证书和行驶证。车辆管理机构应当自受理之日起1日内，在发动机、车身或者车架上打刻原发动机号码或者原车辆识别代号，在机动车登记证书上签注备案事项。

②《机动车登记规定》第四十八条。机动车在被盗抢期间，发动机号码、车辆识别代号或者车身颜色被改变的，车辆管理所应当凭有关技术鉴定证明办理变更备案。

3. 核查机动车登记证书

机动车登记证书是二手车鉴定评估人员必须认真查验的手续。机动车登记证书记录的信息比机动车行驶证更详细，一些评估参数必须从机动车登记证书获取，如使用性质、国产/进口等。

机动车登记证书又称"绿皮本"，其封皮式样如图1-14所示。核查时，首先要对比判断真伪，如发现登记证为伪造的，则应报告公安机关；其次要确认登记证上记录的有关车辆的信息是否与被评估车辆完全一致，若不一致，则要求车主解决此事，并提示车主，此车不能进行交易。另外，还要核查登记证上的车主信息，在登记证书的备注页查看是否有过户登记的记录，如果有记录，则为已经转过手的二手车，登记的次数说明转手的次数。

登记证书的真伪鉴别与行驶证的鉴别方法基本相同。

2002年之前购买的汽车大部分都没有登记证书，在车辆交易时需要先到车辆管理部门进行补

图1-14 机动车登记证书封皮样本

办。补办登记证书时需携带机动车所有人的身份证明和交验车辆，按以下要求补办。

（1）填写《补领、换领机动车牌证申请表》（见表1-7）。

（2）提交机动车所有人的身份证明。

（3）属于补领机动车登记证书的，还需提交车辆识别代号（车架号码）拓印膜。

（4）属于换领机动车登记证书的，应将原机动车登记证书交回。

（5）因被行政执法部门依法没收并拍卖，或者被仲裁机构依法仲裁裁决，或者被人民法院调解、裁定、判决的机动车，现机动车所有人未得到机动车登记证书的，需持行政执法部门、仲裁机构或者人民法院出具的证明，或者人民法院出具的协助执行通知书。

（6）机动车所有人为自然人办理补领机动车登记证书业务的，应本人到场申请，不能委托他人代理。机动车所有人因死亡、出境、重病残或不可抗力等原因不能到场补领机动车登记证书的，应当出具有关证明。

表1-7 补领、换领机动车牌证申请表

机动车登记证书编号				号牌号码	
申请事项	□补领机动车号牌　□补领行驶证　□补领登记证书　□换领机动车号牌　□换领行驶证 □换领登记证书				
机动车所有人	姓名/名称			联系电话	
	住所地址			邮政编码	
	身份证明名称		号码	□常住人口　□暂住人口	
	居住/暂住证明名称			号码	
机动车	机动车品牌型号				
	车辆识别代号/车架号				
	发动机号码				
申请明细	相关凭证	□未得到登记证书证明　□协助执行通知书		机动车所有人签章：	
	补换领原因	□丢失　□灭失　□损坏 □未得到登记证书　□首次申领登记证书			
	补换领机动车号牌	□1面　□2面			
申请方式	□由机动车所有人申请 □机动车所有人委托＿＿＿＿＿＿＿＿＿＿代理申请			（个人签字/单位盖章） 　年　月　日	
代理人	姓名/名称			联系电话	
	住所地址				
	身份证明名称		号码	代理人签章：	
	经办人	姓名			
		身份证明名称	号码		
		住所地址		（个人签字/单位盖章）	
		签字	年　月　日	年　月　日	

填表说明：
1. 填写时使用黑色、蓝色墨水笔，字体工整。
2. 标注有"□"符号的为选择项目，选择后在"□"中画"√"。
3. 机动车属于个人的，机动车所有人的住所地址栏填写实际居住的地址；属于单位的，填写组织机构代码证书上签注的地址。
4. 机动车栏的"机动车厂牌型号""车辆识别代码/车架号""发动机号码"项目，按照车辆的技术说明书、合格证等资料标注的内容与车辆核对后填写。
5. 申请方式栏，属于由机动车所有人委托代理单位或者代理人代为申请的，除在"□"内画"√"外，还应当在下划处填写代理单位或者代理人的全称。
6. 机动车所有人的签字/盖单栏，属于个人的，由机动车所有人签字；属于单位的，加盖单位公章。
7. 代理人栏，属于个人代理的，填写代理人的姓名，住所地址，身份证明名称、号码，在代理人栏内签名，不必填写经办人姓名等项目；属于单位代理的，应填写代理人栏的所有内容，代理单位应盖单位公章，经办人应签字。

4. 核查机动车号牌

机动车号牌是机动车取得合法行驶权的标志。《中华人民共和国道路交通安全法》中第十一条规定，机动车号牌应当按照规定悬挂并保持清晰、完整，不得故意遮挡、污损。目前，我国规定使用的机动车号牌按《中华人民共和国机动车号牌》（CA36—2007）标准制作。机动车号牌分类、规格、颜色及其适用范围见表1-8。

表1-8 机动车号牌分类、规格、颜色及其适用范围

序号	分类	外廓尺寸/（mm×mm）	颜色	数量	适用范围
1	大型汽车号牌	前：440×140 后：440×220	黄底黑字黑框线	2	中型（含）以上载客、载货汽车和专项作业车；半挂牵引车；电车
2	挂车号牌	440×220		1	全挂车和不与牵引车固定使用的半挂车
3	小型汽车号牌		蓝底白字白框线		中型以下的载客、载货汽车和专项作业车
4	使馆汽车号牌		黑底白字，红"使""领"字白框线		驻华使馆的汽车
5	领馆汽车号牌				驻华领事馆的汽车
6	中国港澳地区入出境车号牌	440×140	黑底白字，白"港""澳"字白框线		中国港澳地区入出内地的汽车
7	教练汽车号牌		黄底黑字，黑"学"字黑框线	2	教练用汽车
8	警用汽车号牌		白底黑字，红"警"字黑框线		汽车类警车
9	普通摩托车号牌		黄底黑字黑框线		普通二轮摩托车和普通三轮摩托车
10	轻便摩托车号牌	前：220×95 后：220×140	蓝底白字白框线		轻便摩托车
11	使馆摩托车号牌		黑底白字，红"使""领"字白框线		驻华使馆的摩托车
12	领馆摩托车号牌				驻华领事馆的摩托车
13	教练摩托车号牌		黄底黑字，黑"学"字黑框线		教练用摩托车
14	警用摩托车号牌	220×140	白底黑字，红"警"字黑框线	1	摩托车类警车
15	低速车号牌	300×165	黄底黑字黑框线	2	低速载货汽车、三轮汽车和轮式自行机械车

续表

序号	分类	外廓尺寸/(mm×mm)	颜色	数量	适用范围
16	临时行驶车号牌	220×140	天（酞）蓝底纹，黑字黑框线	2	行政辖区内临时行驶的载客汽车
				1	行政辖区内临时行驶的其他机动车
			棕黄底纹，黑字黑框线	2	跨行政辖区移动的载客汽车
				1	跨行政辖区移动的其他机动车
			棕黄底纹，黑字黑框线，黑"试"字	2	试验用载客汽车
				1	试验用其他机动车
			棕黄底纹，黑字黑框线，黑"超"字	1	特型机动车，指轴荷和总质量超限的工程专项作业车和超长、超宽、超高的运输大型不可解物品的机动车
17	临时入境汽车号牌	88×60	白底棕蓝色底纹，黑字黑边框		临时入境汽车
18	临时入境摩托车号牌				临时入境摩托车
19	拖拉机号牌	按 NY345.1—2005 执行			上道路行驶的拖拉机

按 GA36—2014 标准制作的车号牌，形式及内容均有严格的规定，图 1-15 所示为小型车号牌制作标准示例，鉴别号牌真伪时，可根据相关的标准进行核对。

机动车号牌真假的判别可采用"望、摸、问、查"4 种方法。

（1）"望"。观察车牌外形，从形、色、定的角度进行基本判断。正规的车牌经过高科技处理，并采用一次成型技术，视觉好；而伪造车牌在正常阳光下存在颜色偏红或偏黄的色差，以及字体较窄等现象。

（2）"摸"。用手触摸车牌，尤其是感觉周边棱角处是否光滑，这是判断一辆车是否存在伪造车牌的重要标志。由于并非一次性成型，伪造车牌上的字体边缘会有棱角，即使打磨过也难以掩盖痕迹；拆下车牌，其背面会有敲打过的痕迹。

（3）"问"。问车主是否可以过户。目前二手车市场上一些"黄牛"经常把二手车的车牌卖掉，从中牟取暴利。遇到这种情况，购车人只要提出"能否过户"，"黄牛党"一般会承诺"包车检"，这就意味着可能用了假号牌。

（4）"查"。查是核查机动车号牌真伪的最有效方法。记下车牌号码后，到车辆管理部门上网查询车辆登记档案。挪用牌照的套牌车有的是套用不同车型牌照，有的是套用同种车型牌照，有的还涂改车架号和相关标志，上述情况只要在网上一查，便可了解清楚。

图 1-15 小型车号牌制作标准示例

5. 核查道路运输证

运营车辆应有道路运输证,全国统一的道路运输证示例如图 1-16 所示,核查的主要内容是运输证的真伪及其记载的信息是否真实、是否在有效期内。

6. 核查机动车检验合格标志

目前机动车检验合格标志(贴)有安全技术检验合格标志(机动车年检合格贴,全国统一的式样如图 1-17 所示)和环保检验合格标志(见图 1-18)。其中环保检验合格标志又分为绿标贴和黄标贴两种。凡检验完全符合当地环境保护标准要求的,则核发绿标贴(底色为绿色),可在当地(全市境内)行车使用;凡检验不符合当地环境保护标准要求但又达到国家标准要求的,则核发黄标贴(底色为黄色),将在当地限制区域使用(目前机动车环保检验项目已并入安全技术检验,即不再单独核发环保检验合格标志)。另外,凡从事营运的车辆,还需要有当地(通常为全省统一)汽车综合性能检验合格标志,如图 1-19 所示。如果机动车无检验合格标志或标志无效,则不能交易。

二、核查税费单据

根据《二手车流通管理办法》规定,二手车交易必须提供车辆购置税、车船税和车辆保险费等税费缴付凭证。

1. 核查车辆购置税完税证明

核查是否具有真实的车辆购置税完税证明。如果为免税车,应核查该车是否符合免税的有关规定。车辆购置税完税证明样本如图 1-20 所示。

2. 核查车船税完税证

核查是否具有真实的车船税完税凭证。如果没有此凭证,但按规定能够补办,则应在价格评估时将此项费用扣除(包括新交税费、补交税费及滞纳金等)。如果为免税车型,应核

图 1-16 道路运输证示例

图 1-17 机动车检验合格标志（安全技术检验）

定是否在法规规定的免税车型范围内。

车船使用税完税证各地区有所不同，图 1-21 所示为北京地区统一使用的车船使用税完税证式样。

3. 核查机动车保险费单

核查车辆投保了哪些险种（如车辆损失险、交强险、盗抢险及其他附加险），并确认其保险单的真实性。

图 1-18 环保检验合格标志

图 1-19 综合性能检测合格标志

核查车辆上是否贴有机动车交通强制保险标志，其标准式样如图 1-22 所示。

4. 相关法律条款

（1）《机动车登记规定》第二十一条。被人民法院、人民检察院和行政执法部门依法没收并拍卖，或者被仲裁机构依法仲裁裁决，或者被人民法院调解、裁定、判决机动车所有权转移时，原机动车所有人未向现机动车所有人提供机动车登记证书、号牌或者行驶证的，现机动车所有人在办理转移登记时，应当提交人民法院出具的未得到机动车登记证书、号牌或者行驶证的协助执行通知书，或者人民检察院、行政执法部门出具的未得到机动车登记证书、号牌或者行驶证的证明。车辆管理所应当公告原机动车登记证书、号牌或者行驶证作废，并在办理转移登记的同时，补发机动车登记证书。

（2）《机动车登记规定》第四十三条。机动车登记证书灭失、丢失或者损毁的，机动车所有人应当向登记地车辆管理所申请补领、换领。申请时，机动车所有人应当填写申请表并提交身份证明，属于补领机动车登记证书的，还应当交验机动车。车辆管理所应当自受理之日起 1 日内，确认机动车，审查提交的证明、凭证，补发、换发机动车登记证书。

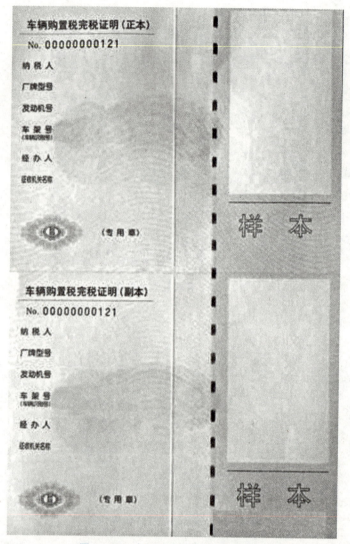

图 1-20 车辆购置税完税证明样本

（3）《机动车登记规定》第五十八条。以欺骗、贿赂等不正当手段取得机动车登记的，由公安机关交通管理部门收缴机动车登记证书、号牌、行驶证，撤销机动车登记，申请人在 3 年内不得申请机动车登记，对涉嫌走私、盗抢的机动车，移交有关部门处理。

以欺骗、贿赂等不正当手段办理补、换领机动车登记证书、号牌、行驶证和检验合格标志等业务的，由公安机关交通管理部门处警告或者 200 元以下罚款。

（4）《机动车登记规定》第四十四条。机动车号牌、行驶证灭失、丢失或者损毁的，机动车所有人应当向登记地车辆管理所申请补领、换领。申请时，机动车所有人应当填写申请表并提交身份证明。

（5）《机动车登记规定》第四十九条。机动车所有人可以在机动车检验有效期满前 3 个月内向登记地车辆管理所申请检验合格标志。

申请前，机动车所有人应当将涉及该车的道路交通安全违法行为和交通事故处理完毕。申请时，机动车所有人应当填写申请表并提交行驶证、交强险凭证、车船税纳税或者免税证

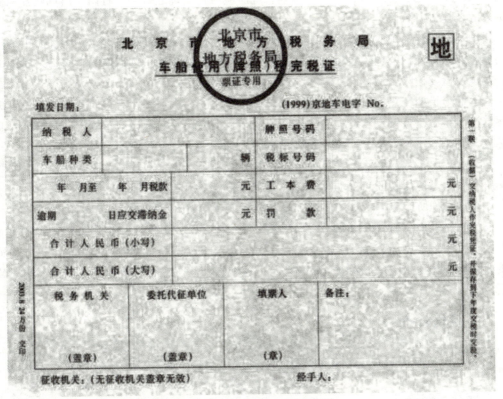

图 1-21　车船使用税完税证式样

图 1-22　交强险标志式样

明、原机动车安全技术检验合格证明。

车辆管理所应当自受理之日起 1 日内，确认机动车，审查提交的证明、凭证，核发检验合格标志。

（6）《机动车登记规定》第五十条。除大型载客汽车、校车以外的机动车因故不能在登记地检验的，机动车所有人可以向登记地车辆管理所申请委托核发检验合格标志。申请前，机动车所有人应当将涉及机动车的道路交通安全违法行为和交通事故处理完毕。申请时，应当提交机动车登记证书或者行驶证。车辆管理所应当自受理之日起1日内，出具核发检验合格标志的委托书。

机动车在检验地检验合格后，机动车所有人应当按规定向被委托地车辆管理所申请检验合格标志，并提交核发检验合格标志的委托书。被委托地车辆管理所应当自受理之日起1日内，按规定核发检验合格标志。

营运货车长期在登记地以外的地区从事道路运输的，机动车所有人向营运地车辆管理所备案登记1年后，可以在营运地直接进行安全技术检验，并向营运地车辆管理所申请检验合格标志。

（7）《机动车登记规定》第五十一条。机动车检验合格标志灭失、丢失或者损毁的，机动车所有人应当持行驶证向机动车登记地或者检验合格标志核发地车辆管理所申请补领或者换领。车辆管理所应当自受理之日起1日内补发或者换发。

（8）《二手车流通管理办法》第十七条。二手车卖方应当向买方提供车辆的使用、修理、事故、检验以及是否办理抵押登记、交纳税费、报废期等真实情况和信息。买方购买的车辆如因卖方隐瞒和欺诈不能办理转移登记的，卖方应当无条件接受退车，并退还购车款等费用。

三、识伪检查

二手车的识伪检查有两个含义：对于进口汽车为判别是不是走私车（又称"水货车"）；对于国产小客车为判别车身是不是纯正的原厂货。

1. 走私车的鉴别

走私是指那些通过走私或非合法渠道进口的汽车。这些汽车有的是整车走私，有的是散件走私境内组装，有的甚至是旧车拼装。对走私车的鉴别，应从以下5个方面核查。

1) 查验商检标志

进口正品汽车（即习惯上称为"大贸进口"的汽车），是指通过正常的贸易渠道进口的汽车。此类车的风窗玻璃上有黄色的商检标志（也称"CCIB"标志，如图1-23所示），符合我国产品质量法。进口正品汽车都附有中文使用手册和维修手册，有的还有零部件目录，而走私车则没有。

2) 查验汽车型号

查验汽车型号就是看该型号汽车是否在我国进口汽车产品目录上。多年从事评估工作的业内人士，对大多数汽车从外观就能看出是否为我国进口汽车产品目录上的车型。

图1-23 进口汽车商检标志

3) 看外观漆面

检查车身是否有重新做过油漆的痕迹，尤其是车窗玻璃下框处，因为有一种最常见的走私车就是所谓的"割顶"车。走私者在境外将轿车从车窗玻璃下框处切成上下两部分（也称为"一刀车"），如图1-24所示，分别作为汽车配件走私或进口，然后在境内再将两部分焊接起来，通过这种方法来达到走私整车的目的。要注意曲线部分的线条是否流畅、大面是否平整，在现有的技术条件下，"割顶"车要想做得天衣无缝还不可能，一般用肉眼仔细观察，用手从车顶部向下触摸，还是能够发现走私者留下的痕迹的。

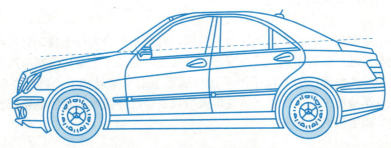

图 1-24 "一刀车"切割方式

另外，走私车辆还有一种切割方式，称为"两刀车"。"两刀车"是指在"一刀车"的基础上，又把车身前后方向给拦腰截断，回到境内后焊接拼装，如图 1-25 所示。对于这类车辆应仔细观察车辆中部的纵向结构件，如底板纵梁、车门槛等，如果发现各纵向结构件几乎在同一车身横断面位置均有焊接的痕迹，即可断定为"两刀车"。

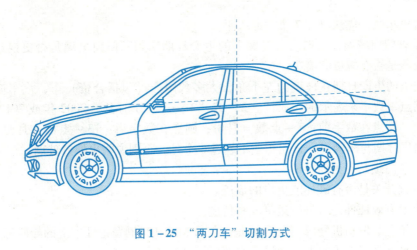

图 1-25 "两刀车"切割方式

4）观察发动舱内线束

打开发动机罩，观察发动机舱内线路、管路布置是否有条理，是否有重新装配和改装的痕迹。

5）观察变速杆

我国现有走私车中，日本车较多，右驾改左驾的较多，自动变速器的多。根据经验，自动变速器的车右驾改左驾是很容易识别的。为了适应我国的交通管理法规，走私者将右驾改为左驾，而为了降低改装成本，走私者不可能更换变速器。自动变速器的车右驾改左驾通过变速杆就可以识别，因为自动变速器变速杆的保险按钮仍在右侧，通过这一点可识别不少走私车。

2. 小客车车身识伪检查

现代小客车车身基本上是承载式车身，车架号在车身上。车身是小客车最重要的基础件，同时也是小客车上价值最高的一个零部件。根据《机动车登记规定》第九条规定，申请改变机动车车身颜色、更换车身或者车架的，应当填写《机动车变更登记申请表》，提交法定证明、凭证。属于更换车身或者车架的，还应当核对车辆识别代号（车架号码）的拓印膜，收存车身或者车架的来历凭证。

1）国产车

由于许多汽车制造厂为了防止不法分子造假，对汽车车身实行专营，只对特约维修站供应，一般的汽车修理厂是购不到汽车车身的，并且正厂的汽车车身比仿制的汽车车身价格要贵得多。因此，一些修理厂的"高手"采用将原车上的车架号割下，再焊在假车身上的方法，试图混过汽车检验关。二手车评估鉴定人员只要通过仔细地观察和触摸，就能发现造假者留下的痕迹，识别假汽车车身。

2）进口车

国外汽车的车身如果要进口，它的手续同进口一辆汽车的手续一样。对于老旧车型，一些进口汽车配件供应商时常将报废车的车身拆下后翻新，再卖给汽车修理厂，从中谋取暴利。汽车修理厂有时也同样采用上述办法造假。二手车鉴定评估人员必须高度重视和警惕，识别假汽车车身。

四、鉴别盗抢车辆

鉴别盗抢车辆，应从以下7个方面入手。

（1）检查门窗玻璃，根据门窗玻璃上的生产日期来判断门窗玻璃是否更换过，检查窗框四周的胶条是否有撬过的痕迹。

汽车玻璃的生产日期在玻璃的左下角，大多数国产（包括合资）车，汽车玻璃的生产日期是以圆点+数字来表示的。如"·2"或"2……"分别表示2002年或2012年6月份生产的玻璃（圆点在数字前：7－点数＝月份；圆点在数字后：13－点数＝月份）。要求所有玻璃的出厂日期与车辆出厂日期相差不超过6个月，否则说明更换过玻璃。

（2）汽车门锁是否为新换的。

（3）点火开关是否有破坏或更换的痕迹。

（4）车辆有效证件是否进行过篡改和伪造。

（5）汽车上的发动机号码和VIN码是否与行驶证和车辆登记证书上的号码完全一致。

（6）车辆外观是否重新做过油漆并改变了原来的颜色。

（7）检查档案。到公安车辆管理部门查询档案资料，掌握车辆情况，确定车辆的合法性及来源情况，这是一种直接有效的判别方法。

（1）教师为每组学员准备好二手车，包括各项相关手续（可以不全）、汽车各项证明材料的标准样本。

（2）学员结合本任务的知识与技能学习，针对现场二手车，逐项检查各项证明材料，并完成相关技能学习工单（见本书教学资源包"技能学习工单3"）。

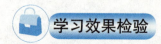

一、思考题

1. 查验可交易车辆时，需要做哪些工作？

2. 机动车的法定证件都有哪些？各种税费单据有哪些？

3. 什么是车辆购置税？国家征收车辆购置税的目的是什么？目前车辆购置税的征收标准是什么？

4. 哪些种类的机动车免收车辆购置税？

5. 汽车的识别信息一般包括哪些？各自的作用是什么？

6. 说明经验法判断行驶证真伪的方法。

7. 如何鉴别走私汽车？

二、单项选择题

1. 下列选项中，（　　）不是二手车法定证件。
   A. 原始购车发票　　B. 行驶证　　　　　C. 登记证书　　　　D. 驾驶证

2. 在核对二手车来历证明时，（　　）不需要《公证书》。
   A. 中奖的　　　　　B. 经法院判决的　　C. 赠与的　　　　　D. 继承的

3. 下列选项中，（　　）不是人民法院调解、裁定或者判决转移的机动车的来历凭证。
   A.《调解书》　　　　　　　　　　　　　B.《裁定书》
   C.《仲裁裁决书》　　　　　　　　　　　D.《协助执行通知书》

4. 二手车的合法手续证明一般不包括（　　）。
   A. 车辆来历证明、机动车行驶证
   B. 机动车登记证、车辆号牌、车辆运输证
   C. 车辆购置税、机动交强险标志
   D. 交通事故处理意见书

5. 下列选项中，（　　）不是机动车必须具备的合法手续。
   A. 机动车来历证明　　　　　　　　　　B. 道路运输证
   C. 机动车登记证书　　　　　　　　　　D. 机动车检验合格标志

6. "黄标车"是指粘贴黄色（　　）标志的车辆。
   A. 安全技术检验合格　　　　　　　　　B. 环保检验合格
   C. 综合性能检验合格　　　　　　　　　D. 交强险

7. 下列选项中，（　　）不是二手车必须具备的税费证件。
   A. 车辆购置税完税证　　　　　　　　　B. 车船税完税证
   C. 养路费缴纳证　　　　　　　　　　　D. 交强险保单

8. 车辆购置税的征收标准，目前是按（　　）计征。
   A. 年　　　　　　　B. 月　　　　　　　C. 价　　　　　　　D. 排量

9. 车辆购置税的征收标准，目前是按车辆计税价的（　　）%计征。
   A. 6　　　　　　　B. 8　　　　　　　C. 10　　　　　　　D. 20

10. 纳税人自产、受赠、获奖或者以其他方式取得并自用的车辆，计税依据由车购办参照国家税务总局核定的应税车辆（　　）核定。
    A. 最低计税价格　　B. 最高计税价格　　C. 平均计税价格　　D. 标准计税价格

11. 下列选项中，（　　）是我国首个由国家法律规定实行的强制保险制度。
    A. 车辆损失险　　　B. 第三者责任险　　C. 车辆盗抢险　　　D. 交强险

12. 《机动车交通事故责任强制保险条例》是国务院（　　）年3月28日颁布的。

A. 2005　　　　　B. 2006　　　　　C. 2007　　　　　D. 2008

13. 未放置保险标志的上道路行驶的机动车，公安机关交通管理部门应当扣留机动车，通知当事人提供保险标志或者补办相应手续，可以处警告或者20元以上（　　）元以下罚款。

A. 100　　　　　B. 200　　　　　C. 300　　　　　D. 500

14. 伪造、变造或者使用伪造、变造的保险标志，或者使用其他机动车的保险标志，由公安机关交通管理部门予以收缴，扣留该机动车，处200元以上（　　）元以下罚款；构成犯罪的，依法追究刑事责任。

A. 500　　　　　B. 800　　　　　C. 1 000　　　　D. 2 000

15. 下列选项中，（　　）在树立企业形象、培养用户认同感和信赖感等方面有着重要的作用。

A. 汽车车标　　　B. 车辆铭牌　　　C. 车身标识　　　D. VIN码

16. 按目前标准，进口轿车气缸容量是4.0 L以上，消费税的适用税率为（　　）。

A. 10%　　　　　B. 25%　　　　　C. 30%　　　　　D. 40%

17. 一辆轿车的VIN代码是464AH53L8GJ007421，其年款代码表示的年份是（　　）年。

A. 2013　　　　　B. 2015　　　　　C. 2011　　　　　D. 2016

18. 汽车的VIN中表示车型年份的是第（　　）位。

A. 8　　　　　　B. 10　　　　　　C. 9　　　　　　D. 11

19. 车辆识别代码由（　　）位字码组成。

A. 7　　　　　　B. 10　　　　　　C. 17　　　　　　D. 22

20. VIN位码中的数字和字母经过排列组合后，可以使同一车型在（　　）年内不会发生重号现象。

A. 20　　　　　　B. 30　　　　　　C. 40　　　　　　D. 50

21. 车辆VIN码的第一位通常表示（　　）。

A. 地理区域　　　B. 国家　　　　　C. 制造厂商　　　D. 车型类别

22. VIN码若直接打印在汽车和挂车（车架、车身等部件）上，则字码高至少应为（　　）mm。

A. 0.3　　　　　B. 4　　　　　　C. 5　　　　　　D. 7

23. 大众1.4排量的车型，TSI标志是（　　）。

A. 全红色的　　　B. SI是红色的　　C. 只是I是红色的　D. 全黑色的

24. 混合动力车的车身标识是（　　）。

A. EV　　　　　B. HEV　　　　　C. DM　　　　　D. Hybrid

25. （　　）年以前，车辆行驶证正本上的车辆照片是带车牌号进行拍照，然后塑封的。

A. 2001　　　　　B. 2003　　　　　C. 2005　　　　　D. 2009

26. 某车的行驶证上面的公章为"××省××市公安局车辆管理所"，据此可判断该车新车应该为（　　）的车。

A. 2001年前　　　B. 2001年后　　　C. 2004年前　　　D. 2004年后

27. 下列选项中，（　　）不需要有变更登记记载。

A. 改变车身颜色的
B. 更换车身或者车架的
C. 营运机动车改为非营运机动车
D. 小型、微型载客汽车加装前后防撞装置

28. 下列选项中，（　　）是核查机动车号牌真伪的最有效方法。
A. 望　　　　　B. 摸　　　　　C. 问　　　　　D. 查

29. 对小型汽车的号牌，标准形式为（　　）。
A. 黄底黑字黑线框　　　　　B. 蓝底白字白线框
C. 黑底白字白线框　　　　　D. 白底黑字黑线框

30. 以欺骗、贿赂等不正当手段办理补、换领机动车登记证书、号牌、行驶证和检验合格标志等业务的，由公安机关交通管理部门处警告或者（　　）元以下罚款。
A. 100　　　　B. 200　　　　C. 300　　　　D. 500

31. 机动车检验合格标志灭失、丢失或者损毁的，机动车所有人应当持行驶证向机动车登记地或者检验合格标志核发地车辆管理所申请补领或者换领。车辆管理所应当自受理之日起（　　）日内补发或者换发。
A. 1　　　　　B. 2　　　　　C. 3　　　　　D. 5

32. 对正规进口汽车，下列叙述不正确的是（　　）。
A. 前风窗玻璃上有黄色的商检标志
B. 必须有右驾改左架的痕迹
C. 附有中文使用手册和维修手册
D. 车型号必须在我国公布的进口汽车产品目录上

33. 下列选项中，（　　）对判断是否为走私车基本没有帮助。
A. 查勘汽车型号，看其是否在我国进口汽车产品目录上
B. 看是否有外文手册
C. 看自动变速器变速杆的保险按钮是否仍在右侧
D. 观察发动机室是否有重新装配和改装的痕迹

34. 某车后挡风玻璃上的生产日期标注为"7……"，则可判断该车玻璃的生产月份为（　　）月。
A. 2　　　　　B. 5　　　　　C. 7　　　　　D. 8

三、多项选择题

1. 查验可交易车辆，即查验车辆相关法定证明、凭证是否（　　），判定待评估车辆是否符合可交易条件。
A. 齐全　　　　B. 完好　　　　C. 合法　　　　D. 有效

2. 下列选项中，（　　）不需要有购车发票就可能是合法交易的车辆。
A. 人民法院调解、裁定或者判决转移的机动车
B. 仲裁机构仲裁裁决转移的机动车
C. 资产重组或者资产整体买卖中包含的机动车
D. 国家机关统一采购并调拨到下属单位未注册登记的机动车

3. 机动车检验合格标志必须有（　　）。

A. 安全技术检验合格标志　　　　　　　B. 营运车辆综合性能检测合格标志
C. 机动车环保检验合格标志　　　　　　D. 机动车临时检验合格标志

4. 目前二手车的税费包括（　　　）。

A. 车辆购置税　　　B. 车船税　　　C. 养路费　　　D. 车辆交强险费

5. 纳税人购买自用的应税车辆的计税价格，包括（　　　）。

A. 购车价款　　　B. 购车价外费用　　　C. 增值税税款　　　D. 交强险费

6. 纳税人购买进口自用的应税车辆的计税价格中，应包括（　　　）。

A. 关税完税价格　　　B. 保险费　　　C. 关税　　　D. 消费税

7. 下列选项中，（　　　），主管税务机关根据纳税人提供的《机动车销售统一发票》或有效凭证注明的价格确定计税价格。

A. 进口旧车　　　　　　　　　　　　　B. 因不可抗力因素导致受损的车辆
C. 库存超过3年的车辆　　　　　　　　D. 行驶8万千米以上的试验车辆

8. 下列选项中，（　　　）一定会在车辆铭牌上标示。

A. 厂牌（品牌）文字或图案　　　　　　B. 车辆识别代码
C. 车身颜色代码　　　　　　　　　　　D. 发动机型号

9. 在二手车鉴定评估时查验车辆的VIN码，可以获得（　　　）。

A. 车辆的车型年款　　　　　　　　　　B. 发动机型号
C. 故障维修记录　　　　　　　　　　　D. 鉴定出是否为非法车辆

10. 在二手车交易过程中，（　　　）都离不开车身标识。

A. 辨别某一款车辆的特殊性　　　　　　B. 区别同一款车的不同型号、配置
C. 确定车辆年款　　　　　　　　　　　D. 鉴定车辆合法性

11. 表示全时四轮驱动的车身标识是（　　　）。

A. 4WD　　　B. AWD　　　C. xDriv　　　D. 4MATIC

四、判断题

（　　　）1. 对于不可交易的车辆，不进行技术鉴定和价值评估。

（　　　）2. 在国外购买的机动车，必须有该车销售单位开具的销售发票及其翻译文本。

（　　　）3. 如果没有机动车登记证书，则不能进行鉴定评估。

（　　　）4. 二手车来历证明专指新车或二手车购置发票。

（　　　）5. 对于国有企业，资产重组或者资产整体买卖中包含的机动车，其来历凭证是资产主管部门的批准文件和车辆原始发票。

（　　　）6. 国家机关统一采购并调拨到下属单位已注册登记的机动车，其来历凭证是全国统一的机动车销售发票和该部门出具的调拨证明。

（　　　）7. 修理单位开具的发票也可以作为机动车的来历证明。

（　　　）8. 资产主管部门的批准文件可以作为机动车的来历证明。

（　　　）9. 国家征收车辆购置税的主要目的是购置新车补贴。

（　　　）10. 购买自用或者进口自用车辆，纳税人申报的计税价格低于同类型应税车辆的最低计税价格，按纳税人申报的计税价格计税。

（　　　）11. 已缴纳车船税的车船在同一纳税年度内办理转让过户的，需重新纳税。

（　　　）12. 二手车上路行驶的手续是指：机动车上路行驶，按照国家有关规定必须办理

的相关证件和必须缴纳的税、费。机动车凭这些有效证件及所缴纳税、费的凭证上路行驶。

（　　）13. 国家税务机关监制的全国统一的二手车交易专用发票是唯一有效的二手车来历凭证。

（　　）14. 按照相关法规，机动车交通事故责任强制保险实行全国统一保险保单条款、全国统一基础保险费率、全国统一责任限额。

（　　）15. 机动车所有人为自然人办理补领《机动车登记证书》业务的，应本人到场申请，不能委托他人代理。机动车所有人因死亡、出境、重病残和不可抗力等原因不能到场补领《机动车登记证书》的，应当出具有关证明。

（　　）16. 机动车号牌、行驶证灭失、丢失或者损毁的，机动车所有人应当向登记地车辆管理所申请补领、换领。

（　　）17. 发动机号码、车辆识别代号因磨损、锈蚀、事故等原因辨认不清或者损坏的，应当更换发动机或报废车辆。

（　　）18. 委托二手车鉴定评估的人，如果不是车主，因其对车辆无处置权，故不能为其进行二手车评估。

（　　）19. 处在抵押登记期内的车辆可以进入二手车市场交易。

（　　）20. 2005 年 7 月 1 日后，未投保交强险的车辆不得上路行驶。

（　　）21. 车船使用税一般采用从价定率的办法计算应纳税额。

（　　）22. 车辆识别代码应尽量置于汽车前半部分，易于观察到，并且能够防止磨损或更换的部位。

（　　）23. 我国规定，整个 17 位代码的最后 6 位代码为车辆的生产顺序号，与汽车底盘或车架号相同，故行驶证上的车架号签注的也是 17 位代码。

（　　）24. 车辆的发动机号码、车辆识别代号可以是重新打刻的。

（　　）25. 汽车门锁是新换的，则可断定该车为盗抢车。

任务 1-3　签订二手车鉴定评估委托书

任务导入

经过对车辆相关证件的查验后，如果判定为可交易车辆，就可以与委托方签订二手车鉴定评估委托书。

二手车鉴定评估委托书是受托方与委托方对各自权利责任和义务的协定，是一项经济合同性质的契约。

二手车鉴定评估委托书必须符合国家法律、法规和资产评估业的管理规定。涉及国有资产，占有单位要求申请立项的二手车鉴定评估业务，应由委托方提供国有资产管理部门关于评估立项申请的批复文件，经核实后，方能接受委托。

签订委托书后，受托方要根据具体工作情况，制定鉴定评估作业方案，即根据二手车鉴定评估委托书的要求而制定评估工作规划和安排。其主要内容包括：评估目的、评估范围、评估基准日、安排具有鉴定评估资格的评估人员及协助评估人员工作的其他人员、现场工作计划、评估程序、评估具体工作和时间安排、拟采用的价格评估方法及其具体步骤等。

本任务主要学习与签订二手车评估委托书及制定鉴定评估作业方案相关的理论知识，正确签订二手车鉴定评估委托书的方法，鉴定评估作业方案包含的内容与基本格式。

学习目标

（1）能够正确描述我国汽车的分类方法。
（2）能够正确描述我国汽车型号编制规则。
（3）能够正确解释汽车品牌、车系、型号和车款。
（4）能够正确描述二手车价格评估的前提条件。
（5）能够正确描述二手车价格评估的计价标准。
（6）能够正确解释重置成本法、现行市价法、收益现值法和清算价格法的概念、理论依据、适用范围及特点。能够根据具体的二手车评估目的，选择正确的价格评估方法。
（7）能够规范地签订二手车鉴定评估委托书。
（8）能够初步拟定二手车鉴定评估作业方案。
（9）培养人际交往和决策执行力等职业素养。

相关知识学习

一、我国汽车的分类

我国汽车分类也与国际接轨，把国际标准化组织的统一规定作为我国国家标准。所以，在2001年有关部门发布了GB/T 3730.1—2001《汽车和挂车类型的术语和定义》，作为国标予以规定。该标准根据国际标准化组织的统一规定，将汽车按照动力装置、用途、行走方式的特征以及行驶道路条件来分类。车辆类型各分类中，与二手车鉴定评估密切相关的是按动力装置分类和按用途分类。

1. 按照动力装置类型分类

1）活塞式内燃机汽车

活塞式内燃机汽车是用内燃机作为动力装置的汽车。活塞式内燃机汽车有按燃料种类和活塞的运动方式分类两种方法。

（1）按燃料分类。汽车按所使用的燃料种类不同，分为汽油机汽车、柴油机汽车、气体燃料汽车和代用液体燃料汽车等。

汽油机汽车：以汽油作为内燃机燃料的汽车。

柴油机汽车：以柴油作为内燃机燃料的汽车。

气体燃料汽车：以天然气、石油气、煤气、氢气等气体作为内燃机燃料的汽车。

代用液体燃料汽车：以代用液体燃料作为内燃机燃料的汽车，包括甲醇燃料汽车、乙醇燃料汽车和生物柴油燃料汽车等。

（2）按活塞的运动方式分类。按活塞的运动方式不同，汽车分为往复活塞式发动机汽车和旋转活塞发动机汽车两种。

往复活塞式发动机汽车：将往复活塞式发动机作为动力装置的汽车。

旋转活塞式发动机汽车：将旋转活塞式发动机作为动力装置的汽车。

2）电动汽车

电动汽车是用电动机作为动力装置的汽车。根据电源形式可将电动汽车分为无轨电车和电瓶车两种。

无轨电车：从架线上接受电力，以电动机驱动的大客车。

电瓶车：用蓄电池作为电源的电动汽车，也称纯电动汽车。

3）混合动力汽车

混合动力汽车是指车上装有两个以上的动力源，其中一个为动力蓄电池，另一个为内燃机等其他动力源。目前市场主要的混合动力汽车分为全面混合动力、辅助混合动力和轻度混合动力3种。

全面混合动力：可以只使用内燃机或电池及电动机推动，也可两者同时使用。这类组合需要体积较大、电压也较高的电池。全面混合动力也称为强混或重混。

辅助混合动力：电池及电动机用于内燃机的辅助，为车辆短期超载（如加速、爬坡）提供动力。

轻度混合动力：电动机不能驱动车轮，而是在内燃机起动时，使用很大的起动电动机使内燃机转到较高的运转转数。

2. 按照用途分类

国家标准 GB/T 3730.1—2001 将汽车分为两大类，即乘用车和商用车。

1）乘用车

乘用车是指在其设计和技术特性上主要用于载运乘客及其随身携带行李和临时物品的汽车，座位数（包括驾驶员座位在内）最多不超9个。

乘用车包括轿车、微型客车以及不超过9座的轻型客车。乘用车又细分为基本型乘用车（轿车）、多功能车（MPV）、运动型多用途车（SUV）、交叉型乘用车以及专用乘用车。

（1）基本型乘用车。基本型乘用车的概念等同于国家标准 GB/T 15089—2001 中的轿车，但在统计范围上又不同于轿车。这种区别主要表现在将旧标准轿车中的部分非轿车品种，如丰田大霸王、江淮瑞风、切诺基排除在基本型乘用车外，而把原属于轻型客车中的"准轿车"列入了基本型乘用车统计。由于这些特殊的车型产销数量不是很大，所以对于分析基本型乘用车市场的发展趋势影响不大。一般轿车强调的是舒适性，以乘员为中心，而且是从考虑经济性出发，选择功率适中、排量小、耗油量小的发动机。在我国的行驶证管理方面，轿车特指区别于货车、皮卡、SUV、大巴、中巴的小型汽车，又称为"小轿车"。通常按照发动机排量不同，将轿车分为微型轿车、普通级轿车、中级轿、中高级轿车和高级轿车5个级别（也可解释为5种类别）。

微型轿车：发动机排量小于等于1.0 L的轿车，如奥拓、比亚迪F0、奇瑞QQ等。

普通级轿车：发动机排量大于1.0 L而小于等于1.6 L的轿车，如北京现代朗动、雪铁龙爱丽舍、别克凯越、起亚K2等。

中级轿车：发动机排量大于1.6 L而小于等于2.5 L的轿车，如中华骏捷1.8、马自达6、雪铁龙赛纳、花冠等。

中高级轿车：发动机排量大于 2.5 L 而小于等于 4.0 L 的轿车，如奥迪 A6、宝马 320、奔驰 350、雷克萨斯 400 等高档品牌的轿车。

高级轿车：发动机排量大小 4.0 L 的轿车，如奔驰 600、宝马 760 等。

（2）多功能车（MPV）。MPV 是从旅行轿车逐渐演变而来的，集旅行车乘员空间宽大、轿车的舒适性和厢式货车的功能于一身，一般为单厢式结构。多功能车拥有一个完整、宽大的乘员空间，这使它在内部结构上具有很大的灵活性，这也是多功能车最具吸引力的地方。车厢内可以布置 7~8 个人的座位，还有一定的行李空间。座椅布置灵活，可全部折叠或放倒，有些还可以前后左右移动甚至旋转，放倒第三排座椅，就像是一辆具有超大行李空间的卧车；后边三张座椅同时放倒，就拥有一个超长载货空间；第二排座椅向后转 180°，可以和第三排面对面相坐交谈，又可靠背前折，椅背就是桌面，办公娱乐，灵活安排。该车型在旧标准中部分列入了轿车统计，部分列入了轻型客车统计。

（3）运动型多用途车（SUV）。SUV 是集越野、储物、旅行、牵引多种功能为一体的，所以称为运动型多用途车辆。这类车既可载人，又可载货，行驶范围广泛，驱动方式多为四轮驱动。为了方便了解我国汽车的发展状况，把运动型多用途车按照驱动方式不同又分为四驱运动型和两驱运动型多用途车，如上海大众的途观、福特的翼虎、一汽 X80、长城 M4 等。在旧标准中，除了把部分切诺基列入轿车外，其他此类车型均列入了轻型客车。

（4）交叉型乘用车。交叉型乘用车是指不能列入上述车型的其他乘用车。这部分车型主要指的是旧标准中的微型客车，今后新推出的不属于上述车型的车辆也列入交叉型乘用车统计。例如，一汽佳宝、五菱等车型。

（5）专用乘用车。专用乘用车指具备完成特定功能所需的特殊车型或装备，是运载乘员或物品并完成特定功能的乘用车。例如旅居车、防弹车、救护车、殡仪车等。

2）商用车

这类车主要用于商业用途，在设计和技术特性上用来运送人员和货物。从 2005 年开始，我国汽车行业实行了新的车型统计分类。相对于旧标准，商用车包含了所有的载货汽车和 9 座以上的客车。在旧标准中，整车企业外卖的底盘是列入整车统计的，而在新标准中将底盘单独列出，分别称为客车非完整车辆（客车底盘）和货车非完整车辆（货车底盘）。商用车分为客车、货车、半挂牵引车、客车非完整车辆和货车非完整车辆 5 类。

（1）客车。客车是一种主要为载运人员及其随携带行李而设计和装备的商用车辆。在客车分类中，按照车身长度、用途和燃料类型进行分类。由于车身长度是按照米数来细分的，因此统计信息更加详细，同时又可以按照旧标准中的大、中、轻型客车的划分标准列出各用途客车，有利于进行市场细分。客车按车身长度的不同，分为微型客车、轻型客车、中型客车、大型客车和特大型客车 5 种。

微型客车：车辆长度小于或等于 3.5 m 的客车。

轻型客车：车辆长度大于 3.5 m，但小于或等于 7 m 的客车。

中型客车：车辆长度大于 7 m，但小于或等于 10 m 的客车。

大型客车：是车辆长度大于 10 m，但小于或等于 12 m 的客车。

特大型客车：车辆长度大于 12 m 的客车。

（2）货车。货车是一种主要为载运货物而设计和装备的商用车辆，也可用来牵引挂车。与新标准的客车类似，新标准的货车含义不同于旧标准中的载货汽车，对应关系为：

　　　　　　旧标准载货汽车＝新标准中的货车＋半挂牵引车＋货车非完整车辆
　　在新标准中，货车是按照总质量、用途和燃料类型来细分的。货车按照总质量的不同，分为微型货车、轻型货车、中型货车和重型货车4种。

　　微型货车：厂定最大总质量小于或等于1.8 t的货车。
　　轻型货车：厂定最大总质量大于1.8 t，但小于或等于6 t的货车。
　　中型货车：厂定最大总质量大于6 t，但小于或等于14 t的货车。
　　重型货车：厂定最大总质量大于14 t的货车。
　　3）其他类型机动车
　　除了乘用车和商用车这两类汽车以外，还有一些其他用途的汽车，这类汽车根据特殊的使用要求设计或改装而成，主要是执行运输以外的任务，如娱乐汽车和竞赛汽车等，但具有装甲或武器的作战车辆不属于此列，而是被列为军事特种车辆。

3. 按照行走方式的特征分类

　　按照行走方式的特征不同，汽车分为轮式汽车、履带式汽车和半履带式汽车3种。
　　1）轮式汽车
　　轮式汽车是将车轮作为行走装置的汽车，通常可分为非全轮驱动和全轮驱动两种形式。汽车的驱动形式一般用符号"$n×m$"表示，其中 n 为车轮总数（在1个轮毂上安装双轮辋和轮胎仍算1个车轮），m 为驱动轮数。另外，对于轮式汽车在驱动形式上还可以进行更为细致的分类。根据发动机和各个总成相对位置的不同，现代汽车的驱动形式通常分为前置后驱、前置前驱、后置后驱、中置后驱和全轮驱动5类。

　　(1) 前置后驱，即发动机前置、后轮驱动（简称FR），这是一种最传统的驱动形式。国内货车基本采用这种驱动形式，但采用该形式的小型车很少。

　　(2) 前置前驱，即发动机前置、前轮驱动（简称FF），这是轿车（含微型、经济型汽车）上比较盛行的驱动形式，但货车和大客车基本上不采用该形式。

　　(3) 后置后驱，即发动机后置、后轮驱动（简称RR），是目前大、中型客车流行的布置形式，少数微型或普及型轿车也采用该形式，但货车很少采用该形式。

　　(4) 中置后驱，即发动机中置、后轮驱动（简称MR），是大多数运动型轿车和方程式赛车所采用的形式。此外，某些大、中型客车也采用该形式，但采用该形式的货车很少。

　　(5) 全轮驱动。通常是将发动机前置，在变速器后装有分动器，以便将动力分别输送到所有车轮上。为了有效地避免车轮滑动，除装有轮间差速器外，还配有轴间差速器。该形式主要用于吉普车和越野车，但是最近也有很多轿车采用了全轮驱动形式。通常，两车桥汽车的全轮驱动形式称为四轮驱动，三车桥的全轮驱动形式称为六轮驱动，以此类推。

　　目前的四轮驱动形式可分选时四驱和全时四驱两种。
　　选时四驱也称为可切换四轮驱动，适用于前置后驱车的变型，是指在必要时可由两轮驱动形式转变为四轮驱动形式。由于装备了转换机构，故可在城市道路行驶时利用两轮驱动形式；当越野行驶时，使用操纵拉杆或开关，便可简单地切换成四轮驱动形式运行。可切换的四轮驱动形式可以稍微弥补四轮驱动车驱动力传递效率低的缺点，并且当选择两轮驱动形式行驶时，相对于四轮驱动形式减少了轮胎和部分传动系统零件的磨损。

　　全时四驱也称为非切换四轮驱动，适用于发动机前置车型，其驱动形式不可改变，时时以四轮驱动形式行驶。另外，还有很多全时四轮驱动形式的车辆在中间差速器上采用黏滞式连接机构,从而在正常情况下可以像前置前驱车一样行驶,但是当驱动轮侧滑时,便自动向从动轮传递动力,充分发挥出四轮驱动装置卓越的越野性能。

2) 履带式汽车

履带式汽车是将履带作为行走装置的汽车。

3) 半履带式汽车

半履带式汽车是将履带作为驱动装置,将前轮作为转向装置的汽车。如履带式车辆、雪橇式车辆、气垫式车辆、步行机械式车辆等。

4. 按照行驶道路条件分类

按照行驶道路条件不同,汽车分为公路用车和非公路用车两类。

1) 公路用车

公路用车是指主要行驶于公路和城市道路的汽车。公路用车的长度、宽度、高度、单轴载荷等均受交通法规的限制。

2) 非公路用车

非公路用车主要有两种类型:一类是本身的外廓尺寸、单轴载荷等参数超出了法规限制而不适于公路行驶,只能在矿山、机场和工地内的无路地区或专用道路上行驶的汽车;另一类是越野汽车。

越野汽车是一种能在复杂的无路路面上行驶的高通过性汽车。越野汽车可以是轿车、客车,也可以是货车或其他用途的汽车。常见的轮式越野汽车都配备越野轮胎并采用全轮驱动的结构形式。越野汽车按总质量不同分为轻型越野汽车、中型越野汽车、重型越野汽车和超重型越野汽车 4 类。

轻型越野汽车:总质量小于或等于 5 t。

中型越野汽车:总质量大于 5 t 而小于等于 13 t。

重型越野汽车:总质量大于 13 t 而小于等于 24 t。

超重型越野汽车:总质量大于 24 t。

二、我国汽车产品型号编制规则

我国汽车产品型号编制规则如图 1-26 和图 1-27 所示。

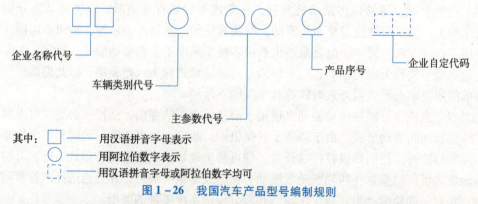

图 1-26 我国汽车产品型号编制规则

1. 企业名称代号

企业名称代号由 2~3 位汉语拼音字母组成,代表某一个汽车生产企业。如 EQ 代表第

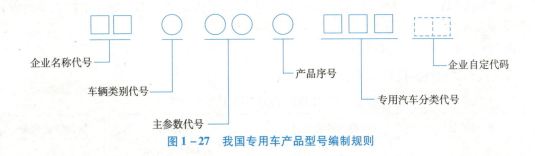

图 1-27 我国专用车产品型号编制规则

二汽车制造厂。

2. 车辆类别代号

车辆类别代号的规定见表 1-9。

表 1-9 车辆类别代号的规定

车辆类别代号	车辆种类	车辆类别代号	车辆种类
1	载货汽车	5	专用汽车
2	越野汽车	6	客车
3	自卸汽车	7	轿车
4	牵引汽车	8	半挂车

3. 主参数代号

1）载货汽车类

载货汽车型号中的主参数代号表示车辆的总质量（t），当总质量在 100 t 以上时，允许用三位数字表示。

2）客车类

客车型号中的主参数代号表示车辆长度（m），当车辆长度小于 10 m 时，应精确到小数点后一位，并以长度（m）值的 10 倍数值表示。

3）轿车类

轿车型号中的主参数代号表示发动机排量（L），应精确到小数点后一位，并以其值的 10 倍数值表示。

当主参数不足规定位数时，在参数前以"0"占位。

4. 产品序号

用阿拉伯数字表示，数字由 0、1、2、…依次使用。

当车辆主参数有变化，大于 10% 时，应改变主参数代号，否则应改变其产品序号。

5. 企业自定义代码

同一种汽车结构略有变化而需要区别时，例如：汽油、柴油发动机，长、短轴距，单、双排座驾驶室，平、凸头驾驶室，左、右置转向盘等，可用汉语拼音字母和阿拉伯数字表示，位数也由企业自定。供用户选装的零部件（如暖风装置、收音机、地毯、绞盘等）不属于结构特征变化，不给予企业自定代号。

如"Jetta CiX"表示捷达前卫轿车,其中"C"表示普及型;"i"表示电控燃油喷射;"X"表示新车型。

6. 专用汽车结构特征代号

专用汽车结构特征代号的规定见表 1-10。

表 1-10 专用汽车结构特征代号的规定

结构类型	结构特征代号	结构类型	结构特征代号
厢式汽车	X	特种结构汽车	T
罐式汽车	G	起重举升汽车	J
专用自卸汽车	Z	仓栅式汽车	C

三、汽车查询信息

二手车不同于新车,它是完全的个体,且涉及众多品牌、众多型号的车款,如何精确分类和查找,对于二手车评估师而言是有现实意义的。

1. 品牌(brand)

品牌是车款的第一级,是制造厂对一类车辆所给予的名称,如别克、奥迪、本田、大众等。有的品牌和制造商名称相同,如大众、本田;有的则不同,如别克品牌的制造商是通用。

2. 车系(Line)

车系是指制造商为一个品牌中的一组或一批车辆的命名,这些车辆在结构上(如车身、底盘、驾驶室型式)具有一定的共性。如普桑、桑塔纳 2000 属于桑塔纳车系;别克世纪、GL8 属于别克 G 车系。

3. 型号(Model)

型号又称车型,是制造商对具有相同品牌、车系和车身型式的车辆所给予的名称。如别克的赛欧、GL8;奥迪的 A4、A6;大众的帕萨特、捷达等。

4. 子车型(Submodel)

所有的子车型属于同一车型,但某些附件或选件不同。如"Jetta Ci"表示经济型两气门轿车;"Jetta Gi"表示豪华型两气门轿车;"Jetta CiX"表示捷达前卫轿车;"Jetta GiX"表示捷达前卫豪华型轿车;"Jetta GTX"表示豪华型 5V 改型捷达王(新捷达王)轿车;"Jetta AT"表示自动变速新捷达王(都市先锋)轿车。

对子车型型号代码中的各字母(或数字)的含义,各汽车生产厂商具有不同的规定,如一汽大众规定"C"代表普及型;"G"代表豪华舒适型;"X"代表新型;"I"代表电控燃油喷射。子车型对配件和保险行业具有重要的使用意义。

5. 车型年份(Model Year)

车辆年份表示车型的年份(年款),不一定是实际生产的年份,一般是制造商指定的车型年份。在北美,每年 9 月份以后上市的车辆,其车型年份都标注为下一年款。现在,新车推出的时间有前移的趋势,甚至 7 月份就推出了下一年份的车型。

6. 制造工厂（Plant）

制造工厂为标贴 VIN 码的工厂，一般就是指装配工厂。

同一年款的同一车型，可能出自不同的装配工厂。购买进口车的车主一定要注意车辆的装配工厂，因为不同的装配工厂，其出厂的汽车技术水平可能有较大的差异。

四、二手车价格评估的前提条件

运用资产评估的理论和方法进行二手车的价格评估，是建立在一定的假设条件之上的。二手车价格评估的假设也称为前提条件，通常包括继续使用假设、公开市场假设和破产清算（偿）假设。

1. 继续使用假设

继续使用假设是指二手车将按现行用途继续使用或转换用途继续使用。对这些车辆的评估，就要从继续使用的假设出发，而不能按车辆拆零出售零部件所得收入之和进行估价。比如一辆汽车用作营运，其估价可能是 4 万元，而将其拆成发动机、底盘等零部件分别出售时也可能仅值 3 万元。可见同一车辆按不同的假设用作不同的目的，其价格是不一样的。

在确定二手车能否继续使用时，必须充分考虑以下条件。

（1）车辆具有显著的剩余使用寿命，而且能以其提供的服务或用途，满足所有者经营上或工作上的期望。

（2）车辆所有权明确，并保持完好。

（3）车辆从经济和法律上允许转作他用。

（4）充分地考虑了车辆的使用功能。

2. 公开市场假设

公开市场是指充分发育与完善的市场条件。公开市场假设，是假定在市场上交易的二手车辆，交易双方彼此地位平等，彼此双方都获取足够市场信息的机会和时间，以便对车辆的功能、用途及其交易价格等做出理智的判断。

公开市场假设是基于市场客观存在的现实，即二手车在市场上可以公开买卖。不同类型的二手车，其性能、用途不同，市场程度也不一样。用途广泛的车辆一般比用途狭窄的车辆市场活跃，但不论是车辆的买者还是卖者都希望得到车辆的最大最佳效用。所谓最大最佳效用是指车辆在可能的范围内，用于最有利又可行及法律上允许的用途。在二手车评估时，按照公开市场假设处理或做适当调整，才有可能使车辆获得的收益最大。最大最佳效用，由车辆所在地区具体特定条件以及市场供求规律所决定。

3. 清算（清偿）假设

清算（清偿）假设是指二手车所有者在某种压力下被迫将二手车整体或拆零，经协商或以拍卖方式在公开市场上出售。这种情况下的二手车价格评估具有一定的特殊性，要适应强制出售中市场均衡被打破的实际情况，即二手车的评估价大大低于继续使用或公开市场条件下的评估价格。

上述 3 种不同假设，形成 3 种不同的评估结果。在继续使用假设的前提下要求评估二手车的继续使用价格；在公开市场假设的前提下要求评估二手车的市场价格；在清算假设的前提下要求评估二手车的清算价格。因此，二手车鉴定评估人员在业务活动中要充分分析、判断被评估二手车最可能的效用，以便得出二手车的公平价格。

五、二手车价格评估的计价标准

我国资产评估中有4种价格计量标准（简称计价标准），即重置成本标准、现行市价标准、收益现值标准和清算价格标准。二手车评估属于资产评估，因此，二手车评估也遵守这4种价格计量标准。对于同一辆二手车，采用不同的价格计量标准估价，会产生不同的价格。这些价格不仅在质上不同，在量上也存在较大差异。因此，必须根据评估的目的，选择与二手车评估业务相匹配的价格计量标准。

1. 计价标准的含义及适用范围

1) 重置成本标准

重置成本是指在现时条件下，按功能重置车辆并使其处于在用状态所耗费的成本。重置成本的构成与历史成本一样，都是反映车辆在购置、运输、注册登记等过程中所支出的全部费用，但重置成本是按现有技术条件和价格水平计算的。

重置成本标准适用的前提是车辆处于在用状态，一方面反映车辆已经投入使用；另一方面反映车辆能够继续使用，对所有者具有使用价值。

2) 现行市价标准

现行市价是指车辆在公平市场上的销售价格。所谓公平市场，是指充分竞争的市场，买卖双方没有垄断和强制，双方的交易行为都是自愿的，都有足够的时间与能力了解市场行情。

现行市价标准适用的前提条件有以下两个：

（1）需要存在一个充分发育、活跃、公平的二手车交易市场；

（2）与被评估车辆相同或类似的车辆在市场上有一定的交易量，能够形成市场行情。

3) 收益现值标准

收益现值是指根据车辆未来的预期获利能力大小，以适当的折现率将未来收益折成现值。从"以利索本"的角度看，收益现值就是为获得车辆取得预期收益的权利所支付的货币总额。在折现率相同的情况下，车辆未来的效用越大，获利能力越强，其评估价格就越大。投资者购买车辆时，一般要进行可行性分析，只有在预期回报率超过评估时的折现率时，才可能支付货币购买车辆。

> **说明**：折现率是指将未来预期收益额折算成现值的比率。从本质上讲，折现率是一种期望投资报酬率，是投资者在投资风险一定的情况下，对投资所期望的回报率。

收益现值标准适用的前提条件是车辆投入使用后可连续获利。

4) 清算价格标准

清算价格是指在非正常市场上限制拍卖的价格，与现行市价相比，两者的根本区别在于：现行市价是公平市场价格；而清算价格是非正常市场上的拍卖价格，这种价格由于受到期限限制和买主限制，一般大大低于现行市价。

清算价格标准适用于企业破产清算，以及因抵押、典当等不能按期偿债而导致的车辆变现清偿等汽车评估业务。

2. 各种计价标准的联系与区别

1）重置成本价格与现行市价价格的关系

（1）联系。决定重置成本的因素与决定现行市价的最基本因素相同，即在现有条件下，生产功能相同的车辆所花费的社会必要劳动时间。但是现行市价的确定还需考虑其他与市场相关的以下两个因素。

①车辆功能的市场性，即车辆的功能能否得到市场承认。例如，一辆设计及制造质量都很好的专用汽车，尽管它在某一特定领域内具有很强的功能，但一旦退出该领域，其功能就难以完全被市场所接受。

②供求关系的影响。现行市价价格随供求关系的变化，将会出现波动。

（2）区别。现行市价以市场价格为依据，车辆价格受市场因素约束，并且其评估价格直接受市场检验；而重置成本只是在模拟条件下重置车辆的现行价格。

2）现行市价价格与收益现值价格的关系

（1）联系。两者在价格形式上有相似之处，都是评估公平市场价格。

（2）区别。两者的价格内涵不同，现行市价主要是车辆进入市场的价格计量；而收益现值主要是以车辆的获利能力进入市场的价格计量。

3）现行市价价格与清算价格的关系

（1）联系。两者均是市场价格。

（2）区别。现行市价是公平市场价格；而清算价格是非正常市场上的拍卖价格，一般大大低于现行市价。

六、二手车价格评估的基本方法

根据价格评估目的不同，二手车价格评估可分为鉴定评估和收购评估两种。二手车鉴定评估是一种第三方中介资产评估，其价格评估方法和资产评估的方法一样，按照国家规定的重置成本法、收益现值法、现行市价法和清算价格法4种方法进行，评估价格具有约束性。二手车收购评估是二手车经营企业为了自身发展需要开展的业务，收购价格由买卖双方自由确定，具有灵活性。

1. 重置成本法

1）概念

重置成本法是指在现时市场条件下重新购置一辆全新状态的被评估车辆所需的全部成本，减去该被评估车辆的各种陈旧贬值后的差额作为被评估车辆现时价格的一种评估方法。其评估思路可用公式表示为

二手车评估价格 = 重置成本 − 实体性贬值 − 功能性贬值 − 经济性贬值

重置成本法既充分考虑了被评估二手车的重置全价，又考虑了该二手车已使用年限内的磨损以及功能性、经济性贬值，因而是一种适应性较强，并在实践中被广泛采用的基本评估方法。

重置成本法的概念中涉及4个基本要素，即重置成本、实体性贬值、功能性贬值和经济性贬值。

（1）重置成本。二手车重置成本是按现行市场条件下重新购置一辆与被评估二手车功能相同或相近的全新车辆所支付的全部货币总额，也称为重置成本全价。简单地说，二手车

重置成本就是当前再取得该车新车的成本。具体来说，重置成本又分为复原重置成本和更新重置成本两种。

复原重置成本是指用与被评估车辆相同的材料、制造标准、结构设计及技术水平等以现时市场价格重新构建与被评估车辆相同的全新车辆所发生的全部成本。汽车不同于一般机器设备，其技术性很强，又有很强的法规限制，一般用户是很难复原一辆已经停产很久的车辆的。

更新重置成本是指利用新型材料、新技术标准和新型设计等，以现时市场价格购置具有相同或相似功能的全新车辆所支付的全部成本。

应该注意的是，无论是复原重置成本还是更新重置成本，车辆本身的功能不变。

一般情况下，在选择重置成本时，如果可同时取得复原重置成本和更新重置成本，应优先选择更新重置成本，在不存在更新重置成本时，再考虑采用复原重置成本。由此可见，重置成本法主要立足于二手车的新车现行市价，与二手车的原购置价并无多大的关系。新车现行市价越高，重置成本也越高。

（2）实体性贬值。二手车实体性贬值也称为实体损耗，是指二手车在存放和使用过程中，由于物理和化学原因（如机件磨损、锈蚀和老化等）而导致的车辆实体发生的价值损耗，即由于自然力的作用而发生的损耗，属于有形损耗。计量二手车实体性贬值时主要根据已使用年限进行分摊，即实体性贬值的主要计算依据是已使用年限。

（3）功能性贬值。二手车功能性贬值是由于技术进步引起的二手车功能相对落后而导致的贬值，属于无形损耗。功能性贬值可分为一次性功能贬值和营运性功能贬值。

一次性功能贬值是由于技术进步引起劳动生产率的提高，现在再生产制造与原功能相同车辆的社会必要劳动时间减少、成本降低而造成原车辆价值的贬值。

营运性功能贬值是由于技术进步，出现了新的、性能更优的车辆，致使原有车辆的功能相对新车型已经落后而引起其价值贬值。具体表现为原有车辆在完成相同工作任务的前提下，在燃料、人力、配件材料等方面的消耗增加，形成了一部分超额运营成本。

（4）经济性贬值。二手车经济性贬值是指由于外部经济环境变化所造成的车辆贬值，它也是一种无形损耗。外部经济环境包括宏观经济政策、市场需求、通货膨胀和环境保护等。如国家提高对汽车排放标准的要求，实施国Ⅴ排放标准，原来执行国Ⅳ排放标准的在用车就会因此而贬值。经济性贬值是由于外部环境而不是车辆本身或内部因素所引起的达不到原有设计的获利能力而造成的贬值。外界因素对车辆价值的影响不仅是客观存在的，而且对车辆价值影响还相当大，所以在二手车的评估中不可忽视。

2）理论依据

重置成本法的理论依据是：任何一个精明的投资者在购买某项资产时，他所愿意支付的价格，绝不会超过现时市场上能够购买到的与该项资产具有同等效用的全新资产所需的最低成本，而不管这项资产的原拥有者当初在购买这项资产时的购置价（历史成本）是多少。可见二手车的重置成本是现时购买一辆全新的与被评估二手车相同的车辆所支付的最低金额。

3）应用前提

重置成本法的应用前提是车辆能够以整车状态继续使用。

重置成本法作为一种二手车评估的方法，是从能够重新取得被评估二手车新车的角度来反映二手车的交换价值的，即通过被评估二手车的重置成本反映二手车的交换价值。只有当被评估的二手车处于继续使用状态下，再取得被评估二手车新车的全部费用才能构成其交换价值的内容。二手车继续使用包含着其使用有效性的经济意义，只有当二手车能够继续使用并且在持续使用中为潜在投资者带来经济利益时，二手车的重置成本才能被潜在投资者和市场承认及接受。

4）适用范围

重置成本法主要适用于继续使用前提下的二手车评估，可广泛应用于价值较高的中高档车辆评估。

5）特点

（1）优点。

①重置成本法比较充分地考虑了车辆的各方面损耗，反映了车辆市场价格的变化，评估结果更趋于公平合理，在不易估算车辆未来收益，或难以在市场上找到可类比对象的情况下可广泛应用。

②重置成本法将车况和配置以及车辆使用情况用适当的调整系数表征出来，比较清晰地解析了车辆残值的构成，使整个评估过程显得有理有据，有助于增强交易双方对评估结果的信任。

（2）缺点。

①重置成本法评估工作量较大，确定相关参数（如成新率）时受主观因素影响较大。

②对极少数的进口车辆及一些已停产或是国内自然淘汰的车型，由于不可能查询到相同车型新车的市场报价，因此难以准确地确定出它们的重置成本。

2. 收益现值法

1）概念

收益现值法是通过估算被评估二手车在剩余寿命期内的预期收益，并折现为评估基准日的现值，借此来确定二手车价值的一种评估方法。也就是说，现值在这里被视为二手车的评估价格，而且现值的确定依赖于未来预期收益。

2）理论依据

收益现值法的理论依据是：任何一个理智的投资者在决定投资购买这辆二手车时，他所愿意支付的货币金额不会高于评估时求得的该车未来预期收益的折现值。

3）应用前提

（1）被评估二手车必须是经营性车辆，且具有继续经营和获利的能力。

（2）继续经营的预期收益可以预测而且必须能够用货币金额来表示。

（3）二手车购买者获得预期收益所承担的风险可以预测，并可以用货币衡量。

（4）被评估二手车预期获利年限可以预测。

4）适用范围

由以上应用的前提条件可见，运用收益现值法进行二手车评估时，是以车辆投入使用后连续获利为基础的。在二手车的交易中，人们购买的目的往往不在于车辆本身，而是车辆获利的能力。因此，收益现值法适用投资营运的车辆，是现今工程车辆价格评估中采用最多的方法。

5）特点

（1）优点。

①与投资决策相结合，容易被交易双方接受。

②能真实和较准确地反映车辆本金化的价格。
(2) 缺点
①相关参数（如预期收益额和折现率以及风险报酬率）的预测难度大。
②受主观判断和未来不可预见因素的影响较大。

3. 现行市价法

1）概念

现行市价法又称市场法、市场价格比较法，是指通过比较被评估车辆与最近售出类似车辆的异同，并将类似车辆的市场价格进行调整，从而确定被评估车辆价值的一种评估方法。其基本思路是，通过市场调查，选择一个或几个与被评估车辆相同或类似的车辆作参照车辆，分析参照车辆的构造、功能、性能、新旧程度、地区差别、交易条件及成交价格等，并与被评估车辆进行比较，找出两者的差别及其在价格上所反映的差额，经过适当调整，最终计算出被评估车辆的价格。

现行市价法是采用比较和类比的方法，根据替代原则，从二手车可能进行交易的角度来判断二手车价值的。

2）理论依据

现行市价法的理论依据是：任何一个正常的投资者在购置某项资产时，他所愿意支付的价格不会高于市场上具有相同用途的替代品的现行市价。

运用现行市价法要求充分利用类似二手车成交价格信息，并以此为基础判断和估测被评估二手车的价值。运用已被市场检验了的结论来评估被评估二手车，显然是容易被买卖双方当事人所接受的。因此，现行市价法是二手车评估中最为直接、最具说服力的评估方法之一。

用现行市价法评估二手车包含了被评估二手车的各种贬值因素，如有形损耗的贬值、功能性贬值和经济性贬值。因为市场价格是综合反映车辆的各种因素的体现，且由于车辆的有形损耗及功能陈旧而造成的贬值，自然会在市场价格中有所体现。经济性贬值则是反映社会上对各类产品综合的经济性贬值的大小，突出表现为供求关系的变化对市场价格的影响，因而，用现行市价法评估不用再专门计算功能性贬值和经济性贬值。

3）应用前提

由于现行市价法是以同类二手车销售价格相比较的方式来确定被评估二手车的价值的，因此，运用这一方法时一般应具备以下两个基本的前提条件。

(1) 要有一个发育成熟、交易活跃的二手车公开交易市场，经常有相同或类似二手车交易，有充分的参照车辆，市场成交的二手车价格反映市场行情，这是应用现行市价法评估二手车的关键。在二手车交易市场上二手车交易越频繁，与被评估车辆相类似的二手车价格越容易获得。

(2) 市场上参照的二手车与被评估二手车有可比较的指标，并且这些指标的技术参数等资料是可收集到的，其价值影响因素明确，可以量化。

运用现行市价法，重要的是要在交易市场上能够找到与被评估二手车相同或相类似的已成交过的参照车辆，并且参照车辆是近期的、可比较的。所谓近期，是指参照车辆交易时间与被评估二手车评估基准日相差时间相近，一般在一个季度之内；所谓可比较，是指参照车辆在规格、型号、功能、性能、配置、内部结构、新旧程度及交易条件等方面与被评估二手车相近。

现行市价法要求二手车交易市场发育比较健全,并以能够相互比较的二手车交易在同一市场或地区经常出现为前提。目前我国各地二手车交易市场完善程度、交易规模差异很大,有些地区的汽车保有量少,车型数少,二手车交易量少,寻找参照车辆较为困难。因此,现行市价法的实际运用在我国目前的二手车交易市场条件下将受到一定的限制。

4)适用范围

现行市价法是从卖者的角度来考虑被评估二手车的变现值的,二手车评估价值的大小直接受市场的制约,因此,它特别适用于产权转让的畅销车型的评估,如二手车收购(尤其是成批收购)和典当等业务。畅销车型的数据充分可靠,市场交易活跃,评估人员熟悉其市场交易情况,采用现行市价法评估二手车时间会很短。

5)特点

(1)优点。

①能够客观反映二手车目前的市场情况,其评估的参数、指标直接从市场获得,评估价格能反映二手车市场现实价格。

②结果易于被交易双方理解和接受。

(2)缺点。

①需要以公开及活跃的二手车市场作为基础,而在我国很多地方二手车市场建立时间短,发育不完善,寻找参照车辆有一定的困难。

②可比因素多而复杂,即使是同一个生产厂家生产的同一型号的汽车,同一天注册登记,但可能由于由不同的车主使用,其使用强度、使用条件、维护水平等会有较大差别,从而带来车辆技术状况不同,造成二手车评估价值存在较大差异。

4. 清算价格法

1)概念

清算价格法是以清算价格为依据来估算二手车价格的一种方法。所谓清算价格,是指企业在停业或破产后,在一定的期限内拍卖资产(如车辆)时可得到的变现价格。清算价格法的理论基础是清算价格标准。

2)理论依据

清算价格法在原理上基本与现行市价法相同,所不同的是迫于停业或破产等,清算价格往往会低于现行市场价格。这是由于企业被迫停业或破产,急于将车辆拍卖、出售造成的。

3)应用前提

以清算价格法评估二手车价格的前提条件有以下3点:

(1)以具有法律效力的破产处理文件或抵押合同及其他有效文件为依据。

(2)车辆在市场上可以快速出售变现。

(3)卖车收入足以补偿因出售车辆所产生的附加支出费用总额。

4)适用范围

清算价格法适用于企业破产、资产抵押、停业清理时要出售的车辆及拍卖车辆。

(1)企业破产。当企业因经营不善造成的严重亏损,到期不能清偿债务时,企业应依法宣告破产,法院以其全部财产依法清偿其所欠的债务,不足部分不再清偿。

(2)资产抵押。资产抵押是以所有者的资产作为抵押物进行融资的一种经济行为,是合同当事人一方用自己特定的财产（如机动车）向对方保证履行合同义务的担保形式。提供财产的一方为抵押人，接受抵押财产的一方为抵押权人。抵押人不履行合同时，抵押权人有权利将抵押财产在法律允许的范围内变卖，从变卖抵押物价款中优先受偿。

（3）停业清理。停业清理是指企业由于经营不善导致严重亏损，已临近破产的边缘或因其他原因将无法继续经营下去，为弄清企业财物现状，对全部财产进行清点、整理和查核，为经营决策（破产清算或继续经营）提供依据，以及因资产损毁、报废而进行清理、拆除等的经济行为。

5）影响清算价格的主要因素

在二手车评估中，影响清算价格的主要因素包括破产形式、债权人处置车辆的方式、车辆清理费用、拍卖时限、公平市价和参照车辆价格等。

（1）破产形式。如果企业丧失车辆处置权，出售的一方无讨价还价的可能，则以买方出价决定车辆售价；如果企业未丧失处置权，出售车辆一方尚有讨价还价余地，则以双方议价决定售价。

（2）债权人处置车辆的方式。按抵押时的合同契约规定执行，如公开拍卖或收归己有。

（3）车辆清理费用。在企业破产等情况下评估车辆价格时，应对车辆清理费用及其他费用给予充分的考虑。如果这些费用太高，拍卖变现后所剩无几，则失去了拍卖还债的意义。

（4）拍卖时限。一般来说，规定的拍卖时限长，售价会高些；时限短，则售价会低些。这是由资产快速变现原则产生的特定买方市场所决定的。

（5）公平市价。公平市价是指车辆交易成交时，使交易双方都满意的价格。在清算价格中卖方满意的价格一般不易求得。

（6）参照车辆价格。参照车辆价格是指在市场上出售相同或类似车辆的价格。一般来说，市场参照车辆价格高，车辆出售的价格就会高，反之则低。

七、二手车价格评估方法的选择

价格评估方法的多样性为鉴定评估人员提供了选择评估的途径。选择价格评估方法时应考虑以下因素。

（1）必须严格与二手车评估的计价标准相适应。
（2）要受到收集数据和信息资料的制约。
（3）要充分考虑二手车鉴定评估工作的效率，选择简单易行的方法。

鉴于上述因素的考虑，重置成本法、现行市价法、收益现值法和清算价格法均适用于二手车鉴定评估。若采用现行市价法评估，由于目前我国二手车交易市场发育不完全，故很难寻找到与被评估车辆相同的使用日期、使用强度、使用条件等的车辆；采用收益现值法时，由于投资者对预期收益额预测难度大，故易受较强的主观判断和未来不可预见因素的影响；采用清算价格法评估车辆时，又受其适用条件的限制。故上述3种价格评估方法在二手车鉴定评估中采用的不多。而重置成本法具有收集资料信息便捷、操作简单易行、评估理论性强、结合对车辆的技术鉴定而使评估结果有依有据、可信度高等优点，故成为二手车鉴定评估中应用最广的一种价格评估方法。

GB/T 30323—2013对评估方法选择的规定是：一般情况下，推荐选用现行市价法；在无参照物、无法使用现行市价法的情况下,选用重置成本法。

一、签订二手车评估委托书

接待人员根据询问委托人(或车主)的记录以及委托人携带的车辆资料(如登记证书、行驶证、购车发票等),认真填写委托书的内容,并经双方签字后,将其中的一份送与委托人,另一份由评估机构保存。以下为 GB/T 30323—2013 标准推荐的二手车评估委托书式样。

二手车鉴定评估委托书

委托书编号:_____
委托方名称(姓名):   法人代码证(身份证)号:
鉴定评估机构名称: 法人代码证:
委托方地址: 鉴定评估机构地址:
联系人: 电话:

因□交易 □典当 □拍卖 □置换 □抵押 □担保 □咨询 □司法裁决需要,委托人与受托人达成委托关系,号牌号码为_____,车辆类型为_____,车架号(VIN 码)为_____的车辆进行技术状况鉴定并出具评估报告书,于____年____月____日前完成。

委托评估车辆基本信息:

车辆情况	厂牌型号		使用用途	运营 □ 非运营 □
	总质量/座位/排量		燃料种类	
	初次登记日期	年 月 日	车身颜色	
	已使用年限	年 个月	累计行驶里程(万千米)	
	大修次数	发动机(次)	整车(次)	
	维修情况			
	事故情况			
价值反映	购置日期	年 月 日	原始价格(元)	
备注:				

委托方:(签字、盖章)   受托方:(签字、盖章)
                              (二手车鉴定评估机构盖章)
    年 月 日   年 月 日

注:
1. 委托方保证所提供的资料客观真实,并负法律责任。
2. 仅对车辆进行鉴定评估。
3. 评估依据:《机动车运行安全技术条件》《二手车鉴定评估技术规范》等。
4. 评估结论仅对本次委托有效,不作他用。

5. 鉴定评估人员与有关当事人没有利害关系。

6. 委托方如对评估结论有异议，可于收到《二手车鉴定评估报告》之日起 10 日内向受托方提出，受托方应给予解释。

二、制定二手车鉴定评估作业方案

二手车评估机构接待人员（或负责人）在与委托人签订委托书之后，即制定评估作业方案，并将制定好的评估作业方案及委托书一起交给负责的二手车评估师。制定二手车鉴定评估作业方案可参考如下样例进行。

二手车鉴定评估作业方案

一、委托方与车辆所有方简介

委托方_____

委托方联系人_____，联系电话_____。

二、评估目的

根据委托方的要求，本项目评估目的是（在□处填√）：

□交易　　□拍卖　　□置换　　□抵押　　□担保　　□咨询　　□司法裁决　　□其他

三、评估对象

评估车辆的厂牌型号：_____；号牌号码：_____。

四、鉴定评估基准日

鉴定评估基准日：_____年___月___日。

五、拟采用的价格评估方法（在□处填√）

□重置成本法　　□现行市价法　　□收益现值法　　□其他

六、拟定评估人员

负责评估师：_____

协助评估人员：_____

七、现场工作计划

负责评估师组织相关人员，于_____年___月___日___时前，参照各项工作的参考时间，完成下列工作。

(1) 登记车辆基本信息：____分钟。

(2) 判别事故车____分钟。

(3) 鉴定二手车现时技术状况____分钟。

(4) 价格估算：____分钟。

(5) 编制评估报告：____分钟。

八、评估作业程序

按照接受委托、查验可交易车辆、签订鉴定评估委托书、登记二手车信息、判别事故车、鉴定技术状况、价格估算和编制评估报告的程序进行。

九、提交评估报告时间

拟定提交评估报告时间为_____年___月___日。

 技能考核

（1）教师为学员准备好工单 4 和工单 5（见本书配套的教学资源包），并明确待评估车辆为可交易车辆。
（2）学员根据业务洽谈记录签订评估委托书。
（3）学员根据委托书记录的内容，编制个人的鉴定评估作业方案。
（4）教师可进行适当的指导，并审阅学员完成的工单，给出评价。

 学习效果检验

一、思考题

1. 国家标准 GB/T 3730.1—2001 将汽车分为哪几类？各类型汽车的定义是什么？
2. 乘用车包括哪些车型？
3. GB/T 3730.1—2001 按照什么参数对轿车进行分级？共分为哪些级别？
4. GB/T 3730.1—2001 按照什么参数对客车进行分级？共分为哪些级别？
5. 载货汽车、客车和轿车的主参数分别是什么？
6. 解释下列术语的含义：品牌、车系、型号、子车型、车型年份、制造工厂。
7. 二手车评估有哪几种假设？各假设条件下要求评估二手车的什么价格？
8. 二手车价格评估有哪些计价标准？各计价标准的概念是什么？
9. 二手车价格评估有哪些评估方法？各评估方法的概念是什么？
10. 解释下列术语的含义：重置成本、实体性贬值、功能性贬值和经济性贬值。
11. 重置成本法有哪些特点？
12. 现行市价法有哪些特点？
13. 在二手车鉴定评估中，如何选择评估方法？

二、单项选择题

1. 微型轿车的发动机排量小于等于（　　）L。
   A. 0.6　　　　　B. 1.0　　　　　C. 1.6　　　　　D. 4.0
2. 普通级轿车的发动机排量大于 1.0 L 而小于等于（　　）L。
   A. 0.6　　　　　B. 1.0　　　　　C. 1.6　　　　　D. 4.0
3. 高级轿车的发动机排量大于（　　）L。
   A. 0.6　　　　　B. 1.0　　　　　C. 1.6　　　　　D. 4.0
4. 微型客车的车辆长度小于或等于（　　）m。
   A. 3.5　　　　　B. 7　　　　　　C. 10　　　　　　D. 12
5. 中型客车的车辆长度大于 7 m，但小于或等于（　　）m。
   A. 3.5　　　　　B. 7　　　　　　C. 10　　　　　　D. 12
6. 特大型客车的车辆长度大于（　　）m。
   A. 3.5　　　　　B. 7　　　　　　C. 10　　　　　　D. 12
7. 微型货车的厂定最大总质量小于或等于（　　）t。

A. 1.8　　　　　　B. 6　　　　　　　C. 12　　　　　　　D. 14
8. 重型货车的厂定最大总质量大于（　　）t。
A. 1.8　　　　　　B. 6　　　　　　　C. 12　　　　　　　D. 14
9. FF 表示（　　）。
A. 前置后驱　　　　B. 前置前驱　　　　C. 后置后驱　　　　D. 中置后驱
10. 大多数运动型轿车和方程式赛车所采用的形式是（　　）。
A. 前置后驱　　　　B. 前置前驱　　　　C. 后置后驱　　　　D. 中置后驱
11. 轿车（含微型、经济型汽车）上比较盛行的驱动形式是（　　）。
A. 前置后驱　　　　B. 前置前驱　　　　C. 后置后驱　　　　D. 中置后驱
12. 吉普车的分类依据是（　　）。
A. 发动机排量　　　B. 车辆长度　　　　C. 总质量　　　　　D. 驱动轮数
13. 汽车的布置形式中，发动机前置后轮驱动可表示为（　　）。
A. RR　　　　　　　B. FR　　　　　　　C. FF　　　　　　　D. RF
14. 乘用车是指（　　）座以下，以载客为主的车辆。
A. 4　　　　　　　　B. 6　　　　　　　　C. 7　　　　　　　　D. 9
15. 多用途乘用车又称为（　　）。
A. SUV　　　　　　B. SRV　　　　　　C. MPV　　　　　　D. RV
16. 下列选项中，（　　）不属于商用车。
A. 轿车　　　　　　B. 客车　　　　　　C. 货车　　　　　　D. 半挂车
17. EQ1141 型载货汽车的总质量为（　　）t。
A. 1　　　　　　　　B. 41　　　　　　　C. 4　　　　　　　　D. 14
18. XMQ6122 型客车的车身长度为（　　）m。
A. 6　　　　　　　　B. 12　　　　　　　C. 2　　　　　　　　D. 22
19. N1 类车辆是指最大总质量不超过（　　）kg 的载货汽车。
A. 3 500　　　　　　B. 4 500　　　　　　C. 5 000　　　　　　D. 6 000
20. 在国产汽车型号中，类别代号为 5 是代表（　　）。
A. 自卸汽车　　　　B. 牵引汽车　　　　C. 越野汽车　　　　D. 专用汽车
21. 汽车的驱动形式为 4×2，表示（　　）。
A. 汽车为 6 轮汽车，其中 2 轮为驱动轮　　B. 汽车为 6 轮汽车，其中 4 轮为驱动轮
C. 汽车为 4 轴汽车，2 轴驱动　　　　　　　D. 汽车为 4 轮汽车，其中 2 轮为驱动轮
22. 某汽车型号为 BJ2020，其类型代号和主参数含义是（　　）。
A. 越野车自重 2 t　　　　　　　　　　　　B. 载货质量 2 t
C. 货车总质量 2 t　　　　　　　　　　　　D. 越野车总质量 2 t
23. 在国产汽车型号编制规则中，类别代号为 7 是代表（　　）。
A. 卸汽车　　　　　B. 引汽车　　　　　C. 野汽车　　　　　D. 轿车
24. 大客车的主参数是（　　）。
A. 发动机排量　　　B. 总质量　　　　　C. 座位数　　　　　D. 车辆长度
25. 当车辆主参数有变化，大于（　　）% 时，应改变主参数代号。
A. 5　　　　　　　　B. 10　　　　　　　C. 15　　　　　　　D. 20

26. 车辆查询信息的第一级是（　　）。
   A. 品牌　　　　　B. 型号　　　　　C. 车辆年份　　　D. 车系
27. 下列选项中，（　　）不是二手车鉴定评估的计价标准。
   A. 折扣率标准　　B. 重置成本标准　C. 收益现值标准　D. 清算价格标准
28. （　　）要求以车辆在公平市场上的销售价格为基础计算车辆评估价格。
   A. 重置成本标准　B. 现行市价标准　C. 收益现值标准　D. 清算价格标
29. 下列选项中，（　　）要求根据车辆未来预期获利能力大小，以适当的折现率将未来收益折成现值。
   A. 重置成本标准　B. 现行市价标准　C. 收益现值标准　D. 清算价格标准
30. 下列选项中，（　　）不是二手车鉴定评估的主要方法。
   A. 预期收益法　　B. 现行市价法　　C. 收益现值法　　D. 清算价格法
31. 复原重置成本和更新重置成本的关系是（　　）。
   A. 复原重置成本大于更新重置成本　　B. 复原重置成本小于更新重置成本
   C. 两者不存在确定关系　　　　　　　D. 复原重置成本等于更新重置成本
32. 下列选项中，（　　）的理论依据是：任何一个精明的投资者在购买某项资产时，他所愿意支付的价格，绝不会超过现时市场上能够购买到的与该项资产具有同等效用的全新资产所需的最低成本。
   A. 重置成本法　　B. 现行市价法　　C. 收益现值法　　D. 清算价格法
33. 下列选项中，（　　）应用的前提是车辆能够以整车状态继续使用。
   A. 重置成本法　　B. 现行市价法　　C. 收益现值法　　D. 清算价格法
34. 下列选项中，（　　）适用于价值较高的中高档车辆评估。
   A. 重置成本法　　B. 现行市价法　　C. 收益现值法　　D. 清算价格法
35. 下列选项中，（　　）的理论依据是：任何一个正常的投资者在购置某项资产时，他所愿意支付的价格不会高于市场上具有相同用途的替代品的现行市价。
   A. 重置成本法　　B. 现行市价法　　C. 收益现值法　　D. 清算价格法
36. 所谓近期，是指参照车辆交易时间与被评估二手车评估基准日相差时间相近，一般在（　　）之内
   A. 1 周　　　　　B. 1 个月　　　　C. 1 个季度　　　D. 1 年
37. 下列选项中，（　　）适用于产权转让的畅销车型的评估。
   A. 重置成本法　　B. 现行市价法　　C. 收益现值法　　D. 清算价格法

三、多项选择题

1. 乘用车包括（　　）。
   A. 轿车　　　　　　　　　　　　　B. 微型客车
   C. 不超过 9 座的轻型客车　　　　　D. 皮卡车
2. 商用车包括（　　）。
   A. 客车　　　　　B. 货车　　　　　C. 半挂牵引车　　D. 货车底盘
3. 二手车价格评估的假设有（　　）。
   A. 继续使用假设　　　　　　　　　B. 公开市场假设
   C. 清算（清偿）假设　　　　　　　D. 收益现值假设

4. 下列对公平市场的描述，正确的是（　　）。
   A. 买卖双方没有垄断和强制　　　　　B. 双方的交易行为都是自愿的
   C. 都有足够的时间与能力了解市场行情　D. 市场必须归政府管理

5. 下列关于重置成本价格与现行市价价格之间关系的描述，正确的是（　　）。
   A. 决定重置成本的因素与决定现行市价的最基本因素相同
   B. 现行市价价格受供求关系影响
   C. 重置成本价格受市场因素制约
   D. 重置成本只是在模拟条件下重置车辆的现行价格

6. 决定重置成本法二手车评估价格的主要因素有（　　）。
   A. 重置成本　　　B. 实体性贬值　　　C. 功能性贬值　　　D. 经济性贬值

7. 功能性贬值包括（　　）。
   A. 实体性贬值　　B. 一次性功能贬值　C. 营运性功能贬值　D. 经济性贬值

8. 二手车的外部经济环境包括（　　）。
   A. 宏观经济政策　B. 市场需求　　　　C. 通货膨胀　　　　D. 环境保护

9. 下列关于重置成本法特点的描述，正确的是（　　）。
   A. 比较充分地考虑了车辆的各方面损耗
   B. 比较清晰地解析了车辆残值的构成
   C. 能真实和较准确地反映车辆本金化的价格
   D. 能够客观反映二手车目前的市场情况

10. 下列关于应用现行市价法评估二手车关键要素的描述，正确的是（　　）。
    A. 要有一个发育成熟、交易活跃的二手车公开交易市场
    B. 有充分的参照车辆
    C. 能够获得目前新车价格
    D. 能够获得未来预期收益

四、判断题

（　）1. 二手车鉴定评估委托书是一项经济合同性质的契约。

（　）2. 轿车类越野汽车是按发动机排量分类的。

（　）3. 娱乐汽车和竞赛汽车属于商用车。

（　）4. 我国汽车产品型号中，企业名称代号由2～3位英文字母组成。

（　）5. 按国家汽车产品型号编制规则，TJ7130UA表示为天津汽车工业总公司生产排量为1.3 L的三厢式电喷普通级轿车。

（　）6. 发动机排量为1.6～2.5 L的轿车都属于普通级轿车。

（　）7. 轿车的排量为1.8 L，其真实排量一定大于或等于1.8 L。

（　）8. 车辆年份表示车型的年份，即实际生产的年份。

（　）9. 按车辆拆零出售零部件所得收入之和进行估价的方法满足继续使用假设。

（　）10. 机动车的最大最佳效用，由车辆所在地区具体特定条件以及市场供求规律所决定。

（　）11. 重置成本标准适用的前提是车辆处于在用状态，一方面反映车辆已经投入使用；另一方面反映车辆能够继续使用，对所有者具有使用价值。

(　　) 12. 重置成本价格需要考虑车辆功能的市场性。
(　　) 13. 现行市价价格随供求关系的变化，将会出现波动。
(　　) 14. 收益现值主要是以车辆的获利能力进入市场的价格计量。
(　　) 15. 现行市价价格与清算价格均是市场价格。
(　　) 16. 清算价格是非正常市场上的拍卖价格，一般远远低于现行市价。
(　　) 17. 复原重置成本和更新重置成本的前提是车辆本身的功能不变。
(　　) 18. 一般情况下，在选择重置成本时，如果可同时取得复原重置成本和更新重置成本，则应优先选择复原重置成本。
(　　) 19. 由于技术进步引起的二手车功能相对落后而导致的贬值，属于有形损耗。
(　　) 20. 一次性功能贬值是指原有车辆在完成相同工作任务的前提下，在燃料、人力、配件材料等方面的消耗增加，形成了一部分超额运营成本。
(　　) 21. 由于汽车排放标准的变化使在用车产生的贬值属于功能性贬值。
(　　) 22. 收益现值法的现值确定依赖于目前市场的新车价格。
(　　) 23. 现行市价法是从二手车可能进行交易的角度来判断二手车价值的。
(　　) 24. 用现行市价法评估二手车包含了被评估二手车的各种贬值因素。
(　　) 25. 现行市价法是从买者的角度来考虑被评估二手车的变现值的。
(　　) 26. 清算价格法的理论基础是现行市价标准。
(　　) 27. 清算价格法在原理上基本与现行市价法相同。
(　　) 28. 资产抵押中的二手车价格评估不适用现行市价法。
(　　) 29. 如果企业丧失车辆处置权，则以买方出价决定车辆售价。
(　　) 30. 二手车评估应尽量选择简单易行的方法。

项目 2

现场鉴定

现场鉴定工作通常包括登记车辆基本信息、判别事故、鉴定车辆技术状况（包括车辆拍照）3个工作步骤。

二手车鉴定评估人员通过现场查勘鉴定二手车现时技术状况，其目的是公正、科学地确定委托评估车辆的技术现状。这项工作完成后，鉴定评估人员应客观地给出鉴定评估过程的描述和评估结论，即被评估车辆的缺陷描述和等级评定。

在二手车评估业务中，大部分工作是对二手车的技术状况进行全面对照检查，即对车辆进行技术状况鉴定。对于二手车的车型、年份、年款等信息都是比较容易看出来的，但对汽车的使用强度、使用情况、是否出过严重事故等，就需要有一定的实践经验才能检查出来。在车辆进行外观检查前，应进行外部清洗。在外观检查中，当需对底盘进行检查时，应设有地沟或有举升机构，以便将车体升起，方便检查底盘。

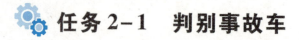

任务 2-1　判别事故车

任务导入

事故车并非专指发生过严重碰撞事故的车辆，而是指存在严重结构性损伤的车辆。损伤可能是事故造成的，也可能是汽车使用负荷过大造成的，例如泡水车、烧伤车也属于特殊事故车。车辆发生碰撞或者损伤后，会对汽车的结构框架造成伤害，需要进行一定的修复，但修复效果往往很难达到技术要求，故总会存在一定的安全隐患。这些车辆一般来说很难从外观上观察出来，但是这些"伤筋动骨"可使车辆的寿命大减，相应的评估价格也会大打折扣。

本任务主要学习判别事故车的方法。

学习目标

（1）能够正确解释事故车的含义。
（2）能够正确描述事故车的类型及各类型事故车的特点。
（3）能够正确描述非承载式车身碰撞变形的类型及各类型变形损伤特点。
（4）能够正确描述承载式车身不同方位碰撞的变形特点。
（5）能够正确描述承载式车身碰撞变形的类型及各类型变形损伤特点。
（6）能够正确描述车身漆膜结构种类及各类型漆膜的结构特点及厚度范围。
（7）能够正确登记车辆基本信息。
（8）能够正确鉴别严重碰撞、水淹和过火事故车辆。
（9）培养科学严谨、安全环保等职业素养。

相关知识学习

一、事故车

1. 定义

事故车是指在使用过程中，曾经发生过长时间泡水、严重过火或严重碰撞，即使经过很好的修复之后，但仍然存在安全隐患的车辆。

2. 类型

在二手车评估中，事故车包括严重碰撞车、泡水车和过火车 3 种。

1）严重碰撞车

因经过严重撞击而伤及车身主要结构件的车辆，在后期很难修复到原厂要求的技术状况。严重时需要进行加热校正修复，对车辆金属刚性及强度影响极大，并且高速时会出现跑偏、磨胎等现象，稳定性较差，如图 2-1 所示。只要碰撞损伤达到下列程度之一，即可认为是严重碰撞事故车。

（1）车架左右纵梁弯曲变形、断裂后修复或更换过。

（2）散热器框架和悬架安装部位被撞伤后修复或更换过。

（3）车身后翼子板碰撞后整体或局部更换过。

（4）门框上下边梁，A、B、C 柱碰撞变形后修复或更换过。

（5）车身底板碰撞变形后修复或更换过。

2）泡水车

图 2-1 严重碰撞事故车

水淹车按照损害严重程度分为3类，第一类是水深超过车轮，并涌入了车内；第二类是水深超过发动机罩，水线达到风窗玻璃的下沿；第三类是积水漫过车顶。在这3类情况中，第一类最为常见，危害性相对后两类要小很多，修复后对日常使用影响不大。而后两类，水深超过了风窗玻璃下沿或者直接没过车顶的车辆，就算修复后也存在相当大的安全隐患。

泡水车是指进水时，水线超过发动机罩，水线达到风窗玻璃的下沿以上而不管浸泡的时间长短，如图2-2所示。因整个发动机舱被水淹没，绝大部分电器线路和相关零件、仪表都被水浸泡过，而管路内和电器相关零件内部的进水不能及时排出会造成严重完全隐患。这些车辆虽然结构没有发生变化，但电器线路容易生锈、腐蚀，从而造成短路、接触不良等故障，在车辆使用中也存在着很大的安全隐患，所以把泡水车列为事故车。

图2-2 泡水车辆

3）过火车

汽车无论是由于外燃还是自燃，只要发动机舱或乘员舱发生严重火烧，燃烧面积较大，机件损坏较严重即判定为过火车辆，应列为事故车，如图2-3所示。火烧是个极为严重的事故，经火烧后，机件很难修复。但对于局部着火，所烧损的零件为非主要零部件，并在很短的时间内熄灭，主要零件未受到影响的，经修复换件后，不能算过火车辆。

图2-3 过火车辆

二、非承载式车身的碰撞变形

非承载式车身（也称车架式车身）由车架及围接在其周围的可分解的部件组成，车身的前部和后部具有上弯的结构，碰撞时会发生变形，但可保持车架中部结构的完整。图2-4中圈出的部位为非承载式车身上较柔软的部位，主要用来缓冲碰撞冲击。车身与车架之间有橡胶垫，橡胶垫能减缓从车架传至车身上的冲击。但当遇有强烈冲击时，橡胶垫上的螺栓可能会折弯，并导致车架与车身之间出现裂缝。碰撞时由于振动的大小和方向不同，车架可能遭受损伤而车身没有。车架的中部较宽，可以抵抗从侧面的碰撞冲击，保护乘客的安全。车架是否变形，可通过比较车门槛板与车架前后之间的空间尺寸、前翼子板与轮罩前后之间的空间尺寸以及前保险杠上的后孔到前车架钢梁总成之间左右尺寸的大小来确定。

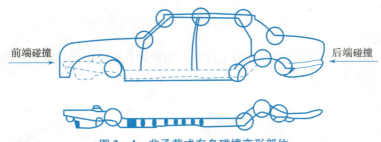

图2-4 非承载式车身碰撞变形部位

车架受碰撞时的变形，大致可分为左右弯曲、上下弯曲、断裂、菱形变形和扭转变形5种类型。

1. 左右弯曲

当汽车一侧被碰撞时，被撞一侧会有明显的碰撞损伤，被撞一侧车架纵梁的外侧及另一侧纵梁的内侧可能会有折损；车门垂直方向缝隙会变大，车门宽度方向可能会有褶皱；车身和车顶盖可能会有错位等现象。车架的弯曲变形可能出现在前部、中部和后部，如图2-5所示。

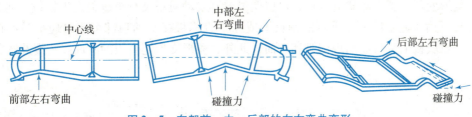

图2-5 车架前、中、后部的左右弯曲变形

2. 上下弯曲

当汽车被撞后，车身壳体某些部位比正常位置低（或高），这就是发生了上下弯曲变形，如图2-6所示。

直接碰撞汽车的前部或后部，会导致汽车上一侧或两侧发生上下弯曲。可以从翼子板与门之间的缝隙是否上下宽度不同、车门在撞击后是否下垂等判别出是否有上下弯曲变形。大多数车辆的碰撞损伤都会有上下弯曲变形，即使在车架上也看不出褶皱和扭曲。严重的上下弯曲变形也会破坏车架纵、横梁的准直度。

3. 断裂

汽车发生碰撞后，如果发动机罩前移或后车窗后移；车身上的某些部件或车架元件的尺寸小于标准尺寸；车门可能吻合得很好，但挡板、车壳或车架的拐角处有褶皱或有其他严重

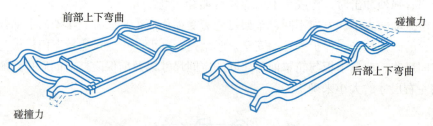

图 2-6 车架前部和后部的上下弯曲变形

的变形;车架在车轮安装位置圆顶处向上提升,引起弹性外壳损坏,这些都表明车身上发生了断裂损伤,如图 2-7 所示。

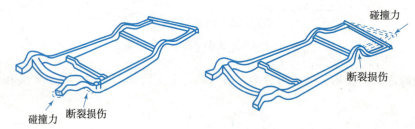

图 2-7 车架的断裂变形

4. 菱形变形

当车辆前部(或后部)的任一侧角碰撞或撞击方向偏离车辆重心时,车架的一侧向后或向前移动,车架或车身歪斜近似平行四边形的形状,这种变形称为菱形变形,如图 2-8 所示。菱形变形是整个车架的变形,可以明显看到发动机罩及行李舱盖发生错位(见图 2-9);在接近后车轮罩的相互垂直的钢板上或在垂直钢板接头的顶部可能出现褶皱;在乘员舱和行李舱底板上也可能出现褶皱和弯曲。此外,菱形变形还会附加有许多断裂及弯曲的组合损伤。

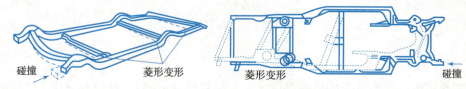

图 2-8 车架的菱形变形

5. 扭转变形

当汽车高速撞击到路缘石或路中隔离栏或车身后侧角端发生碰撞时,就可能发生扭转变形,如图 2-10 所示。发生扭转变形后,汽车的一角会比正常情况高,而对称的一角则会比正常情况低;汽车的一角会前移,而邻近的一角很可能被扭转向下。若汽车的一角明显下垂,就应对汽车进行扭转损伤检查。需要特别注意的是,扭转变形往往隐藏在底层,可能在钢板表面检查看不出任何明显的损伤。

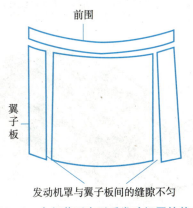

图 2-9 车架菱形变形后发动机罩的状态

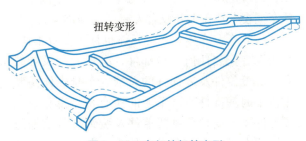

图 2-10 车架的扭转变形

三、承载式车身的碰撞变形及损伤类型

1. 承载式车身的碰撞变形

1）承载式车身基本结构

典型的轿车承载式车身结构如图 2-11 所示。

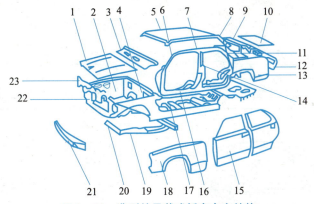

图 2-11 典型的承载式轿车车身结构

1—发动机罩；2—前挡泥板；3—前围上盖板；4—前围板；5—车顶盖；6—前柱；7—上边梁；
8—顶盖侧板；9—后围上盖板；10—行李舱盖；11—后柱；12—后围板；13—后翼子板；
14—中柱；15—车门；16—下边梁；17—底板；18—前翼子板；19—前纵梁；
20—前横梁；21—前裙板；22—散热器框架；23—发动机罩前支撑板

(1) 发动机罩。发动机罩的主要作用是遮盖发动机，一般通过铰链安装在车身壳体上。

(2) 翼子板。翼子板也称为叶子板，其主要作用是遮盖车轮。按其在车身上的位置不同分为前翼子板和后翼子板。大多数轿车的前翼子板通过螺栓安装在车身壳体上；少数轿车，特别是车架车身的轿车，前翼子板局部通过点焊的方式与车身壳体连接。后翼子板也称后侧围板，一般是通过点焊方式与车身壳体连接。

(3) 车门。车门的主要作用是方便乘客上下车，均是通过铰链安装于车门立柱上。

(4) 行李舱盖。行李舱盖的主要作用是遮盖行李舱，通常是通过铰链安装于车身壳体上。

(5) 保险杠。保险杠按其在车身上的位置有前保险杠和后保险杠，主要是当车辆发生前、后碰撞时起被动保护作用。保险杠通常是通过螺栓与车身壳体的前、后纵梁相连接，有时在保险杠和纵梁间加装有缓冲器。

（6）车顶盖。车顶盖的主要作用是遮盖车顶，通常是用点焊的方式与车身壳体连接，有些车型在车顶盖上开设有天窗（活动顶盖）。

（7）车身壳体。车身壳体也称为车身本体，是指没有安装任何机械部件、电器元件及导线和车身覆盖件及装饰件的总成。车身壳体是整个汽车的基础件，汽车上的所有机械部件、电器元件及导线和车身覆盖件及装饰件等均通过不同的方式固定在车身壳体上。典型的承载式车身壳体结构如图2-12所示。

图2-12 典型的承载式车身壳体

2）前部碰撞变形

图2-13所示为一辆承载式车身的汽车发生前端碰撞时的变形情况（图中①、②、③、④代表从开始碰撞到发生严重损伤的过程，也可分别表示轻微、较轻、较重、严重变形）。前端碰撞的冲击力取决于汽车的质量、速度、碰撞范围及碰撞物。当碰撞程度比较轻时，保险杠会被向后推，前纵梁、保险杠支撑、前翼子板、散热器支座、散热器上支撑和机罩锁紧支撑等也会折曲。

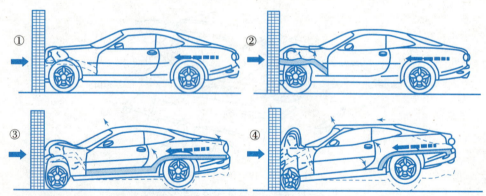

图2-13 汽车前部碰撞变形过程

如果碰撞的程度剧烈，那么前翼子板就会弯曲而触到前车门，发动机罩铰链会向上弯曲至前围上盖板，前纵梁也会折弯到前悬架横梁上并使其弯曲。如果碰撞力量足够大，前挡泥板及前车身立柱（特别是前门铰链上部装置）将会弯曲，并使车门松垮掉下。另外，前纵梁会发生褶皱，前悬架构件、前围板和前车门平面也会弯曲。

如果从某一角度进行正面碰撞，则前纵梁的连接点就会成为旋转中心。由于左面和右面的前侧构件是通过前横向构件连接在一起的，故碰撞引起的冲击就会从碰撞点一侧传递至另一侧的前部构件并引起变形，如图2-14所示。

3）中部碰撞变形

当发生侧面碰撞时，车门、前部构件、车身中立柱以及地板都会发生变形。如果中部侧面碰撞比较严重，车门、中柱、车门槛板、顶盖纵梁都会严重弯曲，甚至相反一侧的中柱和

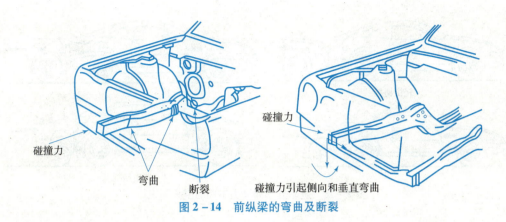

图 2-14 前纵梁的弯曲及断裂

顶盖纵梁也会发生变形。随着碰撞力的增大，车辆前部和后部会产生与碰撞相反方向的变形，整个车辆会变成弯曲的香蕉状，如图 2-15 所示。

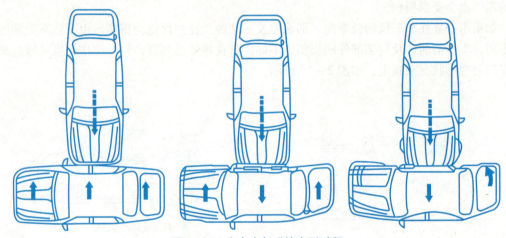

图 2-15 汽车中部碰撞变形过程

当前翼子板或后顶盖侧板受到垂直方向较大的碰撞时，冲击会传递到汽车相反一侧。当前翼子板的中心位置受到碰撞时，前轮会被推进去，冲击也会从前悬架横梁传至前纵梁。这样，悬架元件就会受到损伤，前轮的中心线和基线也都会改变。当发生侧向的碰撞时，转向装置的连杆及齿轮齿条的配合也将被损坏。

4）后部碰撞变形

汽车后部碰撞时其受损程度取决于碰撞面的面积、碰撞时的车速、碰撞物及汽车的质量等因素。

如果碰撞力小，则后保险杠、后地板、行李舱盖及行李舱地板可能会发生变形。如果碰撞力大，相互垂直的钢板会弯曲，后顶盖顶板会塌陷；而对于四门汽车，车身中立柱也可能会弯曲，如图 2-16 所示。

在汽车的后部由于有吸能区，故碰撞时一般只在车身后部发生变形，以保护中部乘客室的完整和安全。

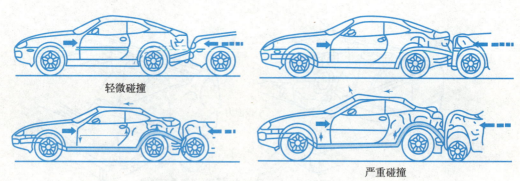

轻微碰撞

严重碰撞

图 2-16 汽车后部碰撞力不同时受损情况

5) 顶部碰撞变形

当坠落物体砸到汽车顶部时，除车顶钢板受损外，车顶纵梁、后顶盖侧板和车窗也可能同时被损伤。在汽车发生翻滚时，车顶盖、立柱及车下部的悬架会发生严重损伤，悬架固定点的部件也会受到损伤。

如果车身立柱和车顶钢板弯曲，那么相反一端的立柱同样也会损坏。由于汽车倾翻的形式不同，车身的前部及后部部件的损伤也不同。就这些情况而言，汽车损伤程度可通过车窗及车门的变形状况来确定，如图 2-17 所示。

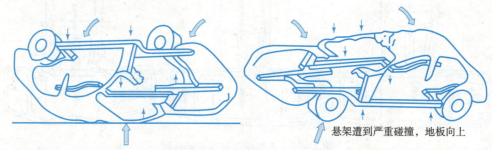

悬架遭到严重碰撞，地板向上

图 2-17 汽车翻滚碰撞变形过程

2. 承载式车身碰撞损伤的类型

承载式车身结构的碰撞损伤是按弯曲、断裂、增宽和扭转的顺序进行的。

1) 弯曲

在碰撞的瞬间，由于汽车结构具有弹性，故使碰撞振动传递到较远距离的大部分区域，从而引起中部结构横向及垂直方向的弯曲变形。左右弯曲通常通过测量宽度或对角线、上下弯曲变形通常通过测量车身部件的高度是否超出配合公差来判别。与非承载式车身结构的弯曲变形相似，这一变形可能仅发生在汽车的一侧，如图 2-18 所示。

2) 断裂

如图 2-19 所示，在碰撞过程中，碰撞点会产生显著的挤压，碰撞的能量被结构的折曲变形吸收，以保护乘客舱。而较远距离的部位则可能会发生褶皱、断裂或者松动。通常通过测量车身部件长度是否超出配合公差来判别是否为断裂变形。

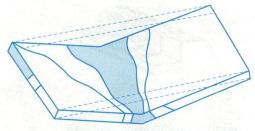

图 2-18 承载式车身的弯曲变形示意图

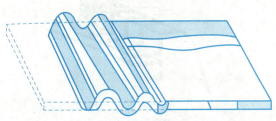

图 2-19 承载式车身的断裂变形示意图

3)增宽

如图 2-20 所示,增宽变形与非承载式车身上的左右弯曲变形相似,可以通过测量车身高度和宽度是否超出配合公差来判别。对于性能良好的承载式车身来说,碰撞力会使侧面结构偏向外侧弯曲,偏离乘客,同时纵梁和车门缝隙也将发生变形。

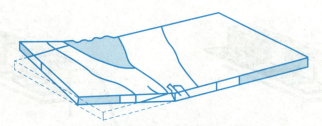

图 2-20 承载式车身的增宽变形示意图

4)扭转

如图 2-21 所示,承载式车身的扭转变形与非承载式车身的相似,可以通过测量其高度和宽度是否超出配合公差进行判别。由于扭转变形是碰撞的最后结果,故即使最初的碰撞直接作用在中心点上,但再次的冲击还是能够产生扭转力引起车身的扭转变形的。

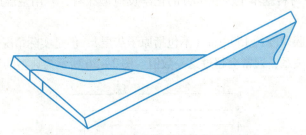

图 2-21 承载式车身的扭转变形示意图

除无菱形变形外,承载式车身和非承载式车身上的变形类型是极为相近的,但是承载式车身的损伤要复杂得多。

四、漆膜厚度

1. 单工序的素色漆

如图 2-22 所示,传统型(溶剂涂料)单工序的素色漆从底到面的总膜厚约为 80 μm,单工序水性漆涂层厚为 70~150 μm,其涂层结构如图 2-23 所示。

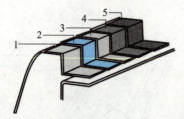 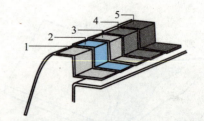

图2-22 单工序素色漆原厂涂层结构
1—钢板；2—磷酸锌涂层；3—阴极电泳涂层；
4—中间漆；5—单色面漆

图2-23 单工序水性素色漆涂层结构
1—钢板；2—磷酸锌涂层；3—阴极电泳涂层；
4—水性中间漆；5—水性面漆

2. 双工序的金属漆

如图2-24所示，双工序的金属漆从金属底材到表面的总膜厚大约为100 μm，漆膜抗刮、抗磨等机械性能好，光泽均匀。双工序水性金属漆涂层厚为70~150 μm，其涂层结构如图2-25所示。

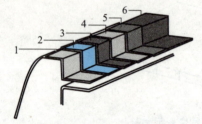 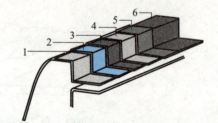

图2-24 双工序金属漆原厂图层结构
1—钢板；2—磷酸锌涂层；3—阴极电泳涂层；
4—中间漆；5—金属底色漆；6—清漆

图2-25 双工序水性金属漆涂层结构
1—钢板；2—磷酸锌涂层；3—阴极电泳涂层；
4—水性中间漆；5—水性底色漆；6—2K清漆

3. 修补涂装后的涂层结构

修补后的涂层是指损伤的漆膜表面，经涂装修复后要达到与原厂漆性能相近的漆膜。修补涂装过程所用的原材料基本上为双组分的化学反应型涂料，采用室温固化或烘烤强制固化工艺。

按要求维修后漆膜厚度约150 μm（不包括原子灰层），但是实际情况与维修材料和维修技师的技术水平有直接关系，通常会超过这一数值。图2-26所示为典型的修补涂装涂层结构。

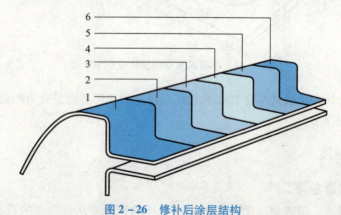

图2-26 修补后涂层结构
1—镀锌钢板；2—防锈漆；3—腻子；4—双组份中间漆；5—底色漆；6—双组份清漆

一、登记车辆基本信息

根据车主提供的机动车行驶证、机动车登记证书及对二手车的查看结果,在"二手车技术状况表"(见表2-1)登记车辆基本信息。

表2-1 二手车技术状况表

车辆基本信息	厂牌型号			牌照号码		
	发动机号			VIN码		
	初次登记日期	年 月 日		表征里程	万千米	
	品牌名称		□国产 □进口	车身颜色		
	年检证明	□有(至__年__月) □无		购置税证书	□有 □无	
	车船税证明	□有(至__年__月) □无		交强险	□有(至__年__月) □无	
	使用性质	□营运用车 □出租车 □公务用车 □家庭用车 □其他				
	其他法定凭证、证明	□机动车号牌 □机动车行驶证 □机动车登记证书 □第三者强制保险单 □其他				
	车主名称/姓名			企业法人证书代码/身份证号码		
重要配置	燃料标号		排量		缸数	
	发动机功率		排放标准		变速器形式	
	安全气囊		驱动方式		ABS	□有 □无
	其他重要配置					
是否为事故车	□是 □否	损伤位置及损伤状况				
鉴定结果	分值			技术状况等级		
车辆技术状况鉴定缺陷描述	鉴定科目	鉴定结果(得分)		缺陷描述		
	车身检查					
	发动机舱检查					
	车内检查					
	起动检查					
	路试检查					
	底盘检查					

二手车评估师:_____ 　　　鉴定单位:(盖章)_____
　　　　　　　　　　　　　　　　鉴定日期:_____年_____月_____日

> **声明：**
> 　　本二手车技术状况表所体现的鉴定结果仅为鉴定日期当日被鉴定车辆的技术状况表现与描述，若在当日内被鉴定车辆的市场价值或因交通事故等原因导致车辆的价值发生变化，对车辆鉴定结果产生明显影响，则本技术状况鉴定说明书不作为参考依据。
> 　　**说明：**本二手车技术状况表由二手车经销企业、拍卖企业、经纪企业使用，作为二手车交易合同的附件。车辆展卖期间，放置在风窗玻璃左下方，供消费者参阅。

二、目视鉴别碰撞事故车

碰撞事故车目视鉴别主要是检查车身是否有"伤"，检查车上结构件是否留有修复后的痕迹。因轿车和客车的车身在整个汽车中价值权重较大，维修费用较高，故应先从车辆的漆面和钣金看起。

其实对于一台二手车，不是说补过漆或者做过钣金修理就不好，只是需要知道为什么补漆或者为什么做钣金修理，是发生了轻微的剐蹭还是严重的碰撞。通常一台发生过轻微剐蹭或碰撞的二手车在未伤及车身结构件时，不能称为碰撞事故车。

对于严重碰撞事故车辆，由于碰撞力较大，鉴别时通常通过观察车身结构件的损伤情况来判定。车身上的结构件主要指前横梁、散热器固定梁、前纵梁、车门立柱、车门槛及后纵梁等，如图2-27所示。检查中要特别仔细观察板件连接点有没有错位、断裂，加固材料（如加固件、盖板、加强筋、连接板）上有没有裂缝，各板件的连接焊点有没有变形、开裂，油漆层、内涂层及保护层有没有裂缝和剥落，以及零件的棱角和边缘有没有异样等。

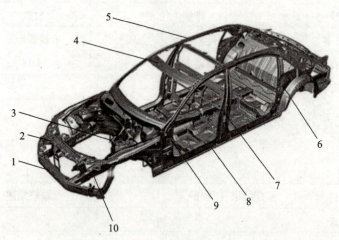

图2-27　车身上结构件
1—前横梁；2—散热器固梁；3—减震器塔；4—顶横梁；5—顶盖侧边梁；
6—C柱；7—B柱；8—门槛；9—A柱；10—前纵梁

1. 检查车体周正性

在汽车左前方45°方位，离开汽车5~6m，呈半蹲姿势以保证视线基本与车门腰线（通常为车门防擦条位置）平齐，观察下列各项：

（1）汽车左侧表面是否有明显的凸凹损伤。

(2) 各棱线是否平滑顺畅。

(3) 车门腰线前后是否呈一条平滑的直线。

(4) 车门槛从前到后是否平直。

(5) 整个车体是否周正（是否有明显的车身歪斜现象）。

(6) 前后车轮外表面是否在同一平面内。

2. 检查结构件损伤

(1) 检查前横梁。目视检查前横梁是否有明显的变形、折痕及补过漆的痕迹。

(2) 检查散热器及其固定梁。

① 查看散热器固定梁固定螺栓是否有被拆装过的痕迹，如果有，则可能是该梁或散热器或发动机经常出故障。

② 查看散热器固定梁的形状是否规整，是否有损伤的痕迹。如果不规整或有明显损伤痕迹，则可能是该车发生过正面碰撞事故。

③ 查看散热器是否漏水、有锈蚀，特别查看靠风扇一侧的散热片是否有圆形凹陷损伤（散热片倾倒）。如果有，则可能是该车发生过正面碰撞事故。

(3) 查看左右车轮罩、前纵梁。

① 是否有新喷漆的痕迹。如果有，则说明该车可能发生过碰撞事故。

② 车轮罩、减震器支座、连接板与前纵梁连接处的焊点是否规则、间隔均匀。这些焊点是原厂自动点焊机焊接时留下的凹坑，通常直径为 5 mm 左右，且间隔均匀，如图 2-28 所示。而修理时，维修厂通常用塞焊的方式修复，焊点处没有凹陷，且直径较大（8 mm 左右），间隔不均匀。

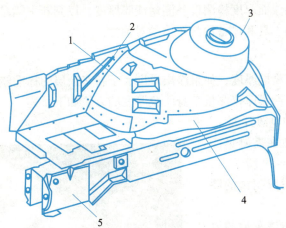

图 2-28 前纵梁处的原厂焊点
1—车轮罩；2—前围板；3—减震器塔；4—厂家点焊的普通位置；5—前纵梁

③ 查看前纵梁的后部，看是否有搭接连接处。原厂件为整体冲压件，如果出过严重的碰撞事故而导致前纵梁变形、开裂等严重损伤，通常采用局部更换前纵梁的修复工艺，新更换的部分前纵梁与切割留下的一段前纵梁采用搭接连接。

(4) 检查减震器塔。

① 检查减震器塔是否有明显的变形。

② 检查减震器塔螺栓固定孔是否变形。

（5）检查车门口。

① 打开车门来详细查看门口线条是否规整流畅，如果有类似波浪的情形，则表示此车经过钣金修理。

② 将车门口密封条揭开，观察门框周边线条是否流畅、平整，车门附近是否留有原车接合时的铆钉（焊点）痕迹，如果没有痕迹，则表示此车做过钣金维修及油漆修补。

③ 查看车门槛。如果门槛磨损严重，则说明该车使用强度较大或使用年头较长；如果车门槛线型不平直，则说明被碰撞过。

④ 检查 A、B、C 柱。观察形状是否规整，外表曲线形状应与车身侧面外形轮廓相适应，观察是否有焊接或补过漆的痕迹。因为车身立柱通常使用超高强度钢板制作，故侧面碰撞变形（特别是出现的折痕）时很难通过拉伸等操作恢复原形。修理厂通常采用加热的方法使立柱变软后再修理形状，此后必须重新补漆，同时会留下严重的安全隐患。即使采用正规修理方法，即局部更换法，也仍然会留下焊接的痕迹。

（6）检查后纵梁、后减震器塔及后横梁。后纵梁、后减震器塔及后横梁的检查内容及检查方法与前纵梁、前减震器塔和前横梁相似。由于轿车后部为行李舱，有底板和内盖板（内饰板），所以对于后纵梁和后横梁的比较困难，如果确实要观察，则需举升车辆。但只要揭开内盖板，则可以看到减震塔。

三、设备检测碰撞事故车

在进行目视法鉴别严重碰撞事故车时，可配合使用常用的测量工具进行相关尺寸的测量，以精确判定是否发生过严重碰撞事故及碰撞的严重程度。GB/T 30323—2013 规定，在判别事故车时，应使用漆面厚度检测设备测量漆膜厚度，以判断车辆是否做过漆膜修补；需使用车辆结构尺寸检测工具和设备检测车体的对称性。

1. 漆膜厚度检测

用膜厚仪测量车身涂层厚度，如果涂层厚度大于新车涂层的标准厚度，则说明这辆汽车曾经进行过修补涂装。用膜厚仪测量车身漆膜厚度的方法如下所述。

（1）打开膜厚仪的电源开关。

（2）将膜厚仪平放在需测量漆膜厚度的表面，如图 2-29 所示。

（3）从显示窗口读取测试的漆膜厚度数据。

（4）将实测数据与该车型的漆膜厚度标准数据进行对比，判断是否进行过漆面修补。

修补过的涂层厚度基本都会超过 150 μm，要比原厂漆膜厚得多。

因为车顶部位很少由于损伤而补漆，所以实际测量时，可在车顶

图 2-29　测量漆膜厚度

前、中、后部各测一次漆膜厚度，如果各次测得的数值相差很小，且均在 100 μm 左右，则可认为所测的 3 处均没有补过漆。取 3 个数值的平均值作为该车的标准膜厚，将怀疑处所测

值与该标准值进行对照,即可判定是否补过漆。

2. 检测车身尺寸

1) 车身前部尺寸的测量

前部车身损伤变形的程度也可用轨道式量规或钢卷尺来确定。每辆车都有汽车制造厂提供的维修手册,上面标出了车身上部最重要控制点的尺寸标准,可以通过测量这些点之间的尺寸检验车身是否有变形或者校正是否到位。

图2-30给出了典型的前部车身控制点,对照标准数据就可对其进行检验。图2-31所示为用轨道式量规测量车身前部尺寸。

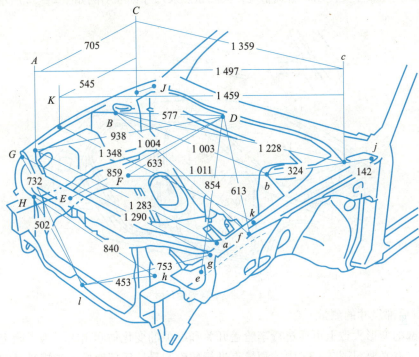

图2-30 发动机舱的尺寸

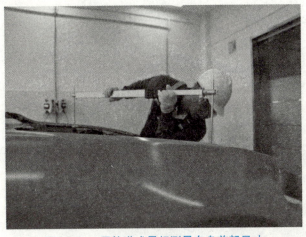

图2-31 用轨道式量规测量车身前部尺寸

检验汽车前端尺寸时,轨道式量规测量的最佳位置是悬架及机械元件上的安装点,因为它们对中的正确与否很关键。每一尺寸应该对照另外的两个基准点进行检验,其中至少有一个基准点要进行对角线测量。通常,测量的尺寸越长,其精确度越高。例如,测量从车颈(前车身与中车身的交界处)下端至发动机底座前部之间的尺寸要比测量车颈下端至另一侧车颈下端尺寸要好,因为它是在汽车较大范围内测得的一个较长尺寸。从每个控制点测得两个或多个数据既保证了更高的精度,又能够帮助辨别出构件损伤的范围及方向。

2)车身侧面尺寸的测量

车身侧边结构的任何损伤都可以通过车门开关时的状态或检验车门周边缝隙的均匀度来确定。车身侧面的测量主要使用轨道式量规,其测量点及尺寸标准示例如图 2-32 所示。

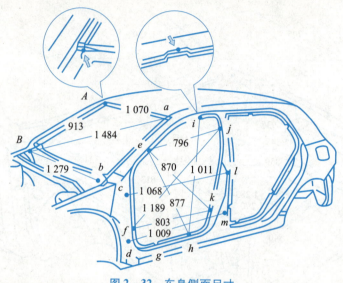

图 2-32 车身侧面尺寸

3)车身后部尺寸的测量

车身后部的变形大致上可通过行李舱盖开关和缝隙的变化估测出来。为了确定损伤及漏水的可能性,有必要对图 2-33 中的测量点进行精确测量。后部地板上的褶皱通常是由于后部元件的扭弯造成的,因此,在测量后部车身的同时,也要测量车身的底部。

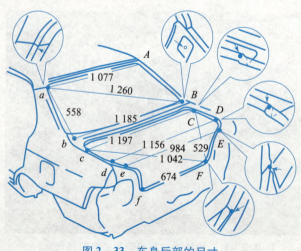

图 2-33 车身后部的尺寸

4）车体左右对称性检测

如图 2-34 所示，用钢卷尺在车身左右对称部位（距地面高度 1.5 m 以下）测量高度尺寸（图 2-34 中的 a 和 b），a 和 b 的差值作为最终数据。标准规定这一差值不应超过 40 mm。

图 2-34 车体左右对称性的检测

四、鉴别泡水车

1. 检查发动机舱内

（1）观察发动机舱前围上盖板（俗称防火墙）上面有没有水渍痕迹或留有污泥。

（2）检查线束内部是否留有污泥。

（3）检查熔丝盒上及内部是否有锈蚀或水渍。

2. 检查驾驶室内

（1）检查驾驶室内是否有发霉味或香水味。如果有发霉味则可判定被水淹过；如果有较浓的香水味，可能是车主想以此来掩盖发霉味从而隐瞒水淹的事实，因而应特别注意，并好做细致的检查。

（2）检查地毯。被水泡过的植绒地毯，经过清洗后，视觉上与正常的地毯差异不大，但手感则不再柔顺，有种发涩和发硬的感觉，且清洗时使用毛刷，故地毯表面难免会有起球现象。

（3）检查座椅支架是否有严重的锈蚀。坐垫的填充物为发泡海绵，经过泡水后手感会发硬，缺乏弹性。

（4）检查仪表板下面的骨架是否有严重的锈蚀。

（5）检查空调和音响的旋钮是否有发涩的感觉。

（6）检查安全带。经过污水浸泡后的安全带，上面会留有较明显的水迹，而且不容易被清除，甚至会产生霉斑。

（7）检查转向柱裸露的金属部位是否有明显的锈蚀。

3. 检查行李舱内

（1）检查备胎和随车的工具上是否有严重锈蚀。

（2）掀开行李舱底部的装饰盖板，看角落里是否有水泡过的痕迹。内饰板上面也可能会留下证明淹水深度的水线痕迹。

五、鉴别过火车

汽车过火的地方比较容易辨认,过火并烧蚀较严重的金属会出现像排气歧管一样的颜色。凡是燃烧面积较大、燃烧时间较长、过火严重的车修复起来均很困难,常作报废处理。因为过火的机件,金属变脆、退火,内部金相组织发生变化,不能继续使用,否则会留下严重的安全隐患。鉴别过火车辆时,通常从以下7个方面着手。

(1)检查发动机舱内外是否有近期喷漆痕迹,检查发动机舱死角是否有熏黑的迹象。
(2)检查发动机舱线束是否有大量线束更换过的迹象。
(3)检查发动机罩保温板是否异常新(更换新件)。
(4)检查发动机电器件是否有大量更换迹象。
(5)检查发动机舱塑料件是否有大量更换迹象。
(6)检查驾驶室内饰是否有整体大量更换迹象,线束是否有更换迹象。
(7)检查行李舱内饰是否有大量更换迹象,线束是否有更换迹象。

六、判别描述事故车

GB/T 30323—2013 规定,对事故车缺陷状态描述采用车体部位代码和缺陷状态代码来表示。车体部位代码见表2-2,车辆缺陷状态描述代码见表2-3。

表2-2 车体部位代码

代码	检查项目	代码	检查项目
1	车体左右对称性	8	左前纵梁
2	左A柱	9	右前纵梁
3	左B柱	10	左前减震器悬架部位
4	左C柱	11	右前减震器悬架部位
5	右A柱	12	左后减震器悬架部位
6	右B柱	13	右后减震器悬架部位
7	右C柱		

表2-3 车辆缺陷状态描述代码

代表字母	BX	NQ	GH	SH	ZZ
缺陷描述	变形	扭曲	更换	烧焊	褶皱

对车体某个部位存在的缺陷,描述方式为:车身部位代码+缺陷状态代码。如4SH,表示左C柱有烧焊痕迹。

技能考核

(1)教师为每组学员准备一台二手车及膜厚仪、钢卷尺(5 m)、膜厚仪、铅锤、车身轨道式量规等。
(2)学员结合本任务的知识与技能学习,在工单6(见本书配备的教学资源包)的附件"车辆技术状况表"中记录车辆基本信息。

（3）学员利用现有的工具、设备等，对指定的二手车进行事故车判定，并完成技能学习工单6（见本书配备的教学资源包）。

学习效果检验

一、思考题

1. 正确解释事故车的3种类型。
2. 详细说明非承载式车身左右弯曲变形、断裂变形和菱形变形的外观表现。
3. 碰撞事故车目视鉴别通常需要观察哪些部位？
4. 说明检查车体周正性的正确方法。
5. 对于前纵梁，目视检查的内容有哪些？
6. 如何目视检查车门口？
7. 为了判别是否为泡水车辆，在检查驾驶室内时都有哪些检查内容？
8. 为了判别是否为过火车辆，应进行哪些方面的检查？

二、单项选择题

1. 车门垂直方向缝隙变大，车门宽度方向有褶皱，说明车架可能有（　　）。
   A. 左右弯曲　　　B. 上下弯曲　　　C. 菱形变形　　　D. 扭转变形
2. 车身壳体某些部位比正常位置低（或高），说明车架可能有（　　）。
   A. 左右弯曲　　　B. 上下弯曲　　　C. 菱形变形　　　D. 扭转变形
3. 翼子板与门之间的缝隙在顶部变窄、在下部变宽，说明车架可能有（　　）。
   A. 左右弯曲　　　B. 上下弯曲　　　C. 菱形变形　　　D. 扭转变形
4. 发动机罩有明显错位现象，说明车架可能有（　　）。
   A. 左右弯曲　　　B. 上下弯曲　　　C. 菱形变形　　　D. 扭转变形
5. 对于承载式车身，（　　）是通过螺栓安装的。
   A. 发动机罩　　　B. 翼子板　　　C. 车门　　　D. 保险杠
6. 对于承载式车身，（　　）可能是通过点焊安装的。
   A. 发动机罩　　　B. 翼子板　　　C. 车门　　　D. 保险杠
7. 整个车辆有香蕉状的变形，说明车辆发生过（　　）。
   A. 前部碰撞　　　B. 中部碰撞　　　C. 顶部碰撞　　　D. 后部碰撞
8. 车顶纵梁、后顶盖侧板有向下弯曲的折痕，说明车辆可能发生过（　　）。
   A. 前部碰撞　　　B. 中部碰撞　　　C. 顶部碰撞　　　D. 后部碰撞
9. 下列选项中，（　　）不是承载式车身结构的碰撞损伤类型。
   A. 弯曲　　　B. 断裂　　　C. 扭转　　　D. 菱形变形
10. 通过测量发现，车身某部件的高度超出配合公差标准，说明车辆可能发生过（　　）。
    A. 左右弯曲　　　B. 断裂　　　C. 上下弯曲　　　D. 菱形变形
11. 传统型（溶剂涂料）单工序的素色漆从底到面的总膜厚约为（　　）μm。
    A. 80　　　B. 100　　　C. 150　　　D. 180
12. 双工序的金属漆从金属底材到表面的总膜厚大约为（　　）μm。

A. 80　　　　　　B. 100　　　　　　C. 150　　　　　　D. 180

13. 按要求维修后漆膜厚度一般会超过（　　）μm（不包括原子灰层）。

A. 80　　　　　　B. 100　　　　　　C. 150　　　　　　D. 180

14. 在检查车体是否周正时，车体外缘左右对称部位的高度差不应大于（　　）mm。

A. 30　　　　　　B. 40　　　　　　C. 50　　　　　　D. 60

15. 经修理厂维修后焊点直径较大，一般为（　　）mm左右。

A. 5　　　　　　B. 8　　　　　　C. 10　　　　　　D. 12

16. 揭开轿车地毯，发现底板有明显的焊接痕迹，说明车辆可能（　　）。

A. 出过交通事故　　　　　　　　　　B. 车辆使用年限较长
C. 车辆失过火　　　　　　　　　　　D. 车辆被偷盗过

17. 测量发现，发动机舱对角尺寸不相等，说明此处发生了（　　）。

A. 左右弯曲　　　B. 断裂　　　　　C. 上下弯曲　　　D. 菱形变形

18. 鉴别事故车辆时，发动机舱内无须检查的系统是（　　）。

A. 冷却系统与进气系统　　　　　　　B. 润滑系统与供油系统
C. 点火系统　　　　　　　　　　　　D. 曲柄连杆机构

19. 检查车身各部的周正、对称状况，可从汽车的前面或后面走出（　　）m，蹲下沿轮胎和汽车的外表面向下看汽车两侧，两侧前、后轮应成一条直线。

A. 1～2　　　　　B. 2～3　　　　　C. 3～4　　　　　D. 5～6

20. 承载式车身汽车前后横梁并没有连接，因此，并不存在真正意义上的（　　）。

A. 侧弯　　　　　B. 凹陷　　　　　C. 菱形损伤　　　D. 扭曲

21. 压溃是一种简单、具有广泛性的褶皱损伤，这种损伤使得汽车框架的任何部分都比规定（　　）。

A. 高　　　　　　B. 低　　　　　　C. 长　　　　　　D. 短

22. 下列选项中，（　　）是判断车辆事故状况须检查的项目。

A. 发动机是否大修　B. 车体是否周正　C. 变速器是否大修　D. 车桥是否大修

三、多项选择题

1. 在二手车评估中，事故车包括（　　）。

A. 严重碰撞车　　B. 泡水车　　　　C. 过火车　　　　D. 大修车

2. 下列选项中，（　　）可认为是严重碰撞事故车。

A. 车架左右纵梁弯曲变形、断裂后修复或更换过
B. 散热器框架和悬架安装部位被撞伤后修复或更换过
C. 车身后翼子板碰撞后局部或整体更换过
D. 门框上下边梁，A、B、C柱碰撞变形弯曲后修复或更换过

3. 下列选项中，（　　）可认为是泡水车。

A. 水深超过车轮直径的2/3
B. 水深超过车轮
C. 水深超过发动机罩，水线达到风窗玻璃的下沿
D. 积水漫过车顶

4. 对于承载式车身，（　　）是通过铰链来安装的。

A. 发动机罩　　　　B. 翼子板　　　　　C. 车门　　　　　D. 保险杠
5. 下列车身壳体上的构件，（　　）属于结构件。
A. 前纵梁　　　　　B. B柱　　　　　　C. 车门槛　　　　D. 车挡泥板
6. 下列选项中，（　　）说明汽车可能发生过严重碰撞。
A. 门口线条有类似波浪的情形　　　　B. 门槛磨损严重
C. 车门槛线形不平直　　　　　　　　D. B柱有焊接的痕
7. 检验汽车前端尺寸时，轨道式量规测量的最佳位置有（　　）。
A. 前纵梁棱线　　　　　　　　　　　B. 悬架安装点
C. 机械元件上的安装点　　　　　　　D. 前翼子板边沿
8. 在确定是否为泡水车时，发动机舱内重点检查的部位有（　　）。
A. 前围上盖板　　　B. 线束　　　　　　C. 熔丝盒　　　　D. 前纵梁
9. 在确定是否为泡水车时，驾驶室内重点检查的部位有（　　）。
A. 地毯　　　　　　　　　　　　　　B. 座椅支架
C. 安全带　　　　　　　　　　　　　D. 转向柱裸露的金属部位
10. 下列描述中，（　　）说明可能为过火车辆。
A. 发动机舱内外有近期喷漆痕迹　　　B. 发动机舱有大量线束更换过的迹象
C. 发动机罩保温板异常新　　　　　　D. 发动机舱塑料件有大量更换迹象

四、判断题

（　　）1. 如果车身有焊接的痕迹，说明车辆有可能出过碰撞事故。
（　　）2. 如果车辆排气带较重的蓝色，则可能是气缸磨损较重。
（　　）3. 事故车指发生过严重碰撞事故的车辆。
（　　）4. 泡水车是指进水时，水线超过发动机罩，达到风窗玻璃的下沿且浸泡时间较长的车辆。
（　　）5. 轿车的翼子板是通过螺栓与车身壳体连接的。
（　　）6. 通常测量的尺寸越长，其精确度越高。
（　　）7. 前部车身损伤变形的程度也可用导轨式量规或卷尺来确定。
（　　）8. 碰撞力在汽车上传递距离和二次损伤程度取决于碰撞力的大小和作用方向，以及吸收碰撞能的各个结构件的强度。
（　　）9. 车身检测首要目的是看"伤"，即看车主的二手车有没有严重碰撞的痕迹。
（　　）10. 碰撞或撞击后，车架大梁弯曲变形、断裂后修复的属于事故车。
（　　）11. 散热器及散热器支架被撞伤后修复或更换后不属于事故车。
（　　）12. 车身后翼子板碰撞后被切割或更换后不属于事故车。

任务2-2　鉴定二手车技术状况

任务导入

当确定待评估车辆为非事故车辆后，即可按照GB/T 30323—2013规定的车辆技术状况检查项目逐一进行检查,并拍摄二手车相关部位的照片,最后确定二手车技术状况等级。

二手车技术状况的仪器检查在二手车鉴定评估中主要用于对被评估二手车用动态检查性能把握不准和不熟悉,并且对评估准确性要求较高的情况,常用于较高档的车型和司法鉴定评估。

由于二手车鉴定评估机构很难拥有自己的检测线,所以二手车技术状况的仪器检查一般需依托汽车综合性能检测站按规定的技术要求进行。二手车鉴定评估人员并不需要对具体项目的检测设备和检测方法有十分清楚的了解,但必须能够对检测结果进行合理的技术分析,以给出车辆技术状况准确的评价。

本任务主要学习车身、发动机舱、驾驶舱、发动机起动性、行车状况、底盘和功能性零部件的检查要求与方法,车辆综合性能检测报告单的查看分析,拍摄二手车照片的要求和二手车技术状况等级评定。

学习目标

(1) 能够正确描述汽车技术状况变化的外观症状。
(2) 能够正确解释汽车的各种质量和尺寸参数。
(3) 能够正确描述汽车的主要使用性能及各使用性能的评价指标。
(4) 能够简单描述汽车综合性能检测的工作流程。
(5) 能够凭目测及借助简单工具、量具进行二手车技术状况相关项目的检查。
(6) 能够正确分析汽车综合性能检测报告单。
(7) 能够正确拍摄二手车照片。
(8) 培养劳动安全、精细操作等职业素养。

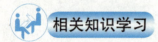

相关知识学习

一、汽车技术状况

1. 定义

汽车技术状况是指定量测得的、表征某一时刻汽车的外观和性能参数值的总和。

汽车是由机构、总成组成的,而机构和总成又由零件组成,所以零件是汽车的基本组成单元。零件性能下降后,汽车的技术状况将受到影响,因此汽车技术状况的变化取决于组成零件的综合性能。

随着汽车行驶里程的增加,汽车的技术状况将逐渐变差,致使汽车的动力性下降、经济性变差、使用方便性下降、行驶安全性和使用可靠性变差,直至最后达到使用极限。

2. 汽车技术状况变化原因

汽车技术状况的变化是汽车诸多内在原因综合作用的结果。主要原因有:零件之间相互摩擦而产生的磨损;零件与有害物质接触而产生的腐蚀;零件在交变载荷作用下产生疲劳;零件在外载、温度和残余内应力作用下发生变形;橡胶及塑料等非金属零件和电器元件因长时间使用而老化;由于偶然事件造成零件损伤等。这些原因使零件原有尺寸和几何形状及表面质量发生改变,破坏了零件原来的配合特性和正确位置关系,从而引起汽车(或总成)技术状况变差。

3. 汽车技术状况变化的外观症状

汽车在使用过程中,随着行驶里程的增长,各部机件将会由于磨损量的增大和各种损伤的影响,使得原有的尺寸、几何形状、机械性能、配合关系等遭受破坏,从而使汽车技术状况发生变化,汽车失去正常工作的能力,也即汽车产生了故障。

实践证明,无论是汽车发动机还是底盘部分的故障症状均因其成因不同而不同。通常可以通过人们的耳朵(听)、眼睛(看)、鼻子(嗅)、手(摸)、身(受)等来发现外观症状,并根据这些外观症状来断定汽车是否存在故障。归纳起来,这些变化多端的故障外观症状大致可分为以下几类。

1)技术性能变差

(1)动力下降。如活塞、活塞环与气缸壁的磨损量超过限度后,则在进气行程中,气缸内吸力不足,以致进气量减少;并且在压缩行程、做功行程中,造成气缸漏气、爆发压力下降,导致发动机功率下降。

(2)可靠性变差。如制动系统的有关机件磨损过度,则汽车的制动性能下降,甚至失去制动功能。

(3)经济性变差。如发动机燃油供给系统的有关机件磨损过度,造成燃油雾化不良,燃烧不完全,以致耗油量增加,经济性下降。

2)声响异常、振动增大

随着机件的磨损,相关的配合间隙增大,同时造成机件的磨损变形,于是在机件运转时,由于冲击负荷产生异响、运转不平衡而产生强烈的振动。

3)渗漏现象

渗漏是指汽车的燃油、润滑油、制动液(或压缩空气)以及其他各种液体的渗漏现象。渗漏容易造成过热、烧损及转向、制动机件失灵等故障。

4)排气烟色异常

发动机技术状况良好,气缸内可燃混合气燃烧正常时,排气管排出的废气在常温下汽油机为无色,柴油机一般呈淡灰色。当气缸出现漏气后,会使燃油雾化不良,燃烧不完全,废气中炭烟含量增多,排气呈黑色;当气缸上窜机油时,排气呈蓝色;当缸套或缸垫破裂,冷却液进入气缸时,大量水蒸气随废气排出,废气呈白色。柴油发动机的排气烟色不正常,通常是发动机无力或不易发动的伴随现象。

5)气味异常

当制动出现拖滞、离合器打滑,摩擦片因摩擦温度过高而烧焦时,会散发出焦味;当混合气过浓,部分燃油不能参加燃烧时,会散发出生油味;当电路短路、导线烧毁时也有异味。

6)机件过热

常见的有发动机过热、轮毂过热、后桥过热、变速器过热、离合器过热等,这些是机件运转不正常、润滑不良、散热不好的故障表现。

7)外观异常

汽车停放在平坦场地上,如有横向或纵向歪斜等现象,即为外观异常。外观异常多由车架、车身、悬架、轮胎等异常造成,并会导致方向不稳、行驶跑偏、质心转移、车轮吃胎等故障。

二、汽车主要技术参数

1. 质量参数

1) 整车装备质量

整车装备质量又称为整车整备质量或空车质量,是指汽车完全装备好时的质量(kg),包括燃油(燃油箱至少要加注至制造厂家设计容量的90%)、润滑油、冷却液(如果需要时)、清洗液、备胎、灭火器、标准备件、随车工具箱和三角垫木等的质量。

2) 最大装载质量

最大装载质量又称为满载质量,是指汽车在硬质良好路面上行驶时的能够装载的最大质量(kg)。最大装载质量又分为最大设计装载质量和最大允许装载质量。轿车的装载质量用座位数表示,城市客车的装载质量以座位数与站立乘客(员)数之和表示,其中站立乘客(员)数按 8~10 人/m² 计算。

3) 最大总质量

最大总质量是指汽车满载时的总质量(kg),等于整车装备质量与最大装载质量之和。最大总质量又分为最大设计总质量和最大允许总质量。最大设计总质量是指汽车制造厂家规定的最大汽车总质量,最大允许总质量是指行政主管部门根据道路运行条件规定的允许运行的最大汽车总质量,最大允许总质量一般比最大设计总质量小。

4) 最大轴荷质量

最大轴荷质量是指汽车满载时各车轴所承受的最大垂直载荷(kg)。最大轴荷质量又分为最大设计轴荷质量和最大允许轴荷质量。最大允许轴荷质量一般比最大设计轴荷质量小。单个车轴最大轴荷质量除应满足轴荷分配的技术要求外,还应遵循国家对公路运输车辆及其总质量的法规限制。轴荷分配不当,会导致各轴车轮轮胎磨损不均匀,对汽车的操纵稳定性产生不利影响。

2. 尺寸参数

1) 车长

车长是指垂直于车辆纵向对称平面,并分别抵靠在汽车前、后最外端凸出部位的两垂面之间的距离,如图 2-35 所示。

我国公路车辆极限尺寸规定的汽车总长为:货车(包括越野车)不大于 12 m,一般客车不大于 12 m,铰接式客车不大于 18 m,牵引车拖带半挂车不大于 16.5 m,汽车拖带挂车不大于 20 m。

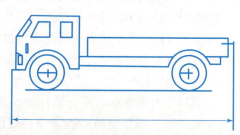

图 2-35 汽车车长示意图

2) 车宽

车宽是指平行于车辆纵向对称平面,并分别抵靠车辆两侧固定凸出部位(除后视镜、侧面标志灯、转向指示灯、挠性挡泥板、折叠式踏板、防滑链及轮胎与地面接触部分的变形外)的两平面之间的距离,如图 2-36 所示。我国公路车辆的极限尺寸规定车辆总宽不大于 2.5 m。

3）车高

车高是指车辆没有装载且处于可运行状态时，车辆支撑平面与车辆最高凸出部位相抵靠的水平面之间的距离，如图 2 – 37 所示。我国公路车辆的极限尺寸规定车辆总高不大于 4 m。

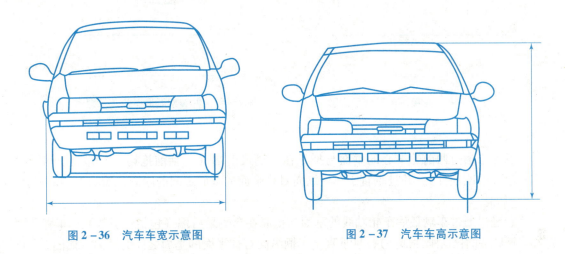

图 2 – 36　汽车车宽示意图　　　　图 2 – 37　汽车车高示意图

4）轴距

轴距指通过车辆同一侧相邻两车轮的中点，并垂直于车辆纵向对称平面的两垂线之间的距离。对于三轴以上的车辆，其轴距由以最前面至最后面的相邻两轴之间的轴距分别表示，总轴距则为各轴距之和，如图 2 – 38 和图 2 – 39 所示。

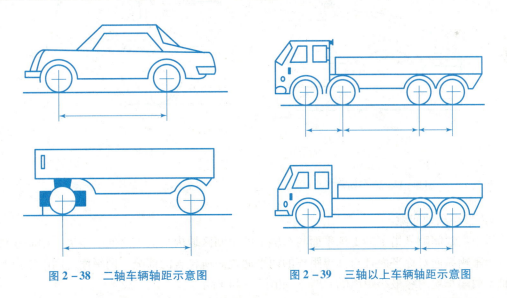

图 2 – 38　二轴车辆轴距示意图　　　　图 2 – 39　三轴以上车辆轴距示意图

5）轮距

汽车车轴的两端为单车轮时，轮距为车轮在车辆支撑平面上留下的轨迹中心线之间的距离，如图 2 – 40 所示。汽车车轴的两端为双车轮时，轮距为车轮中心平面（双车轮中心平面为外车轮轮辋内缘和内车轮轮辋外缘等距的平面）之间的距离，如图 2 – 41 所示。

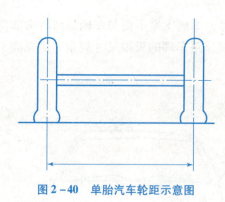

图 2-40　单胎汽车轮距示意图　　　图 2-41　并装双胎汽车轮距示意图

6）前悬

前悬是指通过两前轮中心的垂面与抵靠在车辆最前端（包括前拖钩、车牌及任何固定在车辆前部的刚性件），并且垂直于车辆纵向对称平面的垂面之间的距离，如图 2-42 所示。

7）后悬

后悬是指通过车辆最后车轮轴线的垂面与抵靠在车辆最后端（包括牵引装置、车牌及固定在车辆后部的任何刚性部件），且垂直于车辆纵向对称平面的垂面之间的距离，如图 2-43 所示。

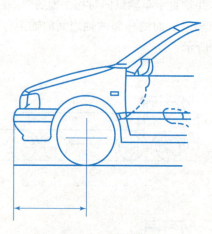 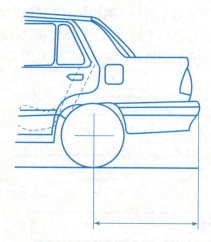

图 2-42　汽车前悬示意图　　　图 2-43　汽车后悬示意图

8）最小离地间隙

最小离地间隙是指车辆支撑平面与车辆上的中间区域内最低点之间的距离。中间区域为平行于车辆纵向对称平面且与其等距离的两平面之间所包含的部分，两平面之间的距离为同一轴上两端车轮内缘最小距离的 80%，如图 2-44 所示。

9）接近角

接近角是指车辆静载时，水平面与切于前轮轮胎外缘的平面之间的最大夹角，前轴前面任何固定在车辆上的刚性部件不得在此平面的下方，如图 2-45 所示。

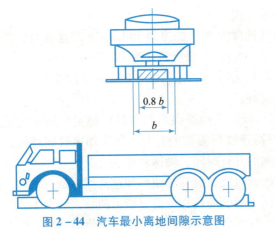

图 2-44　汽车最小离地间隙示意图　　　　图 2-45　汽车接近角

10）离去角

离去角是指车辆静载时，水平面与切于车辆最后车轮轮胎外缘的平面之间的最大夹角。位于最后车轴后面的任何固定于车辆上的零部件不得在此平面的下方，如图 2-46 所示。

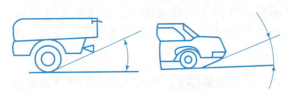

图 2-46　汽车离去角

三、汽车主要使用性能

整车技术性能是衡量一辆汽车质量高低的重要依据。汽车技术性能评价指标包括动力性、燃料经济性、制动性、操纵稳定性、操纵轻便性、行驶平顺性、通过性、机动性和环保性等。

1. 动力性

汽车的动力性即汽车运动的能力，是指汽车克服各种行驶阻力进行加速，以足够高的平均速度行驶的能力。它是汽车使用性能中最基本也是最重要的性能。汽车动力性一般由最高车速、加速性能和爬坡能力来表示。

1）最高车速

最高车速是指在无风条件下，在水平、良好的沥青或水泥路面上，汽车满载时所能达到的最大行驶速度。

2）加速性能

加速性能是指汽车在各种使用条件下迅速增加汽车行驶速度的能力，通常用加速时间和加速距离来表示。增加速度时所用加速时间和加速距离越短的汽车，其加速性能就越好。汽车加速性能主要通过两个方面来表征，即原地起步加速性和超车加速性。

（1）原地起步加速性。原地起步加速性是指汽车由静止状态起步后，以最大加速强度连续换挡至最高挡，加速到一定距离或车速所需要的时间，它是反映汽车动力性的最重要参数。原地起步加速性能一般有以下两种表示方式：

①百千米加速时间。汽车从静止状态（速度为零）加速到 100 km/h 的速度时所需要的秒数（s），中高级轿车所需的时间一般为 8~15 s，普通级轿车为 12~20 s。

②千米加速时间。汽车从静止状态（速度为零）加速行驶 1 000 m 所需要的秒数（s）。所需时间越短，汽车的原地起步加速性就越好。

（2）超车加速性。超车加速性是指汽车以最高挡或次高挡由最低稳定车速或预定车速（如 30 km/h 或 40 km/h）全力加速至某一高速度所需要的时间。所需加速时间越短，说明超车加速能力越强，从而可以减少超车期间的并行时间，确保超车安全。

实际中使用最多的是汽车的原地起步加速时间，因其与超车加速性指标是一致的，故原地起步加速性良好的汽车，超车加速性也同等程度的良好。需要指出的是，汽车加速时间与驾驶员的换挡技术、路面状况、行车环境、气候条件等密切相关，汽车使用手册上给出的参数往往是样车所能达到的最佳值，对于一般客户来说，此参数仅可作为参考。

3）爬坡能力

爬坡能力是指汽车满载时，在坚硬路面上，以 1 挡等速行驶期间所能爬行的最大坡度。最大坡度反映汽车的最大牵引力，一般来说，越野汽车的爬坡能力最强，能够爬不小于 60°的坡路；对载货汽车要求有 30% 左右的爬坡能力；轿车的车速较高，且经常在状况较好的道路上行驶，所以不强调轿车的爬坡能力，一般爬坡能力在 20% 左右。

2. 燃料经济性

燃料经济性是指在一定的使用条件下，汽车以最少的燃油消耗量完成单位运输工作量的能力。汽车的燃料经济性是衡量汽车性能的一个重要技术指标，在燃油越来越贵的高油价时代，它也是二手车消费者最关心的指标之一。评价汽车燃料经济性的指标为单位运输工作量的耗油量及单位油耗的行程。

1）耗油量

耗油量是指汽车满载行驶单位里程所消耗的燃油量。我国和欧洲都用等速百千米油耗来衡量汽车的耗油量，即汽车等速行驶百千米消耗的燃油量（L/100 km）。由于实际用车过程与"等速"要求有偏差，等速百千米油耗并不能准确反映实际的耗油量，因此人们还引入了循环油耗指标。耗油量数值越小，汽车的燃料经济性就越好。

2）单位油耗行程

单位油耗行程是指汽车满载时，每消耗单位体积燃油所能行驶的里程。单位油耗行程是美国、加拿大等国采用的衡量汽车燃料经济性的指标，常以每加仑燃油可行驶的英里数（mile/gal）或每升燃油可行驶的千米数（km/L）表示。单位油耗行程数值越大，汽车的燃料经济性就越好。

在实际使用过程中，汽车的燃料经济性与发动机的技术状况、汽车自重、车速、各种行驶阻力（如空气阻力、滚动阻力和爬坡阻力等）、传动效率、减速比等因素直接相关，因而实际的耗油量往往比使用手册上的标称值大些。

3. 制动性

制动性是指汽车按驾驶员的操作意图安全地减速直至停车的能力。汽车的制动性主要由制动效能、制动效能稳定性和制动方向稳定性 3 个方面来评价。

1）制动效能

制动效能是指使汽车迅速减速直至停车的能力。制动效能是汽车制动性最基本的评价指标，常用制动过程中的制动时间、制动减速度和制动距离来评价。汽车的制动效能除了与汽车技术状况有关外，还与制动时汽车的速度以及轮胎胎面和路面的状况有关。

2）制动效能稳定性

制动效能稳定性，又称为制动器抗热衰退性，是指汽车高速制动、在短时间内连续制动或下长坡连续制动后，制动器抵抗因温度升高而导致制动效能下降的能力。

3）制动方向稳定性

制动方向稳定性是指汽车在制动期间，按指定轨迹行驶（循迹）的能力，即汽车在制动时不发生跑偏、侧滑或者失去转向的能力。当左、右侧车轮的制动力不一样时，容易发生跑偏；当车轮抱死时，易发生侧滑或者失去转向能力。为防止上述危及行车安全的现象发生，现代汽车一般都应用了防抱死制动系统（ABS）。

4. 操纵稳定性

操纵稳定性反映汽车的两个相互紧密联系的性能，即操纵性和稳定性。操纵稳定性直接影响着汽车在转向或受到各种意外干扰时的行车安全。

1）操纵性

操纵性是指汽车对驾驶员的转向指令能够及时且准确响应的能力。轮胎的气压、悬架装置的刚度以及汽车的重心位置都会对汽车的操纵性产生显著的正面或负面影响。

2）稳定性

稳定性是指汽车在受到外界扰动（如路面碎石或突然阵风的扰动）后，不发生失控，自行迅速恢复原来的行驶状态和方向，抑制发生倾覆和侧滑的能力。汽车行驶稳定性又可分为纵向稳定性和横向稳定性，前者反映汽车受扰动后的方向保持能力，后者则反映汽车在横向坡道上行驶、转弯或受到其他侧向力作用时抵抗侧翻的能力。汽车的重心高度越低，稳定性越好。正确的前轮定位值使汽车具有自动回正和保持直线行驶的能力，提高了汽车直线行驶的稳定性。如果装载超高、超载，转弯时车速过快，横向坡道角过大以及偏载等，都容易造成汽车侧滑及侧翻。

5. 操纵轻便性

操纵轻便性是指对汽车进行操作或驾驶时的难易、方便程度，可以根据操作次数、操作时所需要的力、操作时的容易程度以及视野、照明、信号效果等来评价。具有良好操纵轻便性的汽车，不但可以减轻驾驶员的劳动强度和紧张程度，也是安全行驶的保证。采用动力转向、倒车雷达、电动门窗、中控门锁、制动助力装置和自动变速器等，都能够改善汽车的操纵轻便性。

具体评价指标：转向操纵力，提高操纵性配置（动力转向、倒车雷达、电动门窗、中控门锁、制动助力、自动变速器等）的应用情况。

6. 行驶平顺性

行驶平顺性是指汽车在行驶过程中对路面不平度引起的振动的抑制能力。评价汽车行驶平顺性的主要指标为汽车的固有频率和振动加速度。由于路面不平整的冲击，汽车行驶时将发生振动，这会使乘员感到疲劳和不舒适，损坏运载的货物。振动引起的附加动载荷会加剧零部件的磨损,影响汽车的使用寿命。车轮载荷的波动将会降低车轮的地面附着性,这对汽车的操纵稳定性十分不利。

中高级轿车的行驶速度比较高,因此要求具有优良的行驶平顺性。轮胎的弹性、性能优越的悬架装置、座椅的降振性能以及尽量小的非悬挂质量,都可以提高汽车的行驶平顺性。非悬挂质量的大部分来自车轮,轿车采用较轻的铝合金轮辋,可提高其行驶平顺性和车轮地面附着性。与行驶平顺性紧密相关的是乘坐舒适性,包括身体上和心理上的舒适性。在良好行驶平顺性的基础上,座椅尺寸、形状及其空间与人体接触处的材料硬度和质感,车身振动频率,视野,内饰等都对乘员的身体、心理感受和乘坐安全感发挥着重要影响。

7. 通过性

通过性是指汽车在一定的载荷质量下,能以较高的平均速度通过各种不平路段和无路地带,克服各种障碍(陡坡、侧坡、台阶、壕沟等)的运行能力。各种汽车的通过能力是不一样的。轿车和客车由于经常在市内行驶,通过能力比较差。而越野汽车、军用车辆、自卸汽车和载货汽车,就必须有较强的通过能力。

采用宽断面轮胎、多轮胎可以提高汽车在松软土壤、雪地、冰面、沙漠、光滑路面上的运行能力;较深的轮胎花纹可以增加附着系数而不容易打滑;全轮驱动方式可使汽车的动力性得以充分的发挥;结构参数的合理选择,可以使汽车具有良好的克服障碍的运行能力,如较大的最小离地间隙、接近角、离去角和车轮半径等,都可提高汽车的通过性。

8. 机动性

机动性是指汽车能够应对狭窄多弯的道路,易于停车并灵活地驶出的能力。机动性主要用最小转弯半径来评价。转弯半径越小,机动性越好。一般来说,汽车越小,机动性也越好,这也是经常在市区内用车的客户选择小型轿车的原因之一。

9. 环保性

汽车环保性是指汽车对环境的保护能力。汽车环保性包括污染物排放性和噪声两个方面。

1) 污染物排放性

污染物排放性反映汽车控制有害污染物向大气中排放的能力。汽车有3个主要污染物排放源:排气管排出的废气、曲轴箱的排放物、从燃油箱盖漏出的蒸气。

2) 噪声

噪声是指汽车行驶或怠速时产生的杂乱声音,是城市环境污染之一。汽车噪声的大小是衡量汽车质量水平的一个重要指标。汽车的噪声源有多种,如发动机、变速器、驱动桥、传动轴、车厢、玻璃窗、轮胎、继电器、喇叭、音响等都会产生噪声,但最主要的噪声源有两个,一个是发动机,另一个是轮胎,它们都是被动产生噪声的,而且只要汽车行驶或怠速就会产生。

10. 安全性

安全性是指汽车防止交通事故发生或发生事故后保护乘员和货物不受损害的能力。其中,汽车防止事故发生的能力又称为汽车的主动安全性;发生事故后,汽车保护乘员和货物不受损害或将损害降低到最小的能力,则称为汽车的被动安全性。典型主动安全装置包括照明和信号灯、防炫目后视镜、ABS、ASR、EBD、ESP、横向和纵向测距雷达等。良好的主动安全性要求汽车具有宽阔的视野，可靠灵敏的转向、加速和制动性，具有除霜和除雾功能的风窗玻璃，各种操纵件、指示器和信号装置的标识要醒目统一（避免驾驶员错误识别或错误操作而导致车祸）；被动安全装置主要有安全带、安全气囊（SRS）、安全玻璃、货车和挂车侧面及后下部防护装置、可溃缩转向柱以及车身碰撞吸能区域等。

四、汽车检测站简介

汽车检测站是综合运用现代检测技术，对汽车实施不解体检测诊断的机构。它具有现代化的检测设备和检测方法，能在室内检测出车辆的各种性能参数，并能诊断出各种故障，为全面、准确评价汽车的使用性能和技术状况提供可靠依据。

1. 检测站的类型

按服务功能，汽车检测站可分为安全环保检测站（以下简称安检站）、维修检测站和综合性能检测站（以下简称综检站）3种类型。

1）安检站

安检站按照国家规定的车检法规，定期检测车辆中与安全和环保有关的项目，以保证汽车安全行驶，并将污染降低到允许的限度。这种检测站对检测结果往往只显示"合格"和"不合格"两种，而不作具体数据显示和故障分析，因而检测速度快、检测效率高。检测合格的车辆凭检测报告单办理年审签证，在有效期内准予车辆行驶。这种检测站一般由车辆管理机关直接建立，或由车辆管理机关认可的汽车运输企业、汽车维修企业等企业单位或事业单位建立，也可由多方联合建立。

2）维修检测站

维修检测站主要是从车辆使用和维修的角度，担负车辆维修前、后的技术状况检测。它能检测出车辆的主要使用性能，并能进行故障分析与诊断。它一般由汽车运输企业或汽车维修企业建立。

3）综检站

综检站（图2-47）既能担负交通运输管理部门的综合性能检测、公安车辆管理部门的安全性能检测及环保部门的环保性能检测，又能担负车辆使用、维修企业的技术状况检测与诊断，还能承接科研或教学方面的性能试验和参数测试。这种检测站检测设备多，自动化程度高，数据处理迅速准确，因而功能齐全，检测项目广且深度大，可为合理制定诊断参数标准、诊断周期以及为科研、教学、设计、制造和维修等部门或单位提供可靠依据，并能担负对检测设备的精度测试等工作。

由于综检站的检测项目多，能够提供检测数据以便于分析，所以当需要进行二手车技术状况的整车性能检测时，应委托综检站进行。以下仅介绍综检站。

2. 检测站组成

检测站主要由一条至数条检测线组成。对于独立而完整的检测站，除检测线外，还应包括停车场、清洗站、泵气站、维修车间、办公区和生活区等设施。

检测线是检测站最主要的功能区，由多个检测工位组成，布置形式多为直线通道式，检测工位则是按一定顺序分布在直线通道上的。图2-48所示为典型的综检线。

图 2-47 典型的综检站

图 2-48 典型的综检线

3. 检测站的工艺路线

对于一个独立而完整的检测站,汽车进站后的工艺路线流程如图 2-49 所示。

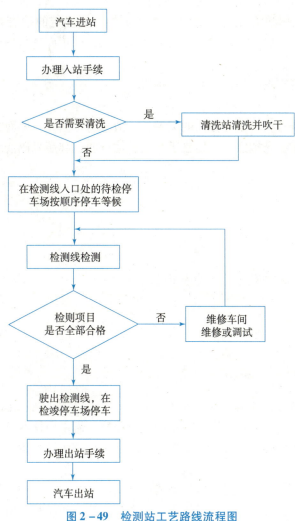

图 2-49 检测站工艺路线流程图

五、二手车拍照的要求

1. 技术要求

1) 拍摄距离

拍摄距离是指拍摄立足点与被拍照二手车的远近，一般要求全车影像尽量充满整个像面。

2) 拍摄角度

拍摄角度是指拍摄立足点与被拍照二手车的方位关系。拍摄角度方位一般分为上下方位和左右方位。

（1）上下方位。拍摄角度的上下方位可分为俯拍、平拍和仰拍 3 种。俯拍是指在比被拍摄物高的位置向下拍摄；平拍是指拍摄点在物体的中间位置，镜头平置的拍摄，此种拍摄方法效果就是人两眼平视的效果；仰拍是指相机放置在较低部位，镜头由下向上仰置的拍摄，这种拍摄效果易发生变形。

二手车拍照时，对于整体车辆应采用平拍；对于发动机舱、驾驶室内部可采用俯拍。

（2）左右方位。拍摄角度的左右方位一般根据拍摄者确定的拍摄方位，分为正面拍摄和侧面拍摄两种。正面拍摄是指面对被拍摄的物体或部位的正面进行拍摄；侧面拍摄是指在被拍摄物体的正侧面所进行的拍摄。

二手车拍照时，既有正面拍摄也有侧面拍摄。

3）光照方向

光照方向是指光线与相机拍摄方向的关系，一般分为正面光、侧面光和逆光3种。对二手车拍照应尽量采用正面光拍照，以使二手车的轮廓分明、牌照号码清晰、车身颜色真实。

2. 车辆要求

（1）车身要擦洗干净。

（2）前风窗玻璃及仪表板上无杂物。

（3）机动车号牌无遮挡。

（4）关闭各车门。

（5）转向盘回正，前轮处于直线行驶状态。

一、检查外观

二手车外观检查项目，基本上可分为两大类：一类是仅做定性规定的检查项目，可用直观检测，即目测检查；另一类是做定量规定的检查项目，需采用仪器设备和客观检查方法做定量分析。外观检查项目中，需在底盘下面进行的项目，应在设有检测地沟或汽车举升机的工位上进行。

二手车在进行外观检查前，应进行外部清洗。

在外观检查的各项目中，有些可以依靠检验人员的技能和经验，用感官感受和观察进行定性的直观评价，比如车辆外部损伤、漏水、漏气、渗油和连接件松动、脱落等；有些项目却需要用仪表进行检测。随着检测技术的发展，人们开始运用仪器设备进行车辆的一些外观检测诊断，如转向盘自由转动量、踏板行程，以及漆膜厚度、硬度和光泽度等。因此，汽车外观检查有人工经验法、仪器仪表测量法以及两种方法的综合运用。

GB/T 30323—2013 规定，车身外观检查应按车身外观展开示意图（见图2-50）中规定的部位，逐一进行检查。检查时从前保险杠开始，按顺序绕车一周，如图2-51所示。

1. 检查前保险杠及中网

1）检查装配间隙（开缝线）

前保险杠与周围板件间的配合间隙应均匀一致，如果出现间隙不均匀的情况，则有可能是维修调整不当或是发生了碰撞事故，车身变形没有完全校正到位，而使保险杠无法调整到正确的位置。

2）检查损伤情况

目视检查是保险杠否有明显的剐蹭损伤、裂纹、掉块。用手推拉感觉是否松动，如果松动，则应仔细检查固定螺钉处是否已经拉坏。

项目 2 现场鉴定

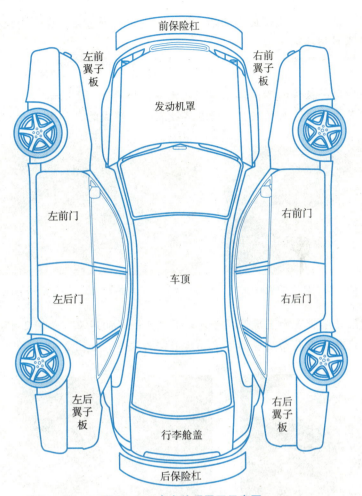

图 2-50 车身外观展开示意图

图 2-51 车身外观检查顺序

3）检查漆膜

目视检查保险杠是否有局部漆膜颜色与其他部位有色差，或与周围板件的漆膜有色差；如果有色差，则可判定补过漆，该车辆可能出过碰撞事故；检查漆膜表面质量，目视检查是否有明显的颗粒、橘皮纹、流挂痕等缺陷，如果有则说明补过漆；也可用膜厚仪检查漆膜厚度的方法判断是否补过漆。

说明：
(1) 色差即同一板件的不同部位有颜色差异，如图2-52所示。
(2) 颗粒是由于喷漆时的灰尘吸附在漆膜表面上形成的，如图2-53所示。

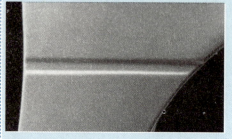

图2-52 同一块板件上的色差

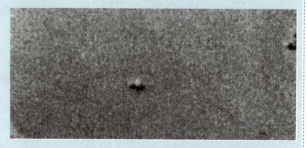

图2-53 漆膜表面的颗粒

(3) 橘皮纹是漆膜表面呈现像橘子皮表面状态一样的现象，如图2-54所示。
(4) 流挂痕是漆膜表面呈现油漆流淌后凝固的状态，如图2-55所示。

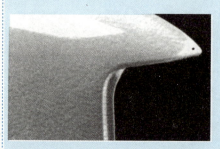

图2-54 漆膜表面的橘皮纹

图2-55 漆膜表面的流挂痕

由于喷涂用材料、工具、喷涂技术水平及环境条件等，汽车修补喷漆时，可能产生的缺陷有多种，二手车评估师应该经常观察各类汽车的原厂漆表面状况和修补涂装后漆膜表面状况，积累经验，以便能够准确判定漆膜是否经过修补。

4) 检查散热器面罩是否有损伤

散热器面罩又称中网。正前方的碰撞经常会造成中网损伤，对于不是很严重的损伤，车主不要求更换新件，所以会留下损伤的痕迹。

2. 检查发动机罩

1) 检查装配间隙

发动机罩与周围板件间的配合间隙应均匀一致，如果出现间隙不均匀的情况（见图2-56），则有可能是维修调整不当或是由于发生了碰撞事故，车身变形没有完全校正到位，而使发动机罩无法调整到正确的位置。

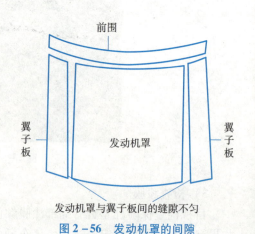

图2-56 发动机罩的间隙

2）检查表面漆膜

检查内容和方法与前保险杠漆膜检查相同。由于发动机罩多为钢板制作，故可采用磁铁吸附法检查，即用一块包有软纸或纱布的磁铁，在初步断定有补漆的表面做吸附操作，感觉吸力大小，再在该区域周围或发动机罩周围的钢板件表面做吸附操作，感觉吸力大小。补过漆的区域，因修补施工时一般都涂有腻子（学名为原子灰），且经过多次补喷漆，所以该区域的涂层厚度增加，磁铁的吸力明显减弱。

3）检查表面损伤

借助反射光线，查看发动机罩外表面是否有明显的凸凹损伤，是否有漆面脱落，是否有锈蚀。在查看过程中，也可戴棉手套触摸表面配合检查。

3. 检查前部灯光装置

前部灯光装置主要检查是否有明显的损伤，可要求车主开关相关的灯光，以检查各灯光是否有效。检查左、右前照灯新旧程度是否一致，如果有一个较新，则说明可能出过前部碰撞故事。

4. 检查风窗玻璃

（1）查看风窗玻璃是否有裂纹或孔洞类的损伤。

（2）查看玻璃左下角的生产日期，判定是否更换过玻璃。

5. 检查左前翼子板

左前翼子板主要检查是否有明显的损伤，是否有漆面脱落，是否有锈蚀，是否有补过漆的痕迹。

6. 检查左前车轮

检查左前车轮包括检查轮胎的磨损情况、损伤情况、老化情况，轮圈的损伤情况，并记录轮胎的规格及生产日期。

（1）检查轮胎损伤及非正常磨损。轮胎不应有异常磨损，当轮胎出现非正常磨损时，表明该车的车轮定位参数不准确或是车辆长期超载运行。

（2）检查轮胎磨损程度。测量轮胎花纹深度时，需要使用轮胎花纹深度尺。轮胎花纹深度尺有机械式和电子式两种。

机械式轮胎花纹深度尺如图 2-57 所示，外侧粗一点固定的标尺是辅助测量尺，而中间细长可以移动的就是主测量尺。当主尺的探头与尺身处于同一平面时，辅助尺与主尺的"0"刻度对齐，此时就是深度尺"归零"状态。

实际测量时，将辅助尺"0"刻度所处位置的左侧主尺刻度读为整数；辅助尺的哪一个刻度与主尺任一

图 2-57　机械式轮胎花纹深度尺

刻度对齐（或最接近对齐），则作为小数点后读数。例如：辅助尺的"0"刻度位于主尺"20 mm"与"21 mm"刻度之间，则读为 20 mm；辅助尺的"2"刻度与主尺的某一刻度对

齐，则读为 0.2 mm。主尺读数与辅助尺读数相加为总读数，即 20.2 mm。

将深度尺的尖端伸入轮胎胎面的同一横截面几个主花纹沟中，测量花纹的深度，得出一组数值，从中得出平均数。

进行实际测量时，要注意几个细节：应测量轮胎的主花纹沟；使深度尺垂直于胎面；主尺探头避开花纹沟内的磨损极限标志；如果是新胎，则注意尺身避开胎面上凸起的胶瓣。

电子式轮胎花纹深度尺测量时从液晶显示窗上直接读数，对在用车辆进行轮胎花纹深度测量时，应选在胎面中部的花纹进行测量，如图 2-58 所示。

需要说明一点，现在大多数轮胎设有磨损标记，一般以花纹中布置的凸点标识，如图 2-59 所示。检查时，如果发现磨损标记已被磨损，则表明轮胎需要更换。

图 2-58 轮胎花纹深度的测量

图 2-59 轮胎表面的磨损标记

GB/T 7258—2018《机动车运行安全技术条件》（以下简称 GB/T 7258—2018）对轮胎的磨损规定：轿车轮胎胎冠上花纹深度在磨损后应不少于 1.6 mm，其他车辆轮胎胎冠上花纹深度不得少于 3.2 mm；轮胎的胎面和胎壁上不得有长度超过 25 mm、深度足以暴露出轮胎帘布层的破裂和割伤。

（3）检查轮辋是否有明显的损伤。

（4）记录轮胎的规格及生产日期。轮胎规格和生产日期标注在轮胎侧面，如图 2-60 和图 2-61 所示。

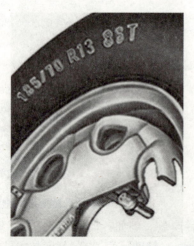

图 2-60 轮胎规格

图 2-61 轮胎生产日期

7. 检查左前车门

（1）检查后视镜（包括大客车或货车的下视镜）是否完好，可收缩式后视镜能否收缩顺畅，打开后能否可靠锁止。

（2）检查车门玻璃完好程度及出厂日期。

（3）检查车门表面是否发生碰撞受损，是否有漆面脱落或锈蚀，是否有补过漆的迹象。

（4）检查车门密封条是否良好、是否老化。

（5）检查车门四周围接缝是否均匀。

（6）开关车门，感觉是否开闭顺畅，以判断车门铰链的磨损情况；关上车门，应锁止可靠。

（7）查看车门内表面。如果表面很脏，说明车辆维护不好；如果很破旧，说明车辆使用年头较长或使用强度较大。

（8）检查玻璃升降器的功能，记录玻璃升降器的形式（手动、电动）。

8. 检查左后车门

左后车门的检查内容、检查方法和要求与左前车门相同。

9. 检查左后翼子板及左后车轮

左后翼子板和左后车轮的检查内容、检查方法和要求与左前翼子板及左前车轮相同。

10. 检查后保险杠及后部灯具

后保险杠及后部灯具内容、检查方法和要求与前保险杠和前部灯具相同。

11. 检查行李舱盖

（1）检查行李舱外表面。检查内容、方法及要求与发动机罩相同。

（2）打开行李舱盖，检查防水胶条是否完好，检查行李舱是否锈蚀；查看行李舱开口处左、右两边钣金件与后保险杠的接合处时，可先翻开行李舱下的地毯，检视该处有无焊接痕迹。

(3) 检查是否有备胎,如果有,则应检查备胎的完好情况。
(4) 查看是否有进水的痕迹,如果有,则应根据痕迹的高度判定进水的程度。
(5) 关闭行李舱盖,判断锁止情况。

12. 检查后风窗玻璃

后风窗玻璃的检查内容、方法及要求与风窗玻璃相同。

13. 检查车辆右侧

车辆右侧的检查部位包括右后翼子板、右后车门、右前车门和右前翼子板等,检查内容、方法及要求与车辆左侧对称部位相同。

二、检查发动机舱

打开发动机罩,支撑好,目视并配合手触摸检查下列项目。

1. 检查发动机罩内侧

1) 检查内板

(1) 如果发动机罩内表面没有护板(隔热板),如图2-62(a)所示,则首先检查内板凸筋的形状是否顺畅,是否有折痕和凹陷损伤,是否有裂纹,凸筋与机罩外板间的密封胶是否有开裂的现象。

(2) 如果发动机罩内表面有护板,如图2-62(b)所示,则首先检查内护板的完好程度,如果内护板保持完好,则可认为发动机罩没有受到过严重的碰撞损伤。如果内护板有开裂、孔洞或呈破烂不堪的状态,则需拆下内护板,检查内板凸筋情况;如果内护板很新,则可能是事故修复时更换了新件。

 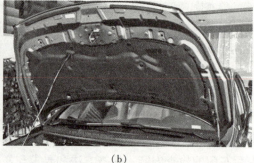

(a) (b)

图2-62 发动机罩内表面
(a) 没有内护板的发动机罩;(b) 有内护板的发动机罩

2) 检查内板边缘。

(1) 目视检查发动机罩内、外板翻边咬合处的密封胶线是否规整,用手指甲稍用力压胶线感觉是否有弹性。如果胶线不规整或呈断续状态,则可断定该发动机罩做过大修;如果胶线干硬或老化松动,则说明该车可能使用年限较长或发动机长期处于高温状态运行。

(2) 检查内板边缘是否有正面面漆颜色的油漆,如果有,则说明发动机罩做过油漆修补。

3) 检查发动机罩铰链螺栓

查看发动机罩铰链螺栓是否有拆卸过的痕迹,如果有,则说明发动机罩可能做过修理。

2. 检查发动机及其附件

1）检查发动机

（1）检查清洁情况。通常发动机表面有稍许灰尘和油污为正常。如果发动机非常干净，则说明刚清洗过（或刚做了发动机美容），据此可断定之前的发动机很脏，近而可断定该车维护状况不是很好；如果发动机很脏，则可直接断定该车维护状况不是很好。

（2）检查发动机是否有漏油、漏水现象。

（3）拔出机油尺，查看发动机机油的质量。一般机油尺上都有高、低油位的显示标记（图2-63），如果机油平面在这两个油位之间，则表示正常。如果油位过低，应了解上次更换机油的时间和间隔里程，通常发动机机油的换油间隔为5 000 km，正常的机油消耗是在换油间隔内消耗量小于1 L。如果时间和间隔里程正常，则说明发动机烧机油；如果机油平面过高，则说明发动机严重窜气或漏水。

图2-63 机油尺的高、低油位标记

拿出一张白纸，将机油尺在纸上擦拭，观察机油颜色和杂质的情况。车辆使用一段时间后机油颜色会变黑，这是正常的，而机油显现其他颜色都是不正常的现象。如果发现机油的颜色变灰、变白或有乳化现象，说明机油中混入水，可能是发动机冷却系统和燃油系统有连通泄漏情况。

如果为自动变速器的车辆，还应查看自动变速器油尺，检查的内容和方法与发动机机油尺基本相同。

（4）检查机油口盖。拧下加机油口的盖子，查看机油口内表面，有较轻的油污为正常。如果油污较多，呈白色乳状，则可能是缸垫、缸盖或缸体有损坏，导致发动机内部漏水；如果油污呈棕色，除表明机油含水量较大外，还有可能是发动机长期高温运行。

（5）检查冷却液。现代汽车发动机里常年使用防冻液作为发动机的冷却液。冷却液颜色为蓝色、浅绿色或粉红色，如果发现冷却液已经没有颜色或者黏度低（像水一样），首先应了解其原因，并分析二手车可能存在的故障，如发动机高温、发动机漏水等。

检查冷却液液面上是否有其他异物飘浮，例如锈蚀的粉屑、不明的油污等。如果发现有油污浮起，表明可能有机油渗入到冷却液内；如果发现浮起的异物是锈蚀的粉屑，表示散热器内或发动机机体内的锈蚀情况已经很严重。一旦发现有上述情况，都表示该车发动机状况不是很好。

检查冷却液液面是否正常，太低则说明冷却系统存在渗漏，观察水管接头的各夹子处，以及水泵、散热器、气缸垫、水堵等处是否有渗漏的痕迹，其可能是密封垫或胶圈老化、安装不当、管路老化变脆等原因引起的。

2）检查蓄电池

（1）查看生产日期（判断是否需要更换）。

（2）查看电极桩是否有经常拆装的痕迹，如果有，则说明该车电路经常出故障。

（3）查看电极桩上是否有浅灰色絮状物，如果有，则可断定该蓄电池漏液。

（4）查看蓄电池外表是否有渗漏现象（也可通过查看蓄电池支架是否有腐蚀现象来判断）。

（5）对于免维护蓄电池，可以直接通过观察孔观看孔中的颜色，当看到的颜色为黄色时，说明电解液过少；当看到的颜色为绿色时，说明电解液合适，且电量充足；当看到的颜色为黑色时，说明电解液合适，但电量不足，需充电。

3）检查发动机其他附件。

（1）检查空气滤清器滤芯。打开空气滤清器，查看滤芯的清洁程度。如果很脏，说明该车维护状况不是很好；如果是新换的，说明原来的滤芯可能很脏。

（2）检查冷却液软管、进气软管及真空软管等是否有老化现象。

（3）检查点火高压线。高压线应清洁、布线整齐、无切割口、无擦伤部位、无裂纹和烧焦处。

（4）检查火花塞。用火花塞套筒扳手任意拆下一个火花塞，检查火花塞的技术状况。如果火花塞电极呈灰色，且没有积炭，则表示火花塞工作正常；如果火花塞严重积炭，电极严重烧蚀，绝缘体破裂、漏气，侧电极开裂等，均会使点火性能下降，需成组更换火花塞。

（5）检查点火线圈。观察点火线圈外壳有无破裂等现象。

（6）检查喷油器技术状况。检查喷油器插头安装、喷油器密封圈、油压调节器及真空管路是否良好。

（7）检查起动机、发电机、空调压缩机、动力转向泵、ABS泵、分电器、膨胀散热器、风窗洗涤液罐、传动皮带等附件的完好程度。

4）检查制动液。

（1）检查制动液储量。制动液液位应该在储液罐外表的刻度最高液位"MAX"和最低液位"MIN"之间。液位太低，则说明制动系统存在渗漏，应观察制动管路各个接口处、油管、前轮分泵、后轮分泵等是否有渗漏的痕迹，其可能存在密封垫或胶圈老化、安装不当、油管老化变脆等现象。

（2）检查制动液质量。打开壶盖。看看内部是否悬浮有黑色的小颗粒等其他杂质，如有说明制动管路的接口密封胶圈老化，需要对损坏处进行更换；如果油液颜色变得很深，则需要进行更换。

5）记录典型的配置特点

典型的配置特点主要包括：发动机缸数，电喷的类型，是否为动力转向，是否有ABS等。

6）检查发动机罩锁止情况

关上发动机罩，判断发动机罩的锁止情况。

三、检查客舱

1. 检查座椅及安全带

1）驾驶员座椅、乘员座椅安装应牢固可靠

检查驾驶员座椅、副驾驶员座椅的调节功能是否有效，并记录座椅调整机构的类型（手动、电动）。各座椅配备的安全带应齐全、有效。

2）查看座椅的新旧程度

座椅表面应平整、清洁、无破损。座椅松动和严重磨损、凹陷，说明车辆经常载人，可推断该车经常行驶在高负荷的工况下。

2. 检查仪表台

1) 检查仪表台外观

（1）查看仪表台是否为原装件，仪表台底部有没有更改线束的痕迹。

（2）查看要求安装汽车行驶记录仪的车辆有无按要求安装，能否正常工作。

（3）检查仪表台有无划痕。

（4）观察副驾驶的安全气囊与周围新旧一致程度，如果安全气囊盖较新或周边有缝隙，说明更换过安全气囊。

2) 检查附件。

（1）检查里程表，已经行驶的里程数是车辆行驶年龄的参照，一般的家用车每年行驶1万~3万km，并记录里程表的数值。

（2）检查其他仪表是否配备齐全、功能是否有效，查看是否有火烧过的痕迹。

（3）检查储物盒是否有裂痕、配件是否有缺失。

3. 检查操纵器件

1) 检查转向盘

（1）检查转向盘自由行程。转动转向盘，使汽车处于直线行驶位置，然后向左打转向盘到感觉有阻力为止，然后再向右打到感觉有阻力为止，感觉转向盘自由行程大小，标准规定向左或向右的自由行程均不得大于15°。

（2）上下拉动转向盘，检查转向十字轴是否有过大的间隙。

（3）前后推动转向盘，检查转向盘管柱衬套是否有明显的间隙。

（4）检查转向盘中间的安全气囊盖是否有换新的痕迹。

2) 检查踏板

（1）检查离合器踏板、制动踏板、加速踏板有无弯曲变形及干涉现象。

（2）检查离合器踏板和制动踏板的胶垫是否磨损过度，通常踏板胶寿命是3万km左右，如果换了新的，则此车已行驶3万km以上。

（3）检查所有踏板是否有弹性，各踏板的自由行程是否合适（制动踏板的自由行程一般为20~40 mm，离合器踏板的自由行程一般为15~25 mm），同时留心查听踩踏踏板时是否有异响。

3) 检查变速杆

（1）检查换挡手柄的磨损情况，以判断车辆的使用强度。

（2）踩下离合器踏板（对自动变速器的车辆，踩下制动踏板），操纵变速杆进行各挡位间的升/降挡操作，以检查换挡情况。

（3）记录变速器形式（手动、自动、手自一体、挡数等）。

4) 检查驻车制动情况

检查驻车制动是否灵活有效，要求拉起驻车制动操纵杆3响，即可达到足够的制动效能。

4. 检查内饰

（1）查看车顶的内篷及内饰板是否破裂，车辆内部是否污秽发霉。车内如有发霉的味道，则表明车子可能有漏水的情况或可能泡过水。

（2）检查天窗的功能是否正常，应开启顺畅，关闭后可靠锁止。记录天窗的类型（手动、电动）。

（3）检查地毯或地板胶是否有残旧，从地毯磨痕可推论出该车使用的频繁程度。

（4）揭开地毯或地板胶，查看车厢底板是否有潮湿或生锈的痕迹，是否有焊接的痕迹。

（5）查看地板胶和车内饰板中下部是否有被水淹过或火烧过的痕迹，以判定该车是否为"泡水车"或"过火车"。

5. 检查车内附件

（1）检查车内后视镜是否完好。
（2）检查车顶灯是否完好有效。
（3）对于大客车，应检查其行李架是否完好，且安装牢固。
（4）检查刮水器、风窗洗涤器、收音机、CD 机等是否齐全、完好、有效。
（5）记录安全气囊数量。

四、检查起动性

在进行发动机运转状况检查前，首先检查发动机润滑油量及冷却液量，必要时适量添加。

1. 检查起动功能

在正常情况下，用起动机起动发动机时，应在 3 次内起动成功。若发动机不能正常起动，说明发动机的起动性能不好。注意：每次起动时间为 5~10 s，中间间隔 15 s。

2. 检查发动机怠速运转情况

怠速工况下，发动机应在规定的转速范围内稳定地运转。如果怠速转速过高或运转不稳定，说明发动机怠速不良。汽油机怠速一般为（800±50）r/min，车用柴油机一般为 520~650 r/min。

3. 检查急加速性

（1）待水温、油温正常后，通过变换加速踏板的位置，检查发动机在各种转速下运转是否平稳，改变转速时过渡应圆滑。

（2）迅速踏下加速踏板，发动机由怠速状态猛加速，观察发动机转速是否能迅速由低速到高速灵活反应，发动机应无"回火""放炮"现象。

（3）当加速踏板踩到底时，迅速释放加速踏板，检查发动机转速是否能迅速由高速到低速灵活反应，发动机不能怠速熄火。

（4）发动机加速运转过程中，检查发动机有无"敲缸"等异响。

（5）在规定转速下，发动机机油压力应符合有关规定。

4. 检查发动机窜油、窜气

打开发动机机油口盖，缓缓踩下加速踏板，如果窜气严重，则肉眼可以观察到油雾气；若窜气不严重，可用一张白纸，放在离加注口上方 50 mm 左右处，然后加速，若窜油、窜气，白纸上会有油迹，严重时油迹面积大。

5. 检查排气颜色

正常的汽油发动机排出的气体应该是无色的，在严寒的冬季可见白色的水汽；柴油发动机带负荷工作时排出的气体一般是淡灰色的，当负荷较大时，为深灰色。无论是汽油机还是柴油机，如果排气颜色发蓝，说明机油窜入燃烧室。若机油油面不高，最常见的是气缸与活塞密封出现问题，即活塞、活塞环因磨损而与气缸的间隙过大。如果排气管冒黑烟，则说明混合气过浓，汽油发动机点火时刻过迟等；如果排气呈明显的白色，则说明发动机内部有漏水处。

6. 检查其他项目

使发动机处于怠速状态，检查下列项目：

（1）检查水温表、转速表、机油压力表、油温表等仪表的工作状况。

（2）检查电源系统充电情况。怠速稳定运转后，充电指示灯应熄灭。

（3）检查前照灯变光情况。

（4）检查泊车辅助装置工作情况（如果配备了该装置）。

（5）检查汽车电子控制设备故障灯（如发动机故障灯、安全气囊故障灯、ABS 故障灯、ESP 故障灯等）的工作情况。按标准规定，应用汽车故障诊断仪读取故障码。

（6）打开空调，操纵各调节旋钮（对于自动或电控空调，可人工设定参数），观察空调系统风量、方向调节、分区控制、自动控制和制冷工作等是否正常。

（7）检查发动机熄火情况。对于汽油机，关闭点火开关后，发动机正常熄火；对于柴油机，停机装置应灵活有效。

五、检查行车状况

汽车行车状况检查需要路试，路试一般在 20 km 左右，路试检查的内容如下所述。

1. 检查离合器

正常的离合器应该接合平稳，分离彻底，工作时不得有异响、抖动和打滑现象。踏板自由行程应符合机动车技术条件的有关规定，踏板力应不大于 300 N。

1）检查分离情况

（1）现象。在发动机怠速状态，踩下离合器踏板几乎触底时，才能切断离合器；或是踩下离合器踏板，感到挂挡困难或变速器齿轮出现刺耳的撞击声；或挂挡后不抬离合器踏板，车子开始行进，表明该车的离合器分离不彻底。

（2）主要原因。离合器踏板自由行程过大，离合器压盘限位螺钉调整不当；或是更换了过厚的离合器摩擦片，离合器分离杠杆不在同一平面上等。

2）检查离合器打滑情况

（1）现象。起步困难、加速无力、重载上坡时有明显打滑甚至发出难闻气味等现象，挂上 1 挡后，慢抬离合器车子没反应，发动机也不熄火。

（2）主要原因。离合器踏板自由行程太小、分离轴承经常压在膜片弹簧上，使压盘总是处于半分离状态；离合器压盘弹簧过软或有折断；离合器与飞轮连接的螺栓松动等。

（3）检查离合器异响。

① 现象。使用离合器过程中出现异常响声。

② 原因。可能分离轴承磨损严重、轴承回位弹簧过软或折断、膜片弹簧支架有故障等。

2. 检查变速器

（1）从起步挡加速到高速挡，再由高速挡减至低速挡。检查变速器是否轻便灵活，是否有异响，是否有乱挡现象，加减车速是否有跳挡现象，同时，换挡时换挡杆不得与其他部件发生干涉。

（2）自动变速器的车辆在平坦的路面起步一般不需要踩加速踏板，如果需要踩加速踏板才能起步，则说明自动变速器维护不好，或已到维修里程。

（3）检查自动变速器是否有换挡迟滞现象，自动变速的车辆换挡时应该无明显的感觉，如果感觉车辆在加减速时有明显的发"冲"现象，则说明自动变速器维护不好，或已到大修里程。

3. 检查传动轴

传动轴及中间轴承应正常工作，无松旷、异响。路试中，将汽车加速至 40～60 km/h 迅速抬起加速踏板，检查有无明显的金属撞击声。如果有，则说明传动间隙大。

4. 检查驱动桥

差速器、主减速器应工作正常、无异响。

5. 检查制动性

1）检查行车制动功能。

（1）汽车起步前，踩下制动踏板并保持住，感觉踏板是否有缓慢下移现象。如果有下移现象，则说明制动系统存在内部或外部泄漏。

（2）踩住制动踏板，起动发动机，感觉踏板是否有缓慢下移现象。如果没有下移，则说明真空助力装置功能失效。

（3）汽车起步后将车加速至 20 km/h 做一次点制动，检查制动是否可靠，有无跑偏、甩尾现象；再将车加速至 50 km/h，先用点制动的方法检查汽车是否立即减速、跑偏，再用紧急制动的方法检查制动距离和跑偏量。

2）检查制动效能。

（1）如果在行车时进行制动，减速度很小，制动距离又很长，说明该车的制动效能不佳。其原因可能是摩擦片与制动鼓（盘）的间隙很大；制动踏板自由行程过大（标准规定，行车制动系统达到最大制动效能时，制动踏板的行程不应超过全行程的 4/5）；制动油管内有空气；制动总泵或分泵有故障；或是制动油管漏油等。

（2）试车时，发现踏下制动踏板的位置很低，连续踩几脚后，踏板才逐渐升高，但仍感觉比较软，这很可能是制动管路内有空气所导致的。

（3）若第一脚踩下踏板制动失灵，再继续踩踏板时制动良好，则说明是踏板自由行程过大，或是摩擦片与制动鼓（盘）的间隙过大。

（4）如果在行车中出现制动失效，不能使车辆减速或停止，其可能是制动液渗漏、制动总泵和分泵有严重故障造成的。

3）检查驻车制动。

如果在坡路上拉紧驻车拉杆后出现溜车，说明驻车制动有故障。其原因可能是驻车制动器拉杆调整过长；或是摩擦片与制动鼓（盘）间隙过大或有油污；摩擦片磨损严重或打滑；

制动鼓（盘）与摩擦片接触不良等。

4）检查制动系统辅助装置

（1）对于气压制动的二手车，当制动系统的气压低于 400 kPa 时，气压报警装置应发出报警信号。

（2）对于装备有弹簧储能制动器的二手车，当制动系统的气压低于 400 kPa 时，弹簧储能制动器自锁装置应正常有效工作。

6. 检查转向操纵性

（1）在一宽敞的路段，以 15 km/h 的速度行驶，左、右转动转向盘，看转向是否灵活、轻便，有无回正力矩。

（2）使汽车处于直线行驶状态，双手放开转向盘，看是否跑偏。

（3）高速行驶时，检查是否有跑偏、摆振现象。

7. 检查动力性

小客车动力性能最常见的指标是从静止状态加速至 100 km/h 所需的时间和最高车速，其中前者是最具意义的动力性能指标和国际流行的小客车动力性能指标。

1）检查加速性能

（1）汽车起步后，猛踩加速踏板，检查汽车的加速性能，各种汽车设计时的加速性能不尽相同。就轿车而言，一般发动机排量越大，加速性能就越好。有经验的二手车鉴定评估人员能够了解各种常见车型的加速性能，通过路试能够检查出被检汽车的加速性能与正常的该型号汽车加速性能的差距。

（2）在进行汽车加速性检查时，注意察听发动机的声音，检查其能否跟随加速踏板的动作迅速加速和减速。

2）检查滑行性能。在平坦的路面上做滑行试验，将机动车运行到 50 km/h 时，踩下离合器，将变速器挂入空挡滑行，根据经验，通过滑行距离判断汽车底盘传动系统传动效率，以判定传动系统技术状况并间接判断汽车动力性。车辆滑行时，注意观察车辆是否有行驶跑偏现象。

注意：对于自动变速器的车辆，不得进行滑行性能检查。

8. 检查其他异常情况

（1）汽车在任何车速下都不应抖动。如果汽车在某一车速范围内抖动，说明汽车的传动系统或行驶系统动平衡有问题，应检查轮胎、传动轴、悬架和间隙等。

（2）在整个车辆运行过程中，应注意察听车辆底盘及转向部位是否有异响。

9. 路试后的检查

1）检查各部件温度

（1）检查润滑油、冷却液温度。冷却液温度不应超过 90 ℃，发动机润滑油温度不应高于 95 ℃，齿轮油温度不应高于 85 ℃。

（2）检查运动机件过热情况。轮毂、制动鼓、变速器壳、传动轴中间轴承、驱动桥壳等的温度，不应有过热现象。

2）检查渗漏现象。

（1）在发动机运转及停车时，散热器、水泵、缸体、缸盖、暖风装置及所有连接部位不得有明显渗、漏水现象。

（2）汽车连续行驶距离不小于 10 km，停车 5 min 后观察，不得有明显渗、漏油现象。

（3）对于气压制动汽车，在气压升至 600 kPa 且不使用制动的情况下，停止空气压缩机 3 min 后，气压的降低值不应大于 10 kPa。在气压为 600 kPa 的情况下，将制动踏板踩到底，待气压稳定后观察 3 min，气压的降低值不应大于 20 kPa。

（4）液压制动车辆，在保持踏板力 700 N 达到 1 min 时，踏板不允许有缓慢向下移动的现象。

六、检查车辆底部

车辆底部检查要将车辆置于地沟上或在举升器上进行。

（1）检查发动机固定是否可靠，并检查发动机与传动系统的连接情况；燃油箱及燃油管路应固定可靠，不得有渗、漏油现象；燃油管路与其他部件不应有磨蹭现象；软管不得有老化开裂、磨损等异常现象。

（2）检查变速器是否有漏油现象。

（3）检查传动轴中间支承轴承及支架、万向节等有无裂纹和松旷现象。

（4）检查转向节臂、转向横直拉杆有无裂纹和损伤，有无拼焊现象；检查转向横直拉杆球销是否松旷、连接是否可靠；检查各运动部件在运动中有无干涉、摩擦现象。

（5）检查车架是否有裂纹和影响车辆正常行驶的变形，螺栓与铆钉不得缺少和松动，车架不得进行焊接修理。

（6）检查前、后桥是否有变形、裂纹。

（7）检查钢板弹簧有无裂纹、断片、缺片和多片现象，中心螺栓和 U 形螺栓是否紧固，减震器是否漏油，车架与悬架之间的各拉杆与导杆应无松旷和移位现象。

（8）检查排气管、消声器是否齐全，是否固定，有无破损和漏气现象。

（9）检查制动总泵、分泵、制动管路，不得有漏气、漏油现象；软管不得有老化开裂、磨损等异常现象。

（10）检查电器线路，所有电器导线均应捆扎成束、布置整齐、固定卡紧、接头牢固并有绝缘套，在导线穿越孔洞部位应装设绝缘套管。

（11）检查减震器及悬架。可用手在汽车前后左右角分别用力下压，如放松后汽车车身能回弹，且自由振动不超过 3 次，说明该系统正常；如出现异响、自由跳动次数过多或不能自动跳动，则说明该减震器或弹簧等部件工作不良。

（12）检查防尘套。用手抻开防尘套，看有无开裂痕迹。

在进行底盘检查过程中，随时记录典型的配置特点，如驱动形式（FF、FR、4WD）、制动系统形式（前盘后鼓、前后盘式）等。

七、检查功能性零部件

车辆功能性零部件检查通常结合前述 6 项检查进行，对于没有包含在前述 6 项检查内容之内的，需单独进行检查。车辆功能性零部件的检查包括以下项目。

1. 车身外部件

（1）检查发动机罩锁止情况。

（2）检查发动机罩液压撑杆功能。打开发动机罩时无须太大力即可打开，打开后能够可靠停在升起位置。
（3）检查后门/行李舱液压撑杆功能。
（4）检查各车门的锁止情况。
（5）检查前后刮水器功能，包括间歇挡、慢速挡和快速挡的摆动情况是否正常；关闭开关后，刮片能否回到初始位置。
（6）检查车门立柱密封胶条。
（7）检查排气管及消声器。
（8）检查车轮轮毂是否有损伤。

2. 驾驶舱内部件

（1）检查车内后视镜完好性。
（2）检查座椅调节及加热情况。
（3）检查仪表板出风管道情况。
（4）检查中央集中控制功能。

3. 随车附件

查看下列随车附件的有无，并检查其是否完好可用。
（1）备胎。
（2）千斤顶。
（3）轮胎扳手及随车工具。
（4）三角警示牌。
（5）灭火器。

4. 检查其他功能件

（1）全套钥匙，应齐全完好。
（2）遥控器保持良好功能。
（3）喇叭高低声色正常。
（4）玻璃加热器功能良好。

八、拍摄二手车照片

1. 外观照片

分别从车辆左前部与右后部45°角拍摄外观照片各1张，拍摄外观破损部位带标尺的正面照片1张（如果没有破损，则不拍此照片）。

2. 驾驶舱照片

采用俯拍方位，分别拍摄仪表台操纵杆、前排座椅、后排座椅正面照片各1张，拍摄破损部位带标尺的正面照片1张（如果没有破损，则不拍此照片）。

3. 发动机舱照片

采用俯拍方位，拍摄发动机舱照片1张。

九、查看综合性能检测报告单

目前,全国范围内的汽车综合性能检测站对营运性车辆应该统一执行 GB/T 18565—2016《道路运输车辆综合性能要求和检验方法》(以下简称为 GB/T 18565—2016)。该标准规定了申请从事道路运输车辆和在用道路运输车辆的技术要求,以及在用道路运输车辆的检验方法。该标准适用于申请从事道路运输经营的车辆和正在从事道路运输经营的车辆,从事驾驶员教学等道路运输相关业务的车辆可参照执行。该标准推荐的检测报告单式样见表 2-4。

表 2-4 道路运输车辆综合性能检测报告单

报告编号＿＿＿＿＿

一、单车(牵引车)基本信息					
号牌号码		委托人			
车辆类型		品牌/型号		营运证号	
注册登记日期		出厂年月		车身颜色	
车辆识别代号		发动机号码		行政区域	
二、挂车基本信息					
号牌号码		委托人			
车辆类型		品牌/型号		营运证号	
注册登记日期		出厂年月		车辆识别代号	
有效行驶证件					
三、检验业务信息					
检验类别		业务类型		检验日期	

四、人工检验结果				
序号	检验项目	判定	不符合项目	
1	唯一性认定			
2	故障信息诊断			
3	外观检查			
4	运行检查			
5	底盘检查			
6	核查评定			

五、性能检验结果										
序号	检验项目	检验数据	标准限值	判定	序号	检验项目	检验数据	标准限值	判定	
	动力性 /(km·h^{-1})	××.×	≥××.×			高怠速 HC /10^{-6}	××××	≤××××		
	经济性 /[L·(100 km)$^{-1}$]	××.×	≤××.×			高怠速 CO /%	××.××	≤××.××		
	一轴制动率/%	××.×	≥××			高怠速 λ	×.××	×.×× ~ ×.××		

续表

五、性能检验结果									
序号	检验项目	检验数据	标准限值	判定	序号	检验项目	检验数据	标准限值	判定
	一轴不平衡率/%	××.×	≤××			怠速HC/10^{-6}	××××	≤××××	
	一轴左轮阻滞率/%	××.×	≤×.×			怠速CO/%	××.××	≤××.×	
	一轴右轮阻滞率/%	××.×	≤×.×			稳态5025工况CO/%	××.××	≤××.×	
	二轴制动率/%	××.×	≥××			稳态5025工况HC/10^{-6}	××××	≤×××	
	二轴不平衡率/%	××.×	≤××			稳态5025工况NO/10^{-6}	××××	≤×××	
	二轴左轮阻滞率/%	××.×	≤×.×			稳态2540工况CO/%	××.××	≤××.×	
	二轴右轮阻滞率/%	××.×	≤×.×			稳态2540工况HC/10^{-6}	××××	≤×××	
	三轴制动率/%	××.×	≥××			稳态2540工况NO/10^{-6}	××××	≤××××	
	三轴不平衡率/%	××.×	≤××			简易瞬态工况CO/(g·km^{-1})	××.××	≤××.×	
	三轴左轮阻滞率/%	××.×	≤×.×			简易瞬态工况HC/(g·km^{-1})	××.××	≤××.×	
	三轴右轮阻滞率/%	××.×	≤×.×			简易瞬态工况NO/(g·km^{-1})	××.××	≤××.×	
	四轴制动率/%	××.×	≥××			简易瞬态工况HC+NO/(g·km^{-1})	××.××	≤××.×	
	四轴不平衡率/%	××.×	≤××			光吸收系数/m^{-1}	××.××	≤×.×	
	四轴左轮阻滞率/%	××.×	≤×.×			滤纸烟度（BSU）	××.××	≤×.×	
	四轴右轮阻滞率/%	××.×	≤×.×			加载减速工况100%/m^{-1}	××.××	≤×.××	
	五轴制动率/%	××.×	≥××			加载减速工况90%/m^{-1}	××.××	≤×.××	
	五轴不平衡率/%	××.×	≤××			加载减速工况80%/m^{-1}	××.××	≤×.××	
	五轴左轮阻滞率/%	××.×	≤×.×			实测最大轮边功率/kW	××.×	≥××.×	
	五轴右轮阻滞率/%	××.×	≤×.×			左外灯远光光强/cd	×××××	≥×××××	
	六轴制动率/%	××.×	≥××			左外灯远光垂直偏移量/H	×.×××	×.××~×.××	

续表

五、性能检验结果									
序号	检验项目	检验数据	标准限值	判定	序号	检验项目	检验数据	标准限值	判定
	六轴不平衡率/%	××.×	≤××			左外灯远光水平偏移量/[mm·(10 m)$^{-1}$]	左（右）×××	左×××~右×××	
	六轴左轮阻滞率/%	××.×	≤×.×			左外灯近光垂直偏移量/H	×.×××	×.××~×.××	
	六轴右轮阻滞率/%	××.×	≤×.×			左外灯近光水平偏移量/[mm·(10 m)$^{-1}$]	左（右）×××	左×××~右×××	
	单车（牵引车）整车制动率/%	××.×	≥××			左内灯远光光强/cd	×××××	≥×××××	
	挂车整车制动率/%	××.×	≥××			左内灯远光垂直偏移量/H	×.×××	×.××~×.××	
	单车（牵引车）驻车制动率/%	××.×	≥××			左内灯远光水平偏移量/[mm·(10 m)$^{-1}$]	左（右）×××	左×××~右×××	
	列车整车驻车制动率/%	××.×	≥××			右外灯远光光强/cd	×××××	≥×××××	
	列车制动时序	挂先于等于牵扶挂于牵	挂先于等于牵			右外灯远光垂直偏移量/H	×.×××	×.××~×.××	
	列车制动协调时间/s	×.×××	≤×.××			右外灯远光水平偏移量/[mm·(10 m)$^{-1}$]	左（右）×××	左×××~右×××	
	牵引车/列车整车制动率比/%	××.×	≥××			右外灯近光垂直偏移量/H	×.×××	×.××~×.××	
	挂车/列车整车制动率比/%	××.×	≥××			右外灯近光水平偏移量/[mm·(10 m)$^{-1}$]	左（右）×××	左×××~右×××	
	路试 MFDD /(m·s^{-2})	××.××	≥××			右内灯远光光强/cd	×××××	≥×××××	

续表

五、性能检验结果									
序号	检验项目	检验数据	标准限值	判定	序号	检验项目	检验数据	标准限值	判定
	路试制动稳定性	（不）稳定	稳定			右内灯远光垂直偏量/H	×.×××	×.×× ~ ×.××	
	路试坡道驻车情况	（不）溜坡	不溜坡			右内灯远光水平偏移量/[mm·(10 m)$^{-1}$]	左（右）×××	左××× ~ 右×××	
	路试制动距离/m	××.×	≤××.×			车速表/(km·h^{-1})	××.×	××.× ~ ××.×	
	第一转向轮侧滑量/(m·km^{-1})	-(+)××.×	-(+)× ~ -(+)×			喇叭声压级/dB（A）	×××.×	×× ~ ×××	
	第二转向轮侧滑量/(m·km^{-1})	-(+)××.×	-(+)× ~ -(+)×						

六、备注

七、检验结论
授权签字人：　　　　　　　检验机构名称（盖单） 　　　　　　　　　　　　　　××××年××月××日

> **说明：** 表2-4的"判定"栏中，"○"为合格，"×"为不合格，"—"为未检，"#"为单项指标不合格，"/"为不适用项。对于技术等级评定，视同合格项目标记为"√"；视同或评定为一级的项目标记为"1级"，评定为二级的项目标记为"2级"。

　　从表2-4中可以看出，第一、第二和第三项为车辆和业务信息登记，此处主要用于核对车辆基本信息；第四项和第五项为具体检测项目，即在用道路运输车辆综合性能检验分为"人工检验"和"性能检验"两部分。所以按检测报告单的顺序，第一个检测项目即为车辆人工检验。

　　从表2-4中可以看出，人工检验具体检验项目包括唯一性认定、故障信息诊断、外观检查、运行检查、底盘检查和核查评定。

　　车辆人工检验按相关检验记录单规定的项目逐一进行检验。汽车综合性能检测站使用的道路运输车辆人工检验记录单的格式式样见表2-5。

表2-5 道路运输车辆人工检验记录单的格式式样

委托人：_____ 号牌号码：_____ 号牌种类：_____ 挂车号牌：_____ 检验日期：___年___月___日 记录单编号：_____

分类	编号	检验项目	属性	评定
唯一性认定	1	号牌号码	★	
	2	车辆类型	★	
	3	品牌型号	★	
	4	车身颜色	★	
	5	发动机号	★	
	6	底盘号	★	
	7	VIN号	★	
	8	挂车架号	★	
	9	外廓尺寸	★	
	10	车厢栏板高度	★	
	11	客车座（铺）位数	★	
故障信息诊断	12	发动机排放控制系统	★	
	13	制动抱死装置（ABS）	★	
	14	电动助力转向系统（EPS）	★	
	15	其他与行车安全相关的故障信息	★	
外观检查	16	助力转向传动带	★	
	17	空气压缩机传动带/齿轮箱	★	
	18	燃料供给管路与部件	★	
	19	车轮及螺栓、螺母	★	
	20	轮胎胎面状况	★	
	21	轮胎花纹深度	★	
	22	同轴轮胎规格和花纹	★	
	23	轮胎速度级别	★	
	24	轮胎气压	★	
	25	翻新轮胎的使用	★	
	26	子午线轮胎	★	
	27	备用轮胎	★	
	28	前照灯远、近光光束变换	★	
	29	转向灯	★	
	30	示廓灯	★	
	31	危险报警闪光灯	★	
	32	雾灯	★	
	33	反射器与侧标志灯	★	
	34	货车车身反光标识和尾部标志板	★	
	35	导线绝缘层、线束固定	★	
外观检查	36	电缆线及连接蓄电池接头、绝缘套	★	
	37	穿过金属孔时的绝缘护套	★	
	38	车门应急控制器	★	
	39	应急门	★	
	40	安全顶窗	★	
	41	应急窗开启	★	
	42	玻璃破碎装置	★	
	43	门、窗玻璃	■	
	44	客车车厢灯和门灯	■	
	45	车身与驾驶室	■	
	46	对称部位高度差	★	
	47	外部和内部凸出头锐凸起物	★	
	48	车身表面涂装	■	
	49	货车货箱、车门、栏板、底板和栏板锁止	★	
	50	驾驶室车窗玻璃附加物及镜面反光遮阳膜	★	
	51	后视镜和下视镜	★	

· 134 ·

续表

分类	编号	检验项目	属性	评定
外观检查	52	防炫目装置	★	
	53	安全带	★	
	54	侧面防护装置	★	
	55	后部防护装置	★	
	56	保险杠	■	
	57	汽车列车牵引装置和安全锁止机构	★	
	58	固定集装箱装箱体的锁止机构	★	
	59	安全架与隔离装置	★	
	60	灭火器材	★	
	61	警示牌	★	
	62	停车楔	★	
	63	危货排气管、隔热和熄灭火星装置	★	
	64	危货切断总电源和隔离电火花装置	★	
	65	危货导静电拖地带	★	
	66	危货运输车辆标志及标识	★	
	67	危货罐体检验合格证明或报告	★	
	68	气瓶、可移动罐（槽）紧固装置	★	
运行检查	69	起动性能	■	
	70	柴油发动机停机装置	★	
	71	发动机低、中、高速运转	■	
	72	制动报警装置	★	
	73	气压制动弹簧储能装置	■	
	74	制动踏板	★	
	75	驻车制动装置	★	
	76	转向盘最大自由转动量	★	
	77	离合器	■	
	78	变速器	★	
	79	传动件异响	■	
	80	指示器与仪表	★	
	81	卫星定位系统车载终端	★	
	82	风窗刮水器	★	
	83	风窗清洗器	★	
	84	除雾、除霜装置	★	
底盘检查	85	发动机密封性	★	
	86	制动管路	★	
	87	制动泵（缸）及气（油）路	★	
	88	缓速器	★	
	89	储气筒	★	
	90	转向机构部件连接	★	
	91	转向机构部件技术状况	★	
	92	转向动力装置	★	
	93	车架	★	
	94	车桥的可视裂纹及变形	■	
	95	车桥密封性	★	
	96	拉杆和导杆	★	
	97	悬架弹性元件	★	
	98	悬架部件连接	★	
	99	减震器	★	
	100	万向节与轴角	★	
	101	排气管和消声器	■	

·135·

续表

项目		内容
数据记录	轮胎花纹深度 /mm	单车(记录不合格轮胎) 转向轮：___ 其他轮：___ 挂车：___
	门、窗玻璃	1. □齐全完好； 2. □有 □无大于 25 mm 且易破碎的裂纹和穿孔； 3. 密封□良好 □不良
	对称部位高度差 /mm	单车 前左：___ 前右：___ 后左：___ 后右：___ 半挂 左：___ 右：___ 全挂 前左：___ 前右：___ 后左：___ 后右：___
	车身与驾驶室	1. 轻微开裂、锈蚀和明显___处； 2. 缺陷部位 □是 □否 影响安全性和密封性
	车身表面涂装	1. □是 □否 明显破损___； 2. 补漆颜色与原色 □是 □否 一致
	转向盘最大自由转动量/(°)	___
	车厢栏板高度 /mm	___
	外廓尺寸(单车) /mm	长：___ 宽：___ 高：___
	外廓尺寸(挂车) /mm	长：___ 宽：___ 高：___
	外廓尺寸(列车) /mm	长：___ 宽：___ 高：___
不合格项汇总	唯一性认定	
	故障信息诊断	
	外观检查	
	运行检查	
	底盘检查	
备注：		单车___ 挂车___
检验员(签字)		年 月 日

项目 ② 现场鉴定

> **说明：**
> （1）表2-5的"属性"栏中，标记"★"的项目为关键项，标记"■"的项目为一般项；"判定"栏中，"○"为合格，"×"为不合格，不适用项填"/"。
> （2）不合格项汇总栏中，填写不合格项编号并用"、"分隔，无不合格项填写"无"。挂车不合格项编号前加"G"。
> （3）轮胎花纹深度数据栏，其记录的车轮所在位置按两位编码"□□"表示，"□□"后用"："与记录数据分隔。编码的第一位代表所在轴（线轴车辆按线计），依次从1轴（或线）开始用A、B、C、D、…表示；第二位代表车轮在所在轴（或线）的位置，从左到右依次按1、2、3、…表示。
> （4）在表2-5中，有些项目将根据具体检测车型有选择性的检验。例如，如果检测车型为货车，则"客车内部"项目将不检验。
> （5）当车辆人工检验结束后，工位检测员将不合格项目录入工位计算机，即可自动生成综检报告单中"四、人工检验结果"部分的相关数据。
> （6）本记录单作为"道路运输车辆综合性能检验报告单"的附件。

因为对于二手车来说，人工检测项目并不需要像综检报告单中规定的项目那样多，故对于二手车评估，综检报告单中的"人工检验"项目不再用来作为评价二手车技术状况的参考，所以本书对这一项目的具体要求也不再叙述。

在进行车辆综合性能检验和安全环保性能检验时，将除人工检验之外的所有检验项目归类于车辆性能检验，具体包括动力性、燃料经济性、制动性、排放性、转身操纵性、悬架特性、前照灯技术状况、车速表示值误差、车轮阻滞率及喇叭噪声等。

GB/T 18565—2016 推荐的"道路运输车辆性能检验记录单"见表2-6。

因为表2-6所示的记录单作为"道路运输车辆综合性能检验报告单"的附件，而该记录单较为详细地记录了车辆各种性能的检测数据和评判结果，所以对于二手车鉴定评估，重点审查该记录单。以下将按本记录单的顺序逐一介绍。

1. 动力性检测

1）检测参数

根据 GB/T 18565—2016《道路运输车辆综合性能要求和检验方法》（以下简称为 GB/T 18565—2016）要求，在用汽车动力性采用汽车在底盘测功机上（以下简称测功机）轮边稳定车速作为检测参数。驱动轮轮边稳定车速即在额定功率（或额定扭矩）工况和规定的负荷下，驱动轮轮边的稳定线速度。

2）检测标准。

（1）GB/T 18565—2016 规定的标准。
①额定功率工况下，驱动轮轮边稳定车速应不小于额定功率车速。
②额定扭矩工况下，驱动轮轮边稳定车速应不小于额定扭矩车速。

（2）JT/T 198—2016 规定的标准。JT/T 198—2016 规定，当汽车传动系统传动效率为 0.82 时，若检测结果符合 GB/T 18565—2016 规定的标准，则该项评定为一级车；其他情况下若检测结果符合 GB/T 18565—2016 规定的标准，则该项评定为二级。

表2-6 道路运输车辆性能检验记录单

委托人：_____ 道路运输证号：_____ 检验类别：_____ 业务类型：_____ 检测线别：_____ 检验日期：_____ 检验记录单编号：_____

号牌号码	号牌种类		挂车牌照号	挂车类型	车辆出厂日期
注册登记日期	VIN号		车辆型号	发动机号	车身颜色
行驶总里程/km	驱动形式		转向轴悬架形式	挂车轴数	压燃式发动机额定功率/kW
点燃式额定转矩(N·m)或转速/(r·min⁻¹)	燃料类别		驱动轮轮胎规格型号	总质量/kg	车高/mm
前轮距/mm	客车车长/mm		客车类型等级	货车车身形式	驱动轴数
驱动轴空载质量/kg	牵引车满载总质量/kg		并装轴形式	转向轴数	前照灯制式
客车座位（铺）数	单车（主车）轴数		外廓尺寸（长×宽×高）/mm	单车：_____ 挂车：_____	
远光束能否单独调整	驻车轴		车厢栏板高度/mm	单车：_____ 挂车：_____	
动力性	达标功率/kW		额定车速/(km·h⁻¹)	加载力/N	稳定车速/(km·h⁻¹) ／

续表

项目	检验结果							判定
燃料经济性	等速百公里油耗标准限值：L/100 km；　实测值：L/100 km							
整车制动性 台架检验	单车	水平称重/daN		整车制动率/%		驻车制动率/%		
	汽车列车	水平称重/daN	牵	整车制动率/%		驻车制动率/%		/
			挂					/
	制动时序	时间/s		/				/
		时序	轴制动力达到5%静态轴荷					
			轴制动力达到5%静态轴荷					
	整车制动率比/%（牵引车/列车）							
	车轴 轴制动率/%		1轴	2轴	3轴	4轴	5轴	6轴
	一轴							
	二轴							
	三轴							
	四轴							
	五轴							
	六轴							
	单轴	制动不平衡率/%						
		整车制动率比/%（挂车/列车）						
		过程差最大点/daN	左轮		右轮			
		车轮阻滞率/%	左轮		右轮			
路试	行车制动	初速度：　　　km/h			试车道宽度：　　　m			
		MFDD：　　　m/s²			制动稳定性			
		驻车坡度：　　　%			制动距离：　　　m　　汽车列车制动协调时间：　　　s			
	驻车制动	不少于5 min 坡道驻车情况：						

续表

项目			检验结果						判定
排放性	汽油车	双怠速法	高怠速	CO /%	HC /10^{-6}	λ			
			低怠速	CO /%	HC /10^{-6}				
		稳态工况	5025	CO /%	HC /10^{-6}	NO /10^{-6}			
			2540	CO /%	HC /10^{-6}	NO /10^{-6}			
		简易瞬态工况		CO /(g·km^{-1})	HC /(g·km^{-1})	NO /(g·km^{-1})	HC+NO /(g·km^{-1})		/
	柴油车	自由加速法	光吸收系数/m^{-1}	1	2	3	平均		
			滤纸烟度 BSU	1	2	3	平均		
		加载减速工况	光吸收系数/m^{-1}	100%	90%	80%	实测最大轮边功率/kW		/
悬架	前轴			左吸收率： 右吸收率： 左右差：					
	后轴			左吸收率： 右吸收率： 左右差：					
前照灯	项目		灯高/mm	远光光强 /cd	远光	远光偏移			
	左外				垂直 H	水平/[mm·(10 m)$^{-1}$]			
	左内				垂直 H	水平/[mm·(10 m)$^{-1}$]			
	右内								
	右外								
车速表				第一转向轮： km/h					
侧滑量				第二转向轮： m/km					
喇叭				声压级： dB(A)					
不合格项汇总									
检验工位照片	制动检验工位			灯光检验工位			动力性检验工位		

3) 检测结果分析

如果整车动力性检测不合格,其原因主要存在于发动机及底盘传动系统两个方面。

(1) 发动机动力不足。发动机动力不足可能的原因有气缸压缩压力低、个别气缸工作不正常、点火正时(或喷油正时)不准、空气滤清器堵塞等。

(2) 底盘传动系统技术状况不良。底盘传动系统技术状况不良可能的原因有:离合器打滑;制动器间隙偏小;传动轴变形弯曲,中间轴承支架松旷,传动轴不平衡;驱动桥装配不良或有故障;轮胎气压不标准,轮辋变形,轮胎花纹规格不符合要求;传动系统、行驶系统润滑不良等。

2. 燃料经济性检测

1) 检测参数

GB/T 18565—2016 规定,燃用柴油或汽油、总质量大于 3 500 kg 的在用营运车辆需进行燃料经济性检测,并按 GB/T 18566—2011《道路运输车辆燃料消耗量检测评价方法》(以下简称 GB/T 18566—2011)的规定进行。GB/T 18566—2011 规定,汽车燃料经济性检测参数为汽车在水平硬路面上以额定总质量、变速器最高挡、等速行驶条件下的百公里燃料消耗量。在检测站,需在底盘测功机上模拟汽车道路行驶工况进行检测。

2) 检测标准

(1) 已列入交通运输主管部门公布的《道路运输车辆燃料消耗量达标车型表》的车辆,其燃料消耗量限值为车辆《燃料消耗量参数表》中 50 km/h 或 60 km/h 满载等速油耗的 114%。

(2) 未列入交通运输主管部门公布的《道路运输车辆燃料消耗量达标车型表》的车辆,其燃料消耗量限值的参比值见表 2-7~表 2-9。

(3) 当按牵引车(单车)满载总质量进行检测时,燃料消耗量限值的参比值按牵引车(单车)满载总质量对应取表 2-9 中的数值。

表 2-7 在用柴油客车燃料消耗量限值的参比值

车长 L /mm	参比值/$[L \cdot (100 \text{ km})^{-1}]$	
	高级客车 等速 60 km/h	中级和普通级客车 等速 50 km/h
$L \leq 6\ 000$	11.3	9.5
$6\ 000 < L \leq 7\ 000$	13.1	11.5
$7\ 000 < L \leq 8\ 000$	15.3	14.1
$8\ 000 < L \leq 9\ 000$	16.4	15.5
$9\ 000 < L \leq 10\ 000$	17.8	16.7
$10\ 000 < L \leq 11\ 000$	19.4	17.6
$11\ 000 < L \leq 12\ 000$	20.1	18.3
$L > 12\ 000$	22.3	20.3

表 2-8 在用柴油货车（单车）燃料消耗量限值的参比值

额定总质量 G /kg	参比值 /[L·(100 km)$^{-1}$]	额定总质量 G /kg	参比值 /[L·(100 km)$^{-1}$]
3 500 < G ≤ 4 000	10.6	17 000 < G ≤ 18 000	24.4
4 000 < G ≤ 5 000	11.3	18 000 < G ≤ 19 000	25.4
5 000 < G ≤ 6 000	12.6	19 000 < G ≤ 20 000	26.1
6 000 < G ≤ 7 000	13.5	20 000 < G ≤ 21 000	27.0
7 000 < G ≤ 8 000	14.9	21 000 < G ≤ 22 000	27.7
8 000 < G ≤ 9 000	16.1	22 000 < G ≤ 23 000	28.2
9 000 < G ≤ 10 000	16.9	23 000 < G ≤ 24 000	28.8
10 000 < G ≤ 11 000	18.0	24 000 < G ≤ 25 000	29.5
11 000 < G ≤ 12 000	19.1	25 000 < G ≤ 26 000	30.1
12 000 < G ≤ 13 000	20.0	26 000 < G ≤ 27 000	30.8
13 000 < G ≤ 14 000	20.9	27 000 < G ≤ 28 000	31.7
14 000 < G ≤ 15 000	21.6	28 000 < G ≤ 29 000	32.6
15 000 < G ≤ 16 000	22.7	29 000 < G ≤ 30 000	33.7
16 000 < G ≤ 17 000	23.6	30 000 < G ≤ 31 000	34.6

表 2-9 在用柴油半挂汽车列车燃料消耗量限值的参比值

额定总质量 G /kg	参比值 /[L·(100 km)$^{-1}$]
G ≤ 27 000	42.9
27 000 < G ≤ 35 000	43.9
35 000 < G ≤ 43 000	46.2
49 000 < G ≤ 49 000	47.3

3）检测结果分析

影响汽车燃料经济性的因素很多，就车辆本身而言，主要分为两个方面：其一是发动机、汽车结构方面的因素；其二是汽车使用方面的因素。在汽车的使用因素中，其技术状况的变化对汽车燃料经济性影响很大。

汽车燃料经济性检测不合格，主要是发动机技术状况不良，但汽车底盘技术状况对汽车燃料经济性也有着较大的影响。

（1）发动机的技术状况不良。可能的原因有：气缸的压缩压力低；气门间隙不正确；配气相位不准确；喷油泵、喷油器技术状况不良；点火正时（或喷油正时）不准确；个别气缸工作不正常；发动机工作温度不正确；电喷发动机的各传感器、执行器及计算机有故障等。

（2）汽车底盘技术状况不良。可能的原因有：底盘传动系统各配合副配合不良或润滑不良；轮胎气压过低；车轮定位参数失准等。

3. 制动性检测

1）检测参数

汽车制动性检测包括台架检测和路试检测两种方法。

（1）台架检测通常使用反力滚筒式或平板式制动检测台，主要检测参数为制动力。

（2）路试检测的主要检测参数有制动距离、充分发出平均减速度（MFDD）、制动方向稳定性和汽车列车制动协调时间。

2）检测标准

（1）台架检验行车制动性能的要求。

①整车制动率、轴制动率和制动不平衡率。整车制动率、轴制动率和制动不平衡率应符合表2–10的要求。

②汽车列车制动时序。汽车列车的制动时序应满足：挂车各轴的制动动作应不滞后于牵引车各轴的制动动作，汽车列车的制动协调时间不大于0.80 s。

③汽车列车制动力分配。汽车列车制动力的分配应满足：牵引车（挂车）整车制动力与汽车列车整车制动力的比值不应小于牵引车（挂车）质量与汽车列车质量比值的90%，即牵引车（挂车）的整车制动率不应小于汽车列车整车制动率的90%。

表2–10 台架检验制动性能要求   %

车辆类型		整车制动率		轴制动率		制动不平衡率
		空载	满载	前轴[a]	后轴[a]	
M_1类乘用车		≥60	≥50	≥60[b]	≥20[b]	前轴≤24，后轴≤30 或 10[d]
M_2、M_3类客车		≥60	≥50	≥60[b]	≥50[c]	
N_1类货车		≥60	≥50	≥60[b]	≥20[b]	
N_2、N_3类货车		≥60	≥50	≥60[b]	≥50[b]	
牵引车		≥60	≥50	≥60	≥50	
O_3、O_4类挂车	全挂车	—	—	≥55[e]	≥55[e]	
	半挂车	—	—	—	≥55[e]	

a. 前轴是指位于机动车（单车）纵向中心线中心位置以前的轴，除前轴之外的其他轴均为后轴。第二转向桥视为前轴，挂车的所有车轴均视为后轴。
b. 空载和满载状态下测试均应满足此要求。
c. 满载测试时不做要求，空载用平板制动检验台检验时应大于等于35%；总质量大于3 500 kg的客车，空载用滚筒反力式制动检测台检测时应大于等于40%，用平板制动检测台检测时应大于等于30%。
d. 对于后轴，当轴制动率大于等于该轴轴荷60%时，不平衡率不大于30%；当轴制动率小于该轴轴荷60%时，不平衡率不大于该轴轴荷的10%。
e. 满载状态下测试时应大于等于45%。

④各车轮的阻滞力不大于静态轴荷的3.5%。

> 说明：车轮阻滞力是指行车和驻车制动装置处于完全释放状态，变速器置空挡位置时，检测台驱动车轮所需的作用力。

（2）台架检测驻车制动性能的要求。当采用制动检测台检测车辆驻车制动力时，车辆空载，乘坐一名驾驶人，使用驻车制动装置，驻车制动力的总和不应小于该车在测试状态下整车重量的20%；对总质量为整备质量1.2倍以下的机动车为不小于15%。对于由牵引车和挂车组成的汽车列车也应符合此要求。

（3）JT/T 198—2016规定，在检测道路运输车辆制动性能时，只有制动不平衡率分级项。达到一级车的标准为：前轴制动不平衡率应该≤20%，后轴（及其他轴）制动不平衡率应≤24%[当后轴（及其他轴）制动力小于该轴轴荷的60%时，制动不平衡率≤该轴轴荷的8%]。

（4）路试检测制动距离和制动稳定性要求。在规定的初速度下的制动距离和制动稳定性要求应符合表2-11的规定。对空载检测的制动距离有质疑时，可按表2-11中规定的满载检测制动距离要求进行检测。

表2-11　路试检验制动距离和制动稳定性要求

车辆类型	制动初速/(km·h^{-1})	空载制动距离/m	满载制动距离/m	试验通道宽度[a]/m
M$_1$类乘用车	50	≤19.0	≤20.0	2.5
N$_1$类货车	50	≤21.0	≤22.0	2.5
M$_2$、M$_3$类客车，N$_2$、N$_3$类货车（含半挂牵引车）	30	≤9.0	≤10.0	3.0
汽车列车	30	≤9.5	≤10.5	3.0

a. 制动过程中车辆的任何部位（不计入车宽的部位除外）不超出规定宽度的试验通道的边缘线。

（5）路试检测充分发出平均减速度要求。汽车、汽车列车在规定的初速度下急踩制动时充分发出的平均减速度及制动稳定性要求应符合表2-12的规定。对空载检测的充分发出的平均减速度有质疑时，可用表2-12中规定的满载检测充分发出的平均减速度进行检测。

表2-12　路试检验充分发出平均减速度和制动稳定性要求

车辆类型	制动初速度/(km·h^{-1})	空载平均减速度/(m·s^{-2})	满载平均减速度/(m·s^{-2})	试验通道宽度[a]/m
M$_1$类乘用车	50	≥6.2	≥5.9	2.5
N$_1$类货车	50	≥5.8	≥5.4	2.5
M$_2$、M$_3$类客车，N$_2$、N$_3$类货车（含半挂牵引车）	30	≥5.4	≥5.0	3.0
汽车列车	30	≥5.0	≥4.5	3.0

a. 制动过程中车辆的任何部位（不计入车宽的部位除外）不超出规定宽度的试验通道的边缘线。

（6）路试检测驻车制动性能要求。被检车辆在坡度为20%（对总质量为整备质量的1.2倍以下的车辆为15%）的路试坡道上的上行和下行两个方向分别实施驻车制动，时间不应少于5 min。

3）检测结果分析

在制动检测台上检测汽车制动性能时，若检测结果判定为不合格，如果排除检测操作规范的问题，则主要是由汽车制动系统的故障造成的。汽车制动系统常见故障形式有制动力不足、同轴左右车轮制动力平衡不符合要求、制动协调时间过长和车轮的阻滞力超限等。

（1）液压制动系统。

①各车轮制动力均偏低，主要原因为制动踏板自由行程太大，制动液中有空气或变质，制动主缸故障，增压器或助力器效能不佳或失效。

②个别车轮制动力偏小，主要原因是该车轮制动器故障，若同一制动回路两车轮制动力均偏小，则可能是该制动回路中有空气或不密封处。

③制动不平衡率不合格，故障原因与个别车轮制动力偏小的原因基本相同，主要故障在制动力偏小的车轮制动系统。若在制动力上升阶段左右轮制动力差值过大，则可能是左右轮制动器间隙差别过大；若在制动释放阶段左右轮制动力差值过大，则可能是制动轮缸及制动蹄回位弹簧有故障。

④各车轮制动协调时间过长，主要原因是制动踏板自由行程过大；若个别车轮制动协调时间过长，则主要是该车轮制动间隙过大；若同一制动回路两车轮制动协调时间过长，则可能是该制动回路中有空气。

⑤各车轮阻滞力都超限，主要原因是制动主缸故障或制动踏板无自由行程；若个别车轮阻滞力超限，则主要是该车轮制动间隙过小、制动轮缸故障、制动蹄回位弹簧故障或轮毂轴承松旷。

（2）气压制动系统。

①各车轮制动力均偏低，主要原因是制动踏板自由行程太大、储气筒气压太低或制动阀故障。

②个别车轮制动力偏低，主要原因是该车轮制动间隙过大或制动器故障。若同一制动回路两车轮制动力偏低，则主要原因是制动管路漏气或某一制动气室膜片破裂。

③同轴左右轮制动力差值过大，故障原因主要存在于制动力小的车轮。若在制动力上升阶段左右轮制动力差值过大，则主要是左右车轮制动器制动间隙差别过大；若在制动释放阶段左右轮制动力差值过大，则可能是制动蹄或制动气室回位弹簧故障。

④各车轮制动协调时间过长，主要是制动踏板自由行程过大；个别车轮制动协调时间过长，主要是该车轮制动间隙过大。

⑤各车轮阻滞车均超限，主要原因是制动踏板无自由行程或制动控制阀故障；若个别车轮阻滞力超限，则主要是该车轮制动间隙过小、制动蹄回位弹簧故障或轮毂轴承松旷。

路试检测时，实际检测汽车的制动距离和充分发出平均减速度不符合要求，说明所测试汽车的制动效能低，可能存在所有车轮制动力低或个别车轮制动力低的故障；若制动稳定性测试不符合要求，则说明可能存在左右车轮制动力差过大的故障。

4. 汽油车排放性检测

1）检验项目

（1）外观检验，主要指对车载污染控制装置的检查和环保信息随车清单的核查。

（2）车载诊断系统（OBD）检查。

（3）排气污染物检测。

①双怠速法（适用于非工况法轻型汽油车、重型汽油车），主要检测 CO、HC、和 λ（过量空气系数，只在高怠速时测量，为否决项）。

②瞬态工况法（适用于工况法检测的轻型汽油车），主要检测 CO、HC、NO_x。

（4）燃油蒸发检测。省级生态环境主管部门可根据臭氧污染状况按照规定的方法，对车辆的燃油蒸发排放控制系统进行检测。

（5）变更或转移登记车辆的环保检验按照当地政府规定，但至少要进行污染控制装置查验和 OBD 检查（如适用）。

（6）对配置远程排放管理车载终端并按要求向生态环境主管部门实时上报相关排放数据的车辆，省级生态环境主管部门根据数据上报情况可以给予免于环保上线检验的政策。

2）检测标准

GB/T 18565—2016 规定，采用双怠速法检测的排气污染物应符合 GB/T 18285 的要求（目前的 GB/T 18285 为 2018 版）；采用简易工况法检测的排气污染物应符合各行政区域的限值要求。但在 GB/T 18285—2018 标准中，对简易工况法均提出了推荐性限值要求。

（1）双怠速法检测标准。GB/T 18285—2018 规定的汽油车双怠速法检验排气污染物排放标准限值见表 2-13。

表 2-13 双怠速法检验排气污染物排放限值

类别	怠速		高怠速	
	CO/%	HC/$\times 10^{-6}$ a	CO/%	HC/$\times 10^{-6}$ a
限值 a	0.6	80	0.3	50
限值 b	0.4	40	0.3	30
注：a 对以天然气为燃料的点燃式发动机汽车，该项目为推荐性要求。				

排放检验的同时，应进行过量空气系数（λ）的测量。发动机在高怠速转速工况时，λ 应在 1.00±0.05 之间或在制造厂规定的范围内。

（2）稳态工况法检测标准。GB/T 18285—2018 推荐的汽油车稳态工况法检验排气污染物排放标准限值见表 2-14。

表 2-14 稳态工况法检验排气污染物排放限值

类别	ASM5025			ASM2540		
	CO/%	HC/$\times 10^{-6}$ a	NO/$\times 10^{-6}$	CO/%	HC/$\times 10^{-6}$ a	NO/$\times 10^{-6}$
限值 a	0.50	90	700	0.40	80	650
限值 b	0.35	47	420	0.30	44	390
注：a 对于装用以天然气为燃料的点燃式发动机汽车，该项目为推荐性要求。						

排放检验的同时，应进行过量空气系数（λ）的测量。λ 应在制造厂规定的范围内。

（3）瞬态工况法检测标准。GB/T 18285—2018 推荐的汽油车瞬态工况法检验排气污染物排放标准限值见表 2-15。排放检验的同时，应进行过量空气系数（λ）的测量。λ 应在制造厂规定的范围内。

表 2-15 瞬态法检验排气污染物排放限值

类别	CO/(g·km^{-1})	HC+NO$_x$/(g·km^{-1})
限值 a	3.5	1.5
限值 b	2.8	1.2

(4) 简易瞬态工况法检测标准。GB/T 18285—2018 推荐的汽油车简易瞬态工况法检验排气污染物排放标准限值见表 2-16。排放检验的同时，应进行过量空气系数（λ）的测量。λ 应在制造厂规定的范围内。

表 2-16 简易瞬态法检验排气污染物排放限值

类别	CO/(g·km^{-1})	HC/(g·km^{-1})^a	NO$_x$/(g·km^{-1})
限值 a	8.0	1.6	1.3
限值 b	5.0	1.0	0.7

注：a 对于装用以天然气为燃料的点燃式发动机汽车，该项目为推荐性要求。

3) 结果判定

(1) 如果检测结果中任何一项污染物不满足限值要求，则判定车辆排放检验不合格。

(2) 如果双怠速法过量空气系数超过标准，则判定车辆排放检验结果不合格。

(3) 2011 年 7 月 1 日以后生产的轻型汽车，以及 2013 年 7 月 1 日以后生产的重型汽车，如果 OBD 检查不合格，则判定车辆排放检验结果不合格。

(4) 排放检验过程中，禁止使用降低污染物控制装置功效的失效策略，若有针对污染控制装置的篡改，则车辆排放检验不合格。

(5) 检验完毕后，应签发机动车环保检验报告。报告格式见表 2-17。

表 2-17 在用汽油车排气污染物检验（测）报告

报告编号：　　　　　　　　　检验日期[1]：　　　　　　　　　计量认证证号[2]：

G.3.1 基本信息				
检验机构名称：				
号牌号码	如无填写 VIN	车辆型号		基准质量/kg
车辆识别代号（VIN）		最大设计总质量/kg		发动机型号
发动机号码		发动机排量/L		额定转速/(r·min^{-1})
电动机型号[3]		储能装置型号[3]		电池容量[3]
催化转化器型号		气缸数		座位数/人
车辆生产企业		车辆出厂日期		累计行驶里程/km
车主姓名（单位）		联系电话（手机）		车牌颜色[4]
燃料类型		燃油形式		驱动方式
品牌/型号		变速器形式		使用性质
初次登记日期		检测方法		OBD	有/无

续表

G.3.1 基本信息

环境参数					
环境温度/℃		大气压/kPa		相对湿度/%	
检测设备信息					
分析仪生产企业		分析仪名称		分析仪检定日期	
底盘测功机生产企业		底盘测功机型号			
OBD 诊断仪生产企业		OBD 诊断仪型号			

G.3.2 外观检验

检 查 项 目	是	否	备注
车辆机械状况是否良好			
排气污染控制装置是否齐全、正常			否决项目
车辆是否存在烧机油或者严重冒黑烟现象			否决项目
曲轴箱通风系统是否正常			
燃油蒸发控制系统是否正常			否决项目
车上仪表工作是否正常			
有无可能影响安全或引起测试偏差的机械故障			
车辆进、排气系统是否有任何泄漏			
车辆的发动机、变速箱和冷却系统等有无明显的液体渗漏			
是否带 OBD 系统			
轮胎气压是否正常			
轮胎是否干燥、清洁			
是否关闭车上空调、暖风等附属设备			
是否已经中断车辆上可能影响测试正常进行的功能，如 ARS、ESP、EPC 牵引力控制或自动制动系统等			
车辆油箱和油品是否异常			
是否适合工况法检测			
外观检验结果	□合格 □不合格	检验员：	

续表

G.3.3 OBD 检查			
OBD 故障指示器	OBD 系统故障指示器	□合格　□不合格	
	通信	□通信成功　□通信不成功 通信不成功的（填写以下原因）： □接口损坏　□找不到接口 □连接后不能通信	
	OBD 系统故障指示器报警	□有　□无	
	故障代码及故障信息（若故障指示器报警）	故障信息按附件 FB 上报	
就绪状态	就绪状态未完成项目	□无　□有 如有就绪未完成的，填写以下项目： □催化器　□氧传感器 □氧传感器加热器 □废气再循环（EGR）/可变气门 VVT	
其他信息	MIL 灯点亮后的行驶里程/km		
CALID/CVN 信息	发动机控制单元	CALID	CVN
	后处理控制单元（如适用）	CALID	CVN
	其他控制单元（如适用）	CALID	CVN
OBD 检查结果	□合格　□不合格		检验员：
G.3.4 排气污染物检测			
检测方法	□双怠速　□稳态工况法　□瞬态工况法　□简易瞬态工况法		

检验结果内容[5]

排气污染检测	双怠速				
	过量空气系数（λ）	低怠速		高怠速	
		CO/%	HC/10^{-6}	CO/%	HC/10^{-6}
	实测值				
	限值				
	瞬态工况法				
	CO/(g·km^{-1})			HC+NO$_x$/(g·km^{-1})	
	实测值				
	限值				

续表

检验结果内容[5]						
排气污染检测	简易瞬态工况法					
	项目	HC/(g·km^{-1})		CO/(g·km^{-1})		NO$_x$/(g·km^{-1})
	实测值					
	限值					
	稳态工况法					
	项目	HC/10^{-6}		CO/%		NO$_x$/10^{-6}
	实测值					
	限值					
	结果判定	□合格 □不合格				
	检验员：					
燃油蒸发测试	进油口测试	□合格 □不合格		油箱盖测试		□合格 □不合格
	结果判定	□合格 □不合格				
	检验员：					
排气污染检测结果	□合格 □不合格					
授权签字人						
批准人				单位盖章		

注：1) 8位数，年份（4位）+月份（2位）+日期（2位）；
2) 按照计量认证证书填写；
3) 仅适用混合动力车辆；
4) 0—蓝牌，1—黄牌，2—白牌，3—黑牌；
5) 污染物检测结果为负数或者零时，应记录为"未检出"。

4) 检测结果分析

在不同工况下废气排放浓度值的范围见表2-18。废气检测值与发动机系统故障的关系见表2-19。

表2-18 不同工况下废气排放浓度值范围

转速	CO/%	HC/×10^{-6}	CO$_2$/%	O$_2$/%
急速	0.5~3	0~250	13~15	1~2
1 500 r/min，空负荷	0~2.0	0~200	—	1~2
2 500 r/min，空负荷	0~1.5	0~150	13~15	1~2

表2-19 排气检测值与发动机系统故障的关系

CO	HC	CO$_2$	O$_2$	故障原因
低	很高	低	低	间歇性失火
低	很高	低	低	气缸压力

续表

CO	HC	CO$_2$	O$_2$	故障原因
很高	很高/高	低	低	混合气浓
很高	很高/高	低	很高/高	混合气稀
高	低	正常	正常	点火太迟
低	高	正常	正常	点火太早
变化	变化	低	正常	EGR 阀漏气
很低	很低	很低	很高	空气喷射系统
低	低	低	高	排气管漏气

从表 2-19 中可以看出，排除三元催化转化装置和排气后处理装置的原因外，发动机间歇性失火、气缸压力不足、混合气过稀（浓）、点火正时不准及 EGR 阀漏气等均会造成尾气排放污染物超标。因而汽油车的尾气治理难度较大，需要借助多种检查手段来确定具体原因。

实际故障分析中，可利用气体分析仪测取排气中 O$_2$、CO$_2$、CO 含量来分析故障。如果燃烧室中没有足够的空气（O$_2$）保证正常燃烧，在通常情况下，二氧化碳（CO$_2$）的读数和一氧化碳（CO）、氧（O$_2$）的读数相反。燃烧越完全，二氧化碳（CO$_2$）的读数就越高，最大值在 13.5%~14.8% 之间，此时一氧化碳（CO）的读数应该非常接近 0%。

O$_2$ 的读数是最有用的诊断数据之一。O$_2$ 的读数和其他 3 个读数一起，能帮助找出诊断问题的难点。通常，装有催化转化器的汽车，O$_2$ 的读数应该是 1.0%~2.0%，说明发动机燃烧很好，只有少量未燃烧的 O$_2$ 通过气缸。

O$_2$ 的读数小于 1.0%，说明混合气太浓，不利于很好的燃烧；O$_2$ 的读数超过 2.0%，说明混合气太稀。燃油滤清器堵塞、燃油压力低、喷油器阻塞、真空系统漏气、废气再循环（ECR）阀泄漏等，都可能导致过稀失火。

5. 柴油车排放性检测

1）检测项目及参数

柴油车环保检验项目见表 2-20。

表 2-20 柴油车环保检验项目

检验项目	新生产汽车下线	进口车入境	注册登记[1]	在用汽车[1]
外观检验（含对污染控制装置的检查和环保信息随车清单核查）	进行	进行	进行	进行[2]
车载诊断系统（OBD）检查	进行	进行	进行	进行[3]
排气污染物检测	抽测[4]	抽测[4]	进行	进行[5]

注：1）符合免检规定的车辆，按照免检相关规定进行。
2）查验污染控制装置是否完好。
3）适用于装有 OBD 的车辆。
4）混合动力汽车的排气污染物抽测应在最大燃料消耗模式下进行。
5）变更登记、转移登记检验按有关规定进行。

柴油车排放性检测具体检测参数包括光吸收系数、林格曼黑度级数和 NO_x 浓度。

（1）光吸收系数（k）。光吸收系数表示光束被单位长度排烟衰减的一个系数，它是单位体积的微粒数 n、微粒的平均投影面积 a 和微粒的消光系数 Q 三者的乘积，即

$$k = n \cdot a \cdot Q$$

（2）林格曼黑度级数。林格曼黑度级数是评价烟羽（从柴油车排气口提出的气流）黑度的一种数值，即将排气污染物颜色与林格曼烟气黑度图对比得到的一种烟尘浓度表示法，分为 0~5 级。

（3）排气中 NO_x 的计量单位为质量单位，用"g/km"来表示。

2）检测标准

GB/T 18565—2016 规定，采用自由加速法检测的排气烟度应符合 GB/T 3847 的要求（目前该标准为 GB/T 3847—2018），采用加载减速法检测的排气可见污染物应符合各行政区域的限值要求。但在 GB/T 3847—2018 标准中，给出了加载减速法推荐限值和林格曼烟气黑度的推荐限值。

GB/T 3847—2018 规定的在用和注册登记柴油车排放检验限值见表 2-21。

表 2-21 在用和注册登记柴油车排放检验限值

类别	自由加速法	加载减速法		林格曼黑度法
	光吸收系数/m^{-1} ［或不透光度/%］	光吸收系数/m^{-1} ［或不透光度/%$^{1)}$］	氮氧化物 /$\times 10^{-6\,2)}$	林格曼黑度 /级
限值 a	1.2（40）	1.2（40）	1 500	1
限值 b	0.7（26）	0.7（26）	900	

注：1）海拔高度高于 1 500 m 的地区加载减速法可以按照每增加 1 000 m 增加 0.25 m^{-1} 幅度调整，总调整不得超过 0.75 m^{-1}；
2）2020 年 7 月 1 日前限值 b 过渡限值为 $1\,200 \times 10^{-6}$。

对于道路运输车辆等级评定，JT/T 198—2016 标准规定，对注册登记和在用柴油车排气污染物检测为不分级项。

3）结果判定

（1）如果污染物检测结果中有任何一项不满足限值要求，则判定排放检验不合格。

（2）车辆排放有明显可见烟度值超过林格曼 1 级，则判定排放检验不合格。

（3）加载减速法功率扫描过程中，经修正的轮边功率测量结果不得低于制造厂规定的发动机额定功率的 40%，否则判定为检验结果不合格。

（4）对于 2018 年 1 月 1 日以后生产的车辆，如果 OBD 检验不合格，也判定排放检验不合格。

（5）检验完毕后，应签发机械车环保检验报告，报告的具体格式和内容见表 2-22。

（6）禁止使用降低排放控制装置功效的失效策略，所有针对污染控制装置的篡改都判定排放检验不合格。

表 2-22 在用柴油车排气污染物检验报告

检验报告编号：_____   检验日期[1]：_____   计量认证号[2]：_____

F.3.1 基本信息					
检验机构名称：					
号牌号码	如无填写 VIN	车辆型号		基准质量/kg	
车辆识别代号（VIN）		最大设计总质量/kg		发动机型号	
发动机号码		发动机排量/L		额定转速/(r·min^{-1})	
发动机额定功率/kW		DPF	有/无	DPF 型号	有/无
SCR	有/无	SCR 型号		气缸数	
电动机型号[3]		储能装置型号[3]		电池容量[3]	
车辆生产企业		车辆出厂日期		累计行驶里程/km	
车主姓名（单位）		联系电话（手机）		车牌颜色[4]	
燃料类型		燃油型式		驱动方式	
品牌/型号		变速器型式		使用性质	
初次登记日期		检测方法		OBD	有/无
环境参数					
环境温度/℃		大气压/kPa		相对湿度/%	
检测设备信息					
分析仪生产企业		分析仪名称		分析仪检定日期	
底盘测功机生产企业					
OBD 诊断仪生产企业					

F.3.2 外观检验			
检 查 项 目	是	否	备注
车辆机械状况是否良好			
排气污染控制装置是否齐全、正常			否决项目
发动机燃油系统是否采用电控泵			
车上仪表工作是否正常			
车辆是否存在烧机油或者严重冒黑烟现象			否决项目
有无可能影响安全或引起测试偏差的机械故障			
车辆进、排气系统是否有任何泄漏			
车辆的发动机、变速箱和冷却系统等有无明显的液体渗漏			
是否带 OBD 系统			

续表

F.3.2 外观检验

检查项目	是	否	备注
轮胎气压是否正常			
轮胎是否干燥、清洁			
是否关闭车上空调、暖风等附属设备			
是否已经中断车辆上可能影响测试正常进行的功能,如 ARS、ESP、EPC 牵引力控制或制动控制系统等			
车辆油箱和油品是否异常			
是否适合工况法检测			
外观检验结果	□合格 □不合格	检验员:	

F.3.3 OBD 检查

	检查项目			
OBD 故障指示器	通信	□通信成功 □通信不成功 通信不成功的（填写以下原因）: □接口损坏 □找不到接口 □连接后不能通信		
	OBD 系统故障指示器报警及故障码	□有 □无		
	故障代码及故障信息（若故障指示器报警）	故障信息按附件 EB 上报		
就绪状态	就绪状态未完成项目	□无 □有 如有就绪未完成的，填写以下项目: □SCR □POC □DOC □DPF □废气再循环（EGR）		
其他信息	MIL 灯点亮后的行驶里程/km:			
CALID/CVN 信息	发动机控制单元	CALID		CVN
	后处理控制单元（如适用）	CALID		CVN
	其他控制单元（如适用）	CALID		CVN
OBD 检查结果	□合格 □不合格		检验员:	

F.3.4 排气污染物检测

检测方法	□自由加速法 □加载减速法 □林格曼黑度法

续表

检验结果内容[5]							
排气污染物测试	自由加速						
	额定转速 /(r·min^{-1})	实测转速 /(r·min^{-1})	最后三次烟度测量值 /m^{-1}			平均值 /m^{-1}	限值 /m^{-1}
			1	2	3		
	加载减速						
	转速				最大轮边功率		
	额定转速	实测（修正） VelMaxHP		实测/kW		限值/kW	
	烟度			氮氧化物 NO$_x$			
	项目	100% 点	80% 点	项目		80% 点	
	实测值			实测值			
	限值			限值			
	林格曼黑度法						
	明显可见烟度		有/无	林格曼黑度（级）			
检测结果	□合格　　□不合格			检验员:			
授权签字人							
批准人				单位盖章			

注：1）8 位数，年份（4 位）+月份（2 位）+日期（2 位）；
2）按照计量认证证书填写；
3）仅适用混合动力车辆；
4）0—蓝牌，1—黄牌，2—白牌，3—黑牌；
5）污染物检测结果为负数或者零时，应记录为"未检出"。

4）检测结果分析

装配压燃式发动机的在用汽车的排气烟度检测结果超标，主要原因是柴油机供油系统调整不当。此外，柴油机气缸活塞组和曲柄连杆机构的技术状况及柴油的质量等对排放烟度也有影响。柴油机供油系统调整不当和相关系统技术状况的变化，主要表现在柴油机出现冒黑烟、蓝烟及白烟故障，其黑烟对排放烟度检测结果的影响最大。柴油机工作时黑烟浓重，其故障多由喷油量过大、雾化不良、各缸喷油量不均匀、喷油时刻过早、调速器失调和空气滤清器堵塞等因素引起。

此外，柴油机冒黑烟还与柴油质量有关，为使着火性能良好，一般柴油机选用十六烷值为 40~45 的柴油为宜。若十六烷值超过 65，则柴油蒸发性变差，致使燃烧不彻底，工作时也可发生冒黑烟现象。

6. 汽车悬架特性检测

1）检测参数

GB/T 18565—2016 规定，最大设计车速≥100 km/h、轴载质量≤1 500 kg 的载客车辆，应检测其悬架特性。汽车悬架特性可通过谐振式悬架装置检测台或平板式检测台测得。由于使用的检测设备不同，故用以评价悬架系统性能的指标是不同的。

（1）吸收率。吸收率是用谐振式悬架装置检测台检测时的评价指标。吸收率是指在悬架装置检测台上，受检车辆的车轮在受外界激励振动过程中，产生共振时的车轮最小垂直载荷与静止状态下车轮垂直载荷的百分比，即

$$P = \frac{F_{动}}{F_{静}} \times 100\%$$

式中：$F_{动}$——最小动态接地力，N；
　　　$F_{静}$——静态接地力，N；
　　　P——吸收率，%。

（2）悬架效率。悬架效率是用平板式检测台检测时的评价指标。在利用平板式检测台的测试时，汽车以一定的初速度制动至停车，由于惯性力会引起车身前后振动，利用平板上安装的力传感器检测出整个过程中各车轮对平板的压力，即可绘出如图 2-64 所示的曲线，则悬架效率的定义为

$$\eta = 1 - \left| \frac{G_B - G_0}{G_A - G_0} \right|$$

式中：η——悬架效率
　　　G_0——车轮静态负荷值，kg；
　　　G_A——车轮负荷变化曲线上 A 点的绝对坐标值，kg；
　　　G_B——车轮负荷变化曲线上 B 点的绝对坐标值，kg。

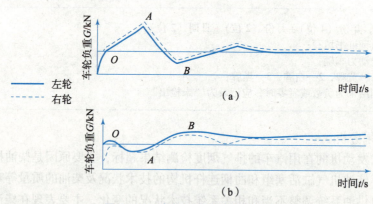

图 2-64　车轮处负重的变化曲线
（a）前轮；（b）后轮

从上面公式中可以分析出，G_B 值（车身向上跳动时，车轮与地面间的接触压力最小值）越大，则该轮悬架装置的吸振性能越好。

为了防止因同轴左右悬架效率的差异过大而引起操纵稳定性和制动稳定性恶化，需要将同轴左、右轮悬架效率差控制在一定的范围之内。

2）检测标准

GB/T 18565—2016 规定，用悬架装置检测台检测时受检车辆的车轮在受外界激励振动下测得的吸收率（被测汽车共振时的最小动态车轮垂直载荷与静态车轮垂直载荷的百分比值）应不小于 40%，同轴左、右轮吸收率之差不得大于 15%。用平板式检测台检测时，受检车辆制动时测得的悬架效率应不小于 45%，同轴左、右轮悬架效率之差不得大于 20%。

3）检测结果分析

在悬架系统中，起主要作用的部件是减震器。对在悬架装置检测中不合格的车辆，可能存在以下故障原因：

（1）减震器内部的轴磨损、内部阀片损坏、各密封处漏油，导致减振功能失效。
（2）减震器外部的紧固螺栓磨损、松动和脱落。
（3）悬架弹簧弹性降低、疲劳或折断，造成早期损坏。
（4）悬架系统各连接部件磨损、松动。

7. 前照灯技术状况检测

1）检测参数

前照灯技术状况的检测参数为光束照射位置和发光强度。

发光强度表示光源在一定方向、一定范围内发出的可见光辐射强弱的物理量，单位为坎德拉，简称"坎"，用符号 cd 表示。按国际标准单位 SI 规定，若一光源在给定方向上发出频率 540×10^{12} Hz 的单色辐射，且在此方向上的辐射强度为每球面度 1/683 W，则此光源在该方向上的发光强度为 1 cd。

如果把前照灯在垂直屏幕上形成的光斑的最亮点（或明暗截止线转角）看作是光束的中心，则它对水平、垂直坐标轴交点（理论中心点）的偏离，即表示它的照射方位的偏移，其偏移的尺寸就是光束照射位置的偏移量，也称为光轴的偏斜量，如图 2 - 65 所示。

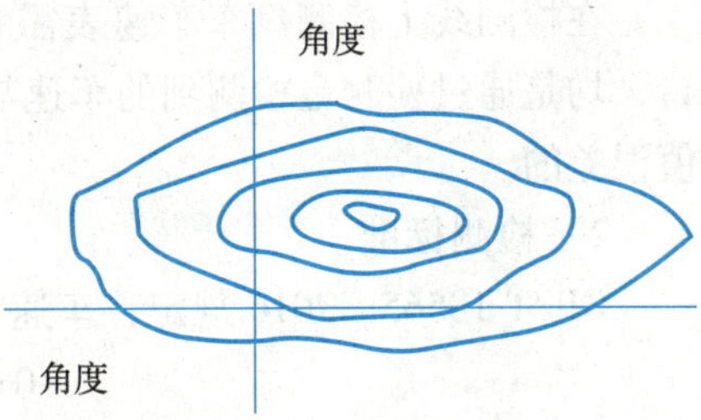

图 2 - 65 光轴偏斜量

2）检测标准

前照灯远光光束发光强度的最小限值见表 2 - 23，前照灯光束照射位置的要求见表 2 - 24。JT/T 198—2016 规定，对于道路运输车辆的等级评定，前照灯检测项目为不分级项，即各检测值均应达到合格标准。

表 2 - 23　前照灯远光光束发光强度最小限值

道路运输车辆	二灯制/cd	四灯制[a]/cd
最大设计车速≥70 km/h 的车辆	≥15 000	≥12 000

a. 四灯制是指前照灯具有四个远光光束。采用四灯制的车辆其中两只对称灯达到两灯制的要求时，视为合格。

表 2-24 前照灯光束照射位置

车辆类型	近光光束			远光光束[a]	
	明暗截止线转角或中点高度	水平方向位置/mm		光束中心离地高度	水平方向位置/mm
M1 类乘用车	$0.7H \sim 0.9H$	左偏 ≤170	右偏 ≤350	$0.85H \sim 0.95H$[b]	左灯左偏≤170 左灯右偏≤350 右灯左偏≤350 右灯右偏≤350
其他车辆	$0.6H \sim 0.8H$			$0.8H \sim 0.95H$	

注：H——前照灯基准中心高度，单位毫米（mm）。
a. 能单独调整远光光束且不影响近光光束照射角度的前照灯。
b. 不得低于前照灯近光光束明暗截止线转角或中点的高度。

3) 检测结果分析

前照灯检测不合格有两种情况，一是前照灯发光强度偏低；二是前照灯照射位置偏斜。

（1）对于发光强度偏低的前照灯，主要原因有前照灯反光镜发黑或镀层剥落，灯泡老化，熔丝松动，导线接头松动，前照灯开关或继电器触点接触不良等。

（2）前照灯光束照射位置偏斜，主要原因是前照灯安装位置不当或因强烈振动而错位，应进行调整。

8. 汽车车速表检测

1) 检测参数

在检测线上检测汽车车速表需利用车速表检测台或底盘测功台。不管是利用哪种检测台，均是通过检测台检测到的车速与车辆仪表盘上的车速表指示数进行比较来评价车速表示值误差的。

2) 检测标准

GB/T 18565—2016 规定，车速表指示车速与实际车速间应符合下列关系式：

$$0 \leqslant V_1 - V_2 \leqslant (V_2/10) + 4$$

式中：V_1——车速表指示值，km/h；

V_2——实际车速值，km/h。

即当车速表示值（V_1）为 40 km/h 时，实际车速（V_2）应在 32.8~40 km/h 范围内为合格。

JT/T 198—2016 规定，对于道路运输车辆，车速表示值误差为不分级项目，所有车辆均执行 GB/T 18565—2016 的合格标准。

3) 检测结果分析

车速表有磁感应式和电子式等类型，往往与里程表组合在一起。磁感应式车速表是利用蜗轮蜗杆和软轴的传动作为传感器，利用磁电互感作用并通过指针的摆动来指示汽车行驶速度的。机件在使用过程中发生自然磨损、磁性元件的磁性发生变化和轮胎滚动半径发生变化等，都会造成车速表指示误差增大。不管是磁感应式车速表还是电子式车速表，在本身技术状况正常的情况下，轮胎滚动半径的变化是造成车速表误差的主要原因。轮胎滚动半径的变化主要是由轮胎磨损、气压不足或气压过高等造成的。

9. 侧滑量检测

1）检测参数

本检测项目的检测参数为侧滑量，所谓侧滑量，是指汽车直线行驶时，单位行驶里程车轮的横向滑动量。

2）检测标准

按国家标准 GB/T 18565—2016 的规定，用侧滑检测台检测前轮侧滑量，其值应在 ±5 m/km 范围内。标准规定，如果滑板向外滑动，则测量值记为"−"；如果滑板向内滑动，则测量值记为"+"。

3）检测结果分析

如果前轮侧滑量检测值不符合要求，说明前束值与车轮外倾角配合失准，可能是前束值不正确，也可能是车轮外倾角发生变化。

10. 汽车喇叭检测

1）检测参数

在汽车检测线上，对汽车喇叭的检测参数为噪声级。

2）检测标准

GB/T 18565—2016 规定，喇叭声级应在 90~115 dB（A）的范围内。

3）检测结果分析

汽车喇叭声级检测不合格，即超出标准规定的范围，通常是喇叭有故障或调整不当。喇叭声级低，主要是线路接触不良；喇叭声级高，主要原因是调整不合适。

技能考核

（1）教师为每组学员准备一台二手车，钢卷尺（5 m），皮尺（20 m），铅锤，磁铁，轮胎花纹深度尺，千分表及照相机，与待评估车辆相关的综合性能检测报告单等。

（2）学员结合本任务的知识与技能学习，利用给定的工具、设备等，对指定的二手车进行技术状况鉴定和拍照，并完成技能学习工单7及其配套的附件"车辆技术状况表"（见本书配套的教学资源包）。

（3）教师观察学员操作过程，并做适当的指导和记录。

（4）教师结合学员完成的工单及对其操作过程的记录，给出成绩。

学习效果检验

一、思考题

1. 汽车技术状况变差的外观症状有哪些？
2. 解释整车装备质量、最大装载质量、最大总质量、最大轴荷质量等术语的含义。
3. 正确描述车辆长、宽、高的准确定义。
4. 解释动力性、燃料经济性、制动性、操纵稳定性、操纵轻便性、行驶平顺性、通过性、机动性、环保性等术语的含义。

5. 作流程图，说明汽车综合性能检测的检测流程。

6. 在进行二手车拍照时，对车辆有哪些要求？

7. 说明在进行车辆外观检查时，前保险杠的检查内容。

8. 说明在进行车辆外观检查时，左前车门的检查内容。

9. 说明对发动机的检查内容。

10. 对二手车进行综合性能检测时，如果汽车动力检测结果不合格，说明车辆可能存在的问题。

11. 对二手车进行综合性能检测时，如果制动力平衡检测结果不合格，说明车辆可能存在的问题。

12. 对二手车进行综合性能检测时，如果汽车悬架性能检测结果不合格，说明车辆可能存在的问题。

二、单项选择题

1. 汽车技术状况的变化取决于（　　）的综合性能。
   A. 机构　　　　　B. 总成　　　　　C. 结构件　　　　D. 组成零件

2. 汽车外观症状的主要原因是（　　）。
   A. 设计或制造缺陷　B. 使用不当　　　C. 维修不良　　　D. 长期运行正常磨损

3. 垂直于车辆纵向对称平面，并分别抵靠在汽车前、后最外端凸出部位的两垂面之间的距离称为（　　）。
   A. 车长　　　　　B. 车宽　　　　　C. 车高　　　　　D. 轴距

4. 平行于车辆纵向对称平面，并分别抵靠车辆两侧固定凸出部位的两平面之间的距离称为（　　）。
   A. 车长　　　　　B. 车宽　　　　　C. 车高　　　　　D. 轴距

5. 通过车辆同一侧相邻两车轮的中点，并垂直于车辆纵向对称平面的两垂线之间的距离称为（　　）
   A. 车长　　　　　B. 车宽　　　　　C. 车高　　　　　D. 轴距

6. 我国公路车辆极限尺寸规定的轿车总长不大于（　　）m。
   A. 6　　　　　　　B. 8　　　　　　　C. 10　　　　　　D. 12

7. 我国公路车辆的极限尺寸规定车辆总宽不大于（　　）m。
   A. 2　　　　　　　B. 2.5　　　　　　C. 3　　　　　　　D. 3.5

8. 我国公路车辆的极限尺寸规定车辆总高不大于（　　）m。
   A. 2.5　　　　　　B. 3　　　　　　　C. 3.5　　　　　　D. 4

9. 下列选项中，（　　）属于汽车的被动安全装置。
   A. ABS　　　　　B. ASR　　　　　C. ESP　　　　　D. SRS

10. 下列对二手车拍照的一般要求的描述，（　　）不正确。
    A. 车身要擦洗干净　　　　　　B. 风窗玻璃及仪表盘上无杂物
    C. 机动车号牌无遮挡　　　　　D. 前轮处于向右偏驶状态

11. 造成轮胎胎冠呈波浪状或碟边状磨损的原因是（　　）。
    A. 前束不正确　　　　　　　　B. 轮胎不平衡
    C. 主销内倾角不正确　　　　　D. 转身节臂弯曲变形

12. 车辆的外观检查不包括（　　）。
   A. 鉴别套牌车　　　　　　　　　　B. 鉴别事故车
   C. 检查发动机舱、车舱和行李舱　　D. 检查车辆底部
13. 汽车技术状况变化的主要原因有磨损、腐蚀损坏、变形、老化和（　　）。
   A. 穴蚀　　　　B. 疲劳损坏　　　　C. 电化学腐蚀　　　　D. 超负荷
14. 下列关于二手车技术状况的一般检查叙述，（　　）不正确。
   A. 散热器的检查重点是是否加注防冻液　　B. 蓄电池的检查重点是生产日期
   C. 空气滤清器的检查重点是滤芯脏污情况　　D. 机油的检查重点是查看机油状况
15. 如果发动机机油口盖底面有一层具有黏稠度的深色乳状物，还有与油污混合的小水滴，这很可能是（　　）。
   A. 机油口盖不密封　　　　　　　　B. 缸垫、缸盖或缸体有损坏
   C. 气缸窜气过多　　　　　　　　　D. 发动机罩不密封
16. 发动机机油口盖的底面有一层黏稠的浅棕色乳状物，这可能是（　　）导致的。
   A. 发动机需要大修　　　　　　　　B. 发动机经常过热的结果
   C. 发动机缺乏日常维护　　　　　　D. 正常的
17. 将机油滴在白纸上，若黑点里有较多的硬沥青质及炭粒等，则表明（　　）。
   A. 机油变质　　　　　　　　　　　B. 使用了劣质机油
   C. 机油滤清器作用不良　　　　　　D. 发动机烧机油
18. 如果风窗玻璃密封胶条上沾有油漆，则说明车辆（　　）。
   A. 可能属于油漆厂　　　　　　　　B. 可能制造质量较差
   C. 风窗玻璃可能破碎过　　　　　　D. 车辆可能出过碰撞事故
19. 下列选项中，（　　）不能明确反映车辆的使用程度。
   A. 机油的量　　　　　　　　　　　B. 地毡或地板胶残旧程度
   C. 座椅的新旧程度　　　　　　　　D. 内外的完好与清新程度
20. 转向系统的检查不包括（　　）。
   A. 检查转向盘自由行程　　　　　　B. 检查转向盘与转向柱的连接是否松旷
   C. 检查转向柱是否弯曲　　　　　　D. 检查转向轮是否异常磨损
21. 如果离合器踏板已更换了新的踏板胶皮，说明该车行驶里程已达（　　）万km以上。
   A. 3　　　　　　B. 4　　　　　　　C. 5　　　　　　　D. 6
22. 按规定量加好机油，经过使用后，机油油面增高，这说明（　　）。
   A. 汽油混入曲轴箱　　　　　　　　B. 水混入曲轴箱
   C. 油底壳沙砾金属屑沉淀太多　　　D. 曲轴箱通风不够，压力太大
23. 制动踏板的自由行程一般不大于（　　）mm。
   A. 20　　　　　B. 30　　　　　　C. 40　　　　　　D. 50
24. 离合器踏板的自由行程一般不大于（　　）mm。
   A. 10　　　　　B. 15　　　　　　C. 20　　　　　　D. 25
25. 离合器踏板力应与不大于（　　）N。
   A. 200　　　　B. 300　　　　　　C. 400　　　　　D. 500

26. 要求拉起驻车制动杆不超过（　　）响，即可达到足够的制动效能。
A. 2　　　　　　B. 3　　　　　　C. 4　　　　　　D. 5

27. 车辆在（　　）次内能够顺利启动，说明起动性良好。
A. 1　　　　　　B. 2　　　　　　C. 3　　　　　　D. 4

28. 汽油机怠速一般为（　　）r/min 左右。
A. 600　　　　　B. 700　　　　　C. 800　　　　　D. 1000

29. 车用柴油机怠速一般不会超过（　　）r/min。
A. 520　　　　　B. 600　　　　　C. 650　　　　　D. 800

30. 汽车路试一般在（　　）km 左右。
A. 10　　　　　　B. 20　　　　　　C. 30　　　　　　D. 50

31. 下列选项中，（　　）不是车辆路试检查项目。
A. 轮胎的技术状况　　　　　　　B. 传动系统技术状况
C. 转向系统技术状况　　　　　　D. 制动系统技术状况

32. 下列选项中，（　　）不能用路试检查。
A. 传动系统技术状况　　　　　　B. 转向系统技术状况
C. 侧滑量　　　　　　　　　　　D. 车辆制动性能

33. 发动机曲轴不能转动而导致发动机无法起动，其主要原因不可能是（　　）。
A. 蓄电池电量不足　　　　　　　B. 起动机工作不良
C. 发动机运转阻力过大　　　　　D. 燃油供给不良

34. 下列对离合器分离是否彻底检查的描述，不正确的是（　　）。
A. 在发动机怠速状态，踩下离合器踏板几乎触底时，才能切断离合器
B. 踩下离合器踏板，感到挂挡困难或变速器齿轮出现刺耳的撞击声
C. 挂挡后不抬离合器踏板，车子开始行进
D. 起步困难、加速无力

35. 打开点火开关，如果发动机故障灯在点亮（　　）s 后自动熄灭，表明发动机电子控制系统正常。
A. 3　　　　　　B. 4　　　　　　C. 5　　　　　　D. 6

36. 踩下制动踏板有海绵感，可能的原因是（　　）。
A. 制动片磨损超限　B. 制动管路进空气　C. 制动液液位过高　D. 制动盘磨损超限

37. 车辆以 90 km/h 以上的速度行驶，汽车出现摆头现象，可能原因是（　　）。
A. 车轮不平衡　　B. 轮胎气压过低　　C. 轮胎气压过高　　D. 减震器故障

38. 发动机机油量不足，补充后，需在（　　）min 后再次检查油位。
A. 2　　　　　　B. 3　　　　　　C. 5　　　　　　D. 10

39. 对汽车做动态检测时，不属于路试检测的项目是（　　）。
A. 检查轮胎磨损程度　　　　　　B. 滑行性能检测
C. 加速性能检测　　　　　　　　D. 制动性能检测

40. 踩住制动踏板，起动发动机，感觉踏板没有下移现象，说明（　　）。
A. 内部泄漏　　　　　　　　　　B. 外部泄漏
C. 有空气　　　　　　　　　　　D. 真空助力装置功能失效

41. 采用"点刹"方式检查行车制动性能时,最佳制动初速度为( ) km/h。
   A. 10   B. 20   C. 30   D. 50
42. 试车时,发现踩下制动踏板的位置很低,连续踩几脚后,踏板才逐渐升高,但仍感觉比较软,这很可能是( )。
   A. 制动管路内有空气   B. 踏板自由行程过大
   C. 缺少制动液   D. 制动主缸损坏
43. 路试后检查各部件温度,冷却液温度不应超过( )℃。
   A. 80   B. 85   C. 90   D. 95
44. 路试后检查各部件温度,发动机润滑油温度不应超过( )℃。
   A. 80   B. 85   C. 90   D. 95
45. 路试后检查各部件温度,齿轮油温度不应超过( )℃。
   A. 80   B. 85   C. 90   D. 95
46. 前轴采用非独立悬架的汽车,其转向轮横向侧滑量的限值为±( ) m/km。
   A. 5   B. 3   C. 2   D. 1
47. 当( )匹配不当时,车轮在直线行驶过程中就会产生侧向滑移现象。
   A. 车轮前束值与车轮外倾角   B. 车轮外倾角与主销倾角
   C. 主销后倾角与主销内倾角   D. 车轮前束与主销外倾角
48. 制动跑偏的主要原因是左右车轮的( )有差别、轮胎气压不一致及前轮定位和悬架异常。
   A. 轴向力   B. 离心力   C. 制动力   D. 反作用力

三、多项选择题

1. 汽车技术状况的变化的主要原因有( )。
   A. 零件之间相互摩擦而产生的磨损   B. 零件与有害物质接触而产生的腐蚀
   C. 零件在交变载荷作用下产生疲劳   D. 由于偶然事件造成零件损伤
2. 渗漏容易造成( )等故障。
   A. 过热   B. 烧损   C. 制动机件失灵   D. 磨损加剧
3. 机件过热的原因可能是( )的故障表现。
   A. 运转不正常   B. 润滑不良   C. 散热不好   D. 疲劳损坏
4. 车辆外观异常会导致( )等故障。
   A. 方向不稳   B. 行驶跑偏   C. 质心转移   D. 车轮吃胎
5. 下列选项中,( )属于汽车的质量参数。
   A. 整车装备质量   B. 最大装载质量   C. 最大总质量   D. 最大轴荷质量
6. 货车改装后,加长了货箱,则( )可能发生变化。
   A. 轴距   B. 后悬   C. 车长   D. 离去角
7. 下列选项中,( )可评价汽车动力性。
   A. 最高车速   B. 百千米加速时间   C. 最大爬坡度   D. 最大载重量
8. 下列选项中,( )是汽车制动效能的评价指标。
   A. 制动时间   B. 制动减速度   C. 制动跑偏量   D. 制动距离
9. 下列选项中,( )可改善汽车的操纵轻便性。

A. ABS B. EPS C. 中控门锁 D. AT

10. 以下关于二手车拍照技术要求的描述，正确的是（   ）。

A. 拍摄距离要求全车影像尽量充满整个像面

B. 采用正面拍摄

C. 对于发动机舱、驾驶室内部可采用俯拍

D. 尽量采用正面光拍照

11. 下列选项中，（   ）属于车轮的检查内容。

A. 轮胎的磨损情况 B. 轮胎的老化情况 C. 轮圈的损伤情况 D. 轮胎的生产日期

12. 下列选项中，（   ）说明发动机罩可能经过修理。

A. 内板凸筋的形状不顺畅 B. 内板凸筋有折痕

C. 内护板很新 D. 内板表面沾有与面漆颜色一样的油漆

13. 如果发现机油的颜色变灰、变白或有乳化现象，说明（   ）。

A. 机油中混入水 B. 燃油系统有连通泄漏情况

C. 烧机油 D. 机油长时间没更换

14. 下列选项中，（   ）是离合器分离不彻底的表现。

A. 踩下离合器踏板几乎触底时，才能切断离合器

B. 起步困难

C. 挂挡后不抬离合器踏板，车辆开始行进

D. 加速无力

15. 踩下制动踏板并保持住，感觉踏板有下移现象，说明制动系统存在（   ）。

A. 内部泄漏 B. 外部泄漏

C. 有空气 D. 真空助力装置功能失效

16. 下列对在悬架装置检测中不合格车辆的原因描述中，正确的是（   ）。

A. 减震器内部有故障

B. 减震器外部的紧固螺栓磨损、松动、脱落

C. 悬架弹簧弹性降低、疲劳或折断

D. 车架变形

四、判断题

（   ）1. 汽车技术状况是指定量测得的、表征某一时刻汽车的外观和质量参数值的总和。

（   ）2. 整车装备质量不包括随车工具箱。

（   ）3. 最大允许总质量一般比最大设计总质量小。

（   ）4. 轿车车身宽度应从外后视镜的最外点测量。

（   ）5. 对于三轴以上的车辆，其轴距为从最前轴至最轴之间的距离。

（   ）6. 耗油量是指汽车空载行驶单位里程所消耗的燃油量。

（   ）7. 爬坡能力是指汽车空载时，在坚硬路面上，以一挡等速行驶期间所能爬行的最大坡度。

（   ）8. 最高车速是指在无风条件下，在水平、良好的沥青或水泥路面上，汽车空载时所能达到的最大行驶速度。

(　　) 9. 单位油耗行程数值越大，汽车的燃料经济性就越好。
(　　) 10. 汽车的重心高度越低，稳定性越好。
(　　) 11. 通过性是指汽车在满载时，能以较高的平均速度通过各种不平路段和无路地带，克服各种障碍的运行能力。
(　　) 12. 二手车技术状况的整车性能检测应委托综检站进行。
(　　) 13. 正常火花塞电极呈灰色。
(　　) 14. 发动机机油检查的重点是机油的质量。
(　　) 15. 蓄电池检查的重点是看使用年限。
(　　) 16. 目视检查灯光时，重点是看所有的灯光是否齐全、完好和有效。
(　　) 17. 挂挡后不抬离合器踏板，车子开始行进，表明离合器打滑。
(　　) 18. 如果要对二手车进行整车性能检测，则应该借助安全环保检测线进行。
(　　) 19. 汽油机汽车排气颜色为黑色，说明混合气过浓或是点火时刻过迟，造成燃烧不完全。
(　　) 20. 汽油机汽车排气颜色为白色，说明混合气过浓或是点火时刻过迟，造成燃烧不完全。
(　　) 21. 汽车的爬坡能力是指汽车满载时，在良好路面上以最高前进挡所能爬上的最大坡度。
(　　) 22. 换挡后如果出现变速杆发抖现象，则表明汽车变速器使用时间已经很久。
(　　) 23. 变速器换挡困难，可能与离合器有关。
(　　) 24. 检查刮水器时，如果刮水器关闭，则刷片应能立即停止摆动。
(　　) 25. 机动车以某一初速度行驶做滑行试验时，滑行距离越长，说明该车传动系统的传动功率越高。
(　　) 26. 路试后，正常的机油温度为 95 ℃，正常的水温为 80~90 ℃。
(　　) 27. 检查漏油的情况，应在汽车连续行驶距离不少于 10 km、停车 5 min 后观察。
(　　) 28. 在检测线上，汽车动力性检测项目是发动机功率。
(　　) 29. 在检测线上，汽车燃料经济性检测项目是汽车等速行驶百千米耗油量。
(　　) 30. 检测前轮侧滑量的目的是确知前轮前束与前轮外倾的配合是否恰当。
(　　) 31. 汽车综合性能检测线检测悬架装置性能时，主要是检测减震器性能的好坏。
(　　) 32. 前照灯的发光强度和光束的照射方向被列为机动车运行安全检测的必检项目，前照灯发光强度和照射方向必须符合国家标准的有关规定。

项目 3

估算价格

估算价格工作就是对被评估车辆所收集的数据资料、技术鉴定资料等进行整理，根据评估目的选择适用的计价标准和价格评估方法，本着客观、公正的原则对车辆进行评定估算，确定评估结果。

估算价格环节主要包括计算二手车价格、编制二手车鉴定评估报告书和资料底稿存档等具体工作。

任务 3-1　估算二手车价格

 任务导入

二手车评估师根据评估目的，选择了相应的计价标准和评估方法，并依据现场车辆查勘结果确定了二手车成新率之后，即可根据不同评估方法的数学模型估算被评估二手车的价格。由于重置成本法为评估二手车常用的方法之一，所以通常在估算二手车价格之前还需要进行市场询价，以获得被评估二手车的重置成本。

本任务主要学习估算二手车价格的具体方法。

学习目标

（1）能够正确解释二手车成新率的定义。
（2）能够正确描述各种成新率计算方法的适用条件。

（3）能够根据具体评估的条件，选择合适的方法计算二手车的成新率。
（4）能够用重置成本法估算二手车价格。
（5）能够用收益现值法估算二手车价格。
（6）能够用现行市价法估算二手车价格。
（7）能够用清算价格法估算二手车价格。
（8）能够熟悉目前二手车价格评估常用的其他方法。
（9）培养服务意识和精益求精的职业素养。

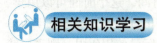

一、成新率的计算方法

在进行二手车价格估算时，需要用到一个重要的参数，即二手车的成新率，所以确定成新率是估算二手车价格时第一要解决的问题。

成新率是反映二手车新旧程度的指标，是表示二手车的功能或使用价值占全新机动车的功能或使用价值的比率，也可以理解为二手车的现时状态占全新状态的比率。它与有形损耗一起反映了同一车辆的两个方面。车辆的有形损耗也称为车辆的实体性贬值，它是由于使用磨损和自然损耗形成的。成新率和有形损耗率的关系为

$$成新率 = 1 - 有形损耗率$$

成新率是重置成本法的一项重要指标，如何科学、准确地确定成新率是二手车评估中的重点和难点之一。

二手车成新率的计算方法有使用年限法、行驶里程法、部件鉴定法、整车观测法、综合分析法和综合成新率法等。

1. 使用年限法

1）计算方法

使用年限法是以被评估二手车的尚可使用年限与规定使用年限的比值来确定二手车成新率的一种方法。其计算公式为

$$C_Y = \frac{Y - Y_1}{Y} \times 100\%$$

式中：C_Y——年限成新率，%；

Y——二手车实际已使用年限，通常用月数来表示；

Y_1——车辆规定的使用年限，通常用月数来表示。

使用年限法计算二手车的成新率是基于这样的假设：二手车在规定的使用寿命期间，实体性损耗与时间呈线性递增关系，二手车价值的降低与其损耗大小成正比。因此，可利用被评估二手车的实际已使用年限与该车型规定使用年限的比值来判断其实体贬值率（程度），进而计算被评估二手车成新率。

2）相关参数确定

（1）已使用年限的确定。

使用年限是代表汽车运行量和工作量的一种计量，这种计量是以汽车正常使用为前提

的，包括正常的使用时间和使用强度。对于汽车来说，它的规定寿命指标既有规定使用年限，同时也有行驶里程数。从理论上讲，综合考虑已使用年限和行驶里程数要符合实际一些，所以汽车的已使用年限应采用折算年限，即

$$折算年限 = 总的累计行驶里程/年平均行驶里程$$

这种已使用年限表示方法既反映了汽车的使用情况（包括管理水平、使用水平和维护水平、使用强度），又包括了运行条件和某些停驶时间较长的汽车的自然损耗。但在实际操作中，很难找到总累计行驶里程和年平均行驶里程这一组数据，所以已使用年限一般取该车从新车在公安交通管理部门注册登记日起至评估基准日所经历的时间，这个时间可以用年、月或日为单位计算。在实际计算中，评估基准日并不恰好与注册登记日同日，如果以年为单位计算实际已使用年限，则结果误差太大；如果以日为单位计算实际已使用年限，则需要精确计算实际已使用天数，结果精确，但工作量较大，比较麻烦；一般以月为单位计算实际已使用年限，即将已使用年限和规定使用年限换算成月数，这样计算简单、结果误差也较小，比较切合实际。

（2）规定使用年限的确定。车辆规定使用年限是指《机动车强制报废标准规定》中对被评估车辆车型规定的使用年限。各种类型汽车规定使用年限应按《机动车强制报废标准规定》的规定执行，对于标准中无报废年限规定的车辆，在进行成新率计算时，通常取15年。

3）应用条件

用使用年限法计算成新率的前提条件是车辆在正常使用条件下，按正常使用强度（年平均行驶里程）使用。目前我国各类汽车年平均行驶里程参考值见表3-1。

表3-1 我国各类汽车年平均行驶里程参考值

汽车类别	年平均行驶里程/万 km
微型、轻型货车	3~5
中型、重型货车	6~10
私家车	1~3
公务、商务用车	3~6
出租车	10~15
租赁车	5~8
旅游车	6~10
中、低档长途客运车	8~12
高档长途客运车	15~25

利用使用年限法计算得到的成新率实际上反映的是车辆的时间损耗及时间折旧，与车辆的日常使用强度和车况无关。

如果车辆的日常使用强度较大，则在运用已使用年限指标时，应适当乘以一定的系数。例如，对于某些以双班制运行的车辆，其实际使用时间为正常使用时间的2倍，因此该车的已使用年限应是车辆从开始使用到评估基准日所经历时间的2倍。

4）应用实例

（1）车辆基本信息。

车型：郑州宇通 ZK6107HZY 中型客车，非营运。

购车时间：2018 年 5 月。

行驶历程数：9 万 km。

初次登记日期：2018 年 5 月。

评估基准日：2021 年 5 月。

（2）车辆技术状况评价。前保险杠右前角有一处较为明显的划痕，减振效果较差，其他均正常。

（3）成新率计算。

①根据对该车的车辆技术状况评价及实际行驶里程数可以判定，该车的使用情况与其使用年限相符，故可采用使用年限法计算其成新率。

②按我国现行的机动车强制报废标准规定，该车报废年限为 20 年（240 个月）。

③该车初次登记日为 2018 年 5 月，评估基准日为 2021 年 5 月，已使用 36 个月。

④根据公式

$$C_Y = \frac{Y - Y_1}{Y} \times 100\%$$

可得该车的成新率为

$$C_Y = (1 - 36/240) \times 100\% = 85\%$$

2. 行驶里程法

在《机动车强制报废标准规定》中，部分车型除了规定使用年限外，还规定了行驶里程，因此，也可以用行驶里程法进行成新率计算。

1）计算方法

行驶里程法是以被评估二手车的尚可行驶里程与规定行驶里程的比值来确定二手车成新率的一种方法。其计算公式为

$$C_S = \frac{L - L_1}{L} \times 100\%$$

式中：C_S——里程成新率，%；

L_1——实际累计行驶里程，km；

L——规定行驶里程，km。

2）相关参数确定

（1）累计行驶里程的确定。二手车累计行驶里程是指被评估二手车从开始使用到评估基准点时所行驶的总里程，即表征里程。

（2）规定行驶里程的确定。规定行驶里程是指《机动车强制报废标准规定》中规定的该车型的行驶里程。

行驶里程较使用年限更真实地反映了二手车使用强度及使用过程中实际的物理损耗，它反映了二手车使用强度对其成新率的影响。总的行驶里程越大，车辆的实际有形损耗也越大。

3）应用条件

行驶里程法计算成新率的前提条件是车辆里程表的记录必须是原始的、不能被人为更改的。由于里程表容易被人为变更，因此，在实际应用中，较少直接采用此方法进行评估。

4）应用实例

（1）车辆基本情况。

评估车型：迷你库伯1.6标准版（私家用车）。

登记日期：2017年9月。

行驶里程：11万km。

评估基准日：2021年5月。

（2）技术状况评价。前车灯经过更换，制动感觉比较硬，其他均正常。

（3）成新率计算。

①该车4年行驶11万km，符合家庭用车的年平均行驶里程统计值，故可认为该车表征里程数没有被改动过，故可以用行驶里程法计算其成新率。

②根据《机动车强制报废标准规定》，该车型报废里程为45万km，已行驶里程为11万km。

③根据公式

$$C_S = \frac{L - L_1}{L} \times 100\%$$

可得该车的里程成新率为

$$C_S = (1 - 11/60) \times 100\% \approx 82\%$$

3. 部件鉴定法

1）计算方法

部件鉴定法也称技术鉴定法，是在确定二手车各组成部分技术状况的基础上，按其各组成部分对整车的重要性和价值量的大小加权评分，最后确定成新率的一种方法。采用部件鉴定法计算二手车成新率的计算公式为

$$C_B = \sum_{i=1}^{n} (C_i \times \beta_i)$$

式中：C_B——部件鉴定成新率，%；

C_i——二手车第i个部件的成新率，%；

β_i——二手车第i个部件的价值权重系数，%。

2）计算步骤

（1）先确定二手车各主要总成、部件，再根据各部分的制造成本占整车制造成本的比重确定其权重系数$\beta_i(i=1,2,\cdots,n)$，表3-2所示为汽车各部分的价值权重参考表。

（2）以全新车辆对应的各总成、部件功能为满分（100分），功能完全丧失为零分，再根据被评估二手车各相应总成、部件的技术状况确定其成新率$C_i(i=1,2,\cdots,n)$。

（3）将各总成、部件的成新率与权重系数相乘，得到各总成、部件的权重成新率$(C_i \times \beta_i)(i=1,2,\cdots,n)$。

（4）最后将各总成、部件的权重成新率相加，即得出被评估车辆的成新率。

在不同种类、档次的车辆上，各组成部分对整车的重要性及其价值占整车的比重各不相

同，有些类型车辆之间相差还很大。因此，表3－2只能供评估人员参考，不可作为唯一标准。在实际评估时，应根据被评估车辆各部分价值量占整车价值的比重，调整各部分的权重系数。

表3－2　汽车各部分的价值权重系数参考表

序号	车辆各主要成总、部件名称	价值权重/%		
		轿车	客车	货车
1	发动机及离合器总成	26	27	25
2	变速器及万向传动装置总成	11	10	15
3	前桥、前悬架及转向系统总成	10	10	15
4	后桥及后悬架总成	8	11	15
5	制动系统	6	6	5
6	车架	2	6	6
7	车身	26	20	9
8	电气仪表	7	6	5
9	轮胎	4	4	5
	合计	100	100	100

3）特点及适用范围

从上述计算步骤可见，采用部件鉴定法计算加权成新率比较费时费力，但计算结果更接近客观实际，可信度高。它既考虑了二手车实体性损耗，同时也考虑了二手车维修或换件等追加投资使车辆价值发生的变化。这种方法一般用于价值较高的二手车评估。

4）应用实例

（1）车辆基本情况。

车型：宝来1.6－AT－2V基本型，个人用车。

初次登记日期：2017年6月6日。

评估基准日：2021年5月10日。

累计行驶里程：12.8万km。

该车配置：排量1.6 L多点电喷发动机、DOHC双顶置凸轮轴、四轮独立悬架、四轮盘式制动系统配合ABS、全电动门窗以及电子除霜、前排安全气囊、单碟DVD配合四声道六喇叭音响系统、可调节转向盘、助力转向、智能倒车雷达、真皮座椅、防盗点火系统、智能中控门锁。

车辆手续：证件、税费单据齐全有效。

（2）车辆技术状况评价。保险杠有碰撞修补的痕迹，左前侧雾灯下方有剐蹭痕迹且有漆膜脱落现象，高速行驶略有摆振，其他均正常。

（3）计算成新率。

①根据该车型的配置情况可确定该车为高档轿车，故应用部件鉴定法计算其成新率。

②根据对该车的检查结果，其成新率的估算明细见表3－3。

表3-3 二手车成新率估算明细

序号	车辆各主要总成、部件名称	价值权重/%	成新率/%	加权成新率/%
1	发动机及离合器总成	23	72	16.56
2	变速器及万向传动装置总成	12	72	8.64
3	前桥、前悬架及转向系统总成	9	72	6.48
4	后桥及后悬架总成	9	72	6.48
5	制动系统	7	72	5.04
6	车架	2	72	1.44
7	车身	24	70	16.80
8	电气仪表	6	72	4.32
9	轮胎	8	50	4.00
合计		100		69.76

由此可知，用部件鉴定法对该车计算的成新率约为70%。

4. 整车观测法

1）计算方法

整车观测法是指采用人工观察辅助简单的仪器检测，判定被评估二手车的技术等级以确定成新率的一种方法。整车观测法观察和检测的技术指标主要包括：二手车的现时技术状态、使用时间及行驶里程、主要故障经历及大修情况、整车外观和完整性等。整车观测法成新率参考表见3-4。

表3-4 整车观测法成新率参考表

车况等级	新坏情况	有形损耗率/%	技术状况描述	成新率/%
1	使用不久	0~10	刚使用不久，行驶30~50 km，在用状态良好，能按设计要求正常使用	100~90
2	较新车	11~35	使用1年以上，行驶1.5万km左右，一般没有大修，在用状态良好，故障率低，可随时出车使用	89~65
3	旧车	36~60	使用4~5年，发动机或整车做过一次大修，大修较好地恢复原设计性能，在用状态良好，外观中度受损，恢复情况良好	64~40
4	老旧车	61~85	使用5~8年，发动机或整车做过两次以上大修，动力性能、经济性能、工作可靠性等有所下降，外观漆膜脱落、金属件锈蚀明显；故障率上升，维修费用、使用费用明显上升，但车辆符合《机动车安全技术条件》的要求，在用状态较差	39~15
5	待报废处理车	86~100	基本达到使用年限，按《机动车安全技术条件》要求检查，车辆不能正常使用，动力性、经济性、可靠性下降，燃料费、维修费增长速度快，车辆收益与支出基本持平，排放污染和噪声污染达到极限	15以下

表 3-4 中的数据是判定二手车成新率的经验数据,只能供评估人员参考,不能作为唯一标准。由于采用该方法时,对二手车技术状况的评判是采用人工观察方法进行的,所以成新率的估算值是否客观、实际,取决于评估人员的专业水准和评估经验。

2)特点及适用范围

整车观测法简单易行,但其判断结果没有部件鉴定法准确,一般用于初步估算中、低档二手车的价格,或作为综合分析法的辅助手段,用来确定车辆的技术状况调整系数。

3)应用实例。

(1)车辆基本情况

车辆型号:普通桑塔纳轿车,私人用车。

初次登记日期:2006 年 6 月。

行驶里程:28 万 km。

评估基准日:2021 年 5 月。

(2)车辆技术状况评价。该车做过一次整车翻新,做过一次整车大修,包括发动机和变速器等,但动力性、转向操纵性、制动性等各项性能恢复较好。

(3)成新率确定。因该车为低档车型,根据车辆使用年限及行驶的里程数,可知该已属于中等旧车,故可使用整车观测法确定其成新率。

由于该车经过了一次整车大修,但各项性能恢复较好,故根据二手车技术状况分级参数表(表 3-4)将其成新率确定为 54%。

5. 综合分析法

1)计算方法

综合分析法是以使用年限法为基础,综合考虑二手车的实际技术状况、维护状况、制造质量、使用性质及使用条件等多种因素对二手车价值的影响,以调整系数形式确定成新率的一种方法。其计算公式为

$$C_F = C_Y \times K$$

式中:C_F——分析成新率,%;

C_Y——年限成新率,%;

K——综合调整系数。

2)综合调整系数的确定

影响二手车成新率的主要因素有二手车的技术状况、维护状况、制造质量、使用性质和使用条件 5 个方面,可采用表 3-5 推荐的综合调整系数,用加权平均的方法进行调整。

表 3-5 二手车成新率综合调整系数参考

序号	影响因素	因素分级	调整系数	权重/%
1	技术状况	好	1.0	30
		较好	0.9	
		一般	0.8	
		较差	0.7	
		差	0.6	

续表

序号	影响因素	因素分级	调整系数	权重/%
2	维护状况	好	1.0	25
		较好	0.9	
		一般	0.8	
3	制造质量	进口名牌	1.0	20
		国产名牌、走私罚没车	0.9	
		进口非名牌	0.8	
		国产非名牌	0.7	
4	车辆性质	私用	1.0	15
		公务、商务用	0.7	
		营运	0.5	
5	使用条件	好	1.0	10
		一般	0.8	
		差	0.6	

根据被评估二手车是否需要进行项目修理或换件维修，综合调整系数有两种确定方法。

（1）二手车无须进行项目修理或换件时，可直接采用表3-5所推荐的调整系数，应用下式进行计算：

$$K = K_1 \times 30\% + K_2 \times 25\% + K_3 \times 20\% + K_4 \times 15\% + K_5 \times 10\%$$

式中：K——综合调整系数；

K_1——技术状况调整系数；

K_2——维护状况调整系数；

K_3——制造质量调整系数；

K_4——用途调整系数；

K_5——使用条件调整系数。

（2）二手车需要进行项目修理或换件，或需要进行大修时，可采用"一揽子"评估方法，综合考虑确定表3-5所列因素的影响。所谓"一揽子"评估方法就是综合考虑修理后对二手车成新率估算值的影响，直接确定一个合理的综合调整系数而进行成新率计算的一种方法。

表3-5中的因素分级和调整系数只是一个参考，实际确定综合调整系数时，应根据具体情况做适当的调整，但各因素的调整系数取值不要超过1，综合调整系数计算结果也不会超过100%。

3）调整系数的选取

（1）技术状况调整系数K_1。二手车技术状况调整系数是在对车辆技术状况鉴定的基础上对车辆进行的分级，然后取调整系数来修正车辆的成新率。技术状况调整系数取值范围为0.6~1.0，技术状况好的取上限，反之取下限。

（2）维护状况调整系数K_2。维护状况调整系数反映了使用者对车辆使用、维护的水平。不同的使用者，对车辆使用、维护的实际执行情况差别较大，因而直接影响到车辆的使用寿命和成新率。维护状况调整系数取值范围为 0.7~1.0，维护状况好的取上限，反之取下限。

（3）制造质量调整系数 K_3。确定该系数时，应了解被评估的二手车是国产车还是进口车以及进口国别，应了解是名牌产品还是一般产品。一般来说，国家正规手续进口的车辆质量优于国产车辆，名牌产品优于一般产品，但又有较多例外，故在确定此系数时应慎重。制造质量系数取值范围为 0.8~1.0。

（4）使用性质调整系数 K_4。二手车使用性质（或用途）不同，其繁忙程度不同，使用强度也不同。一般车辆使用性质可分为私人、工作和生活用车，机关企事业单位的公务和商务用车，从事旅客、货运、城市出租的营运用车。以普通小轿车为例，一般来说，私人、工作和生活用车每年最多行驶约 3 万 km；公务、商务用车每年不超过 6 万 km；而营运出租车每年行驶有些可高达 15 万 km。可见二手车使用性质不同，其使用强度差异很大。二手车使用性质调整系数取值范围为 0.7~1.0，使用强度小的取上限，反之取下限。

（5）使用条件调整系数 K_5。我国地域辽阔，各地自然条件差别很大，车辆的使用条件对其成新率影响很大。使用条件可分为道路使用条件和特殊使用条件。

①道路使用条件。道路使用条件可分为好路、中等路和差路 3 类。好路指国家道路等级中的高速公路和一、二、三级道路，好路率在 50% 以上；中等路指符合国家道路等级的四级道路，好路率在 30%~50%；差路指国家等级以外的路，好路率在 30% 以下。

②特殊环境使用条件。特殊环境使用条件主要指特殊自然条件，包括寒冷、沿海、风沙和山区等地区。

车辆使用条件调整系数取值范围为 0.8~1.0，应根据二手车实际使用条件适当取值。如果二手车长期在道路条件较好路和中等路行驶，则分别取 1 和 0.9；如果二手车长期在差路或特殊环境使用条件下工作，则其系数取 0.8。

从上述影响因素中可以看出，各影响因素关联性较大。一般来说，其中某一影响因素加强时，其他项影响因素也随之加强；反之则减弱。影响因素作用加强时，综合调整系数不要随影响作用加强而随之无限加大，综合调整系数取值最高为 100%。

4）特点及适用范围

综合分析法较为详细地考虑了影响二手车价值的各种因素，并用一个综合调整系数指标来调整二手车成新率，计算准确度较高，因而适用于具有中等价值的二手车评估。这是目前二手车鉴定评估中最常用的计算成新率的方法之一。

5）应用实例

（1）车辆基本情况。

车辆型号：中华骏捷 1.8 舒适型。

车辆配置：1.8L 136 kW L4 三菱发动机、四门电动车窗、前排双气囊、可调转向盘、助力转向、倒车雷达、ABS、铝合金轮圈、冷暖一体式空调、CD 机、手/自一体式变速器、电动后视镜、中控门锁及遥控防盗系统。

初次登记日期：2017 年 6 月。

行驶里程：12 万 km。

评估基准日：2021 年 5 月。

（2）车辆技术状况评价。前后保险杠明显有重新喷漆的痕迹，伤处仅仅伤及保险杠体，并未波及前后缓冲钢架，制动稍微偏软一些，其他均正常。

(3) 成新率计算。由于该二手车为中、高档轿车,车况保持较好,初步估计其评估价格较高,故可采用综合分析法计算其成新率。

① 初次登记日为 2017 年 6 月,评估基准日为 2021 年 5 月,则已使用 48 个月,按 GB/T 30323—2013 规定,在二手车成新率计算时,乘用车使用年限按 15 年计算,即 180 个月。

② 综合调整系数 K 的确定。

该车技术状况较好,车辆技术状况调整系数 $K_1 = 0.9$,权重系数为 30%。

维护状况较好,维护状况调整系数 $K_2 = 0.9$,权重系数为 25%。

此车是国产名牌车,制造质量调整系数 $K_3 = 0.9$,权重系数为 20%。

该车为私人用车,使用用途调整系数 $K_4 = 1.0$,权重系数为 15%。

该车主要在市内行驶,使用条件一般,使用条件调整系数 $K_5 = 0.9$,权重系数为 10%。

根据公式

$$K = K_1 \times 30\% + K_2 \times 25\% + K_3 \times 20\% + K_4 \times 15\% + K_5 \times 10\%$$

得综合调整系数为

$$K = 0.9 \times 30\% + 0.9 \times 25\% + 0.9 \times 20\% + 1.0 \times 15\% + 0.9 \times 10\% = 0.905$$

③ 计算成新率 C_F。根据公式计算得

$$C_F = (1 - Y_1/Y) \times K \times 100\% = (1 - 48/180) \times 0.905 \times 100\% = 63.37\%$$

即该车的成新率为 66.37%。

6. 综合成新率法

1) 计算方法

用使用年限法、行驶里程法和部件鉴定法计算二手车成新率只从单一或某些方面考虑了二手车的新旧程度,是不完全也是不完整的。为了全面地反映二手车的新旧状态,可以采用综合成新率来确定二手车的新旧程度。所谓综合成新率就是采用定性和定量分析的方法,综合多种单一因素对二手车成新率的估算结果,并分别赋予不同权重,计算加权平均成新率。这样,就可以尽量减小使用单一因素计算成新率给评估结果所带来的影响,因而是一种较为科学的方法。

综合成新率法的数学计算公式为

$$C_Z = C_1 \cdot a_1 + C_2 \cdot a_2$$

式中:C_Z——综合成新率,%;

C_1——理论成新率,%;

C_2——现场查勘成新率,%;

a_1,a_2——权重系数,$a_1 + a_2 = 1$。

2) 理论成新率 C_1 的确定

理论成新率包括使用年限成新率和里程成新率,是根据二手车实际使用的时间和行驶里程计算而得的,是一种对二手车成新率的定量计算,其结果一般不能人为改变。实际计算中,可对年限成新率和里程成新率加权平均得到二手车理论成新率,计算公式为

$$C_1 = C_Y \times 50\% + C_S \times 50\%$$

式中:C_Y——使用年限成新率;

C_S——行驶里程成新率。

3) 现场查勘成新率 C_2 的确定

二手车现场查勘成新率是由评估人员根据现场查勘情况而确定的一个综合评价值。具体确定步骤是：评估人员先对二手车做技术状况现场查勘（包括静态检查和动态检查），得出鉴定评价意见；然后对整车和重要部件分别做综合评分和累加评分，其结果就是二手车现场查勘成新率。可见二手车现场查勘成新率是一个定性与定量相结合的结果。

（1）二手车技术状况现场查勘。被评估二手车技术状况现场查勘主要内容有以下几点。

①车身外观。车身外观现场查勘的内容包括车身颜色、光泽、有无退色及锈蚀情况，车身是否被碰撞过，车灯是否齐全有效，前后保险杠是否完整等。

②车内装饰。车内装饰现场查勘的内容包括装潢程度、颜色、清洁程度，以及仪表及座椅是否完整等。

③发动机工作状况。车发动机工作状况现场查勘的内容包括发动机动力状况，是否有更换部件（或替代部件）和修复现象，是否有漏油现象等。

④底盘。底盘现场查勘的内容包括是否有变形、异响，变速器状况是否正常，前后桥状况是否正常，传动系统工作状况是否正常，是否有漏油现象，转向系统情况是否正常，制动系统工作状况是否正常等。

⑤电器系统。电器系统现场查勘的内容包括电源系统是否工作正常、发动机点火装置是否工作正常、空调系统是否工作正常、音响系统是否工作正常等。

以上查勘情况一般应由评估委托方或车辆所有单位经办人签名，以确认查勘情况是客观的、真实的，不存在与实际车况不相符合的情况。确定查勘情况后，评估人员必须对被评估车辆做出查勘鉴定结论。上述资料经过整理，就可以编制成如表 3-6 所示的"二手车技术状况调查表"。

表 3-6 二手车技术状况调查表

评估委托方：　　　　　　　　　　　　　　　评估基准日：　　　年　　月　　日

车辆基本情况	明细表序号		车辆牌号		厂牌型号	
	生产厂家		已行驶里程		规定行驶里程	
	购置日期		登记日期		规定使用年限	
	大修情况					
	改装情况					
	耗油量		是否达到环保要求		事故次数及情况	
现场查勘情况						
车辆实际技术状况	车身外观	颜色		光泽	褪色	腐蚀
		有否被碰撞		严重响度	修复	车灯是否齐全
		前、后保险杠是否完整		其他：		
	车内装饰	装潢程度		颜色	清洁	仪表是否齐全
		座椅是否完整		其他：		

续表

车辆实际技术状况	发动机总成	动力状况评分		是否更换部件		是否有修补现象		是否有替代部件	
		漏油现象	□严重 □一般 □轻微 □无						
	底盘各部分	有否变形		有否异响		变速器状况		后桥状况	
		前桥状况		传动状况		漏油现象		□严重 □轻微	□一般 □无
		转向系统情况				制动系统情况			
	电气系统	电源系统		点火系统		空调系统是否有效		音响系统	
其他：									
鉴定意见									

资产占有单位经办人签字：　　　　　　　评估人员签字：

（2）确定现场查勘成新率。在上述对二手车做技术状况现场查勘的基础上，对整车和重要部件做定量分析并以评分形式给予量化，可参考表3-7，总分就是二手车现场查勘成新率。

表3-7　二手车成新率评定表

序号	项目名称	达标程度	参考标准分	评分
1	整车（满分20分）	全新	20	
		良好	15	
		较差	5	
2	车架（满分15分）	全新	15	
		一般	7	
3	前后桥（满分15分）	全新	15	
		一般	7	
4	发动机（满分30分）	全新	30	
		轻度磨损	25	
		中度磨损	17	
		重度磨损	5	
5	变速箱（满分10分）	全新	10	
		轻度磨损	8	
		中度磨损	6	
		重度磨损	2	

续表

序号	项目名称	达标程度	参考标准分	评分
6	转向及制动系统 （满分 10 分）	全新	10	
		轻度磨损	8	
		中度磨损	5	
		重度磨损	2	
总分（现场查勘成新率/%）			100	

4）权重系数的确定

权重系数的确定要根据实际情况，如果理论成新率计算中包含了年限成新率和里程成新率，则两个权重系数通常各取 50%；如果理论成新率计算中缺少某项，则可将 a_1 适当调小（如 40%），而将 a_2 适当调大（如 60%）。

必须指出的是，被评估二手车理论成新率和现场查勘成新率的权重分配、年限成新率和里程成新率的权重分配，要根据被评估二手车类型、使用状况、维修状况综合考虑，科学、合理地确定权重分配，这与二手车鉴定评估人员的实践工作经验和专业判断能力有很大的关系，需要在实践中注意学习和总结。

5）特点及适用范围

综合成新率法详细地考虑了影响二手车价值的各种因素，并且各因素的权重系数还要根据实际情况进行调整，计算准确度较高，因而适用于价值较高的二手车评估。这是目前二手车鉴定评估中最常用的成新率计算方法之一。

在选用综合成新率法计算二手车成新率时，还应注意一点：凡是经过大修的车辆，无疑增加了车辆的使用寿命，对成新率的计算值应当增加。但通常计算时，对于低价格（通常小于 7 万元）的车辆是不考虑的。

6）应用率实例

（1）车辆概况。

车型：长安福特福克斯。

乘员数（包括驾驶员）：5 人。

登记日期：2017 年 4 月。

（2）性能参数及配置。

发动机型号：Duratec-HE DOHC 16 V。

排量：1 999 mL。

气缸数：4 个。

达到排放标准：欧Ⅲ。

燃油供给方式：多点电喷。

三元催化：标准配置。

悬架：前悬架为麦弗逊式，后悬架为多连杆式。

动力助力转向：标准配置。

助力转向方式：电子液压助力。

制动器：前后盘式。

经济油耗：8.8 L。

（3）成新率计算。

①计算理论成新率 C_1。查看该车里程表为 23 200 km，与正常使用年限不符，估计有调里程表的可能，故理论成新率 C_1 直接由年限法成新率计算而得。

该车登记日期为 2017 年 4 月，评估基准日为 2021 年 5 月，已使用 4 年，根据二手车评估计算约定，非货运小型越野汽车的规定使用年限为 15 年，所以

$$C_1 = C_Y = (1 - 已使用年限/规定使用年限) \times 100\% = (1 - 4/15) \times 100\% = 73\%$$

②计算现场查勘成新率 C_2。评估人员在现场对该车的勘察中，分别对车辆的发动机、底盘、车身、内饰及电气系统进行鉴定打分，评分结果见表 3-8。

表 3-8 现场查勘评分表

项目	鉴定标准	鉴定情况	评定分数
发动机、离合器总成（35 分）	（1）气缸压力符合标准；（2）机油无泄漏，冷却系统无漏液现象；（3）燃油消耗在正常范围内；（4）在高、中、低速时没有断火现象和其他异常现象	燃油消耗超标	26
前桥总成（8 分）	工字梁应无变形和裂纹，转向系统操作轻便灵活，转向节不应有裂纹	正常	6
后桥总成（10 分）	圆锥主动齿轮轴在 1 400～1 500 r/min 的转速下，各轴承温度不应高于 60℃，差速器及半轴的齿轮符合要求，无异常声响，各接合部位不允许漏油	无异常	8
变速器总成（8 分）	（1）变速器在运动中，齿轮在任何挡位均不应有脱挡、跳挡及异常声响；（2）变速杆不应有明显抖动，密封部位不漏油，变速操作杆操作灵便	无异常	6
车身总成（29 分）	车身无碰伤变形、脱漆、锈蚀等现象，门窗玻璃完好，各焊口应无裂纹及损伤，连接件齐全无松动，密封良好，座椅完整	有脱漆、锈蚀现象，车辆维护一般	20
轮胎（2 分）	依磨损量确定	中度磨损	1
其他（8 分）	（1）制动系统：气压制动的储气筒、制动管不漏气；（2）电气系统：电源点火、信号、照明应正常	无异常	5
合计			72

根据表 3-8，现场勘察成新率 $C_2 =$ 现场勘察打分值 $\times 100\% = 72\%$。

取权重系数 $a_1 = 40\%$、$a_2 = 60\%$，则综合成新率为

$$C_Z = C_1 \cdot a_1 + C_2 \cdot a_2 = 73\% \times 40\% + 72\% \times 60\% = 72.4\%$$

即该车的成新率为 72.4%。

二、用重置成本法计算二手车价格

由于重置成本法有两个数学计算模型,所以对应有两种计算方法。

1. 基于基本模型的评估价格计算

重置成本法评估价格的基本模型为

评估价格 = 重置成本全价 − 实体性贬值 − 功能性贬值 − 经济性贬值

上述数学模型也可用下式表示:

$$P = B - D_s - D_f - D_e$$

式中:P——二手车评估价格,元;

B——二手车重成本全价,元;

D_s——实体性贬值,元;

D_f——功能性贬值,元;

D_e——经济性贬值,元。

1)重置成本全价(B)的确定

重置成本包含直接成本和间接成本,直接成本为现行的新车购买最低价格,而间接成本是指在购车时,所支付的购置税、注册登记费等。直接成本与间接成本之和称为重置成本全价。

一般而言,车辆重置成本全价大多是依靠市场调查搜集而来的,并不需要进行十分复杂的计算。但是对于市场上尚未出现的那些新车型(特别是进口新车型)或淘汰车型,由于其价格信息有时不容易获得,这时则需要按照其重置成本全价的构成进行核算。

在资产评估中,重置成本全价的核算有多种方法,对二手车评估来说,计算重置成本全价一般采用重置核算法和物价指数法两种方法。

(1)重置核算法。重置核算法是利用成本核算原理,根据重新取得一辆与二手车车型和功能一样的新车所需的费用项目,逐项计算后累加得到二手车的重置成本全价。二手车的重置成本全价具体由二手车的现行购买价格、运杂费以及必要的税费构成。国产车和进口车由于新车来源方式不同,二手车重置成本全价构成也是不同的。

对于国内经销的各类国产车及进口车,均可按重置核算法计算其重置成本全价,计算公式为

$$B = B_1 + B_2$$

式中:B——二手车重置成本全价,元;

B_1——重置成本,即购置全新车辆的市场成交价(最低裸车价),元;

B_2——车辆购置价格以外国家和地方政府一次性收缴的各种税费总和,元。

各种税费主要指车辆购置税和注册登记费。重置成本全价构成不应包括车辆拥有阶段及使用阶段的税费,如车辆拥有阶段的年审费、车船税、消费税,车辆使用阶段的保险费、燃油税和路桥费等。

①重置成本确定。向汽车销售企业(或网上)咨询新车最低裸车价,在获取上述价格资料时,应注意以下事项:

a. 价格的时效性。价格资料和市场信息一般只反映一定时间的价格水平,尤其是机动车价格变化较快、较大,价格稳定期较短。评估时要特别注意价格的时效性,所用资料要看

能否反映评估基准日的价格水平，尽可能地避免使用一些过时的价格资料。

b. 价格的地域性。机动车销售价格受交易地点的影响也较大。不同的地区由于市场环境不同，消费水平也有差距，交易条件也不尽相同，机动车的售价也不完全一样。评估时，应该使用评估对象所在地的价格资料。若无法获取当地价格资料，则可参考邻近地区的价格，但要进行价格修正。有时，一些县城机动车价格，比大城市同样车型的价格还要高一些，这是正常的，不要主观认为县市的机动车价格就一定比大城市的价格低。使用价格资料要实事求是。

c. 价格的可靠性。评估师有责任对使用的价格资料的可靠性做出判断。一般网上及其他公共媒体获得的价格资料只能属于参考价格，使用这些资料，评估人员应以审慎的态度进行必要的核实。而从汽车销售市场直接获得的现时价格，可靠性相对较高。

②车辆购置税确定。我国实行从价定率的办法计算应纳税额，即

$$应纳税额 = 计税价格 \times 税率 = 购车款 \div (1 + 增值税率) \times 购置税税率$$

纳税人购买自用的应税车辆的计税价格，为纳税人购买应税车辆而支付给销售者的全部价款和价外费用，不包括增值税税款；目前我国的增值税税率为17%，购置税税率为10%。所以，二手车重置成本全价可表示为

$$重置成本全价 = 最低新车价 + 购置税 + 注册登记费$$

注册登记费可向当地车管所或车管所指定的安检站咨询。

需要说明一点，如果购车价低于国家公布的该车型计税价格，则按公布的计税价格计算购置税；如果购车价高于国家公布的该车型计税价格，则按购车价格计算购置税。

对于已经进口但还没有正式销售的汽车（准销售车辆），可根据车辆各种税费的构成情况进行计算。根据海关税则和收费标准，进口轿车的重置成本（即现行价格）的税费构成为

$$进口二手车重置成本全价 = 报关价 + 关税 + 消费税 + 增值税 + 其他必要费用$$

a. 报关价的确定。报关价即到岸价，又称 CIF 价格，它与离岸价 FOB 的关系为

$$CIF 价格 = FOB 价格 + 途中保险费 + 从装运港到目的港的运费$$

FOB 价格是指在国外装运港船上交货时的价格，因此也称为离岸价。

由于这部分费用是以外汇支付的，所以在计算时，需要将报关价格换算成人民币，采用评估基准日的外汇汇率进行计算。

从装运港到目的港的运费和保险费可通过咨询获得。

b. 关税的确定。关税的计算方法为

$$关税 = 报关价 \times 关税税率$$

根据我国加入 WTO 的承诺，自 2006 年 7 月 1 日起，轿车的关税税率为 25%（说明：要关注国家公布的相关政策，如 2018 年 5 月 22 日，国务院关税税则委员会印发公告，自 2018 年 7 月 1 日起，降低汽车整车及零部件进口关税。根据新的汽车进口关税政策，自 2018 年 7 月 1 日起，将税率分别为 25%、20% 的汽车整车关税降至 15%）。

c. 消费税的确定。消费税的计算方法为

$$消费税 = \frac{报关价 + 关税}{1 - 消费税率} \times 消费税率$$

我国加入 WTO 后，开始实施新的汽车消费税率。2016 年 11 月 30 日，财政部、国家税务总局发布"关于对超豪华小汽车加征消费税有关事项的通知"，开始对超豪华小汽车加征

消费税。目前执行的消费税分为小汽车、中轻型商用车和超豪华小汽车 3 类，具体税率见表 3－9。

表 3－9　汽车排量与汽车消费税率对照表

车型	排量/L	税率/% 生产（进口）环节	税率/% 零售环节
乘用车	≤1.0	1	—
乘用车	1～1.5	3	—
乘用车	1.5～2.0（含）	5	—
乘用车	2.0～2.5（含）	9	—
乘用车	2.5～3.0（含）	12	—
乘用车	3.0～4.0（含）	15	—
乘用车	>4.0	20	—
中轻型商用客车	—	5	—
超豪华小汽车	—	按子税目 1 和子税目 2 的规定征收	10%

d. 增值税的确定。增值税的计算方法为

$$增值税 =（报关价 + 关税 + 消费税）\times 增值税率$$

各种进口车增值税税率均为 17%（说明：2018 年 4 月 4 日，财政部、税务总局印发通知，自 2018 年 5 月 1 日起，纳税人发生增值税应税销售行为或进口货物，原适用 17% 和 11% 税率的，税率分别调整为 16% 和 10%）。

除了上述费用之外，进口车价还包括通关、商检、仓储运输、银行、选装件价格、经销商、进口许可证等非关税措施造成的费用，这些费用需通过咨询获得。

（2）物价指数法。物价指数法也叫价格指数法或指数调整法，是指根据已掌握历年来的价格指数，在二手车原始成本的基础上，通过现时物价指数确定其重置成本。特价指数法计算公式为

$$B = B_0 \times \frac{I}{I_0}$$

或

$$B = B_0 \times (1 + \lambda)$$

式中：B——重置成本，元；

B_0——原始成本，元；

I——评估基准日的物价指数；

I_0——当初购买时物价指数（通常定为 100）；

λ——价格变动指数。

物价指数分为定基物价指数和环比物价指数。所谓定基物价指数，是按时间顺序编制的物价指数数列中，每一个指数都以某一固定时期作为基期，从而反映物价的长期动态；所谓环比物价指数，是按时间顺序编制的物价指数数列中，每一个指数都以其相邻的前一时期为

基期，从而反映物价的短期变化程度。

在以上公式中，物价指数的选择应是定基物价指数。物价指数的基期应和汽车的购置期一致，物价指数的计算期应和汽车评估价格的基准日一致。

当被评估车辆已停产或是进口车辆而无法找到现时市场价格时，这是一种很有用的方法，但在应用时必须注意，一定要先检查被评估车辆的账面购买原价。如果购买原价不准确，则不能用物价指数法。

车辆价格变动指数是表示车辆历年价格变动趋势和速度的指标，要选用国家统计部门、物价管理部门或行业协会定期发布和提供的数据，不能选用无依据、不明来源的数据。

(3) 二手车重置成本全价的确定。在实际工作中，一般根据鉴定评估的经济行为确定重置成本的全价，具体有以下两种处理方法。

①对于以所有权转让（交易）为目的的二手车经济行为，按评估基准日在被评估车辆所在地收集的新车现行市场成交价格作为被评估车辆的重置成本全价，其他费用略去不计。

②对企业产权变动的经济行为（如企业合资、合作和联营，企业分设、合并和兼并，企业清算，企业租赁等），其重置成本全价除了考虑被评估车辆的现行市场购置价格以外，还应将国家和地方政府规定对车辆加收的其他一次性税费（如车辆购置税、注册登记费等）一并计入重置成本全价中。

2) 实体性贬值（D_s）的计算

二手车实体性贬值可采取3种方法计算，即观察法、使用年限法和修复费用法。

(1) 观察法。观察法也称为成新率法，即通过对二手车的现场查勘，确定有形损耗率（贬值率），其计算公式为

$$D_s = B \times a_p$$

式中：a_p——有形损耗率。

观察法就是评估人员通过现场观察车辆的整车技术状况，并通过了解、查阅车辆的历史资料，了解车辆的使用情况、维修保养情况等，并向驾驶员询问车辆的使用条件、使用性质、使用强度、故障率等，然后对所获得的有关信息进行分析，依据经验判断车辆的损耗程度及其贬值率。

观察法对二手车技术状况的描述非常简单扼要，为了帮助评估人员更好地掌握二手车实体性贬值的评估，下面给出一个参考国家有关评估协会的车辆实体状态与贬值率之间的对应关系，且结合二手车的实际情况而编制的贬值率参数表（见表3-10），供评估人员学习和理解，或在实际评估工作中参考使用。

通过对二手车的简单观察来判断其所处的技术状况及贬值率往往不够准确，其准确性在很大程度上取决于评估人员的专业水平和实际评估经验。

表3-10 实体性贬值率参考表

等级	车辆状况	贬值率/%
全新	全新车，待出售，尚未使用，状态极佳	0
		5
很好	车辆很新，几乎没有使用过，无须经过任何修理或换件	10
		15

续表

等级	车辆状况	贬值率/%
良好	半新车辆,但被维修过或更换过一些易损件,状态良好,故障率很低,可随时出车使用	20
		25
		30
		35
一般	车辆已陈旧,需要进行某些修理或更换一些零部件,才能修复原设计性能,在用状况良好,外观中度受损,但恢复情况良好	40
		45
		50
		55
		60
尚可使用	处于可运行状态的旧车,需要大量修理或更换零部件。故障率上升,可靠性下降,外观漆膜脱落,锈蚀程度明显,技术状况较差	65
		70
尚可使用	处于可运行状态的旧车,需要大量修理或更换零部件。故障率上升,可靠性下降,外观漆膜脱落,锈蚀程度明显,技术状况较差	75
		80
状况不良	经过多次修理的老旧车辆,并大修,需更换运动机件或主要结构件,方可运行	85
		90
报废	除了基本材料的废品回收价值外,已达规定使用年限,车辆已丧失使用功能	97
		100

(2) 使用年限法。使用年限法也称为寿命比率法或寿命比较法,是从使用寿命的角度来估算实体性贬值率的。它是在假定机动车规定的使用寿命期内,其价值与使用寿命成正比关系的前提下,来对其贬值率进行计算的。通常,机动车的实体性贬值率用机动车的使用寿命消耗量与规定使用寿命之比来表示,其计算公式为

$$\alpha_p = \frac{Y_1}{Y} \times 100\%$$

式中:Y_1——已使用寿命,月数;

Y——规定使用寿命,月数。

例如:某一家用轿车其规定使用年限为 15 年,已使用 5 年,则计算其实体性贬值率计算为

$$\alpha_p = \frac{Y_1}{Y} \times 100\%$$
$$= \frac{5}{15} \times 100\%$$
$$\approx 33.3\%$$

(3) 修复费用法。修复费用法也称为功能补偿法,即以将二手车恢复原有技术状态和功能所需的费用作为其实体性贬值,即

$$二手车实体性贬值 = 修复费用$$

采用修复费用法确定二手车实体性贬值时，要求二手车技术上可修复，经济上合理。

3）功能性贬值（D_f）的计算

车辆的功能性损耗具体表现形式有两种：一种是由超额投资成本所致的功能性损耗，也称为一次性功能贬值；另一种是由超额营运成本所致的功能性损耗，称为营运性功能贬值。

（1）一次性功能贬值计算。如果在目前的市场上能够买到与被评估车辆相同的，且制造厂家继续生产的全新车辆，那么被评估车辆原购车价与全新车辆的市场价之间的差值，即可以看作该车辆的一次性功能贬值额。也就是说，可以认为全新车辆当前的市场价已经反映了车辆的一次性功能贬值。一次性功能贬值的计算公式为

$$一次性功能贬值 = 复原成本 - 更新成本$$

如果被评估车辆所属车型已停产或自然淘汰，找不到该车型新车的市场价，则需要根据参照车辆的价格利用类比法来计算。参照车辆是指与被评估车辆的类别、主要性能参数、结构特征相同，只是生产序号不同，并做局部改动的车辆。当然，这些替代型号的车辆其功能通常比原车型有所改进和增加，故其价值通常会比原车型价格所反映的价值要高。因此，当根据参照车辆利用类比法对原车型进行鉴定评估时，一定要了解参照车辆在结构上的改进和功能方面的提高情况，再根据其结构和功能的变化情况测算全新的原车在目前市场上的价格。

例如，某单位欲出售一载货汽车，由于该汽车属已淘汰产品，无法取得其更新重置成本。根据市场调查寻价得知，与该汽车类似的新款载货汽车的更新重置成本为5万元。新款汽车的外观比被评估汽车新颖、大方，各种性能也比被评估汽车有所改善。综合考虑各种因素的影响，取调整系数为0.9，即被评估二手车的更新重置成本应取为4.5万元。

（2）营运性功能贬值的计算。营运性功能贬值的计算公式为

$$营运性功能贬值 = 被评估车辆营运成本 - 参照车辆营运成本$$

估算营运性功能贬值时，可按照以下步骤进行。

①选择参照物，并将被评估二手车的年营运成本与参照物的年营运成本进行比较，计算两者之间的差额（即年超额营运成本额）。

②估测被评估二手车的剩余寿命。

③按相应的所得税率计算被评估二手车因超额营运成本而抵减的所得税额，从而得到被评估车辆的年超额营运成本净额。

④确定折现率。将被评估二手车在剩余使用年限中的每年超额营运成本净额（超额营运成本扣除所得税）折现累加，从而求得被评估二手车的营运性功能损耗。

例如：某一被评估二手车（甲车），其出厂时的燃料经济性指标为23 L/100km，平均每年维修费用为2.8万元。以目前新出厂的同型车辆（乙车）为参照物，该车出厂时燃料经济性指标为18 L/100km，平均每年维修费用为2.3万元。如果甲、乙两车在营运成本的其他支出项目方面大致相同，被评估二手车尚可使用5年，每年平均出车日为300天，每日营运160 km，所得税率为30%，适用的折现率为10%，试估算被评估二手车的营运性功能损耗（燃油价格取为5.2元/L）。

解：

被评估车辆每年油料的超额费用为

$$(23 - 18) \times 5.2 \times 160/100 \times 300 = 12\,480(元)$$

被评估车辆每年维修的超额费用为
$$28\,000 - 2\,300 = 5\,000(元)$$
被评估车辆的年超额营运成本为
$$12\,480 + 5\,000 = 17\,480(元)$$
被评估车辆的年超额营运成本的净额为
$$17\,480 \times (1 - 30\%) = 12\,236(元)$$
将被评估车辆在剩余使用年限内的年超额营运成本净额折现累加,估算其功能性损耗为
$$12\,236 \times (P/A, 10\%, 5) = 12\,236 \times 3.790\,8 \approx 46\,384(元)$$
式中:(P/A, 10%, 5)——10%折现率5年的折现系数,可查会计手册中的折现系数表取得。

4)经济性贬值(D_e)的计算

对于长期闲置车辆,其经济性贬值即是未来闲置期内的资金成本;对于营运车辆,其经济性贬值为营运成本增加额。

由于二手车外部环境因素较复杂,故各类影响因素产生的经济性贬值会有不同的计算方法。如北京市2000年对出租车报废年限做出调整,将排量在1 L以下(含1 L)的出租车规定使用年限由原来的8年调整为6年,则排量1 L以下的出租汽车必然会产生贬值。此项贬值是由于国家(地方)政策引起的,所以属于经济性贬值。此项贬值可以用下式计算:

经济性贬值 = 重置成本×(调整前的年限 - 调整后的年限)/调整前的年限

式中:(调整前的年限 - 调整后的年限)/调整前的年限——贬值率。

上例中车辆的贬值率为(8 - 6)/8 = 0.25。如某车的现时市场新车价格为10万元,则该项经济性贬值为2.5万元。

基本模型中,各种贬值也可用贬值率来表示,各种陈旧性贬值率 a 可表示为
$$a = \frac{D}{B}$$
式中:D——各种陈旧性贬值,即($D_s + D_f + D_e$),元。

所以,如果已知各种陈旧性贬值率,则重置成本法计算模型可表示为
$$P = B \times (1 - a)$$

重置成本法评估的基本模型综合考虑了二手车的现行市场价格和各种影响二手车价值量变化(贬值)的因素,最让人信服和易于接受。但造成这些贬值的影响因素较多且有一定的不确定性,所以准确地确定二手车的贬值是不容易的。

2. 基于成新率的评估价格计算

基于成新率的评估价格计算也就是采用第二种数学模型的计算,即

评估价格 = 重置成本全价×成新率

也可以表示为
$$P = B \times C$$
式中:P——评估价格,元;
B——重置成本,元;
C——成新率,%。

重置成本全价同样可采用重置核算法或价格指数法确定。成新率需要根据二手车的实际情况,选择前述的成新率计算方法之一确定。

这种计算模型以成新率综合考虑了各种贬值对二手车价值的影响,是一种定性和定量相结合的评估方法,比较符合人们评判二手物品的思维模式,是目前市场上应用最广的一种评估方法。

三、用收益现值法计算二手车价格

1. 计算模型

应用收益现值法计算二手车价格实际上就是对被评估二手车未来预期收益进行折现的过程。

被评估二手车的价格等于剩余寿命期内各收益期的收益现值之和,其基本计算公式为

$$P = \sum_{t=1}^{n} \frac{A_t}{(1+i)^t} = \frac{A_1}{(1+i)^1} + \frac{A_2}{(1+i)^2} + \cdots + \frac{A_n}{(1+i)^n}$$

式中:P——评估价格,元;

A_t——未来第 t 个收益期的预期收益额,元;

n——收益年期(即二手车剩余使用寿命的年限),年;

i——折现率,在经济分析中如果不作其他说明,一般指年利率或收益率,%;

t——收益期,一般以年计,表示整个收益期中的第几年。

由于二手车的收益期是有限的,所以上式中的 A_t 还包括收益期末车辆的残值,一般估算时忽略不计。

当 $A_1 = A_2 = \cdots = A_n = A$ 时,即当 $1 \sim n$ 年的未来各期收益额均为 A 时,则有

$$P = A \cdot \left[\frac{1}{(1+i)^1} + \frac{1}{(1+i)^2} + \cdots + \frac{1}{(1+i)^n} \right] = A \cdot \frac{(1+i)^n - 1}{i \cdot (1+i)^n}$$

式中:$\frac{1}{(1+i)^t}$——第 t 个收益年期的现值系数;

$\frac{(1+i)^n - 1}{i \cdot (1+i)^n}$——年金现值系数,也可用 $(P/A, i, n)$ 来表示。

上式反映了收益率为 i,二手车预期在 n 年的收益期内每年的收益为 A,几年累计收益额"等值于"现值 P,那么,现在可接受的最大投资额应为 P。

2. 相关参数的确定

1)收益年期 n

收益年期(即二手车剩余使用年限)指从评估基准日到二手车报废的年限,各类营运车辆的报废年限在国家《机动车强制报废标准规定》中都有具体规定。

2)预期收益额 A_t

运用收益现值法时,未来每年收益额的确定是关键。预期收益额是指被评估二手车在其剩余使用寿命期内的使用过程中,可能带来的年纯收益额。确定车辆预期收益额时应注意以下两点。

(1)预期收益额是通过预测分析获得的。对于买卖双方来说,判断车辆是否有价值,应判断该车辆是否能带来收益。对车辆收益能力的判断,不仅要看现在的情形,更重要的是

关注未来的经营风险。

（2）收益额的构成。以企业为例，目前有几种观点：第一，企业税后利润；第二，企业税后利润与提取折旧额之和扣除投资额；第三，利润总额。

在二手车评估业务中建议选择第一种观点，目的是准确反映预期收益额。其计算公式为

$$收益额 = 税前收入 - 应交所得税 = 税前收入 \times (1 - 所得税率)$$

①税前收入的确定。税前收入可用下式表示：

$$税前收入 = 年毛收入 - 年支出$$

式中：年毛收入需根据实际经营情况计算；年支出应通过市场调查和计算获得。

②所得税率的确定。所得税率各地方执行的政策有所不同，如某地区的出租车，免收所得税，即所得税率为零，但仍需要考虑其上交的管理费（又称份子钱）。

用收益现值法评估二手车，确定预期收益额的可行性分析中，有一项不可预见的开支费用，一般不可预见费用为其总支出的 5%~7%。

3）折现率 i

折现率是指将未来预期收益额折算成现值的比率。从本质上讲，折现率是一种期望投资报酬率，是投资者在投资风险一定的情况下，对投资所期望的回报率。折现率由无风险报酬率、风险报酬率和通货膨胀率 3 部分组成，即

$$折现率(i) = 无风险报酬率 + 风险报酬率 + 通货膨胀率$$

无风险报酬率一般是指同期国库券利率（或同期银行定期 5 年存款利率），它实际上是一种无风险收益率。风险报酬率是指超过无风险收益率以上部分的投资回报率。在资产评估中，因资产的行业分布、种类、市场条件等的不同，其折现率也不相同。因此，在选择折现率时，应该进行本企业、本行业历年收益率指标的对比分析，以尽可能准确地估测二手车的折现率。但是，最后确定的折现率应该起码不低于国家债券（或银行 5 年定期存款的利率）。通货膨胀率很难预测，但在物价变动比较稳定的时期，可以根据当前物价变动情况，来预测未来的变化。

3. 评估程序

（1）收集并验证与评估对象未来预期收益有关的数据资料，包括营运车辆的经营行情、经营前景及营运车辆的消费结构和经营风险等。

（2）充分了解被评估车辆的技术状况。

（3）确定剩余寿命、预期收益、折现率等相关参数。

（4）将预期收益折现处理，确定二手车评估价格。

（5）分析确定评估结果。

四、用现行市价法计算二手车价格

现行市价法包括直接市价法和类比调整市价法两种。

1. 直接市价法

直接市价法是指在市场上能找到与被评估二手车完全相同的车辆的现行市价，并依其价格直接作为被评估二手车评估价格的一种方法。直接市价法可在以下两种情况应用。

1）参照车辆与被评估二手车完全相同

所谓完全相同是指车辆型号、使用条件和技术状况相同，生产和交易时间相近。这样的

参照车辆常见于市场保有量大、交易比较频繁的畅销车型，如大众迈腾、日产轩逸等。

2）参照车辆与被评估二手车相近

这种情况是参照车辆与被评估车辆类别相同、主参数相同、结构性能相同，只是生产序号不同或只做局部改动，交易时间相近的车辆，也可近似等同作为评估过程中的参照车辆。这种情况在我国汽车市场上是非常常见的，很多汽车厂商为了追求车型的变化，给消费者一个新的感受，每年都在原车型的基础上做一些小的改动，如车身的小变化、内饰配置的变化等。

直接市价法评估公式为

$$P = P'$$

式中：P——评估价格，元；

P'——参照车辆的市场成交价格，元。

2. 类比调整市价法

1）计算模型

类比调整市价法是指评估二手车时，在公开市场上找不到与之完全相同的车辆，但能找到与之相类似的车辆，以此为参照车辆，并根据车辆技术状况和交易条件的差异对参照车辆的价格做出相应调整，进而确定被评估二手车价格的一种评估方法。其基本计算公式为

$$P = P' \cdot K$$

式中：P——评估价格，元；

P'——参照车辆的市场成交价格，元；

K——差异调整系数。

实际评估计算时常用的计算公式为

评估价格 = 参照物售价 + 功能差异值 + 时间差异值 + …… + 交易情况差异值

类比调整市价法不像直接市价法对参照车辆的条件要求那么严格，只要求参照车辆与被评估二手车大的方面相同即可。

由于类比法可能要对参照物与评估对象的若干可比因素进行对比分析和差异调整，因此该方法对信息资料的数量和质量要求较高，而且要求评估人员要有较丰富的评估经验、市场阅历和评估技巧。

2）评估步骤

GB/T 30323—2013对现行市价法的运用描述为：评估价值为相同车型、配置和相同技术状况鉴定检测分值的车辆近期的交易价格；如无参照，可从本区域本月内的交易记录中调取相同车型、相近分值，或从相邻区域的成交记录中调取相同车型、相近分值车辆的成交价格，并结合车辆技术状况鉴定分值加以修正。

因此，要规范地运用现行市价法评估二手车价格，应遵循以下工作步骤。

（1）收集被评估二手车资料。内容包括车辆的类别名称、车辆型号和技术性能参数、生产厂家和出厂年月、车辆用途、目前使用情况和实际技术状况、尚可使用的年限等，为市场数据资料的搜集及参照物的选择提供依据。

（2）选取参照车辆。根据了解到的被评估二手车资料，按照可比性原则，从二手车交易市场上寻找可类比的参照车辆，参照车辆的选择应在3辆以上。车辆的可比因素主要包括以下9点。

①车辆型号和生产厂家。

②车辆用途。

③车辆使用年限和行驶里程。

④车辆实际技术性能和技术状况。

⑤车辆所处地区。由于地区经济发展的不平衡，收入水平存在差别，在不同地区的二手车交易市场，同样车辆的价格会有较大的差别。

⑥市场状况。市场状况指的是二手车交易市场处于低迷还是复苏、繁荣，车源丰富还是匮乏，车型涵盖面如何、交易量如何，新车价格趋势如何等。

⑦评估的目的。

⑧成交数量。单辆与成批车辆交易的价格会有一定差别。

⑨成交时间。应采用近期成交的车辆作类比对象。由于国家经济、金融和交通政策以及市场供求关系会随时发生一些变化，市场行情也会随之变化，从而引起二手车价格波动。

（3）类比和调整。对被评估二手车和参照车辆之间的差异进行分析、比较，并进行适当的量化后调整。其调整计算公式可表示为

$$评估价格 = P_R \pm P_S \pm P_P + P_T + P_O + P_N - P_A$$

式中：P_R——参照车辆价格，元；

P_S——功能差异值，元；

P_P——性能差异值，元；

P_T——销售时间差异值，元；

P_O——新旧程度差异值，元；

P_N——销售数量差异值，元；

P_A——付款方式差异值，元。

①功能和性能的差异及量化。汽车型号、结构上的差别都会集中反映到汽车的功能和性能的差别上，例如，同类型的车辆，配置倒车影像系统的要比没有该系统的贵 3 000 元。功能和性能的差异可通过功能、性能对汽车价格的影响进行估算。

功能性差异量化可用下式表示：

$$P_S = 功能件价 \times 成新率$$

对营运汽车而言，主要表现为生产能力、生产效率和运营成本等方面的差异，可利用收益现值法对其进行量化调整。调整公式为

$$P_P = 运行成本差额的折现值$$

②销售时间的差异与量化。在选择参照车辆时，应尽可能选择评估基准日的成交案例，以省略销售时间差异的量化；若参照车辆的交易时间在评估基准日之前，则可采用价格指数法将销售时间差异量化并调整。其计算公式可表示为

$$P_T = P_R \times \lambda$$

式中：λ——针对二手车的价格变动指数（价格降低时，取值为负）。

③新旧程度的差异及量化。被评估二手车与参照车辆在新旧程度上存在一定的差异，要求评估人员能够对二者做出基本判断，取得被评估二手车和参照车辆成新率后，以参照车辆的价格乘以被评估二手车与参照车辆成新率之差，即可得到两者新旧程度的差异值，计算公式为

$$P_O = P_R \times (C_p - C_R)$$

式中：C_p——被评估车辆成新率，%；

C_R——参照车辆成新率，%。

④销售数量的差异及量化。销售数量的大小会对二手车成交单价产生影响。通常，卖主充分考虑货币的时间价值，会以较低的单价吸引购买者多买，尽管价格比零售价格低，但可提前收到货款。当被评估二手车是成批量交易时，以单辆汽车作为参照车辆是不合适的；而当被评估二手车只有一辆时，以成批汽车作为参照车辆也不合适。销售数量的不同会造成成交价格的差异，必须对此差异进行分析，适当调整被评估二手车的价值。基计算公式可表示为

$$P_N = P_R \times a$$

式中：a——差异调整系数，%。

⑤付款方式的差异及量化。在二手车交易中，绝大多数为现款交易，在一些经济较活跃的地区已出现二手车的银行按揭销售。银行按揭的二手车与一次性付款的二手车价格差异由两部分组成：一是银行的贷款利息，贷款利息按贷款年限确定；二是汽车按揭保险费，各保险公司的汽车按揭保险费率不完全相同，会有一些差异。其计算公式可表示为

$$P_A = 按揭利息 + 保险费$$

（4）计算评估价格。将各可比因素差异的调整值以适当的方式加以汇总，并据此对参照车辆的成交市价进行调整，从而确定被评估二手车的评估价格。

五、用清算价格法计算二手车价格

目前，对于清算价格的确定方法，从理论上还难以找到十分有效的依据，但在实践上仍有一些方法可以采用，主要有评估价折扣法、模拟拍卖法和竞价法3种。

1. 评估价格折扣法

首先，根据被评估二手车的具体情况及所获得的资料，选择重置成本法、收益现值法及现行市价法中的一种方法确定被评估二手车的价格；然后，根据市场调查和快速变现原则，确定一个合适的折扣率。用评估价格乘以折扣率，所得结果即为被评估二手车的清算价格。例如，一辆旧桑塔纳轿车，经调查在二手车交易市场上成交价为4万元，根据销售情况调查，折价20%可以当即出售，则该车辆清算价格为$4 \times (1 - 20\%) = 3.2$（万元）。

2. 模拟拍卖法

模拟拍卖法，也称意向询价法。这种方法是根据向被评估二手车的潜在购买者询价的办法取得市场信息，最后经评估人员分析确定其清算价格的一种方法。用这种方法确定的清算价格受供需关系影响很大，要充分考虑其影响的程度。

例如，有8 t自卸车1台，拟评估其拍卖清算价格。评估人员经过对两家运输公司、三个个体运输户征询意向价格，其报价分别为7万元、8.3万元、7.8万元、8万元和7.5万元，平均价为7.72万元。考虑目前各种因素，评估人员确定清算价格为7.5万元。

3. 竞价法

竞价法是由法院按照破产清算的法定程序或由卖方根据评估结果提出一个拍卖的底价，在公开拍卖会上由买方竞争出价，谁出的价格高就卖给谁。

六、二手车价格评估的其他方法

1. GB/T 30323—2013 推荐的重置成本法

GB/T 30323—2013 推荐的重置成本法计算公式为

$$车辆评估价格 = 更新重置成本 \times 综合成新率$$

（1）更新重置成本为相同型号、配置的新车在评估基准日的市场零售价格。
（2）综合成新率由技术鉴定成新率与年限成新率组成，即：

$$综合成新率 = 年限成新率 \times a + 技术鉴定成新率 \times b$$

式中：年限成新率 = 车辆预计剩余使用年限/车辆规定使用年限。

乘用车规定使用年限为15年，超过15年的按实际年限计算；有年限规定的车辆按《机动车强制报废标准规定》确定；技术鉴定成新率 = 车辆技术状况分值/100；a、b 分别为技术鉴定成新率与年限成新率权重系数，由评估人员根据市场行情等因素确定，且 $a+b=1$。

技术鉴定成新率 $\times b$，相当于实体性贬值与功能性贬值后，车辆剩余的价值率；年限成新率 $\times a$，相当于经济性贬值后，车辆剩余的价值率。

2. 成本比率法

成本比率法也称为保值率法，是根据某款车的市场保值情况来确定二手车价格的一种方法。

假设参照物的成本比率用 U 来表示，其交易价格为 P_0，重置成本为 B_0，则有

$$U = \frac{P_0}{B_0} \times 100\%$$

若已知参照物的成本比率 U，即可根据被评估对象的重置成本 B 来确定被评估车辆的评估价格 P，即

$$P = U \times B$$

任务实施

一、重置成本法应用实例

2021年3月15日，客户吴先生想将其个人所有的高尔夫2.0轿车出售，以下是二手车评估师对该车的检查鉴定情况。

1. 现场查勘记录

1）手续检验
该车各项手续齐全、有效、合法。登记证书显示的初次登记日期为2017年3月10日。
2）车辆使用背景
该车属于私家车，有车库保管，长年工作在市区内，工作条件较好，使用强度不大，日常维护较好。
3）典型配置
自动变速器、天窗、双气囊、ABS、EBD、电动门窗、中控门锁、电动后视镜、真皮加热座椅、前置6碟CD、倒车雷达、氙气灯、自动空调、中控门锁、超重低音炮、全车四条

全新韩泰轮胎等。

4）车况检查

（1）静态检查。查看车辆外观漆面全车80%原厂漆，没有发生过严重碰撞事故痕迹；发动机内保持很清洁，没有漏油的地方；仪表台和真皮座椅保持很好，没有明显划痕和老化现象。

（2）动态检查。两次起动发动机顺利起动，怠速正常；换挡车速正常，没有冲击感；无行车跑偏的现象；ABS工作正常；在坏路行驶，底盘没有明显异响；转向操纵灵活、轻便。

2. 估算价格

1）确定成新率

（1）由于该车型为中档轿车，为计算准确，采用综合分析法确定其成新率。评估价格计算公式为

$$评估价格价格（P）= B \times C_F = B \times (1 - Y_1/Y) \times K \times 100\%$$

（2）初次登记日为2017年3月，评估基准日为2021年3月，则已使用48个月，规定使用年限为15年，即180个月。

（3）确定各影响因素调整系数。根据技术鉴定情况，该车无须进行修理或换件，确定各影响因素调整系数如下。

该车技术状况较好，车辆技术状况调整系数取$K_1 = 0.9$，权重系数为30%。

维护状况较好，维护状况调整系数取$K_2 = 0.9$，权重系数为25%。

此车为国产名牌，制造质量调整系数取$K_3 = 0.9$，权重系数为20%。

该车为私人用车，车辆用途调整系数取$K_4 = 1.0$，权重系数为15%。

该车主要在市内行驶，使用条件好，使用条件调整系数取$K_5 = 1.0$，权重系数为10%。

（4）计算综合调整系数。根据综合调整系数计算公式得

$$K = 0.9 \times 30\% + 0.9 \times 25\% + 0.9 \times 20\% + 1.0 \times 15\% + 1.0 \times 10\% = 0.925$$

（5）计算成新率C_F。

$$C_F = (1 - Y_1/Y) \times K \times 100\% = (1 - 48/180) \times 0.925 \times 100\% \approx 67.8\%$$

2）确定重置成本

因本车主评估目的为交易，故重置成本为新车市场价。根据市场询价，该车型的新车市场价格为120 000元，即重置成本为120 000元。

3）计算评估价格P

根据评估价格计算公式得

$$P = B \times C_F = 120\ 000 \times 67.8\% = 81\ 360（元）$$

即该车的评估价格为81 360元。

二、收益现值法应用实例

1. 基本情况

2021年5月，某人打算在二手车市场购置一辆夏利TJ7100U型轿车用于个体出租车运营，即原车带经营权销售。该车的基本信息及经营预测如下。

该车于2018年6月购买，并于当月完成车辆登记手续，用于出租营运，已行驶36

万 km。目前车辆技术状况良好，能正常运行。

用于出租车运营，全年预计可出勤 320 天。根据市场经营经验，该车型每天平均毛收入约 600 元，每天耗油费用 80 元，年检、保险及各种应支出费用折合平均每天 75 元，年日常维修保养费用约 12 000 元，年平均大修费用约 8 000 元，年人员劳务费 45 000 元。根据目前银行储蓄年利率、行业收益等情况，确定资金预期收益率为 15%，风险报酬率为 5%。

2. 计算过程

1）确定评估方法

根据题目条件，是营运车辆带经营权购置，所以价格评估方法采用收益现值法。

2）相关参数确定

（1）收益年期 n 的确定。从车辆登记日（2018 年 6 月）至评估基准日（2021 年 5 月）止，该车已使用时间 3 年。根据《机动车强制报废标准规定》的规定，出租车规定运营年限为 8 年，即收益年限 $n = 5$ 年。

（2）预期收益额 A_t 的确定。

①根据车辆基本条件，计算预计年净收入，具体计算见表 3 – 11。

表 3 – 11　预计年收支计算

预计年毛收入/元		600 × 320 = 192 000
预计年支出/元	燃油消耗费用	80 × 320 = 25 600
	年检、保险及各种应支出费用	75 × 320 = 24 000
	日常维修费用	12 000
	平均大修费用	8 000
	人员劳务费	45 000
预计年净收入/元		77 400

②计算年税后利润。根据国家目前政策，出租车经营者不缴纳个人所得税，年税后利润为 77 400 元。说明：目前，我国对出租车的政策规定是"以公司方式经营，定期、免费（车标费，即经营许可费）"。但各地的做法不一，如沈阳约有 1/3 的出租车车标归个人所有，不缴纳个人所得税；还有一小部分出租车为公司编制、个人经营，个人只向公司交少量的管理费（约 100 元/月），个人不缴纳所得税；剩下的一部分为公司所有，公司需按税务政策纳税。鉴于以上情况，为简化计算，本书执行个人经营、不缴纳所得税标准。

③目前国家相关政策比较稳定，可按年预期收益额相等的方法估算，即

$$A = 年税后利润 = 77\ 400\ 元$$

（3）折现率（i）的确定。

$$折现率(i) = 无风险报酬率 + 风险报酬率 = 15\% + 5\% = 20\%$$

3）计算评估价格 P

根据收益现值法计算公式，该二手车评估价格计算如下：

$$P = A \cdot \frac{(1+i)^n - 1}{i \cdot (1+i)^n} = 77\ 400 \times \frac{(1+0.2)^5 - 1}{0.2 \times (1+0.2)^5} = 231\ 473(元)$$

即该车评估价格为 231 473 元。

三、现行市价法应用实例

1. 基本情况

在对某辆二手车进行评估时,评估人员选择了 3 个近期成交的与被评估二手车类别、结构基本相同,技术经济参数相近的车辆作参照车辆。参照车辆与被评估二手车的一些具体参数见表 3-12。

表 3-12 被评估车辆及参照车辆的有关参数

序号	技术经济参数	参照车辆 A	参照车辆 B	参照车辆 C	被评估二手车
1	车辆交易价格/元	50 000	65 000	40 000	待确定
2	销售条件	公开市场	公开市场	公开市场	公开市场
3	交易时间	6 个月前	2 个月前	10 个月前	—
4	已使用年限/年	5	5	6	5
5	尚可使用年限/年	5	5	4	5
6	成新率/%	62	75	55	70
7	年平均维修费用/元	20 000	18 000	25 000	20 000
8	每百千米耗油量/L	25	22	28	24

2. 计算过程

1) 差异量化

(1) 销售时间的差异值计算。根据搜集到的资料分析,在评估之前到评估基准日之间的 1 年内,物价指数大约每月降低 0.5% 左右。各参照车辆与被评估二手车由于时间差异所产生的差额如下。

① 被评估二手车与参照车辆 A 相比较晚 6 个月,价格指数降低 3%,其差额为

$$50\ 000\ 元 \times (-3\%) = -1\ 500(元)$$

② 被评估二手车与参照车辆 B 相比较晚 2 个月,价格指数降低 1%,其差额为

$$65\ 000\ 元 \times (-1\%) = -650(元)$$

③ 被评估二手车与参照车辆 C 相比较晚 10 个月,价格指数降低 5%,其差额为

$$40\ 000\ 元 \times (-5\%) = -2\ 000(元)$$

(2) 车辆性能的差异值计算。

① 被评估二手车与各参照车辆每年由于燃油消耗的差异所产生的差额,按每日运行 150 km、每年平均出车 250 天,燃油价格按 7 元/L 计算。

被评估二手车与参照车辆 A 每年燃料消耗费的差额为

$$(24-25) \times 7 \times 150/100 \times 250 = -2\ 625(元)$$

被评估二手车与参照车辆 B 每年燃料消耗费的差额为

$$(24-22) \times 7 \times 150/100 \times 250 = 5\ 250(元)$$

被评估二手车与参照车辆 C 每年燃料消耗费的差额为

$$(24-28) \times 7 \times 150/100 \times 250 = -10\ 500(元)$$

②被评估二手车与各参照车辆每年由于维修费用差异所产生的差额计算。

被评估二手车与参照车辆 A 每年维修费用的差额为
$$20\,000 - 20\,000 = 0(元)$$
被评估二手车与参照车辆 B 每年维修费用的差额为
$$20\,000 - 18\,000 = 2\,000(元)$$
被评估二手车与参照车辆 C 每年维修费用的差额为
$$20\,000 - 25\,000 = -5\,000(元)$$

③被评估二手车与各参照车辆每年由于运行成本的差异所产生的差额计算。

被评估二手车与参照车辆 A 每年的运行成本差额为
$$燃料费 + 维修费 = (-2\,625) + 0 = -2\,625(元)$$
被评估二手车与参照车辆 B 每年的运行成本差额为
$$燃料费 + 维修费 = 5\,250 + 2\,000 = 7\,250(元)$$
评估二手车与参照车辆 C 每年的运行成本差额为
$$燃料费 + 维修费 = (-10\,500) - 5\,000 = -15\,500(元)$$

适用的折现率为 $i = 20\%$，则在剩余的使用年限内，被评估二手车与各参照车辆的运行成本差额折现值计算如下。

被评估二手车与参照车辆 A 的运行成本差额折现值为
$$(-26\,255) \times \frac{(1 + 20\%)^5 - 1}{20\% \times (1 + 20\%)^5} \approx -7\,850(元)$$
被评估二手车与参照车辆 B 的运行成本差额折现值为
$$7\,250 \times \frac{(1 + 20\%)^5 - 1}{20\% \times (1 + 20\%)^5} \approx 21\,682(元)$$
被评估二手车与参照车辆 C 的运行成本差额折现值为
$$(-15\,500) \times \frac{(1 + 20\%)^4 - 1}{20\% \times (1 + 20\%)^4} \approx -40\,125(元)$$

(3) 新旧程度差异值计算。

被评估二手车与参照车辆 A 由于成新率的差异所产生的差额为
$$50\,000 \times (70\% - 62\%) = 4\,000(元)$$
被评估二手车与参照车辆 B 由于成新率的差异所产生的差额为
$$65\,000 \times (70\% - 75\%) = -3\,250(元)$$
被评估二手车与参照车辆 C 由于成新率的差异所产生的差额为
$$40\,000 \times (70\% - 55\%) = 6\,000(元)$$

2）确定车辆的评估价格

(1) 初步确定被评估二手车的评估价格。

与参照车辆 A 相比，初步评估的价格为
$$车辆评估价格 = 50\,000 - 1\,500 + 7\,850 + 4\,000 = 60\,350(元)$$
与参照车辆 B 相比，初步评估的价格为
$$车辆评估价格 = 65\,000 - 650 - 21\,682 - 3\,250 = 39\,418(元)$$
与参照车辆 C 相比，初步评估的价格为
$$车辆评估价格 = 40\,000 - 2\,000 + 40\,125 + 6\,000 = 84\,125(元)$$

(2)确定最终评估价格。从上述初步估算的结果可知,按三个不同的参照车辆进行比较测算,初步评估的结果最多相差44 707元[84 125 - 39 418 = 44 707(元)]。其主要原因是3个参照车辆的成新率不同;另外,在选取有关的技术经济参数时也可能存在误差。为减少误差,考虑被评估二手车与参照车辆的相似程度,决定采用加权平均法确定评估价格。参照车辆B的交易时间离评估基准日较接近(仅隔2个月),且已使用年限、尚可使用年限、成新率等都与被评估二手车最相近,由于它的相似程度比参照车辆A、C更大,故决定取参照车辆B的加权系数为60%;参照车辆A的交易时间、已使用年限、尚可使用年限、成新率等比参照车辆C的相似程度要大些,故决定取参照车辆A的加权系数为30%;取参照车辆C的加权系数为10%。加权平均后,被评估二手车的评估价格为

$$评估价格 = 60\ 350 \times 30\% + 39\ 418 \times 60\% + 84\ 125 \times 10\% \approx 50\ 168(元)$$

即该车评估价格为50 168元。

四、清算价格法应用实例

1. 基本情况

某法院欲在近期内将其扣押的一辆抵债轻型载货汽车拍卖出售。至评估基准日止,该汽车已使用了1年6个月,车况与其新旧程度相符,试评估该车的清算价格。

2. 计算过程

本次评估的目的属债务清偿,应采用的评估方法为清算价格法。根据被评估车辆的实际情况和所掌握的资料,决定首先利用重置成本法确定车辆在公平市场条件下的评估价格,然后根据市场调查,按一定的折扣率确定汽车的清算价格。

评估步骤如下。

1)确定重置成本评估价格

(1)确定已使用年限和规定使用年限。该车已使用年限为1年6个月,折合为18个月;根据《机动车强制报废标准规定》,被评估车辆的使用年限为15年,折合为180个月。

(2)确定成新率。被评估车辆的价值不高,且车辆的技术状况与其新旧程度相符,故决定采用使用年限法确定其成新率,被评估车辆的成新率C_Y为

$$C_Y = \left(1 - \frac{Y_1}{Y}\right) \times 100\% = \left(1 - \frac{18}{180}\right) \times 100\% = 90\%$$

(3)确定重置成本全价。据市场调查,全新的同型车目前的售价为55 000元。根据相关规定,购置此型车时,要缴纳10%的车辆购置税和400元的过户费,故被评估车辆的重置成本全价B为

$$B = 55\ 000 + \frac{55\ 000}{1 + 17\%} \times 10\% + 400 = 60\ 100(元)$$

(4)确定重置成本评估价格。根据调查了解,被评估车辆的功能性损耗及经济性损耗均很小,可忽略不计,故在公平市场条件下,该车的评估价格为

$$P = B \times C_Y = 60\ 100 \times 90\% = 54\ 090(元)$$

2)确定折扣率

根据市场调查,折扣率取75%时,可在清算日内出售车辆,故确定折扣率为75%。

3）确定评估价格

被评估车辆的清算价格为

$$评估价格 = 54\,090 \times 75\% \approx 40\,567(元)$$

即该车的评估价格为 40 567 元。

五、GB/T 30323—2013 推荐的方法应用实例

1. 基本情况

某公司欲出售一台丰田花冠 2018 款 1.6L 自动豪华版轿车，该车 2018 年 3 月初次注册登记，评估基准日为 2021 年 5 月 9 日。目前市场新车价格为 9.8 万元，二手车评估师对该车技术状况鉴定如下，试计算该车的评估价格。

1）车辆外观检查

车辆外观检查情况见表 3 - 13。

表 3 - 13 车身外观检查作业表

序号	检查项目	缺陷描述	扣分	序号	检查项目	缺陷描述	扣分
14	发动机舱盖表面			27	后保险杠		
15	左前翼子板			28	左前车轮		
16	左后翼子板			29	左后车轮		
17	右前翼子板			30	右前车轮		
18	右后翼子板			31	右后车轮		
19	左前车门			32	前照灯		
20	右前车门			33	尾灯		
21	左后车门			34	前挡风玻璃		
22	右后车门			35	后挡风玻璃		
23	行李舱盖			36	四门风窗玻璃		
24	行李舱内			37	左后视镜		
25	车顶			38	右后视镜		
26	前保险杠	26HH2	1	39	轮胎	4	1

缺陷描述：前保险杠有划痕，面积为大于 100 mm × 100 mm 并小于或等于 200 mm × 300 mm；轮胎花纹深度小于 1.6 mm。

外观检查总得分：20 - 2 = 18（分）。

> 说明：
> 缺陷程度描述规定如下。
> （1）按表 3 - 14 的规定进行缺陷程度描述。

表 3－14　车身外观状态描述对应表

代码	HH	BX	XS	LW	AX	XF
描述	划痕	变形	锈蚀	裂纹	凹陷	修复痕迹

（2）按下述规定进行缺陷程度描述。

1——面积小于或等于 100 mm×100 mm；

2——面积大于 100 mm×100 mm 并小于或等于 200 mm×300 mm；

3——面积大于 200 mm×300 mm；

4——轮胎花纹深度小于 1.6mm。

（3）评分标准：程度为 1 扣 0.5 分，每增加 1 个程度加扣 0.5 分，共计 20 分，扣完为止。轮胎部分需高于程度 4 的标准，不符合标准扣 1 分。

2）发动机舱检查

发动机舱的检查记录见表 3－15。

表 3－15　发动机舱检查作业表

序号	检查项目	A	B	C	扣分
40	机油有无冷却液混入	无√	轻微	严重	
41	缸盖外是否有机油渗漏	无√	轻微	严重	
42	前翼子板内缘、散热器框架、前横梁、前纵梁有无凹凸和修复痕迹	无√	轻微	严重	
43	散热器格栅有无破损	无√	轻微	严重	
44	蓄电池电极桩柱有无腐蚀	无√	轻微	严重	
45	蓄电池电解液有无渗漏、缺少	无√	轻微	严重	
46	发动机皮带有无老化	无	轻微√	严重	1.5
47	油管、水管有无老化、裂痕	无√	轻微	严重	
48	线束有无老化、破损	无√	轻微	严重	
49	其他	无			

缺陷描述：发动机皮带有轻度老化。

发动机舱检查总得分：20－1.5＝18.5（分）。

说明：

（1）按表 3－15 要求检查 10 个项目。根据检查结果选择 A、B、C 对应的损伤情况级别。

（2）扣分标准：选择 A 不扣分，第 40 项选择 B 或 C 扣 15 分；第 41 项选择 B 或 C 扣 5 分；第 44 项选择 B 扣 2 分，选择 C 扣 4 分；其他各项选择 B 扣 1.5 分，选择 C 扣 3 分。共计 20 分，扣完为止。

3）客舱检查

客舱的检查记录见表 3-16。

表 3-16 客舱检查作业表

序号	检查项目	A	C	扣分
50	车内是否无水泡痕迹	是√	否	
51	车内后视镜、座椅是否完整、无破损、功能正常	是√	否	
52	车内是否整洁、无异味	是√	否	
53	转向盘自由行程转角是否小于 15°	是√	否	
54	车顶及周边内饰是否无破损、松动及裂缝和污迹	是√	否	
55	仪表台是否无划痕，配件是否无缺失	是√	否	
56	排挡把手柄及护罩是否完好、无破损	是√	否	
57	储物盒是否无裂痕，配件是否无缺失	是	否√	1
58	天窗是否移动灵活、关闭正常	是√	否	
59	门窗密封条是否良好、无老化	是	否√	1
60	安全带结构是否完整、功能是否正常	是√	否	
61	驻车制动系统是否灵活有效	是√	否	
62	玻璃窗升降器、门窗工作是否正常	是√	否	
63	左、右后视镜折叠装置工作是否正常	是√	否	
64	其他		无	

缺陷描述：储物盒有裂纹，门窗密封条老化。

客舱检查总得分：20-2=18（分）。

> **说明：**
> （1）按表 3-16 要求检查 15 个项目。根据检查结果选择 A、C 对应的损伤情况级别。
> （2）扣分标准：选择 A 不扣分，第 50 项选择 C 扣 1.5 分；第 51 项和 52 项选择 C 扣 0.5 分；其他各项选择 C 扣 1 分。共计 10 分，扣完为止。
> （3）如检查第 60 项时发现安全带结构不完整或功能不正常，则应在"二手车鉴定评估报告"或"二手车技术状况鉴定书"的技术状况缺陷描述中予以注明，并提示修复或更换前不宜使用。

4）起动检查

起动检查记录见表 3-17。

表 3-17 起动检查作业表

序号	检查项目	A	C	扣分
65	车辆起动是否顺畅（时间少于 5 s，或一次起动）	是√	否	
66	仪表板指示灯显示是否正常，无故障报警	是√	否	
67	各类灯光和调节功能是否正常	是√	否	

续表

序号	检查项目	A	C	扣分
68	泊车辅助系统工作是否正常	是√	否	
69	制动防抱死系统（ABS）工作是否正常	是√	否	
70	空调系统风量、方向调节、分区控制、自动控制、制冷工作是否正常	是	否√	0.5
71	发动机在冷、热车条件下怠速运转是否稳定	是√	否	
72	怠速运转时发动机是否无异响，空挡状态下逐渐增加发动机转速，发动机声音过渡是否无异响	是√	否	
73	车辆排气是否无异常	是√	否	
74	其他		无	

缺陷描述：空调制冷较慢。

起动检查总得分：20 - 0.5 = 19.5（分）。

> 说明：
> （1）按表 3-17 要求检查 10 个项目。根据检查结果选择 A、C 对应的损伤情况级别。
> （2）扣分标准：选择 A 不扣分，第 65 项和第 66 项选择 C 扣 2 分；第 67 项选择 C 扣 1 分；第 68 项至 71 项选择 C 扣 0.5 分；第 72 项和第 73 项选择 C 扣 10 分。共计 20 分，扣完为止。
> （3）如检查第 66 项时发现仪表台指示灯显示异常或出现故障报警，则应查明原因，并在"二手车鉴定评估报告"或"二手车技术状况鉴定书"的技术状况缺陷描述中予以注明。
> （4）优先选用车辆故障信息读取设备对车辆技术状况进行检测。

5）路试检查

路试检查记录见表 3-18。

表 3-18 路试检查作业表

序号	检查项目	A	C	扣分
75	发动机运转、加速是否正常	是√	否	
76	发动机起动前踩下制动踏板，保持 5~10 s，踏板无向下移动的现象	是√	否	
77	踩住制动踏板起动发动机，踏板是否向下移动	是√	否	
78	行车制动系统最大制动效能在踏板全行程的 4/5 以内达到	是√	否	
79	行驶是否无跑偏	是	否√	2

续表

序号	检查项目	A	C	扣分
80	制动系统工作是否正常有效、制动不跑偏	是√	否	
81	变速器工作是否正常、无异响	是√	否	
82	行驶过程中车辆底盘部位是否无异响	是√	否	
83	行驶过程中车辆转向部位是否无异响	是√	否	
84	其他		无	

缺陷描述：行驶跑偏。

路试检查总得分：15 - 2 = 13（分）。

> **说明：**
> （1）按表 3 - 18 要求检查 10 个项目。根据检查结果选择 A、C 对应的损伤情况级别。
> （2）扣分标准：选择 A 不扣分，选择 C 扣 2 分。共计 15 分，扣完为止。
> （3）如检查第 80 项时发现制动系统出现制动距离长、跑偏等不正常现象，则应在"二手车鉴定评估报告"或"二手车技术状况鉴定书"的技术状况缺陷描述中予以注明，并提示修复前不宜使用。

6）车底检查

车底检查记录见表 3 - 19。

表 3 - 19 车底检查作业表

序号	检查项目	A	C	扣分
85	发动机油底壳是否无渗漏	是	否√	4
86	变速器是否无渗漏	是√	否	
87	转向节臂球销是否无松动	是√	否	
88	三角臂球销是否无松动	是√	否	
89	传动轴十字轴是否无松旷	是√	否	
90	减震器是否无渗漏	是√	否	
91	减震弹簧是否无损坏	是√	否	
92	其他		无	

缺陷描述：油底壳有轻度渗油。

车底检查总得分：15 - 4 = 11（分）。

说明：
(1) 按表 3-19 要求检查 8 个项目。根据检查结果选择 A、C 对应的损伤情况级别。
(2) 扣分标准：选择 A 不扣分，第 85 项和 86 项选择 C 扣 4 分；第 87 项和 88 项选择 C 扣 3 分；第 89 项、第 90 项和第 91 项选择 C 扣 2 分。共计 15 分，扣完为止。

7）功能性零部件检查

功能性零部件检查记录见表 3-20。

表 3-20 功能性零部件检查作业表

序号	类别	零部件名称	序号	类别	零部件名称
93	车身外部件	发动机舱盖锁止	105	随车附件	备胎
94		发动机舱盖液压撑杆	106		千斤顶
95		后门/行李舱液压支撑杆	107		轮胎扳手及随车工具
96		各车门锁止	108		三角警示牌
97		前后刮水器	109		灭火器
98		立柱密封胶条	110	其他	全套钥匙
99		排气管及消声器	111		遥控器及功能
100		车轮轮毂	112		喇叭高低音色
101	驾驶室内部件	车内后视镜	113		玻璃加热功能
102		座椅调节及加热			
103		仪表板出风管道			
104		中央集控			

缺陷描述：随车工具不全。

说明：按表 3-20 要求检查各部分功能。结构功能损坏的，直接进行缺陷描述，不计分。

2. 计算过程

1）缺陷描述及等级评定

(1) 根据上述车辆技术状况鉴定记录结果，待评估车辆的缺陷描述为：前保险杠有划痕，面积为大于 100 mm × 100 mm，小于或等于 200 mm × 300 mm；轮胎花纹深度小于 1.6 mm；发动机皮带有轻度老化；储物盒有裂纹；门窗密封条老化；空调制冷较慢；行驶跑偏；油底壳有轻度渗油；随车工具不全。

(2) 技术状况鉴定得分为 88 分。根据车辆技术状况鉴定等级确定标准（表 3-21），该车技术状况鉴定结果为二级。

表 3-21　车辆技术状况等级分值对应表

技术状况等级	分值区间/分
一级	鉴定总分≥90
二级	60≤鉴定总分<90
三级	20≤鉴定总分<60
四级	鉴定总分<20
五级	事故车

2）计算价格

（1）确定成新率。

①年限成新率。该车已使用年限为 3 年 2 个月，即 38 个月。按 GB/T 30323—2013 规定的计算标准，该车的规定使用年限为 15 年，即 180 个月。则年限成新率为

年限成新率 =（剩余使用年限/规定使用年限）×100% = [（180-38）/180]×100% = 78.89%

②技术鉴定成新率。

技术鉴定成新率 =（车辆技术状况分值/100）×100% =（88/100）×100% = 88%

③综合成新率。根据该车技术状况鉴定的缺陷描述，该车存在的缺陷较多，故技术鉴定成新率权重系数取 60%，年限成新率权重系数取 40%。则综合成新率为

综合成新率 = 年限成新率 × a + 技术鉴定成新率 × b
= 78.89% × 40% + 88% × 60% ≈ 84%

（2）计算评估价格。该车评估价格为

评估价格 = 更新重置成本 × 综合成新率 = 9.8 × 84% = 8.232（万元）

即该车的评估价格为 8.232 万元。

六、成本比率法应用实例

1. 基本情况

有一辆轿车，已使用 8 年，一直正常使用，当前的重置成本为 18.6 万元，其综合成本比率 U = 27.33%，试计算该车的评估价格。

2. 计算过程

由上述已知条件可知，U = 27.33%，B = 18.6 万元，则该车的评估价格为

$P = U \times B = 27.33\% \times 18.6 ≈ 5.08$（万元）

即该车的评估价格为 5.08 万元。

技能考核

（1）学员根据已完成的工单 7（见本书配套的教学资源包），完成车辆技术状况鉴定总结性描述。

（2）要求学员自行确定所评估车辆的重置成本，统一采用 GB/T 30323—2013 推荐的方法计算成新率和评估价格，最后形成计算报告提交给老师，即完成工单 8（见本书配套的教

学资源包）。

(3) 教师审阅学员提交的计算报告，按等级制评定成绩。

学习效果检验

一、思考题

1. 什么是二手车的成新率？它与有形损耗是什么关系？
2. 用使用年限法计算成新率的前提条件什么？
3. 用行驶里程法计算成新率的前提条件是什么？
4. 什么条件下可使用整车观测法计算成新率？
5. 在向汽车销售企业（或网上）咨询新车最低裸车价以确定重置成本时，应注意哪些事项？
6. 说明进口二手车重置成本全价的构成及各构成部分的计算方法。
7. 在确定车辆预期收益额时应注意哪些事项？

二、单项选择题

1. 成新率与（　　）一起反映了同一车辆的两个方面。
   A. 功能损耗　　　B. 经济损耗　　　C. 有形损耗　　　D. 无形损耗
2. 通过确定被评估二手车的尚可使用年限与规定使用年限的比值来确定二手车成新率的方法称为（　　）。
   A. 使用年限法　　B. 行驶里程法　　C. 部件鉴定法　　D. 整车观测法
3. 在确定二手车各组成部分技术状况的基础上，按其各组成部分对整车的重要性和价值量的大小加权评分，最后确定成新率的方法称为（　　）。
   A. 使用年限法　　B. 行驶里程法　　C. 部件鉴定法　　D. 整车观测法
4. 采用人工观察的方法，辅助简单的仪器检测，判定被评估二手车的技术等级以确定成新率的方法称为（　　）。
   A. 使用年限法　　B. 行驶里程法　　C. 部件鉴定法　　D. 整车观测法
5. 以使用年限法为基础，综合考虑二手车的实际技术状况、维护状况、制造质量、使用性质及使用条件等多种因素对二手车价值的影响，以调整系数形式确定成新率的方法称为（　　）。
   A. 使用年限法　　B. 部件鉴定法　　C. 综合成新率法　　D. 综合分析法
6. 已使用年限一般取该车从（　　）至评估基准日所经历的时间。
   A. 新车在公安交通管理机关注册登记日　　B. 新车出厂日
   C. 新车购买日　　　　　　　　　　　　　D. 新车行驶超过零千米
7. 对于《机动车强制报废标准规定》中无报废年限规定的车辆，在进行成新率计算时，通常取（　　）年。
   A. 10　　　　　　B. 15　　　　　　C. 20　　　　　　D. 25
8. 二手车累计行驶里程是指被评估二手车从（　　）到评估基准日所行驶的总里程。
   A. 新车在公安交通管理机关注册登记日　　B. 新车出厂日
   C. 新车购买日　　　　　　　　　　　　　D. 新车行驶超过零千米

9. 用综合分析法计算二手车成新率时,技术状况的权重系数通常取(　　)%。
   A. 40　　　　　B. 30　　　　　C. 20　　　　　D. 10
10. 用综合分析法计算二手车成新率时,制造质量的权重系数通常取(　　)%。
    A. 40　　　　　B. 30　　　　　C. 20　　　　　D. 10
11. 用综合分析法计算二手车成新率时,对走私罚没的二手车,其调整系数通常取(　　)。
    A. 1.0　　　　B. 0.9　　　　C. 0.8　　　　D. 0.7
12. 用综合分析法计算二手车成新率时,对国产名牌车,其调整系数通常取(　　)。
    A. 1.0　　　　B. 0.9　　　　C. 0.8　　　　D. 0.7
13. 用综合分析法计算二手车成新率时,对公务用车,其调整系数通常取(　　)。
    A. 1.0　　　　B. 0.9　　　　C. 0.8　　　　D. 0.7
14. 下列计算成新率的方法中,(　　)对二手车新旧程度考虑的最全面。
    A. 使用年限法　　B. 行驶里程法　　C. 部件鉴定法　　D. 综合成新率法
15. 在选用综合成新率法计算二手车成新率时,对经过大修的车辆,无疑是增加了车辆的使用寿命,但通常计算时,对于价格小于(　　)万元的车辆是不考虑的。
    A. 5　　　　　B. 6　　　　　C. 7　　　　　D. 8
16. 下列计算二手车成新率的方法中,(　　)既考虑了二手车实体性损耗,同时也考虑了二手车维修或换件等追加投资使车辆价值发生的变化。
    A. 行驶量程法　　B. 使用年限法　　C. 部件鉴定法　　D. 综合成新率法
17. 下列对于运用重置成本法进行二手车评估时成新率确定方法选择的叙述,不正确的是(　　)。
    A. 对于重置成本不高的车辆,采用使用年限法
    B. 对于重置成本中等的车辆,采用综合分析法
    C. 对于重置成本较高的车辆,采用部件鉴定法
    D. 以上叙述均不正确
18. 重置成本是由(　　)构成的。
    A. 运输成本与使用成本　　　　B. 直接成本与间接成本
    C. 出厂成本与销售成本　　　　D. 销售成本与运输成本
19. 间接成本是指(　　)。
    A. 使用环节的税费　　　　　　B. 销售环节的税费
    C. 生产和销售环节的税费　　　D. 生产和使用环节的税费
20. 目前我国的增值税税率为(　　)%。
    A. 8　　　　　B. 10　　　　C. 17　　　　D. 25
21. 根据我国加入WTO的承诺,自2006年7月1日起,轿车的关税税率为(　　)%。
    A. 10　　　　B. 17　　　　C. 20　　　　D. 25
22. 在二手车原始成本的基础上,通过现行物价指数确定其重置成本的方法称为(　　)。
    A. 重置核算法　　B. 物价指数法　　C. 综合分析法　　D. 技术分析法
23. 重置成本法既充分考虑了被评估二手车的重置全价,又考虑了该二手车已使用年限

内的各种贬值,但（　　）没有考虑。
  A. 磨损   B. 功能性贬值
  C. 经济性贬值   D. 二手车市场参考价格

24. 进口车辆的到岸价是指（　　）。
  A. 车辆的离岸价 + 进口关税
  B. 车辆的离岸价 + 海外运杂费 + 进口关税
  C. 车辆的离岸价 + 海外运杂费 + 境外保险费
  D. 车辆的离岸价 + 境外保险费

25. 采用重置成本法评估二手车时,一般使用的是（　　）。
  A. 折旧成本   B. 更新重置成本   C. 复原重置成本   D. 税后成本

26. 对于二手车的咨询类评估业务,重置成本中应包括（　　）。
  A. 销售成本   B. 直接成本与间接成本
  C. 生产成本   D. 生产和销售成本

27. 用重置成本与有形损耗率来计算车辆实体性贬值的方法称为（　　）。
  A. 有形损耗法   B. 成新率法   C. 使用年限法   D. 修复费用法

28. 从使用寿命的角度来估算实体性贬值率的方法称为（　　）。
  A. 有形损耗法   B. 成新率法   C. 使用年限法   D. 修复费用法

29. 如国家提高对汽车排放标准的要求,实施欧Ⅴ排放标准,原来执行欧Ⅳ排放标准的在用车就会因此而贬值。这种贬值属于（　　）。
  A. 经济性贬值   B. 一次性功能贬值
  C. 营运性功能贬值   D. 实体性贬值

30. 国家规定,从 2001 年 9 月份起,全面禁售化油器汽车,致使化油器旧车的价格大幅度下降,由此给化油器旧车所带来的价格损耗属于（　　）。
  A. 有形损耗   B. 经济性贬值   C. 功能性贬值   D. 自然损耗

31. 决定能否使用重置成本法的关键因素是（　　）。
  A. 能否获得二手车交易市场参考价格
  B. 能查询到相同车型新车的市场报价
  C. 二手车的未来收益可以预测
  D. 交易必须是在受迫的条件下进行

32. 更新重置成本减去复原重置成本就是（　　）。
  A. 营运性功能贬值   B. 实体性贬值
  C. 一次性功能性贬值   D. 经济性贬值

33. 预期收益额是指被评估二手车在其剩余使用寿命期内的使用过程中,可能带来的年（　　）。
  A. 毛收入   B. 净收益额   C. 纯收益额   D. 纯纳税额

34. 下列选项中,（　　）不是收益现值法的依据三要素。
  A. 被评估二手车的预期收益   B. 折现率或资本化率
  C. 被评估二手车的预期收益持续时间   D. 具有可比性的二手车市场价格

35. 用收益现值法评估二手车,确定预期收益额的可行性分析中,有一项不可预见的开支费用，一般不可预见费用最高为其总支出的（　　）%。
A. 3　　　　　B. 5　　　　　C. 7　　　　　D. 10

36. 无风险报酬率一般是指同期国库券利率或同期银行定期（　　）年存款利率。
A. 3　　　　　B. 5　　　　　C. 7　　　　　D. 10

37. 车辆不能继续使用，只能按拆件处理时，应用（　　）方法评估其价值。
A. 重置成本　　B. 收益现值　　C. 现行市价　　D. 清算价格

38. 对于现行市价法，下列关于二手车交易的可比性叙述，（　　）不正确。
A. 参照的二手车在近期市场上交易过
B. 参照的二手车型号及使用年限相同
C. 与参照的二手车比较的指标、技术参数资料可收集
D. 价值影响因素明确，可以量化

39. 在运用现行市价法评估二手车时，要求参照车辆是近期的、可比较的。所谓近期，是指参照车辆交易时间与被评估二手车评估基准日相差时间相近，一般在（　　）之内。
A. 一周　　　　B. 一个月　　　C. 一个季度　　D. 半年

40. 在用市场价格比较法评估二手车时，参照物的价格应为（　　）。
A. 新车的报价　　　　　　　　B. 预测的车价
C. 新车的现行市价　　　　　　D. 二手车市场的现行市价

41. 在运用现行市价法评估二手车价值时，参照车辆的选择应在（　　）辆以上。
A. 1　　　　　B. 2　　　　　C. 3　　　　　D. 4

42. 若参照车辆的交易时间在评估基准日之前，则可采用（　　）将销售时间差异量化并调整。
A. 使用年限法　B. 价格指数法　C. 折现法　　　D. 重置核算法

43. 下列选项中，（　　）不是应用清算价格法评估的具体方法。
A. 重置核算法　B. 评估价格折扣法　C. 模拟拍卖法　D. 竞价法

三、多项选择题

1. 下列对使用年限法估算二手车的成新率假设的描述，正确的是（　　）。
A. 二手车在规定的使用寿命期间，实体性损耗与时间呈线性递增关系
B. 车辆里程表的记录必须是原始的，不能被人为更改的
C. 二手车价值的降低与其损耗大小成正比
D. 它既考虑了二手车实体性损耗，同时也考虑了二手车维修或换件等追加投资使车辆价值发生的变化

2. 折算年限既反映了汽车的使用情况，又包括了（　　）。
A. 管理水平　　B. 维护水平　　C. 运行条件　　D. 自然损耗

3. 用使用年限法计算得到的成新率实际上反映的是车辆的（　　）。
A. 时间损耗　　B. 日常使用强度　C. 车况　　　D. 时间折旧

4. 下列成新率计算方法中，（　　）用于价值较高的二手车评估。
A. 使用年限法　　　　　　　　B. 部件鉴定法
C. 综合成新率法　　　　　　　D. 综合分析法

5. 下列（　　）是整车观测法观察和检测的技术指标。

A. 二手车的现时技术状态　　　　　　B. 使用时间及行驶里程
C. 主要故障经历及大修情况　　　　　D. 各部件的耗损情况

6. 在用综合成新率法计算二手车成新率时，理论成新率包括（　　）计算的成新率。

A. 使用年限法　　B. 部件鉴定法　　C. 行驶里程法　　D. 综合分析法

7. 重置成本中，间接成本是指在购车时所支付的（　　）。

A. 购置税　　　　B. 注册登记费　　C. 车船税　　　　D. 保险费

8. 下列对确定重置成本的描述，正确的是（　　）。

A. 尽可能地避免使用一些过时的价格资料
B. 应该使用评估对象所在地的价格资料
C. 从汽车销售市场直接获得的现时价格，可靠性相对较高
D. 要充分考虑原始发票显示的价格

9. CIF 价格包含（　　）。

A. FOB 价格　　　　　　　　　　　B. 途中保险费
C. 从装运港到目的港的运费　　　　D. 到岸后的商检费

10. 下列关于参照车辆与被评估车辆类比的描述，正确的是（　　）。

A. 类别相同　　　　　　　　　　　B. 主要性能参数相同
C. 结构特征相同　　　　　　　　　D. 生产序号相同

11. 折现率由（　　）组成。

A. 无风险报酬率　B. 风险报酬率　　C. 成新率　　　　D. 通货膨胀率

12. GB/T 30323—2013 推荐的重置成本法计算公式中，综合成新率由（　　）组成。

A. 年限成新率　　B. 量程成新率　　C. 部件成新率　　D. 技术鉴定成新率

四、判断题

（　　）1. 综合成新率法就是采用定性和定量分析的方法，综合多种单一因素对二手车成新率的估算结果，并分别赋予不同的权重，计算加权平均成新率。

（　　）2. 使用年限法、行驶里程法和部件鉴定法计算二手车成新率只从单一或某些方面考虑了二手车的新旧程度，是不完全也是不完整的。

（　　）3. 计算低档车的成新率时，一般采用整车观测法即可。

（　　）4. 在采用重置成本法时，若车辆档次较高，则可采用部件鉴定法确定成新率。

（　　）5. 二手车成新率是表示二手车的功能或使用价值占全新机动车的功能或使用价值的比率。

（　　）6. 重置核算法是利用成本核算原理，根据重新取得一辆与二手车车型和功能一样的新车所需的费用项目，逐项计算后累加得到二手车的重置成本全价。

（　　）7. 国产车和进口车的二手车重置成本全价构成是相同的。

（　　）8. 我国实行从价定率的办法计算车辆购置税。

（　　）9. 用物价指数法计算二手车重置成本时，应选用环比物价指数。

（　　）10. 用物价指数法计算二手车重置成本时，必须能够获得新车现实价格。

（　　）11. 属于所有权转让的经济行为，可将被评估车辆的新车现行市场成交价格作为被评估车辆的重置全价。

（　　）12. 用重置成本法计算二手车价格时，不考虑二手车当初购买时的购置价（历

史成本）是多少。

（   ）13. 如果在目前的市场上能够买到与被评估车辆相同，且制造厂家继续生产的全新车辆，那么被评估车辆原购车价与全新车辆的市场价之间的差值，即可以看作该车辆的一次性功能贬值额。

（   ）14. 二手车的重置成本是其评估价格的最大可能值。

（   ）15. 如果同时取得复原重置成本和更新重置成本，则应优选复原重置成本。

（   ）16. 更新重置成本指的是被评估机动车的性能变化（更新）后的重置成本。

（   ）17. 在实际评估中，更新重置成本通常被作为重置成本全价，即被认为已考虑了其一次性功能性贬值和经济性贬值。

（   ）18. 二手车经济性贬值是由于技术进步引起的二手车功能相对落后而导致的贬值。

（   ）19. 全新车辆当前的市场价已经反映了车辆的功能性贬值。

（   ）20. 风险报酬率是指超过无风险收益率以上部分的投资回报率。

（   ）21. 无风险利率就是同期国库券利率。

（   ）22. 在运用收益现值法进行二手车评估时，可以认为，二手车的未来收益是逐年减少的。

（   ）23. 在运用收益现值法进行二手车评估时，收益率越高，则评估价格就越低。

（   ）24. 现行市价法就是用曾经交易过的二手车价格作为被评估车辆的评估价格。

（   ）25. 二手车清算价值是二手车在强制条件下的变现价值。

（   ）26. 清算价格一般由买方决定。

（   ）27. 在运用清算价格法进行车辆评估时，车辆清理费用及其他费用应给予充分的考虑。如果这些费用太高，拍卖变现后所剩无几，则不适合采用清算价格法。

（   ）28. 规定的拍卖时限长，售价会高些。

（   ）29. 即使采用清算价格法评估二手车，但市场参照车辆价格高，车辆出售的价格也会高些。

（   ）30. 成本比率法也称为保值率法，是根据某款车的市场保值情况来确定二手车价格的一种方法。

任务 3-2　编制二手车鉴定评估报告书

任务导入

二手车鉴定评估报告书是指二手车鉴定评估机构按照评估工作制度有关规定，在完成鉴定评估工作后向委托方和有关方面提交的说明二手车鉴定评估过程和结果的书面报告。它是按照一定格式和内容来反映评估目的、程序、依据、方法、结果等基本情况的报告书。广义的鉴定评估报告还是一种工作制度，它规定评估机构在完成二手车鉴定评估工作之后必须按照一定的程序和要求，用书面形式向委托方报告鉴定评估过程和结果。狭义的鉴定评估报告即鉴定评估结果报告书，既是二手车鉴定评估机构完成对二手车作价意见，提交给委托方的公正性报告，也是二手车鉴定评估机构履行评估合同情况的总结，还是二手车鉴定评估机构为其所完成的鉴定评估结论承担相应法律责任的证明文件。

本任务主要学习编制二手车鉴定评估报告书的方法及注意事项。

 **学习目标**

（1）能够正确描述二手车鉴定评估报告书的作用。
（2）能够规范地编制二手车鉴定评估报告书。
（3）培养责任意识、公平公正等职业素养。

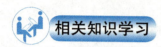 **相关知识学习**

一、二手车鉴定评估报告书的作用

二手车鉴定评估报告书（以下简称报告书）不仅是一份评估工作的总结，而且是其价格的公正性文件和二手车交易双方认定二手车价格的依据。

1. 对委托方的作用

（1）报告书作为产权交易变动的作价依据。报告书是经具有二手车鉴定评估资格的机构根据被委托鉴定评估车辆的状况，由专业的二手车评估师，遵循评估的原则和标准，按照法定的程序，运用科学的方法对被委托评估的车辆价值进行评定和估算后，通过报告书的形式提出的作价意见。该作价意见不代表任何当事人一方的利益，是一种专家估价的意见，因而具有较强的公正性和科学性，可以作为二手车交易谈判底价的参考依据，或作为投资比例出资价格的证明材料，特别是对涉及国有资产的二手车，给出客观公正的作价可以确保国有资产价格的客观、公正、真实，有效防止国有资产的流失。

（2）报告书作为法庭辩论和裁决时确认财产价格的举证材料。一般是指发生纠纷案时的资产评估，其评估结果可作为法庭作出裁决的证明材料。

（3）报告书作为支付评估费用的依据。当委托方（客户）收到评估资料及报告书后没有提出异议，也就是说评估的资料及结果符合委托书的条款，委托方应以此为前提和依据向受托方（评估机构）付费。

（4）报告书是反映和体现评估工作情况，明确委托方、受托方及有关方面责任的根据。报告书采用文字的形式，对受托方进行二手车评估的目的、背景、产权、依据、程序、方法等过程与评定的结果进行说明和总结，体现了评估机构的工作成果；同时，也反映和体现了二手车鉴定评估机构与鉴定评估人员的权利和义务，并依此来明确委托方和受托方的法律责任。编制评估报告书还行使了二手车评估人员在报告书上签字的权利。

2. 对评估机构的作用

（1）报告书是评估机构评估成果的体现，是一种动态管理的信息资料，体现了评估机构的工作情况和工作质量。

（2）报告书是建立评估档案、归集评估档案资料的重要信息来源。

二、编制二手车鉴定报告书的基本要求

国有资产管理局以国资办发〔1993〕55号文发布了《关于资产评估报告书的规范意见》，对资产评估报告书的编制提出了比较系统的规范要求，结合二手车鉴定评估的实际情况，主要要求如下：

（1）报告书必须依照客观、公正、实事求是的原则由二手车鉴定评估机构独立编制，如实反映鉴定评估的工作情况。

（2）报告书应有委托单位（或个人）的名称、二手车鉴定评估机构的名称和印章、二手车鉴定评估机构法人代表或其委托人和二手车评估师的签字，并提供报告的日期。

（3）报告书要写明评估基准日，并且不得随意更改。所有在估价中采用的税率、费率、利率和其他价格标准，均应采用评估基准日的标准。

（4）报告书中应写明评估的目的、范围、二手车的状态和产权归属。

（5）报告书应说明评估工作遵循的原则和依据的法律法规，简述鉴定评估过程，写明评估的方法。

（6）报告书应有明确的鉴定估算价值的结果，鉴定结果应有二手车的成新率，应有二手车原值、重置成本、评估价格等。

（7）报告书还应有齐全的附件。

三、二手车鉴定报告书的基本内容

1. 基本内容构成

《国有资产评估管理办法施行细则》第二十九条规定，资产评估机构在评估后应向委托单位提交资产评估结果报告书，其内容包括正文和附件两部分。

1）正文部分的内容

正文主要包含以下内容：

（1）评估机构名称。
（2）委托单位名称。
（3）评估资产的范围、名称和简单说明。
（4）评估基准日期。
（5）评估原则。
（6）评估所依据的法律、法规和政策。
（7）评估方法和计价标准。
（8）对具体资产评估的说明。
（9）评估结论：包括评估价格和有关文字说明。
（10）附件名称。
（11）评估起止日期和评估报告提出日期。
（12）评估机构负责人、评估项目负责人签名，并加盖评估机构公章。
（13）其他。

2）附件的主要内容

附件通常包含以下内容：

(1) 资产评估汇总表、明细表。
(2) 评估方法说明和计算过程。
(3) 与评估基准日有关的会计报表。
(4) 资产评估机构评估资格证明文件复印件。
(5) 被评估单位占有资产的证明文件复印件。
(6) 其他与评估有关的文件资料。

> **说明**：上述附件内容主要针对国有资产二手车评估，不同类型经济行为的二手车评估，具体内容会有所差异。

2. 格式说明

1) 封面

报告书的封面须包含的内容有：二手车鉴定评估报告书名称、鉴定评估机构出具鉴定评估报告的编号、二手车鉴定评估机构全称和鉴定评估报告书提交日期等。有服务商标的，评估机构可以在报告书封面载明其图形标志。

2) 首部

报告书正文的首部应包括以下内容：

(1) 标题。标题应简练清晰，含有"×××（评估项目名称）鉴定评估报告书"字样，位置居中偏上。

(2) 报告书序号。报告书序号应符合公文的要求，包括评估机构特征字、公文种类特征字（例如：评报、评咨和评函，评估报告书正式报告应用"评报"，评估报告书预报告应用"评预报"）、年份、文件序号，例如：×××评报字〔2018〕第106号。

3) 绪言

报告书的绪言部分应写明该评估报告书委托方全称、受委托评估事项及评估工作整体情况，一般应采用包含下列内容的表达格式。

> ×××（鉴定评估机构）接受×××的委托，根据国家有关资产评估的规定，本着客观、独立、公正、科学的原则，按照公认的资产评估方法，对车辆×××（车辆号牌）进行了鉴定评估。本机构鉴定评估人员按照必要的程序，对委托鉴定评估车辆进行了实地查勘与市场调查，对其在×年×月×日所表现的市场价值做出了公允反映。现将车辆评估情况及鉴定评估结果报告如下。

4) 委托方信息

鉴定评估报告书中的委托方信息应包括以下内容。
(1) 委托方、委托方联系人的名称、联系电话及住址。
(2) 车主的名称。

5) 鉴定评估目的

报告书的鉴定评估目的部分应写明本次鉴定评估是为了满足委托方的何种需要，以及其所对应的经济行为类型。例如：

> 根据委托方的要求，本项目评估目的
> □交易　□拍卖　□置换　□抵押　□担保　□咨询　□司法裁决

6）鉴定评估对象

报告书的鉴定评估对象部分简要写明纳入评估范围车辆的厂牌型号、号牌号码、发动机号、车辆识别代号/车架号、注册登记日期、年审检验合格有效日期、车辆购置税证号码、车船税缴纳有效期等。

7）鉴定评估基准日

报告书的鉴定评估基准日部分应写明车辆鉴定评估基准日的具体日期，标准式样为"鉴定评估基准日：×年×月×日"。

8）评估原则

报告书的评估原则应写明"严格遵循客观性、独立性、公正性、科学性原则"。

9）评估依据

评估依据一般包括行为依据、法律法规依据、产权依据和评定及取价依据等。对评估中所采用的特殊依据也应在本部分内容中披露。

（1）行为依据。行为依据主要是指二手车鉴定评估委托书、法院的委托书等经济行为文件，如"二手车鉴定评估委托书，QX评报字（2018）第106号"。

（2）法律、法规依据。法律、法规依据应包括车辆鉴定评估的有关条款、文件及涉及车辆评估的有关法律、法规等。

（3）产权依据。产权依据是指被评估车辆的机动车登记证书或其他能够证明车辆产权的文件等。

（4）评定及取价依据。评定及取价依据应为鉴定评估机构收集的国家有关部门发布的统计资料和技术标准资料，以及评估机构收集的有关询价资料和参数资料等。

①技术标准资料。《最新资产评估常用数据与参数手册》《机动车运行安全技术条件》（GB/T 7258—2018）《道路运输车辆综合性能要求与检验方法》（GB/T 18565—2016）等。

②技术参数资料。被评估二手车的技术参数表（出厂检验合格证书），车辆性能、装备一览表等。

③技术鉴定资料。车辆检测报告单、现场查勘记录表、某修理厂提供的事故定损修理清单、某保险公司提供的事故理赔清单等。

④其他资料。现场工作底稿、市场询价资料等。

> **说明：**不同的具体评估工作，需要的评定及取价依据有所不同。报告书中只列举对本次评估有参考作用的依据资料。

10）评估方法及计算过程

鉴定评估报告书的评估方法及计算过程部分应简要说明评估人员在评估过程中所选择并使用的评估方法；简要说明选择评估方法的依据或原因；如评估时采用一种以上的评估方法，应适当说明原因并说明该资产评估价格确定方法；对于所选择的特殊评估方法，应适当介绍其原理与适用范围；各种评估方法计算的主要步骤等。

11）评估过程

报告书的评估过程应反映二手车鉴定评估机构自接受评估委托起至提交评估报告的工作过程，包括接受委托、验证、现场查勘、市场调查与询证、评定估算和提交报告等过程。

12）评估结论

报告书的评估结论部分应给出被评估车辆的评估价格、金额（小写、大写）。

13）特别事项说明

报告书中陈述的特别事项是指在已确定评估结果的前提下，评估人员揭示在评估过程中已发现可能影响评估结论，但非评估人员执业水平和能力所能评定估算的有关事项；提示评估报告使用者应注意特别事项对评估结论的影响；揭示鉴定评估人员认为需要说明的其他问题。

14）报告书法律效力

报告书应揭示评估报告的有效日期；特别提示评估基准日的期后事项对评估结论的影响以及评估报告的使用范围等。

15）报告书提出日期

报告书应写明报告书提交给委托方的具体时间。报告书原则上应在确定的评估基准日后1周内提出。

16）附件

报告书的附件应包括二手车鉴定评估委托书、二手车鉴定评估表、车辆行驶证复印件、车辆购置税完税凭证复印件、车辆登记证书复印件、二手车评估师资格证书复印件、鉴定评估机构营业执照复印件、鉴定评估机构资质复印件和二手车照片等。

17）尾部

报告书的尾部应写明出具评估报告的评估机构名称，并盖章；评估机构法人代表签名；注册二手车评估师签名；注册二手车高级评估师审核签章以及报告日期。

> 说明：对于非国有资产车辆的评估，其报告书的内容可适当简化。

四、编制二手车鉴定报告书的步骤

编制报告书是完成评估工作的最后一道工序，也是评估工作中的一个很重要的环节。评估人员通过评估报告不仅要真实准确地反映评估工作情况，而且表明评估者在今后一段时期里对评估的结果和有关的全部附件资料承担相应的法律责任。报告书是记述鉴定评估成果的文件，是鉴定评估机构向委托方和二手车鉴定评估管理部门提交的主要成果。报告书的质量高低，不仅反映鉴定评估人员的水平，而且直接关系到有关各方的利益。这就要求鉴定评估人员编制的报告要思路清晰、文字简练准确、格式规范、有关的取证与调查材料和数据真实可靠。为了达到这些要求，评估人员应按下列步骤进行报告书的编制。

1. 评估资料的分类整理

被评估二手车的有关背景资料、技术鉴定资料及其他可供参考的数据记录等评估资料是编制报告书的基础。一个较复杂的评估项目由两个或两个以上评估人员合作完成，并将评估资料进行分类整理，包括鉴定评估作业表的审核、评估依据的说明和最后形成评估的文字材料。

2. 鉴定评估资料的分析讨论

在整理资料工作完成后，应召集参与鉴定评估工作有关人员，对评估的情况和初步结论进行分析讨论。如果发现其中有提法不妥、计算失准、作价不合理等方面的问题，应进行必要的调整。若采用两种不同方法评估并得出两个不同结论的，需要在充分讨论的基础上得出一个正确的结论。

3. 报告书的编制

评估负责人应根据评估资料讨论后的修正意见，进行资料的汇总编排和报告书的编制工作；然后将二手车鉴定评估的基本情况和报告书初稿得到的初步结论与委托方交换意见，听取委托方的反馈意见后，在坚持客观、公正、科学、可行的前提下，认真分析委托方提出的问题和意见，考虑是否应该修改报告书，对报告书中存在的疏忽、遗漏和错误之处进行修正，待修正完毕后即可编制出正式的报告书。

4. 报告书的审核

报告书先由项目负责人审核，再报评估机构负责人审核签发，同时要二手车鉴定评估人员签字并加盖评估机构公章。送达客户签收时，必须要求客户在收到报告书后，按送达回证上的要求认真填写并要求收件人签字确认。

如果涉及国有资产评估，《国有资产评估管理办法施行细则》有如下规定：

（1）国有资产占有单位收到报告书后提出"资产评估结果确认申请报告"，连同报告书及有关资料，经上级主管部门签署意见后，报批准立项的国有资产管理行政主管部门确认。

（2）国有资产管理行政主管部门对评估结果的确认工作，分为审核验证和确认两个步骤。先对资产评估是否独立公正、科学合理进行审核验证，然后提出审核意见，并下达"资产评估结果确认通知书"。

国有资产管理行政主管部门从以下方面审核验证资产评估报告。

① 资产评估工作过程是否符合政策规定。
② 资产评估机构是否有评估资格。
③ 实际评估范围与规定评估范围是否一致，被评估资产有无漏评和重评。
④ 影响资产价值的因素是否考虑周全。
⑤ 引用的法律、法规和国家政策是否适当。
⑥ 引用的资料、数据是否真实、合理、可靠。
⑦ 运用的评估方法是否科学。
⑧ 评估价值是否合理。
⑨ 其他。

（3）资产评估报告凡符合《国有资产评估管理办法施行细则》的相关要求的，应予以确认，由负责审批的国有资产管理行政主管部门下达确认通知书；不符合要求的，分情况做出修改、重评或不予确认的决定。

（4）经国有资产管理行政主管部门确认的资产评估价值，作为资产经营和产权变动的底价或作价的依据。

五、编制二手车鉴定报告书应注意的事项

1. 实事求是，切忌出具虚假报告

报告书必须建立在真实、客观的基础上，不能脱离实际情况，更不能无中生有。报告拟定人应是参与鉴定评估并全面了解被评估车辆的主要鉴定评估人员。

2. 坚持一致性做法，切忌出现表里不一

报告书文字、内容要前后一致，正文、评估说明、作业表、鉴定工作底稿、格式甚至数据要相互一致，不能出现相互矛盾和不一致的情况。

3）提交报告书要及时、齐全和保密

在正式完成二手车鉴定评估报告工作后，应按鉴定委托书的约定时间及时将报告书送交委托方。送交报告书时，报告书及有关文件要送交齐全。

一、编制二手车鉴定评估报告书

以下按 GB/T 30323—2013 规定，通过实例详细说明二手车鉴定报告书编制的方法。

辽 A0963×二手车鉴定评估报告书

沈阳××二手评估中心××评报字（2021 年）第 106 号

一、绪言

沈阳××二手评估中心接受××的委托，根据《二手车流通管理办法》和《二手车鉴定评估技术规范》等国家有关评估规定，本着客观、独立、公正、科学的原则，按照公认的评估方法，对牌号为辽 A0963×的车辆进行了鉴定。本机构鉴定评估人员按照必要的程序，对委托鉴定评估的车辆进行了实地查勘与市场调查，并对其在 2021 年 5 月 9 日所表现的市场价值做出了公允反映。现将该车辆鉴定评估结果报告如下：

二、委托方信息

委托方：李×　委托方联系人：李×

联系电话：138×××××××　车主姓名/名称：李×

三、鉴定评估基准日

2021 年 5 月 9 日

四、鉴定评估车辆信息

厂牌型号：一汽丰田花冠 2018 款 1.6 L 自动豪华版　牌照号码：辽 A0963×

发动机号：563723×××　车辆 VIN 码：LFV××××××××××××

车身颜色：灰　表征里程：4.6 万 km　初次登记日期：2018 年 3 月

年审检验合格至：2021 年 9 月　交强险截止日期：2021 年 9 月

车船税截止日期：2021 年 9 月

是否为查封、抵押车辆：☐是　☑否　车辆购置税（费）证：☑有　☐无

机动车登记证书：☑有　☐无　机动车行驶证：☑有　☐无

未接受处理的交通违法记录：☐有　☑无

使用性质：☐公务用车　☑家庭用车　☐营运用车　☐出租车　☐其他：＿＿＿

五、技术鉴定结果

技术状况缺陷描述：前保险杠有划痕，面积为大于 100 mm×100 mm，小于或等于 200 mm×300 mm；轮胎花纹深度小于 1.6 mm；发动机皮带有轻度老化；储物盒有裂纹；空调制冷较慢；行驶跑偏；油底壳有轻度渗油；随车工具不全。

技术状况鉴定等级：二级（等级描述：该车技术状况鉴定得分为 88 分，根据二手车等级评定标准，因 60≤鉴定总分＜90，故评定为二级）。

六、价格评估

价格估算方法：□现行市价法　　☑重置成本法　　□其他＿＿＿＿＿＿＿＿＿＿＿＿。

价格估算结果：车辆鉴定评估价格为人民币 <u>82 320</u> 元，金额大写：<u>捌万贰仟叁佰贰拾圆整</u>。

七、特别事项说明[1]

无。

八、鉴定评估报告法律效力

本鉴定评估结果可以作为作价参考依据。本项鉴定评估结论有效期为 90 天，自鉴定评估基准日起至 <u>2021</u> 年 <u>8</u> 月 <u>9</u> 日止。

九、声明：

（1）本鉴定评估机构对该鉴定评估报告承担法律责任。

（2）本报告书所提供的车辆评估价格为评估基准日的价格。

（3）本鉴定评估报告书的使用权归委托方所有，其鉴定评估结论仅供委托方为本项目鉴定评估目的使用和送交二手车鉴定评估主管机关审查使用，不适用于其他目的，否则本鉴定评估机构不承担相应法律责任；因使用本报告书不当而产生的任何后果与签署本报告书的鉴定评估人员无关。

（4）本鉴定评估机构承诺，未经委托方许可，不将本报告书的内容向他人提供或公开，否则本鉴定评估机构将承担相应的法律责任。

附件：

一、二手车鉴定评估委托书（略）

二、二手车技术状况鉴定作业表

三、车辆行驶证、机动车登记证书复印件（略）

四、被鉴定评估二手车照片（略）

二手车评估师（签字、盖章）×××　　　　复核人[2]（签字、盖章）×××

2021 年 5 月 9 日　　　　　　　　　　　　2021 年 5 月 9 日

（二手车鉴定评估机构盖章）

2021 年 5 月 9 日

[1] 特别事项是指在已确定鉴定评估结果的前提下，鉴定评估人员认为需要说明在鉴定过程中已发现可能影响鉴定评估结论，但非鉴定评估人员执业水平和能力所能评定估算的有关事项以及其他问题。

[2] 复核人是指具有高级二手车评估师资格的人员。

备注：1. 本报告书和作业表一式三份，委托方二份，受托方一份；

2. 鉴定评估基准日即为"二手车鉴定评估委托书"签订的日期。

二手车鉴定评估表

车主		李×		所有权性质		□公 ☑私		联系电话	×××
住址		×××					经办人		
原始情况	厂牌型号		一汽丰田花冠2018款1.6L自动豪华版			牌照号		辽A0963×	
	车辆识别代号（VIN）			L×××			车辆颜色		黑
	发动机号		×××			车架号		L×××	
	总质量/座位/排量			5座			燃料种类		汽油
	初次登记日期		2018年3月			车辆出厂日期		2018年01月	
	已使用年限		3年2个月		表征行驶里程	4.6万km	使用用途		家庭用车
填写交易所需的证件及税费	证件		☑原始发票　☑机动车登记证书　☑机动车行驶证 ☑法人代码证或身份证　☑其他						
	税费		☑购置附加税　☑车船使用税　☑其他						
结构特点	（1）汽油机。 （2）发动机前置（横置）前驱，每缸4气门，采用双VVT-i，直列4缸多点顺序喷射电控发动机。 （3）5速手动变速器。 （4）电子助力转向、中控门锁、前后电动车窗、ABS\EBD、倒车雷达、空调等。 （5）三厢汽车。 （6）前后盘式制动。								
现时技术状况	前保险杠有划痕，面积为大于100 mm×100 mm，小于或等于200 mm×300 mm；轮胎花纹深度小于1.6 mm；发动机皮带有轻度老化；储物盒有裂纹；空调制冷较慢；行驶跑偏；油底壳有轻度渗油；随车工具不全。								
价值反映	维护保养情况		一般			现时状态		在用	
	账面原值/元		128 000			车主报价/元		80 000	
	重置成本/元	98 000		成新率/%		84	评估价值/元		82 320
鉴定评估目的：交易									

鉴定评估说明：
年限成新率＝（预计车辆剩余使用年限/车辆使用年限）×100%＝[（180－38）/180]×100%＝78.89%
技术鉴定成新率＝（车辆技术状况分值/100）×100%＝（88/100）×100%＝88%
技术鉴定成新率权重系数取60%，年限成新率权重系数取40%。
综合成新率＝年限成新率×a＋技术鉴定成新率×b
　　　　　＝78.89%×40%＋88%×60%≈84%
车辆评估价值＝更新重置成本×综合成新率＝9.8×84%＝8.232(万元)

注册二手车评估师（签名）：×××　　　　　复核人（签名）：×××
2021年5月9日　　　　　　　　　　　　　2021年5月9日

二、归档工作底稿

将二手车鉴定评估报告书及其附件与工作底稿独立汇编成册,存档备查。档案保存一般不低于5年;鉴定评估目的涉及财产纠纷的,其档案至少应当保存10年;法律法规另有规定的,从其规定。

一、考核方法

(1) 教师为每组学员准备好二手车及其相关资料和相关证件,并准备好必要的检测工具(如钢直尺、轮胎花纹深度尺等)和检测仪器(如万用表、汽车故障诊断仪等)。

(2) 学员分组进行车辆技术状况鉴定,要求做必要的记录并填写考核专用的"二手车鉴定评估表"。

(3) 教师观察学员现场查勘过程,按"技能考核记录表"(见表3-15)规定的审查内容、应提问的问题和评分标准检查学员查勘情况、回答问题情况,并给出相应的成绩。

(4) 学员根据对二手车的检查结果,用重置成本法计算二手车评估价格(重置成本可由教师给出),并编写考核专用的"二手车鉴定评估报告书"。

(5) 学员完成"二手车鉴定评估表"和"二手车鉴定评估报告书"后提交老师。

(6) 教师审阅学员提交的"二手车鉴定评估表"和"二手车鉴定评估报告书",按相应的评分标准给出成绩。

> 说明:上述考核用表见本书配套教学资源包中的"技能学习工单9"。

(7) 教师将"二手车鉴定评估表"(25分)、"技能考核记录表"(35分)、"二手车鉴定评估报告书"(15分)和"二手车价格计算过程说明书"(25分)四个实际成绩汇总,得出本次实操考核总成绩。

二、评分标准

1. "二手车鉴定评估表"评分标准

"二手车鉴定评估表"的评分标准见表3-22。

表3-22 二手车评估鉴定表评分标准(25分)

说明:表中凡已填有"×××"处,无须考生填写。

车主	(1分)		所有权性质	□公☑私	联系电话	×××
住址	×××			经办人	×××	
车辆技术参数与使用情况	厂牌型号	(1分)	机动车牌号	(1分)	车辆类型	
	车辆识别代号(VIN)		(1分)		颜色	
	发动机号	(1分)		车架号	(1分)	

续表

车主	(1分)		所有权性质	□公 ☑私	联系电话	×××
住址	×××			经办人	×××	
车辆技术参数与使用情况	载质量/座位/排量		(1分)		燃料种类	
	初次登记日期	年 月		车辆出厂日期	年 月 (1分)	
	已使用年限	年 个月	表征行驶里程	万千米	使用用途	
检查核对交易证件	证件	□原始发票 □登记证 □行驶证 □法人代码或身份证 □其他				
	税费	□购置税 □其他				
结构特点	(10分)					
现时技术状况	(2分)					
维护情况				现时状态		
价值反映	账面原值/元	×××		车主报价/元	×××	
	重置成本/元	(1分)	成新率		评估价格/元	

鉴定评估目的：(1分)

评估过程：(2分)

注册二手车评估师（签名）：_____ (1分)　　复核人（签名）：×××
×××年×××月×××日　　　　　　　　　　　×××年×××月×××日

填表说明：
①现时技术状况：必须如实填写对车辆进行技术鉴定的结果，客观真实地反映出二手车主要部分（含车身、底盘、发动机、电气系统、内饰等）以及整车的现时技术状况。
②鉴定评估说明：应详细说明重置成本的计算方法、成新率的计算方法以及评估价格的计算方法。

2. 技能考核评分标准

技能考核评分标准按"技能考核记录表"（见表3-23）中的规定执行。

表3-23　二手车评估师职业资格考试中级技能考核评分标准（35分）

序号	考核内容	考核要点	评分标准	配分	扣分	得分
1	核对证件、手续	核对被评估车辆的相关证件及手续是否齐全、真实合法，是否与被评估车相吻合（包括车牌照、发动机号、底盘号、出厂号或VIN码）	少查一项扣3分	15		
2	全车外观检查	（1）全车车况：外形、喷漆是否完好；车灯、风窗玻璃、保险杠、轮胎是否良好，底盘是否锈蚀、碰撞。 （2）车门检查：开闭是否灵活；车门是否变形；与车身接合是否紧密；车门锁是否良好；电动车窗工作是否正常。 （3）检查内饰、行李舱：座椅、顶篷、地毯是否完好，行李舱内是否良好；是否存在密封、漏水情况	少查1项扣1分	8		

续表

序号	考核内容	考核要点	评分标准	配分	扣分	得分
3	汽车装备及技术状况检查及考核项目	1. 发动机 （1）外观检查：新旧程度，是否漏电（水），检查机油尺（量）。 （2）教师可提问的问题：火花塞、分电器、喷油器、空气流量传感器、节气门位置传感器名称或位置	少查一项或教师问题未答出1项扣0.5分	5		
		2. 底盘 （1）制动踏板操作，打转向盘动作，传动系统检查，离合器动作，变速杆操作，减震器检查（压车头法），轮胎外观检查。 （2）教师可提问的问题：指出ABS控制器名称及位置；轮胎规格；动力转向泵名称或位置	少查一项或教师问题未答出1项扣0.5分	4		
		3. 电气设备 （1）打开灯光开关，检查灯光；打开转向开关，检查转向灯；打开空调开关，检查空调；打开收音机（音响）开关，检查收音机音响；检查仪表板（打开点火开关Ⅰ挡）上的显示；打开刮水器，检查刮水器工作情况。 （2）教师可提问的问题：指出空气压缩机或位置；指出发电机或位置；指出安全气囊的位置；指出仪表板上各仪表名称	少查一项或教师问题未答出1项扣0.5分	3		
4		合计		35		

3. 评估报告书评分标准

评估报告书评分标准按下述规定执行。

二手车鉴定评估报告书评分标准（共15分）

说明：考生只填写空白处，打"×××"处，考生不需要填写。

×××二手车鉴定评估报告书

×××评报字（×××年）第×××号

一、绪言

×××接受×××的委托，根据国家有关评估及《二手车流通管理办法》和《二手车鉴定评估技术规范》的规定，本着客观、独立、公正、科学的原则，按照公认的评估方法，对牌号为_____（1分）的车辆进行了鉴定。本机构鉴定评估人员按照必要的程序，对委托鉴定评估的车辆进行了实地查勘与市场调查，并对其在×××年××月××日所表现的市场价值做出了公允反映。现将该车辆鉴定评估结果报告如下：

二、委托方信息

委托方：_____（1分）　委托方联系人：×××　联系电话：×××　车

主姓名/名称：×××

三、鉴定评估基准日
年____月____日（1分）

四、鉴定评估车辆信息
厂牌型号：×××　　牌照号码：×××
发动机号：×××　　车辆 VIN 码：×××
车身颜色：×××　　表征里程：×××　　初次登记日期：_____（1分）
年审检验合格至：×××年××月　　交强险截止日期：××××年××月
车船税截止日期：××××年××月
是否为查封、抵押车辆：□是　☑否　　车辆购置税（费）证：☑有　□无
机动车登记证书：☑有　□无　　机动车行驶证：☑有　□无
未接受处理的交通违法记录：□有　☑无
使用性质：□公务用车　☑家庭用车　□营运用车　□出租车　□其他：_____

五、技术鉴定结果
技术状况缺陷描述（3分）：

重要配置及参数信息（2分）：

技术状况鉴定等级：_____（1分）　　等级描述：_____（1分）。

六、价格评估
价格估算方法：□现行市价法　☑重置成本法　□其他_____。
价格估算结果：车辆鉴定评估价格为人民币____元，金额大写：_____。（1分）

七、特别事项说明[1]
无。

八、鉴定评估报告法律效力
本鉴定评估结果可以作为作价参考依据。本项鉴定评估结论有效期为90天，自鉴定评估基准日起至____年____月____日止。（1分）

九、声明：
（1）本鉴定评估机构对该鉴定评估报告承担法律责任。
（2）本报告所提供的车辆评估价值为评估基准日的价值。
（3）本鉴定评估报告的使用权归委托方所有，其鉴定评估结论仅供委托方为本项目鉴

定评估目的使用和送交二手车鉴定评估主管机关审查使用，不适用于其他目的，否则本鉴定评估机构不承担相应的法律责任；因使用本报告不当而产生的任何后果与签署本报告书的鉴定评估人员无关。

（4）本鉴定评估机构承诺，未经委托方许可，不将本报告的内容向他人提供或公开，否则本鉴定评估机构将承担相应法律责任。

附件：（1分）

一、二手车鉴定评估委托书
二、二手车技术状况鉴定评估表
三、车辆行驶证、机动车登记证书复印件
四、被鉴定评估二手车照片

二手车评估师（签字、盖章）（1分）　　　　　　复核人[2]（签字、盖章）×××
　×××× 年×× 月×× 日　　　　　　　　　　×××× 年×× 月×× 日
　　　　　　　　　　　　　　　　　　　　　（二手车鉴定评估机构盖章）
　　　　　　　　　　　　　　　　　　　　　　×××× 年×× 月×× 日

[1] 特别事项是指在已确定鉴定评估结果的前提下，鉴定评估人员认为需要说明在鉴定过程中已发现可能影响鉴定评估结论，但非鉴定评估人员执业水平和能力所能评定估算的有关事项以及其他问题。
[2] 复核人是指具有高级二手车评估师资格的人员。

备注：1. 本报告书和作业表一式三份，委托方二份，受托方一份；
2. 鉴定评估基准日即为"二手车鉴定评估委托书"签订的日期。

 学习效果检验

一、思考题

1. 二手车鉴定评估报告书对评估机构有哪些作用？
2. 编制二手车鉴定评估报告书时有哪些基本要求？
3. 简要说明编制二手车鉴定评估报告书的步骤。
4. 编制二手车鉴定评估报告书时应注意哪些事项？

二、单项选择题

1. 下列对二手车鉴定评估报告书的描述，不正确的是（　　）。
A. 二手车鉴定评估报告书是提交给委托方的法定性文件
B. 二手车鉴定评估报告书是二手车鉴定评估机构对二手车的作价意见
C. 二手车鉴定评估报告书是二手车鉴定评估机构履行评估合同情况的总结
D. 二手车鉴定评估报告书是二手车鉴定评估机构为其所完成的鉴定评估结论承担相应法律责任的证明文件

2. 下列关于二手车鉴定评估报告书对于委托方作用的描述，不正确的是（　　）。
A. 二手车鉴定评估报告书作为产权交易变动的作价依据
B. 二手车鉴定评估报告书作为法庭辩论和裁决时确认财产价格的举证材料
C. 二手车鉴定评估报告书作为统计评估业务的基础材料
D. 二手车鉴定评估报告书作为支付评估费用的依据

3. 二手车鉴定评估报告书不需要（　　）签章。
   A. 评估人员　　　　　　　　　　　B. 复核人
   C. 财务人员　　　　　　　　　　　D. 评估机构
4. 下列选项中，（　　）不属于二手车鉴定评估报告书的附件。
   A. 二手车鉴定评估委托书
   B. 车辆照片
   C. 二手车鉴定评估师资格证书复印件
   D. 依据的法律文件
5. 下列选项中，（　　）不是二手车鉴定评估报告书中陈述的特别事项。
   A. 已确定评估结果的前提下，评估人员揭示在评估过程中已发现可能影响评估结论，但非评估人员执业水平和能力所能评定估算的有关事项
   B. 提示二手车鉴定评估报告书使用者应注意特别事项对评估结论的影响
   C. 揭示鉴定评估人员认为需要说明的其他问题
   D. 二手车鉴定评估报告书的法律效力时限
6. 二手车鉴定评估报告书提交给委托方的最迟时间为：确定评估基准日后（　　）天。
   A. 1　　　　　B. 3　　　　　C. 5　　　　　D. 7
7. 二手车鉴定评估报告书的法律效力一般为（　　）天。
   A. 30　　　　B. 60　　　　C. 90　　　　D. 180
8. 经国有资产管理行政主管部门确认的资产评估价值，不可作为（　　）。
   A. 资产经营的底价　　　　　　　　B. 产权变动的底价
   C. 资产拍卖的最终价格　　　　　　D. 资产清查的作价依据
9. 二手车鉴定评估报告书的复核人必须是（　　）。
   A. 评估机构负责人　　　　　　　　B. 参与评估工作的评估师
   C. 高级二手车评估师　　　　　　　D. 上级主管部门领导
10. 鉴定评估基准日即为（　　）的日期。
    A. 签订二手车鉴定评估委托书　　　B. 制定二手车鉴定评估作业方案
    C. 开始鉴定评估　　　　　　　　　D. 向委托方送交评估报告书

三、多项选择题

1. 二手车鉴定评估报告书应有（　　）的签字。
   A. 二手车评估师　　　　　　　　　B. 二手车鉴定评估机构法人代表
   C. 二手车评估机构财会主管　　　　D. 委托人
2. 二手车鉴定评估报告书的附件有（　　）。
   A. 评估方法说明和计算过程
   B. 资产评估机构评估资格证明文件复印件
   C. 被评估单位占有资产的证明文件复印件
   D. 其他与评估有关的文件资料
3. 下列选项中，（　　）属于二手车的技术鉴定资料。
   A. 车辆技术参数表　　　　　　　　B. 车辆检测报告单
   C. 现场查勘记录表　　　　　　　　D. 保险公司提供的事故理赔清单

4. 二手车鉴定评估报告书法律效力的内容中，应包括（　　）。
   A. 揭示二手车鉴定评估报告书的有效日期
   B. 提示评估基准日的期后事项对评估结论的影响
   C. 二手车鉴定评估报告书的使用范围
   D. 二手车鉴定评估报告书的包装方式
5. 二手车鉴定评估报告书由（　　）审核。
   A. 项目负责人　　　　　　　　　　B. 高级二手车评估师
   C. 评估机构负责人　　　　　　　　D. 评估机构财务主管
6. 下列关于编制二手车鉴定评估报告书的基本要求的描述中，正确的是（　　）。
   A. 鉴定评估报告必须遵守客观、公正、实事求是的原则
   B. 鉴定评估报告要写明评估基准日，并且不得随意更改
   C. 鉴定评估报告应有明确的鉴定估算价值的结果
   D. 鉴定评估报告还应有齐全的附件
7. 二手车鉴定评估报告书中的委托方与车辆所有方简介中，应写明（　　）。
   A. 应写明委托方、委托方联系人的名称、联系电话及住址
   B. 委托方的身份证号码
   C. 车主的名称
   D. 委托方要求评估的目的
8. 二手车鉴定评估报告书中陈述的特别事项是指（　　）。
   A. 已确定评估结果的前提下，评估人员揭示在评估过程中已发现可能影响评估结论，但非评估人员执业水平和能力所能评定估算的有关事项
   B. 提示评估报告使用者应注意特别事项对评估结论的影响
   C. 揭示鉴定评估人员认为需要说明的其他问题
   D. 评估报告的法律效力时限
9. 下列关于二手车鉴定评估报告书的描述，正确的是（　　）。
   A. 鉴定评估机构对该鉴定评估报告承担法律责任
   B. 二手车鉴定评估报告书所提供的车辆评估价值为评估基准日的价值
   C. 二手车鉴定评估报告书的使用权归评估机构所有
   D. 若二手车鉴定评估报告书用于本次二手车评估之外的目的，二手车鉴定评估机构不承担相应法律责任
10. 下列关于二手车鉴定评估报告书的描述，正确的是（　　）。
    A. 二手车鉴定评估报告书应送交二手车鉴定评估主管机关审查使用
    B. 因使用评估报告不当而产生的任何后果与签署报告书的鉴定评估人员无关
    C. 二手车鉴定评估机构在任何情况下，不得将报告书向他人提供
    D. 二手车鉴定评估主管机关可以将二手车鉴定评估报告书公开

四、判断题

（　　）1. 二手车鉴定评估报告书具有公证书的作用。

（　　）2. 二手车鉴定评估报告书必须有评估机构法人代表的签字。

（　　）3. 鉴定评估报告书要写明评估基准日，并且不得更改。

（　　）4. 二手车评估机构有服务商标的，可以在报告书封面载明其图形标志。
（　　）5. 二手车评估的行为依据就是评估委托书。
（　　）6. 对于二手车鉴定评估报告书中的评定及取价依据，编写得越多越好。
（　　）7. 在二手车鉴定评估报告书中要简要说明选择评估方法的依据或原因。
（　　）8. 在二手车鉴定评估报告书中，对于所选择的特殊评估方法，应适当介绍其原理与适用范围。
（　　）9. 在编制二手车鉴定评估报告书的过程中，不需要与委托方交换意见。
（　　）10. 对于咨询类服务，由于其要求并不严格，所以二手车鉴定评估时只提供鉴定评估作业表供存档即可。
（　　）11. 如果因客观原因，使评估时间延长，则应更改评估报告书的评估基准日期。
（　　）12. 在选择评估目的时，可以同时选择两个。
（　　）13. 在确定评估方法时，可以同时选择两个。
（　　）14. 在二手车鉴定评估报告书有效期内，即使二手车市场价格发生变化，也不需要再做重新评估。
（　　）15. 二手车鉴定评估报告书先由项目负责人审核，再报评估机构经理审核签发，同时要二手车鉴定评估人员签字并加盖评估机构公章。
（　　）16. 二手车鉴定评估报告书送达客户签收时，必须要求客户在收到评估书后，按送达回证上的要求认真填写并要求收件人签字确认。
（　　）17. 二手车鉴定评估报告书的拟定人应是二手车鉴定评估机构的负责人。
（　　）18. 二手车鉴定评估报告书属于保密文件。
（　　）19. 二手车鉴定评估报告书需要打印 2 份。
（　　）20. 二手车鉴定评估档案保存一般不低于 5 年。

任务 3-3　引导客户办理二手车交易后续业务

任务导入

二手车交易是一种产权交易，实现二手车所有权从卖方到买方的转移过程。二手车必须完成过户登记才算是合法、完整的交易。

二手车交易必须符合《二手车交易规范》的相关规定，并按照规定的程序进行。

凡销往外城市的二手车，交易完成后，均需办理二手车的转出登记和转入登记，统称为二手车的转移登记。

二手车转移登记必须符合《机动车登记规定》的相关规定，并按照规定的程序进行。

本任务主要学习二手车交易的后续相关手续及办理流程。

学习目标

（1）能够正确描述机动车过户登记、变更登记、转出登记及转入登记的含义及要求。

（2）能够正确描述二手车直接交易、销售交易、拍卖交易及二手转移登记的标准程序。
（3）能够正确描述二手车交易合同的种类及各类型交易合同应包含的主要内容。
（4）能够引导客户办理二手车交易过户业务，二手车登记过户业务，其他税、证变更业务，二手车拍卖委托业务，二手车转移登记业务。
（5）培养乐于助人、团队协作、执行标准等职业素养。

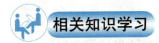
相关知识学习

一、机动车相关登记

1. 过户登记

机动车过户登记是指已注册登记的机动车的所有权发生转移，且原机动车所有人和现机动车所有人的住所在同一车辆管理所管辖区的（也称为同城），现机动车所有人应当于车辆所有权转移之日起30日内，到车辆管辖地车辆管理所申请办理过户登记手续。

1）主要证明材料

过户登记所需的主要证明材料有现机动车所有人的身份证明、机动车登记证书、机动车行驶证、机动车来历凭证、申请办理过户登记的机动车的标准照片。

2）过户登记事项

过户登记时需要的信息主要包括现机动车所有人的姓名或者单位名称，身份证号码或者单位代码，过户登记的日期，其他事项与注册登记时基本相同。需要特别注意的是，并不是所有机动车均可办理过户登记手续，车辆有下列情形之一的，不予办理过户手续。

（1）已经达到国家《机动车强制报废标准规定》以及各地方制定的有关报废规定、报废标准的机动车，或者属于利用报废车辆的零部件拼（组）装的机动车。
（2）机动车与该车的机动车档案记载的事项不一致的。
（3）机动车未解除海关监管的。
（4）机动车办理了抵押登记的。
（5）机动车或者机动车档案被人民法院、人民检察院、行政执法部门依法查封扣押的。
（6）机动车所有人提交的资料无效的。
（7）机动车所有人身份证明记载的姓名或者单位名称与机动车来历凭证记载的姓名或者单位名称不一致的。
（8）机动车所有人的机动车来历凭证（海关监管车辆除外）、车辆购置税的完税证明或者免税证明记载的内容与机动车不一致的。
（9）机动车所有人的住所不在该车辆管理所管辖区内的。
（10）机动车环保或安全检验不符合强制性国家标准规定的。
（11）机动车属于被盗抢的车辆。

2. 变更登记

机动车变更登记是指机动车注册登记之后，如果车主变更（如改变了姓名、住址等）或车辆变更（如改变车身颜色或更换发动机等），须向车辆管理所申请变更登记，在机动车登记证书上记载变更登记事项，交回原机动车行驶证，领取重新核发的机动车行驶证。

机动车变更登记不仅是车主的义务，也是此后作为二手车交易时所必须首先完成的事项，否则将无法顺利办理过户手续。有下列情形之一的，应当申请变更登记：

（1）机动车所有人更改姓名、单位名称或者身份证明号码的。

（2）机动车所有人住所在本市范围内改变的。

（3）改变车身颜色的。

（4）更换发动机或者改变燃料种类的。

（5）因故损坏无法修复需要更换同型号车身或者车架的。

（6）因质量问题，制造厂家给机动车所有人更换整车或者更换同型号发动机、车身、车架的。

目前，机动车变更登记手续不断简化，大多数的变更可以先变更后申请。

3. 转出登记

机动车转出登记是指已注册登记机动车所有人的住所迁出原车辆管理所管辖区的，或者机动车所有权发生转移且现机动车所有人的住所不在原车辆管理所管辖区的，现机动车所有人于住所迁出或者机动车所有权转移之日起30日内，向机动车管辖地车辆管理所申请办理转出登记手续。在办理转出登记手续时，机动车应在环保和安全检验合格有效期内。

在二手车的异地交易中，都涉及二手车的转出登记，登记事项包括机动车获得方式，机动车来历凭证的名称、编号（进口机动车进口凭证的名称、编号），机动车销售单位或者交易市场的名称和机动车销售价格等。

4. 转入登记

机动车转入登记是指已注册登记机动车所有人的住所迁入一个新的车辆管理所管辖区且在原车辆管理所已办理转出登记的，或者机动车所有权发生转移且现机动车所有人的住所不在原车辆管理所管辖区，并已在原车辆管理所办理了转出登记的，现机动车所有人应当自办结转出登记之日起90日内，向现机动车管辖地车辆管理所申请转入登记。

在二手车的异地交易中，都需要办理二手车的转入登记手续。

办理转入登记的机动车须符合转入地的环保规定，这一点对于从环保要求较低的地区向环保要求高的中心城市转入的二手车，要给予特别注意。转入登记事项除了有关保险的内容外，其他内容都与转出登记时相同。办理转入登记手续所需的材料包括机动车所有人的身份证件、机动车登记证书、机动车档案、申请办理转入登记的机动车的标准照片等，其办理流程与新车注册登记基本相同。

5. 抵押登记

机动车抵押登记是指机动车所有人作为抵押人，将机动车作为抵押物，并与抵押权人一起，到车辆管理所或车管分所办理抵押登记。办理抵押登记手续时需提交的材料有：机动车抵押/注销抵押登记申请表、身份证明、机动车登记证书、机动车行驶证、VIN码和发动机号拓印膜。解除抵押时，抵押人、抵押权人需共同向车辆管理所申请办理解除抵押手续。

· 230 ·

二、二手车交易合同

1. 订立合同的基本原则

二手车交易合同是指二手车经营公司、经纪公司与法人、其他组织和自然人相互之间为实现二手车交易的目的,明确相互权利义务关系,所订立的协议。

订立二手车交易合同时须遵守以下基本原则。

1)合法原则

订立二手车交易合同,必须遵守法律和行政法规。合同的内容及订立合同的程序、形式只有与法律法规相符合,才会具有法律效力,当事人的合法权益才可得到保护。任何单位和个人都不得利用经济合同进行违法活动,扰乱市场秩序,损害国家和社会利益,牟取非法收入。

2)平等互利、协商一致原则

订立合同的当事人法律地位一律平等,任何一方不得以大欺小、以强凌弱,把自己的意愿强加给对方,双方都必须在完全平等的地位上签订二手车交易合同。二手车交易合同应当在当事人之间充分协商、意见一致的基础上订立,采取胁迫、乘人之危、违背当事人真实意志而订立的合同都是无效的,也不允许任何单位和个人进行非法干预。

2. 合同的主体

二手车交易合同主体是指为了实现二手车交易目的,以自己名义签订交易合同,享有合同权利、承担合同义务的组织和个人。根据《中华人民共和国合同法》的规定,我国合同当事人按其法律地位来划分,可分为法人、其他组织和自然人3种。

1)法人

法人是指具有民事权利能力和民事行为能力,依法独立享有民事权利和承担民事义务的组织(包括企业法人、机关法人、事业单位法人和社会团体法人),它必须具备以下条件:

(1)依法成立。

(2)有必要的财产或经费。

(3)有自己的名称、场所和组织机构。

(4)能够独立承担民事责任。

2)其他组织

其他组织是指合法成立、有一定的组织机构和财产,但又不具备法人资格的组织,如私营独资企业、合伙组织和个体工商户。

3)自然人

自然人是指具有完全民事行为能力,可以独立进行民事活动的人。

3. 合同的内容

二手车交易合同的内容包括主要条款和其他条款两部分。

1)主要条款

(1)标的。标的指合同当人双方权利和义务共同指向的对象,可以是物也可以是行为。二手车交易合同的标的是被交易的二手车。

（2）数量。数量是指被交易二手车的台数。
（3）质量。质量是标的内在因素和外观形态优劣的标志，是标的满足人们一定需要的具体特征，如二手车技术状况的简要描述。
（4）履行期限、地点和方式。
（5）违约责任。
（6）根据法律规定的或按合同性质必须具备的条款及当事人一方要求必须规定的条款。

2）其他条款

其他条款包括合同的包装要求、某种特定的行业规则和当事人之间交易的惯有规则。

4. 合同的变更和解除

1）合同的变更

交易合同的变更，通常是指依法成立的交易合同尚未履行或未完全履行之前，当事人就其内容进行修改和补充而达成的协议。

交易合同的变更必须以有效成立的合同为对象，凡未成立或无效的合同，不存在变更问题。交易合同的变更是在原合同的基础上，达成一个或几个新的合同作为修正，以新协议代替原协议。所以，变更作为一种法律行为，使原合同的权利义务关系消灭，新权利义务关系产生。

2）合同的解除

交易合同的解除，是指交易合同订立后，没有履行或没有完全履行以前，当事人依法提前终止合同。

3）合同变更和解除的条件

《中华人民共和国合同法》规定，凡发生下列情况之一的，允许变更或解除合同。
（1）当事人双方经协商同意，并且不因此损害国家利益和社会公共利益。
（2）由于不可抗力因素致使合同的全部义务不能履行。
（3）由于另一方在合同约定的期限内没有履行合同。

5. 违约责任

违约责任，是指交易合同一方或双方当事人由于自己的过错造成合同不能履行或不能完全履行，依照法律或合同约定必须承受的法律制裁。

1）违约责任的性质

违约责任的性质分为等价补偿和违约惩罚两种。
（1）等价补偿。凡是已给对方当事人造成财产损失的，就应当承担补偿责任。
（2）违约惩罚。合同当事人违反合同的，无论这种违约是否已经给对方当事人造成财产损失，都要依照法律规定或合同约定，承担相应的违约责任。

2）承担违约责任的条件

承担违约责任必须具备两个必要条件，即要有违约行为及行为人要有过错。
（1）违约行为。要追究违约责任，必须有合同当事人不履行或不完全履行的违约行为。它可分为作为违约和不作为违约。
（2）过错。过错是指当事人违约行为主观上出于故意或过失。故意是指当事人应当预见自己的行为会产生一定的不良后果，但仍用积极的不作为或者消极的不作为希望或放任这种后果的发生；过失是指当事人对自己行为的不良后果应当预见或能够预见到，而由于疏忽大意没有预见到或虽已预见到但轻信可以避免，以致产生不良后果。

3）承担违约责任的方式

承担违约责任的方式有违约金、赔偿金和继续履行3种。

（1）违约金。违约金是指合同当事人因过错不履行或不适当履行合同，依据法律规定或合同约定，支付给对方一定数额的货币。根据《中华人民共和国合同法》及有关条例或实施细则的规定，违约金分为法定违约金和约定违约金两种。

（2）赔偿金。赔偿金是指合同当事人一方过错违约给另一方当事人造成损失超过违约金数额时，由违约方当事人支付给对方当事人的一定数额的补偿货币。

（3）继续履行。继续履行指合同违约方支付违约金、赔偿金后，应对方的要求，在对方指定或双方约定的期限内，继续完成没有履行的那部分合同义务。

违约方在支付了违约金、赔偿金后，合同关系尚未终止，违约方有义务继续按约履行，最终实现合同目的。

6. 合同纠纷与处理方式

合同纠纷，指合同当事人之间因对合同的履行状况及不履行的后果所发生的争议。根据《中华人民共和国合同法》及有关条例的规定，我国合同纠纷的解决方式一般有协商、调解、仲裁和诉讼4种方式。

1）协商

协商是指合同当事人之间直接磋商，自行解决彼此间发生的合同纠纷。这是合同当事人在自愿、互谅互让的基础上，按照法律、法规的规定和合同的约定，解决合同纠纷的一种方式。

2）调解

调解是指由合同当事人以外的第三人（如交易市场管理部门或二手车交易管理协会等）出面调解，使争议双方在互谅互让的基础上自愿达成解决纠纷的协议。

3）仲裁

仲裁是指合同当事人将合同纠纷提交国家规定的仲裁机关，由仲裁机关对合同纠纷做出裁决的一种活动。

4）诉讼

诉讼是指合同当事人之间发生争议而合同中未规定仲裁条款或未达成仲裁协议的情况下，由当事人一方将争议提交有管辖权的法院按诉讼程序审理做出判决的活动。

7. 二手车交易合同的种类

根据《二手车流通管理办法》规定，二手车交易双方应该签订交易合同，要在合同当中对二手车的状况、来源的合法性、费用负担以及出现问题的解决方法等方面进行约定，以便分清各自的责任和义务。

《二手车交易规范》第十九条规定，进行二手车交易应当签订合同。合同示范文本由国务院工商行政管理部门制定。

二手车交易合同按当事人在合同中处于出让、受让或居间中介的不同情况，可分为二手车买卖合同和二手车居间合同两种。

1）二手车买卖合同（式样）

二手车买卖合同

合同编号：_____

签订时间：_____年_____月_____日

甲方：（售车方）_____
乙方：（购车方）_____

第一条 目的

依据国家有关法律、法规和本市有关规定，甲、乙双方在自愿、平等和协商一致的基础上，就订立二手车买卖合同，并完成其他委托的服务事项达成一致，订立本合同。

第二条 当事人及车辆情况

一、甲方（售车方）基本情况

（1）单位代码证号□□□□□□□□□□□□□□□-□，经办人_____，
身份证号码□□□□□□□□□□□□□□□□□□。
　单位地址_____，联系电话_____。
（2）自然人身份证号码□□□□□□□□□□□□□□□□□□
　现常住地址_____，联系电话_____。

二、乙方（购车方）基本情况

（1）单位代码证号□□□□□□□□□□□□□□□-□，经办人_____，
身份证号码□□□□□□□□□□□□□□□□□□。
　单位地址_____，联系电话_____。
（2）自然人身份证号码□□□□□□□□□□□□□□□□□□
　现常住地址_____，联系电话_____。

三、出售车辆基本情况

车辆牌号_____，车辆类别_____。
厂牌型号_____，颜色_____。
初次登记日期_____，登记证号_____。
发动机号码_____，车架号码_____。
行驶里程_____km，允许使用年限至_____年____月____日。
车辆年检签证有效期至_____年__月。
车辆购置税完税证号_____/免税交纳（有证/无证）。
车辆保险险种：1._____ 2._____ 3._____ 4._____。
保险有效期截止日期：_____年____月____日。
配置：_____
_____。
其他情况：_____
_____。

第三条 车辆价款

经协商一致，本车价款定为人民币_____元（大写：_____元），上述价款包括车辆、备胎及_____等附件。

过户手续费为人民币_____元（大写：_____元），由_____方负责。

第四条 付款及交付、过户

1. 乙方于合同签订后（当日/____日）内支付价款____%（人民币：_____元，大写：_____元）作为定金支付给甲方；支付方式：（现金/指定账户）。

2. 甲方于合同签订（当日/____日）内，将本车（过户/转籍）所需的有关证件原件及复印件交付给____方，由_____方负责办理（过户/转籍）手续。

3. 乙方于（过户/转籍）事项完成后（当日/____日）内向甲方支付剩余价款（人民币____元，大写：_____元）；支付方式：（现金/指定账户）。

第五条 双方的权利和义务

1. 甲方承诺车辆出让时不存在任何权属上的法律问题和各类尚未处理完毕的交通违章记录，所提供的证件、证明均真实、有效，无伪造情况；否则，致使出让车辆不能过户、转籍的，乙方有权单方解除本合同或终止本合同的履行，甲方应接受退回的车辆，并向乙方双倍返还定金和支付实际发生的费用。

____方如在收取有关文件、证明后____日内未办理（过户/转籍）手续或由于____方的过失导致（过户/转籍）手续不能办理或不能在合理期限内完成（双方约定该合理期限为收取文件、证明后的____日内），除非有正当理由或不可抗力，否则____方可单方终止本合同，并要求____方双倍返还定金和支付实际发生的费用。

2. 乙方承诺已对受让车辆的配置、技术状况和原使用性质了解清楚，该车能根据居住管辖地车辆落籍规定办理落籍手续。如由于乙方的过失导致（过户/转籍）手续不能办理，则甲方可单方终止本合同，并不返还定金，已经发生的费用应乙方承担。

本合同签订后，乙方如未按本合同规定的时间支付定金，甲方有权单方解除本合同，并要求乙方赔偿相应的经济损失。

第六条 合同在履行中的变更及处理

本合同在履行期间，任何一方要求变更合同条款的，应及时书面通知对方，并征得对方的同意后，在约定的时限____天内，签订补充条款，注明变更事项。未书面告知对方，并征得对方同意，擅自变更造成的经济损失，由责任方承担。

本合同履行期间，双方因履行本合同而签署的补充协议及其他书面文件，均为本合同不可分割的一部分，具有同等效力。

第七条 违约责任

甲、乙双方如发生违约行为，违约方给守约方造成的经济损失，由守约方按照法律、法规的有关规定和本合同有关条款追偿。

第八条 风险承担

本车在过户、转籍手续完成前由甲方作为所有人承担一切风险责任；本车在过户、转籍手续完成后乙方作为所有人承担一切风险责任。

第九条 其他规定

本合同未约定的事项，按照《中华人民共和国合同法》以及有关法律、法规的规定执行。

第十条 发生争议的解决办法

甲、乙双方在履行本合同过程中发生争议，由双方协商解决；协商不成的，提请二手车交易市场或二手车交易管理协会调解。调解成功的，双方应当履行调解协议；调解不成的，按本合同约定的下列第（　　）项进行解决：

1. 向仲裁委员会申请仲裁；
2. 向法院提起诉讼。

第十一条 合同效力和订立数量

本合同内，空格部分填写的文字，其效力优于印刷文字的效力。本合同所称"日"，均指工作日。

本合同经双方当事人签字、盖章后生效；本合同一式三份，由甲方、乙方、二手车交易市场各执一份，均具有同等的法律效力。

甲方：出售方（名称）：_____

法定代表人/自然人：（签章）_____

经办人：（签章）_____

开户银行：_____

账号：_____

乙方：购车方（名称）：_____

法定代表人/自然人：（签章）_____

经办人：（签章）_____

开户银行：_____

账号：_____

2）二手车居间合同（式样）

二手车居间合同

合同编号：_____

签订时间：_____年_____月_____日

委托出让方（简称甲方）：_____

居间方：_____

委托买入方（简称乙方）：_____

第一条 目的

依据国家有关法律、法规和本市有关规定，三方在自愿、平等和协商一致的基础上，就居间方接受甲乙双方的委托，促成甲、乙双方二手车交易，并完成其他委托的服务事项达成一致，订立本合同。

第二条 当事人及车辆情况

一、甲方基本情况：

（1）单位代码证号□□□□□□□□□□□□□□-□，经办人_____，身份证号码□□□□□□□□□□□□□□□□□□。

单位地址＿＿＿＿＿＿＿＿＿＿＿＿＿＿＿＿＿＿＿＿＿＿＿，联系电话＿＿＿＿＿＿＿＿＿＿。

（2）自然人身份证号码□□□□□□□□□□□□□□□□□-□。

现常住地址＿＿＿＿＿＿＿＿＿＿＿＿＿＿＿＿＿＿＿＿，联系电话＿＿＿＿＿＿＿＿＿＿。

二、乙方基本情况

（1）单位代码证号□□□□□□□□□□□□□□□□-□，经办人＿＿＿＿＿＿＿＿＿＿，身份证号码（□□□□□□□□□□□□□□□□□□）。

单位地址＿＿＿＿＿＿＿＿＿＿＿＿＿＿＿＿＿＿＿＿＿，联系电话＿＿＿＿＿＿＿＿＿＿。

（2）自然人身份证号码□□□□□□□□□□□□□□□□□□。

现常住地址＿＿＿＿＿＿＿＿＿＿＿＿＿＿＿＿＿＿＿＿，联系电话＿＿＿＿＿＿＿＿＿＿。

三、出售车辆基本情况

车辆牌号＿＿＿＿＿＿＿＿＿＿＿＿＿＿＿＿＿＿，车辆类别＿＿＿＿＿＿＿＿＿＿。

厂牌型号＿＿＿＿＿＿＿＿＿＿＿＿＿＿＿＿＿＿，颜色＿＿＿＿＿＿＿＿＿＿＿＿。

初次登记时间＿＿＿＿＿＿＿＿＿＿＿＿＿＿＿＿，登记证号＿＿＿＿＿＿＿＿＿＿。

发动机号码＿＿＿＿＿＿＿＿＿＿＿＿＿＿＿＿＿，车架号码＿＿＿＿＿＿＿＿＿＿。

行驶里程＿＿＿＿＿＿＿km，允许使用年限至＿＿＿＿年＿＿＿月＿＿＿日。

车辆年检签证有效期至＿＿＿＿＿＿年＿＿＿月。

车辆购置费完税证号＿＿＿＿＿＿＿＿＿／免税交纳（有证／无证）。

车辆保险险种：1.＿＿＿＿＿＿ 2.＿＿＿＿＿＿ 3.＿＿＿＿＿＿ 4.＿＿＿＿＿＿。

保险有效期截止日期：＿＿＿＿＿＿年＿＿＿月＿＿＿日。

配置：＿＿＿＿＿＿＿＿＿＿＿＿＿＿＿＿＿＿＿＿＿＿＿＿＿＿＿＿＿＿＿＿＿＿＿
＿＿＿＿＿＿＿＿＿＿＿＿＿＿＿＿＿＿＿＿＿＿＿＿＿＿＿＿＿＿＿＿＿＿＿＿＿。

其他情况：＿＿＿＿＿＿＿＿＿＿＿＿＿＿＿＿＿＿＿＿＿＿＿＿＿＿＿＿＿＿＿＿
＿＿＿＿＿＿＿＿＿＿＿＿＿＿＿＿＿＿＿＿＿＿＿＿＿＿＿＿＿＿＿＿＿＿＿＿＿。

第三条　车辆价款

经协商一致，本车价款定为人民币＿＿＿＿＿元（大写：＿＿＿＿＿＿＿＿＿元），上述价款包括车辆、备胎及＿＿＿＿＿＿＿＿＿＿＿等附件。

过户手续费为人民币＿＿＿＿＿元（大写：＿＿＿＿＿＿＿＿＿元），由＿＿＿方负责。

第四条　付款及交付、过户

1. 乙方于合同签订后（当日／＿＿＿日）内支付价款＿＿＿％（人民币：＿＿＿＿＿＿元，大写＿＿＿＿＿＿＿＿＿元）作为定金支付给甲方；支付方式：（现金／指定账户）。

2. 甲方于合同签订（当日／＿＿＿日）内，将本车辆存放于居间方指定地点，由居间方和乙方查验认可，出具查验单后，□由居间方代为保管或三方约定□由甲方继续使用本车。甲方于合同签订后＿＿＿日内将本车辆有关证件原件及复印件交付给乙方，并协助乙方办理过户手续。

3. 乙方于（过户／转籍）事项完成后（当日／＿＿＿日）内向甲方支付剩余价款（人民币＿＿＿＿＿元，大写：＿＿＿＿＿＿＿＿＿＿＿＿＿＿元）；支付方式：（现金／指定账户）。

第五条　佣金标准、数额、收取方式和退赔

（一）居间方已完成本合同约定的委托人甲方委托的事项，委托人甲方按照下列第＿＿＿种方式计算支付佣金（任选一种）：

1. 按照该二手车成交价_____的____%，具体数额为人民币____元作为佣金支付给居间方。

2. 按双方约定，佣金为人民币_____元，支付给居间方。

（二）居间方已完成本合同约定的委托人乙方委托的事项，委托人乙方按照下列第____种方式计算支付佣金（任选一种）：

1. 按照该二手车成交价_____的____%，具体数额为人民币_____元作为佣金支付给居间方。

2. 按双方约定，佣金为人民币_____元，支付给居间方。

（三）居间方未完成本合同委托事项的，按照下列约定退还佣金：

1. 居间方未完成委托人甲方委托的事项，将按本合同约定收取佣金的____%，具体数额为人民币_____元退还给委托人甲方，已发生费用由居间方承担；

2. 居间方未完成委托人乙方委托的事项，将按本合同约定收取佣金的____%，具体数额为人民币_____元退还给委托人乙方，已发生费用由居间方承担。

第六条 甲方的权利和义务

甲方承诺车辆出让时不存在任何权属上的法律问题和各类尚未处理完毕的交通违章记录，所提供的证件、证明均真实、有效，无伪造情况；否则，致使出让车辆不能过户、转籍的，乙方有权单方解除本合同或终止本合同的履行，甲方应接受退回的车辆，全额退回车款，向居间方支付佣金和实际发生的费用，并承担赔偿责任。

本合同有效期内，甲方委托出让的车辆根据本合同约定将本车存放在指定的地点，并按规定支付停车费，因保管不善造成车辆毁损、灭失的，由责任方承担赔偿责任。

甲方不提供相关文件、证明，或未按本合同第四条第二款的约定将本车存放于指定地点，除非有正当理由或不可抗力，否则乙方有权终止本合同并要求甲方双倍返还定金。

第七条 乙方的权利和义务

本合同签订后，乙方应向居间方预付定金（人民币_____元，大写_____元）。

乙方履行合同后，定金抵作乙方应当支付给居间方的佣金。如乙方违约，乙方无权要求返还定金并支付实际发生的费用；如居间方违约，应当双倍返还定金。

乙方如未按本合同规定的时间支付定金，甲方有权单方解除本合同，并要求乙方赔偿相应的经济损失。

乙方如拒绝接受甲方提供的文件、证明，除非有正当理由或不可抗力，否则甲方可单方终止本合同，并不返还定金。

乙方如在收取有关文件、证明后____日内未办理（过户/转籍）手续或由于乙方的过失导致（过户/转籍）手续不能办理或不能在合理期限内完成（双方约定该合理期限为收取文件、证明后的____日内），除非有正当理由或不可抗力，否则甲方可单方终止本合同，并不返还定金，已经发生的费用应由乙方承担。

第八条 居间方的权利和义务

居间方应向甲、乙双方出示营业执照等有效证件。

居间方的执业经纪人应向甲、乙双方出示经纪执业证书，并应亲自处理委托事务，未经甲、乙双方同意，不得转让委托。

居间方应按照甲、乙双方的要求处理委托事务，报告委托事务处理情况，为甲、乙双方保守商业秘密。

居间方应按约定或依规定收取甲、乙双方支付的款项并开具收款凭证。

居间方不得采取胁迫、欺诈、贿赂和恶意串通等手段，促成交易。

居间方不得伪造、涂改、买卖交易文件、证明和凭证。

第九条　合同在履行中的变更及处理

本合同在履行期间，任何一方要求变更合同条款的，应及时书面通知相对方，并征得相对方的同意后，在约定的时限＿＿＿天内，签订补充条款，注明变更事项。未书面告知相对方并征得相对方同意，擅自变更造成的经济损失，由责任方承担。

本合同履行期间，三方因履行本合同而签署的补充协议及其他书面文件，均为本合同不可分割的一部分，具有同等效力。

第十条　违约责任

1. 三方商定，居间方有下列情况之一的，应承担违约责任：

（1）无正当理由解除合同的；

（2）与他人私下串通，损害委托人甲、乙双方利益的；

（3）其他过失影响委托人甲、乙双方交易的。

2. 三方商定，委托人甲、乙双方有下列情况之一的，应承担违约责任：

（1）无正当理由解除合同的；

（2）未能按照合同提供必要的文件、证明和配合，造成居间方无法履行合同的；

（3）相互或与他人私下串通，损害居间方利益的；

（4）其他造成居间方无法完成委托事项的行为。

3. 三方商定，发生上述违约行为的，按照合同约定佣金总数的＿＿＿％，计人民币违约金＿＿＿元支付给各守约方。违约方给各守约方造成的其他经济损失，由守约方按照法律、法规的有关规定追偿。

第十一条　风险承担

本车在过户、转籍手续完成前由甲方作为所有人承担一切风险责任；本车在过户、转籍手续完成后乙方作为所有人承担一切风险责任。

第十二条　其他规定

本合同未约定的事项，按照《中华人民共和国合同法》以及有关法律、法规的规定执行。

第十三条　发生争议的解决办法

三方在履行本合同过程中发生争议，由三方协商解决；协商不成的，提请二手车交易市场或二手车交易管理协会调解。调解成功的，三方应当履行调解协议；调解不成的，按本合同约定的下列第＿＿＿项进行解决：

1. 向仲裁委员会申请仲裁；

2. 向法院提起诉讼。

第十四条　合同效力和订立数量

本合同内，空格部分填写的文字，其效力优于印刷文字的效力。本合同所称"日"，均指工作日。

本合同经三方当事人签字、盖章后生效；本合同一式四份，由甲方、乙方、居间方、二手车交易市场各执一份，均具有同等的法律效力。

委托出售方（甲方）：_____

法定代表人/自然人：（签章）_____

经办人：（签章）_____

开户银行：_____

账号：_____

居间方（名称）：_____

营业执照注册号：_____

法定代表人：（签章）_____

执业经纪人：（签章）_____

执业经纪证书：（编号）_____

开户银行：_____

账号：_____

委托买入方（乙方）：_____

法定代表人/自然人：（签章）_____

经办人：（签章）_____

开户银行：_____

账号：_____

四、二手车交易程序

二手车交易不像一般商品交易那么简单，需要遵守相关的政策规定，按照一定的交易程序进行，这样才能保障买卖双方的利益。不论哪种类型的交易，都必须办理过户相关手续，实现车辆所有权变更。目前，我国没有统一的二手车交易程序标准，各地二手车交易市场在完成二手车交易过程中可能程序有差异，但主要程序是基本相同的。根据二手车交易类型和开具销售发票的权限，二手车交易程序有直接交易、销售交易和拍卖交易3种。

1. 直接交易程序

二手车个人直接交易和通过二手车经纪机构进行的二手车交易，卖方不能直接给买方开具二手车销售统一发票。根据《二手车流通管理办法》规定，买卖双方达成交易意向后应当到当地二手车交易市场办理交易过户业务，由二手车交易市场经营者按规定向买方开具税务机关监制的二手车销售统一发票（发票上必须盖有工商验证章才有效），以便办理车辆相关证件及手续的变更。二手车直接交易程序（流程）如图3-1所示。

1）买卖双方达成交易意向

买卖双方达成交易意向是指买卖双方已就二手车交易谈妥了相关条件（如成交价格），达成的成交愿望。交易意向的达成是买卖双方的一个谈判过程，一旦谈妥就可以进入办理交易过户的相关手续。

2）车辆评估

二手车鉴定评估是买卖双方达成交易意向后自愿选择的项目。《二手车流通管理办法》实施以前，二手车在买卖过程中，二手车交易市场会对车辆进行评估定价，然后在评估价的基础上收取2.5%的过户费用。实际上，这种评估成了一种强制性的规定。但是，由于缺乏

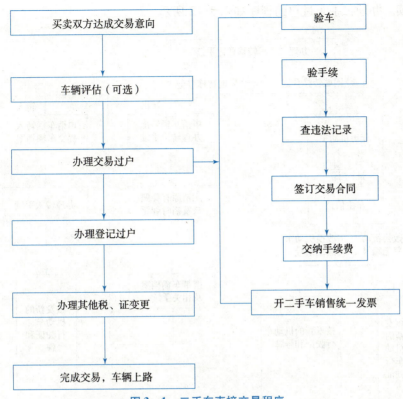

图 3-1 二手车直接交易程序

统一的标准和规范，导致车辆评估的随意性比较大，评估结果可信度低，强制评估实际上成了收取过户费的工具。《二手车流通管理办法》实施以后，明确规定：二手车交易时，除属国有资产的二手车外，二手车鉴定评估应本着买卖双方自愿的原则，不得强制执行，更不能以此为依据强制收取评估费。

消费者要求鉴定评估的目的主要有两个：一是想通过鉴定评估了解二手车的技术状况，尤其是发现车辆存在的故障和安全隐患；二是了解二手车的真实价值。对于不熟悉汽车性能的普通消费者来说，在购买二手车时，委托二手车鉴定评估机构做鉴定评估还是十分必要的，但一定要委托正规的、有资质的第三方评估机构（如二手车鉴定评估中心、资产评估事务所、价格认证中心），并签订鉴定评估委托书，以使自己的权益得到保障。消费者得到的鉴定评估结果是二手车鉴定评估报告书，由评估机构签章后生效，作为车辆交易的参考。

3）办理交易过户业务

由二手车交易市场开具二手车交易发票。

4）办理登记过户

二手车登记过户在《机动车登记规定》中的描述为二手车产权转移登记，简称二手车过户。根据买卖双方的住所是否在同一车辆管理所管辖区内，二手车过户可分为同一车辆管理所管辖区内的过户（即同城过户）和不同车辆管理所管辖区的过户（即异地过户）两种登记方式。

二手车同城过户应当在原车辆注册登记所在地公安交通管理部门办理。需要进行异地过户的，由车辆原属地公安交通管理部门办理车辆迁出手续，在接收地公安交通管理部门办理车辆迁入手续。办理二手车过户的程序如图3-2所示。

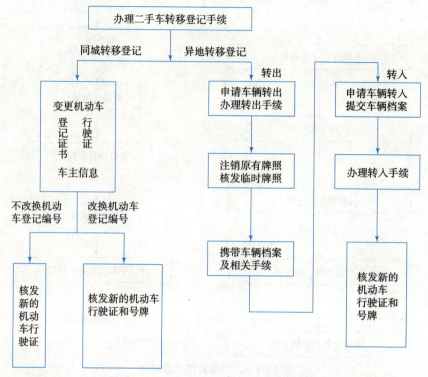

图3-2　办理二手车转移登记手续的程序

5）办理其他税、证变更

由地方税务局完成车辆购置税完税证明变更，由保险公司完成车辆相关保险的变更。

2. 二手车销售交易程序

由于二手车销售企业能够直接给购车者开具二手车销售统一发票，所以只要购车者和二手车销售企业达成交易意向，双方即可签订二手车交易合同，购车者付清车款后，企业按规定给购车者开具二手车销售统一发票，然后购车者就可以携带发票和要求的证件去相关部门办理车辆相关证件及手续的变更。二手车销售交易流程如图3-3所示。有关车辆的合法性手续，二手车经销企业在收购车时已经查验过，可以通过二手车交易合同加以保证。

3. 二手车拍卖交易程序

根据《二手车流通管理办法》规定，二手车拍卖企业也能够直接给买受人开具二手车销售统一发票，所以在拍卖会结束后，买受人和拍卖企业签订成交确认书（相当于二手车交易合同），交款得到二手车销售统一发票，凭成交确认书到指定地点提车，然后携带发票和要求的证件去相关部门办理车辆相关证件及手续的变更。二手车拍卖交易流程如图3-4所示。有些拍卖企业虽然有二手车拍卖业务，但没有开具二手车销售统一发票的资格，此时，在交款后需要到指定的二手车交易市场办理相关过户手续，由市场按规定开具二手车销售统一发票。

有关车辆的合法性手续，二手车拍卖企业在接受拍卖委托时已经查验过，可以通过二手车拍卖成交确认书加以保证。

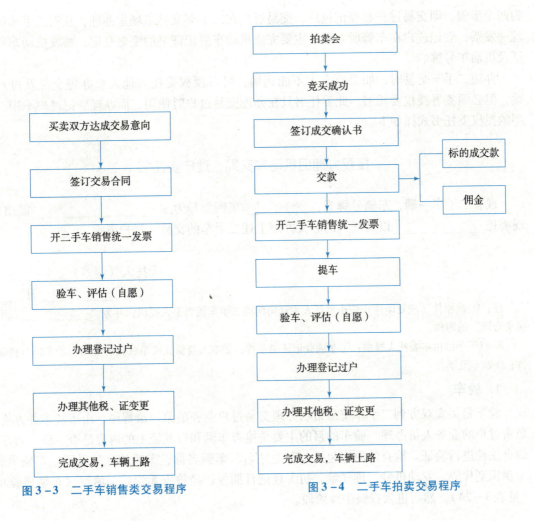

图 3-3　二手车销售类交易程序　　图 3-4　二手车拍卖交易程序

五、机动车档案管理

机动车档案管理是指车辆管理所对每辆机动车建立档案，任何单位和个人不得擅自修改、涂抹、故意损毁或者伪造机动车档案。机动车档案从办理注销登记之日起保存两年后销毁。

机动车所有人如需查询本人的机动车档案，可携带身份证件和机动车登记证书，到车辆管理所按照查阅档案的有关规定进行查询。人民法院、人民检察院、公安机关或者其他行政执法部门、纪检监察部门以及公证机构、仲裁机构、律师事务机构因办案需要，可按法定程序到车辆管理所查阅机动车档案；人民法院、人民检察院、公安机关或者其他行政执法部门依法可查封机动车档案。

任务实施

一、引导客户办理车辆交易过户

对于卖车方不能给买车方开具二手车销售统一发票的交易，二手车过户过程实际上是分为两个步骤，即交易过户和登记过户。交易过户在二手车交易市场里办理，获取二手车销售统一发票；登记过户在车管所办理，主要完成机动车登记证书的变更登记、核发机动车行驶证及机动车号牌。

办理二手车交易时，如果原车主不能到场，可以授权委托其他人来办理交易及过户手续，但必须签署授权委托书。此委托书只在办理交易过户时使用，而办理登记过户不用。典型的授权委托书式样如下。

授权办理旧机动车交易、过户委托书

现有二手车一辆，车辆号牌为：_____ 车辆型号为：_____ 需出售。现委托_____ 以委托人的名义办理上述二手车的交易、过户事宜。

委托人（签章）_____
_____ 年____月____日

注：1. 此原件（或复印件）应由委托人主动向购买二手车的当事人提供，并为"_____ 二手车买卖合同"的附件。

2. 以下手续由本委托人提供：①车辆登记证书原件；②本人身份证或单位代码证书；③车辆行驶证原件；④购车发票。

1. 验车

验车是买卖双方到二手车交易市场办理交易过户业务的第一道程序，由市场主办方委派负责过户的业务人员办理。验车的目的主要是检查车辆和行驶证上的内容是否一致，对车辆的合法性进行验证。检查的内容包括：车主姓名、车辆名称、车辆的号牌号码、车辆类型、车辆识别代码、发动机号、排气量、初次登记日期等，经检查无误后，填写《车辆检验单》（见表3-24），然后进入查验手续阶段。

表3-24 ×××二手车交易市场车辆检验单

卖方：_____	电话：_____
买方：_____	电话：_____
号牌号码：_____	车辆类型：_____
车辆名称：_____	使用性质：_____
车辆识别代号：_____	发动机号：_____
排气量：_____ 年份：_____	颜色：_____
注册登记日期：_____	登记证号：_____
原购车价：_____ 交易管理费：_____	有效期：_____
验车员：_____	年 月 日
备注：	

号牌号码：_____	登记日期：_____	年份：_____
厂牌名称：_____	颜色：_____	排气量：_____
车辆类型：_____	使用性质：_____	
原购车价：_____	经办人：_____	
		年 月 日

2. 验手续

验手续主要是查验车辆手续和机动车所有人身份证明，目的是检验买卖双方所提供的所有手续是否具备办理过户的条件，检查有无缺失以及不符合规定的手续。

1）检查车辆手续

（1）查验证件。查验证件的目的是查验交易车辆的合法性。车辆号牌、机动车登记证书、机动车行驶证、机动车安全技术检验合格标志应齐全、合法、有效。

（2）查验税费证明。根据《二手车流通管理办法》规定，二手车交易必须提供车辆购置税、车船使用税和车辆保险单等税费缴付凭证。

2）核查机动车所有人身份证明

（1）如果车主为自然人，则身份证件为个人身份证。个人身份又有本地和外地个人之分，本市个人，只需身份证原件；外地个人，需身份证原件和暂住证原件。

（2）如果车主为企业，则身份证件为企业代码证书。

（3）如果车主为外籍公民，则身份证件为其护照及工作（居留）证。

3）核查车辆的合法性

确定交易车辆不属于《二手车流通管理办法》第二十三条规定禁止交易的车辆。

4）核查卖方的所有权或处置权证明

（1）机动车登记证书、行驶证与卖方身份证明名称一致；国家机关、国有企事业单位出售的车辆，应附有资产处理证明。

（2）委托出售的车辆，卖方应提供车主授权委托书和身份证明。

3. 查违章

查违章就是查询交易的二手车是否有违反交通法规行为记录，具体方法是登陆车辆管理部门的信息数据库或查询网站进行查询。

4. 签订交易合同

二手车经过查验和（或）评估后，其车辆的真实性和基本价格已基本确定。如果车主不同意评估价格，可以和车主协商达成最终交易的价格，同时，需要原车主对其车辆的一些其他事宜（使用年限、行驶里程数、安全隐患、有无违章记录等）做出一个书面承诺，这些都是以签订交易合同的形式来确定的。

5. 交纳手续费

手续费，又称过户费，是指在二手车交易市场中办理交易过户业务相关手续的服务费用。

《二手车流通管理办法》实施之前，二手车过户费的收取是按照车辆评估价值的一定比例征收的，也是二手车交易市场的主要利润来源。

目前，很多二手车交易市场的服务费是按照汽车的排量来进行定额收取的，小排量少收，大排量多收。如北京市二手车交易市场收取标准按排量、年份、价格来划分，并设有起始价和最低价。在车辆初次登记日期一年以内的车型按起始价收取费用，然后按使用年份逐年递减，直至最低价。微型轿车的过户费用200元起，1.0 L排量轿车300元起，两者的过户费用最高均为600元。然后随着排量的增大，过户费用也随着增加，3.0 L排量轿车最高的过户费用为4 000元，最低为500元。相应的相同排量的客车与货车的过户费用低于轿车,最低的微型货车和农用车的过户费用只需100元。北京中联二手车交易市场服务费采用定额收取的方式,统一标准为每辆车800元;对于1.3~3.0 L排量的车型实行减半,即400元的优惠征收标准;对于1.3 L排量以下的,执行200元的优惠征收标准。

6. 开具二手车销售统一发票

二手车销售发票是二手车的来历证明,是办理过户登记手续的重要文件,因此,它又被称为"过户发票"。过户发票的过户登记联有效期为一个月,买卖双方应在此期间内,到车辆管理部门办理机动车行驶证、机动车登记证的相关变更手续。

二手车销售统一发票由从事二手车交易的市场、有开票资格的二手车经销企业或拍卖企业开具;二手车经纪公司和消费者个人之间的二手车交易发票由二手车交易市场统一开具。二手车销售统一发票是采用压感纸印制的计算机票,一式5联,其中存根联、记账联、入库联由开票方留存;发票联交购车方;过户登记联交公安车辆管理部门办理过户手续。二手车销售发票的价款中不包括过户手续费和评估费。

开具的发票必须经驻场工商部门审验合格后,在已经开具的二手车销售统一发票上加盖"工商行政管理局二手车市场管理专用章"后发票才能生效,这一步骤称为"工商验证"。

7. 交付手续

二手车交易完成后,卖方应当及时向买方交付车辆、号牌及车辆法定证明、凭证。车辆法定证明、凭证主要包括机动车登记证书、机动车行驶证、有效的机动车安全技术检验合格标志、车辆购置税完税证明、车船使用税缴付凭证、车辆保险单。

二、引导客户办理车辆登记过户

1. 同城过户

1)现车主的工作

(1)将车辆开到机动车检测站查验车辆(同时对超过检验周期的机动车进行安全检测)。

(2)向车辆登记地车管所提出申请,填写"机动车转移登记申请表"(表3-25),有的地区规定填写"机动车变更过户,改装报废审批申请表"(表3-26)。

(3)向车管所办理窗口交付相关材料。除购买的二手车外,还需要提供以下资料:

①机动车转移登记申请表。
②现车主的身份证明。
③机动车登记证书(原件)。
④机动车行驶证(原件)。
⑤解除海关监管的机动车,应当提交监管海关出具的"中华人民共和国海关监管车辆解除监管证明书"。
⑥机动车来历凭证(二手交易的机动车来历凭证就是二手车销售统一发票)。
⑦车辆购置税完税证明。

2)车管所工作人员的工作

(1)受理转移登记申请,查验并收存相关资料,向现车主出具受理凭证。

表 3-25 机动车转移登记申请表

机动车登记证书编号			号牌号码		
申请事项	☐机动车在车辆管理所管辖区内的转移登记　☐机动车转出车辆管理所管辖区的转移登记					
现机动车所有人	姓名/名称			联系电话		
	住所地址			邮政编码		
	身份证明名称		号码		☐常住人口　☐暂住人口	
	居住/暂住证明名称			号码		
机动车	机动车使用性质	☐公路客运　☐公交客运　☐出租客运　☐租赁　☐货运　☐旅游客运 ☐非营运　☐警用　☐消防　☐救护　☐工程抢险　☐营转非 ☐出租营转非				
	机动车获得方式	☐购买　☐中奖　☐仲裁裁决　☐继承　☐赠予　☐协议抵偿债务 ☐资产重组　☐资产整体买卖　☐调拨　☐法院调解、裁定、判决				
	机动车品牌型号					
	车辆识别代号/车架号					
	发动机号码					
相关资料	来历凭证	☐销售/交易发票　☐《调解书》　☐《裁定书》　☐《判决书》 ☐《仲裁裁决书》　☐相关文书　☐批准文件　☐调拨证明 ☐权益转让证明书				
	其他	☐《中华人民共和国海关监管车辆解除监管证明书》 ☐《协助执行通知书》　　☐《公证书》 ☐身份证明　　　　　　　☐行驶证		现机动车所有人：		
申请明细	转入地车辆管理所名称		车辆管理所			
申请方式	☐由现机动车所有人申请 ☐现机动车所有人委托　　　　　　　　　代理申请			（个人签字/单位盖章） 　　　年　　月　　日		
代理人	姓名/名称			联系电话		
	住所地址					
	身份证明名称		号码		代理人：	
	经办人	姓名				
		身份证明名称		号码		
		住所地址				
		签字		年　月　日	（个人签字/单位盖章） 　　　年　　月　　日	

填表说明：

1. 填写时使用黑色、蓝色墨水笔，字体工整。
2. 标注有"□"符号的为选择项目，选择后在"□"中画"√"。
3. 现机动车所有人的住所地址栏，属于个人的，填写实际居住的地址；属于单位的，填写组织机构代码证书上签注的地址。
4. 机动车栏的"机动车品牌型号""车辆识别代码/车架号""发动机号码"项目，按照车辆的技术说明书、合格证等资料标注的内容与车辆核对后填写。
5. 申请方式栏，属于由机动车所有人委托代理单位或者代理人代为申请的，除在"□"内画"√"外，还应当在下划线处填写代理单位或者代理人的全称。
6. 机动车所有人的签字/盖章栏，属于个人的，由机动车所有人签字；属于单位的，盖单位公章。
7. 代理人栏，属于个人代理的，填写代理人的姓名、住所地址、身份证明名称、号码，在代理人栏内签名，不必填写经办人姓名等项目；属于单位代理的，应填写代理人栏的所有内容，代理单位应盖单位公章，经办人应签字。

表 3-26 机动车变更过户、改装报废审批申请表

车主				公、私	
住址			电话		车主签章
号牌号码		车辆类型			
出厂日期		厂牌型号			
发动机号码		车架号码			
申请内容					
监管机关审核意见			检验结果		检验员
			登记员		

填表说明：

一、申请内窗栏

1. 报废：车主填写报废理由，其单位上级主管部门须签注意见。
2. 改装：扼要填写改装理由、项目。
3. 变更、过户：填写变更、过户后新车主的情况，新车主须在此栏内签章。

二、检验结果栏

改装竣工，检验员签注检验结果。

（2）审批相关手续，符合规定的在计算机登记系统中确认；不符合规定的说明理由并开具退办单，将资料退回车主。通常，如果存在以下情况，车管所将不予办理过户。

①车主提交的证明、凭证无效的。
②机动车来历凭证涂改的，或者机动车来历凭证记载的车主与身份证明不符的。
③车主提交的证明、凭证与机动车不符的。
④机动车未经国家机动车产品主管部门许可生产、销售或者未经国家进口机动车主管部门许可进口的。
⑤机动车的有关技术数据与国家机动车产品主管部门公告的数据不符的。
⑥机动车达到国家或地方规定的强制报废标准的。
⑦机动车属于被盗抢的。

⑧机动车与该车的档案记载的内容不一致的。
⑨机动车未被海关解除监管的。
⑩机动车在抵押期间的。
⑪机动车或者机动车档案被人民法院、人民检察院、行政执法部门依法查封、扣押的。
⑫机动车涉及未处理完毕的道路交通安全违法行为或者交通事故的。
（3）收回原机动车号牌、机动车行驶证，确定新的机动车登记编号，重新核发机动车号牌、机动车行驶证和检验合格标志。
（4）在机动车登记证书上记载过户登记事项并交还现车主。

2. 异地过户

1）现车主的工作

（1）现车主提出申请（填写"机动车转移登记申请表"），有的地区规定填写外迁保证书，典型的"客户须知及保证书"式样如图3-5所示。

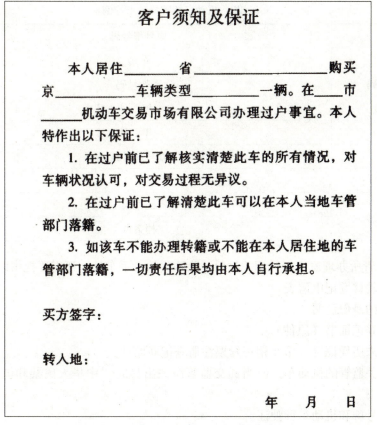

图3-5 典型的客户须知及保证书式样

有的地区规定需填写"机动车定期检验表"及"机动车档案异动卡"。"机动车定期检验表"及"机动车档案异动卡"样例见表3-27和表3-28。

表3-27 机动车定期检验表样例

号牌号码						
车主					公、私	车主签字
住址				电话		
车辆类型	厂牌号码		车身颜色	驱动	燃料	
				×	油	
发动机号码				车架号码		
与行车执照记录有何变化						
安全联片组初检意见	检验部门、结果		现有效期		监管机关审核意见	
			年 月止			
			检验员			
			登记员			

表3-28 机动车档案异动卡样例

原车主		原号牌号码	
车类		车型	
发动机号码		车架号码	
车辆报废		年 月 日	
转籍去向		年 月 日	
新车主		新号牌号码	
其他			
备注		经办人	
		档案员	

（2）向车管所办理窗口交付相关材料。除购买的二手车外，还需要提供以下资料：

①机动车转移登记申请表。

②现车主的身份证明。

③机动车登记证书（原件）。

④机动车来历凭证（二手车销售发票注册登记联原件）。

⑤解除海关监管的机动车，应当提交监管海关出具的"中华人民共和国海关监管车辆解除监管证明书"。

⑥机动车号牌和机动车行驶证。

⑦转向地车辆管理所名称。

2）车管所工作人员的工作

（1）受理转移登记申请，查验并收存相关资料，向现车主出具受理凭证。

（2）审批相关手续，符合规定的在计算机登记系统中确认；不符合规定的说明理由并开具退办单，将资料退回车主。

（3）确认车辆。核查车辆的各类证件与车辆是否相符。

（4）在机动车登记证书上记载转出登记事项。
（5）收回机动车号牌和机动车行驶证。
（6）核发临时行驶车号牌，密封机动车档案，交给机动车所有人。

三、引导客户办理车辆其他税、证变更

在二手车交易中，买方在变更车辆产权之后还需要进行车辆购置税、保险合同等文件的变更。各地在变更时对文件的要求不同，可以先到规定办理的单位窗口咨询一下。

1. 车辆购置税的变更

车辆购置税的征收部门是车辆登记注册地的主管税务机关，所以车辆购置税的变更也需到当地主管税务机关办理。

1）办理车辆购置税同城过户业务需提交的材料

办理车辆购置税同城过户业务时，应提供以下资料：

（1）新车主的身份证明。
（2）二手车交易发票。
（3）机动车行驶证。
（4）车辆购置税完税证明（正本）。

上述资料均需提供原件及复印件。

2）办理车辆购置税同城过户业务流程

填写"车辆变动情况登记表"→报送资料→办理过户→换领车辆购置税完税证明。

2. 车辆保险合同的变更

机动车保险有关条款规定：机动车在转卖、转让后须到车管部门办理过户手续，再到保险公司办理保险批改手续，否则保险公司不承担赔偿责任。因此，为维护二手车购买者的合法利益，必须进行保险批改。

1）车辆保险过户的方式

车辆保险过户有两种方式：第一种是对保单要素进行更改，如更换被保险人与车主；第二种就是申请退保，即把原来那份车险退掉，终止以前的合同，这时保险公司会退还剩余的保费，之后，新车主就可以到任何一家保险公司去重新办理一份车险。

2）车辆保险合同变更的程序

（1）填写一份"汽车保险过户申请书"，向原投保的保险公司申请办理批改被保险人称谓的手续。申请书上注明保险单号码、车牌号、新旧车主的姓名及过户原因，并签字或盖章，以便保险公司重新核保。

（2）带保险单和已过户的机动车行驶证，找保险公司的业务部门办理。

一般情况下，保险公司都会受理并出具一张变更被保险人的批单，批单上面写明了被保险人的变化情况。

四、引导客户办理网络平台二手车交易

1. 卖车

上二手车网卖车的操作流程如图3-6所示。

图3-6 卖车流程

（1）卖家在网络页面上的"极速卖车"申请窗口（图3-7）中输入手机号码，后单击"提交申请"即可完成第一步（在线预约）。

图3-7 极速卖车申请窗口

（2）网络平台工作人员会给卖家打电话，预约看车（上门检测），并协商价格。
（3）卖家同意卖车后，工作人员会采集车辆相关信息并挂到网络平台上进行代卖。
（4）有买家有意买车时，工作人员会陪同联系卖家看车。
（5）达成交易后，工作人员会代办过户手续（也可自行办理）。

2. 包卖

包卖服务指二手车网络服务平台经营机构承诺在一定时间内，以约定价格卖出客户所有机动车的服务方式。如果车辆到约定期限仍没有卖出，则由二手车网络服务平台经营机构以约定价格收购车辆。

选择包卖服务后，二手车网络服务平台经营机构将委派专人上门评估车况，当天与客户签订包卖合同，并预付50%以上的车款，剩余尾款将在成交过户后支付。

以人人车为例，其包卖服务流程如图3-8所示。

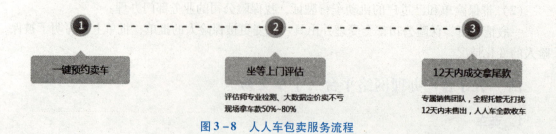

图3-8 人人车包卖服务流程

1）预约

客户只需在人人车网络页面上输入手机号,点击"立即预约"即可完成第一步,如图3-9所示。

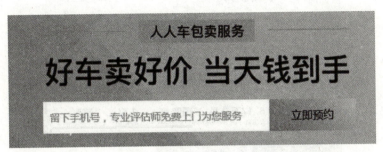

图3-9 人人车包卖服务预约窗口

2）评估

客户预约后,即会有服务电话与客户预约看车(评估),与客户协商销售价格,达成意向后即可签订包卖合同,同时支付50%以上的车款。

3）销售

由人人车在其指定销售店或专属车场全程负责销售、过户等工作。销售成功后,人人车将向客户支付尾款;如果在约定时间(12天)内未销售成功,则由人人车按约定价格收购车辆。

3. 买车

买家可以选择电话咨询购车和上网购车等方式。

1）电话咨询购车

电话咨询购车的流程如图3-10所示。

免费电话咨询 ⟶ 专业顾问陪同看车 ⟶ 一站交易过户 ⟶ 安享售后保障

图3-10 电话咨询购车的流程

2）上网买车

如同一般的网络购物一样,网买车时,买家登录网站,选择"买车",再选择相关信息如品牌、车系、价格等,即可看到所选车辆信息,包括基本信息、检车报告、车辆相关图片、车检报告详情、配置参数和车主报价等,如图3-11所示。买家还可以点击"砍价"协商价格。

图3-11 相关信息

在基本信息页面,点击"预约看车"(见图3-12),即会有工作人员联系买家,协商看车事项。

达成交易意向后,买家即可进行支付车款、提车和办理过户等手续,也可委托网络平台经营机构代办相关手续。买家还需要向网络平台经营机构支付服务费,通常为车价的4%

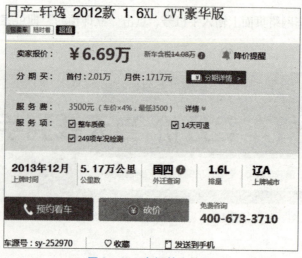

图 3-12 车辆基本信息

（不同的网络平台要求有所不同）。

3）分期购车（购车分期付款）

分期购车操作流程如图 3-13 所示。

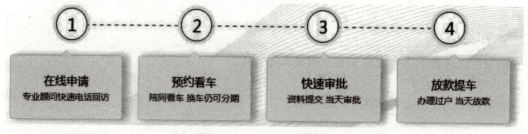

图 3-13 分期购车流程

在网页界面上有"申请分期购车"窗口，如图 3-14 所示，输入手机号及验证码即可完成申请。

另外，二手车网经营机构还可利用平台开展其他业务，如瓜子二手车开发了"毛豆新车网"，用于经销新车。

五、引导客户办理二手车委托拍卖

二手车委托拍卖包括办理委托与拍卖两个环节。

1. 办理委托

（1）拍卖人（拍卖公司）核查委托人提供身份证明、车辆所有权或处置权证明及其

图 3-14 申请分期购车窗口

他相关材料。

（2）达成委托拍卖意向后，拍卖人与委托人签订委托拍卖合同。

（3）拍卖人根据委托人提供的车辆真实的技术状况，填写"拍卖车辆信息"表。如对车辆的技术状况存有异议，双方经商定可委托二手车鉴定评估机构对车辆进行鉴定评估。

（4）双方约定拍卖日期。

（5）委托人向拍卖人支付佣金。

2. 拍卖

1）发布公告

拍卖人于拍卖日 7 日前发布公告。拍卖公告应通过报纸或者其他新闻媒体发布，并载明下列事项：拍卖的时间、地点；拍卖的车型及数量；车辆的展示时间、地点；参加拍卖会办理竞买的手续；需要公告的其他事项。

2）车辆展示

拍卖人应在拍卖前展示拍卖车辆，并在车辆显著位置张贴"拍卖车辆信息"。车辆的展示时间不得少于两天。进行网上拍卖，应在网上公布车辆的彩色照片和"拍卖车辆信息"，公布时间不得少于 7 天。

3）拍卖

（1）拍卖人召开拍卖会。

（2）拍卖成交后，买受人和拍卖人签署"二手车拍卖成交确认书"。

（3）买受人支付车辆全款。

（4）拍卖人将车辆、随车文件及规定的法定证明、凭证交付给买受人，并向买受人开具二手车销售统一发票，如实填写拍卖成交价格。

（5）拍卖人向买受人交付车辆。

4）后续业务

（1）车辆拍卖完成后，拍卖人向委托人支付拍卖所得车款。

（2）如果拍卖未成交，拍卖人按委托拍卖合同的约定向委托人收取服务费用。

六、引导客户办理二手车转入登记

1. 转入登记的条件

（1）现车主的住所属于本地车管所登记规定范围的。

（2）转入机动车符合国家机动车登记规定的。

2. 相关规定

根据《机动车登记规定》，机动车档案转出原车辆管理所后，机动车所有人必须在 90 日内携带车辆及档案资料到住所地车辆管理所申请机动车转入登记。

3. 登记程序

1）车主工作

（1）提出申请。车主向转入地车辆管理所提出转入申请，填写"机动车注册登记/转入申请表"，见表 3-29。

表 3-29　机动车注册登记/转入申请表

申请事项		□注册登记		□转入	
机动车所有人	姓名/名称			联系电话	
	住所地址			邮政编码	
	身份证明名称		号码	□常住人口	□暂住人口
	居住/暂住证明名称			号码	
机动车	机动车使用性质	□公路客运　□公交客运　□出租客运　□旅游客运　□租赁　□货运 □非营运　□警用　□消防　□救护　□工程抢险　□营转非 □出租营转非			
	机动车获得方式	□购买　□仲裁裁决　□继承　□赠予　□协议抵偿债务　□中奖 □资产重组　□资产整体买卖　□调拨　□境外自带　□法院调解、裁定、判决			
	机动车品牌型号				
	车辆识别代号/车架号				
	发动机号码				
相关资料	来历凭证	□销售/交易发票　□《调解书》 □《裁定书》　□《判决书》　□相关文书 □批准文件　□调拨证明　□《仲裁裁决书》		机动车所有人签章： （个人签字/单位盖章） 年　　月　　日	
	进口凭证	□《货物进口证明》 □《没收走私汽车、摩托车证明书》 □《中华人民共和国海关监管车辆进（出）境领（销）牌证通知书》			
申请明细	其他	□国产机动车的整车出厂合格证 □机动车档案　　　　　□身份证明 □《协助执行通知书》　□《公证书》			
申请方式	□由机动车所有人申请 □机动车所有人委托_____代理申请				
代理人	姓名/名称			联系电话	
	住所地址				
	身份证明名称		号码	代理人签章： （个人签字/单位盖章） 年　　月　　日	
	经办人	姓名			
		身份证明名称	号码		
		住所地址			
		签字	年　　月　　日		

填表说明：
1. 填写时使用黑色、蓝色墨水笔，字体工整。
2. 标注有"□"符号的为选择项目，选择后在"□"中画"√"。
3. 机动车所有人的住所地址栏，属于个人的，填写实际居住的地址；属于单位的，填写组织机构代码证书上签注的地址。

4. 机动车栏的"机动车品牌型号""车辆识别代码/车架号""发动机号码"项目，按照车辆的技术说明书、合格证等资料标注的内容与车辆核对后填写。

5. 申请方式栏，属于由机动车所有人委托代理单位或者代理人代为申请的，除在"□"内画"√"外，还应当在下划线处填写代理单位或者代理人的全称。

6. 机动车所有人的签字/盖章栏，属于个人的，由机动车所有人签字；属于单位的，盖单位公章。

7. 代理人栏，属于个人代理的，填写代理人的姓名，住所地址，身份证明名称、号码，在代理人栏内签名，不必填写经办人姓名等项目；属于单位代理的，应填写代理人栏的所有内容，代理单位应盖单位公章，经办人应签字。

（2）交验车辆。车主将机动车送到机动车检测站检测，车管所民警确认机动车的唯一性，查验车辆识别代号（车架号码）有无凿改嫌疑。

（3）提交资料。通常需要提交以下资料：

①机动车注册登记/转入申请表。

②车主的身份证明（原件及复印件）。

③机动车登记证书（原件及复印件）。

④机动车密封档案（原封条无断裂、破损）。

⑤申请办理转入登记的机动车的标准照片。

⑥海关监管的机动车，还应当提交监管海关出具的"中华人民共和国海关监管车辆进（出）境领（销）牌照通知书"。

由于各地区对车辆环保要求执行不同的标准，例如北京市执行"国Ⅴ"标准，并要求所有机动车在办理注册登记和申请转入本市的车辆，须加装 OBD 车辆诊断系统。满足上述条件的，允许机动车注册登记，并接受转入登记的申请。所以，车主在将车辆转入转入地前，应向转入地的车辆管理部门征询该车辆是否符合转入条件。

2）车管所工作人员的工作

（1）受理申请。受理转入登记申请，查验并收存机动车档案，向车主出具受理凭证。

（2）审核资料。审批相关手续，符合规定的在计算机登记系统中确认，不符合规定的说明理由并开具退办单，将资料退回车主。有下列情形之一的，不予办理转入登记。

①机动车所有人擅自改动、更换机动车或者机动车档案。

②属于《机动车登记规定》中列出的"不能办理过户登记的情形"的车辆。

③外省市的出租营运车辆或曾经从事出租营运的车辆。

（3）办理转入登记手续。审验合格后，进行机动车号牌选号、照相，确定机动车登记编号，并在机动车登记证书上记载转入登记事项。

（4）核发新的机动车号牌和机动车行驶证。

任务实施

（1）教师模拟设置二手车交易市场办公室、本市区车辆管理所和外城市车辆管理所，并安排具体负责人员。每两名学员为一组，互相扮演二手车评估师和客户。

（2）二手车评估师扮演者，结合本任务的知识与技能学习，引导客户扮演者办理二手车交易过户、同城转移过户、转出登记和二手车转入登记等业务。

（3）教师观察学员操作全过程，并完成考核表，见表3-30。

表3-30 教师考核记录表

实训项目：引导客户办理二手车转移登记

班级学号		姓名	
项目	必要的记录	分值	评分
与客户沟通情况		10	
语言表达		10	
对工作程序的掌握程度		40	
相关材料核查的正确程度		20	
是否向客户进行了必要的补充说明		20	
总分			

老师签字：_____

_____年____月____日

学习效果检验

一、思考题

1. 什么是机动车过户？
2. 什么是机动车转出和转入登记？
3. 什么情况下不能办理过户手续？
4. 什么是机动车变更登记？机动车在什么情况下需办理变更登记？
5. 请简要说明二手车直接交易的一般程序。
6. 什么情况下可以进行二手车交易合同的变更或解除？
7. 什么情况下二手车合同的一方当事人应当承担违约责任？
8. 二手车交易完成后，卖方应向买方交付哪些手续？
9. 简要描述办理二手车转移过户的程序。
10. 说明车辆保险合同变更的程序。

二、单项选择题

1. 二手车必须完成（　　）才算是合法、完整的交易。
   A. 过户登记　　　B. 交易过户　　　C. 注册登记　　　D. 变更登记
2. 已注册登记机动车的所有权发生转移，且原机动车辆所有人和现机动车辆所有人的住所在同一车辆管理所管辖区的，现机动车所有人应当于车辆所有权转移之日起（　　）日内，到机动车辆管辖地车辆管理所申请办理过户登记手续。
   A. 7　　　　　　B. 10　　　　　　C. 20　　　　　　D. 30
3. 现机动车所有人于住所迁出或者机动车所有权转移之日起（　　）日内，向机动车管辖地车辆管理所申请办理转出登记手续。

| A. 10 | B. 20 | C. 30 | D. 60 |

4. 机动车所有权发生转移且现机动车所有人的住所不在原车辆管理所管辖区，并已在原车辆管理所办理了转出登记，机动车所有人应当自办结转出登记之日起（　　）日内，向机动车管辖地车辆管理所申请转入登记。

| A. 10 | B. 20 | C. 30 | D. 90 |

5. 下列对车辆转入的叙述，（　　）不正确。
   A. 剩余使用年限不足一年的车辆，不能转入
   B. 出过严重交通事故的车辆，不能转入
   C. 出租车，不能转入
   D. 曾经从事过出租的车辆，不能转入

6. 二手车个人直接交易和通过二手车经纪机构进行的二手车交易，需在（　　）办理交易过户手续。
   A. 公安车辆管理部门　　　　　　　B. 经纪机构
   C. 二手车评估机构　　　　　　　　D. 二手车交易市场

7. 下列选项中，（　　）不需要申请变更登记。
   A. 机动车所有人更改姓名、单位名称或者身份证明号码的
   B. 改变车身颜色的
   C. 机动车所有人住所迁至外城市的
   D. 因故损坏无法修复需要更换同型号车身或者车架的

8. 下列事项中，（　　）不被允许。
   A. 更换车身颜色　　　　　　　　　B. 更换车主名称、地址
   C. 更换上牌日期　　　　　　　　　D. 贴太阳膜

9. 办理注销登记时，不收回（　　）。
   A. 汽车驾驶证　B. 机动车号牌　C. 机动车行驶证　D. 机动车登记证书

10. 二手车交易合同的标的是（　　）。
    A. 被交易的二手车　B. 车主　C. 二手车评估机构　D. 二手车评估师

11. 二手车技术状况的简要描述反映的是二手车交易合同主要条件的（　　）。
    A. 标的　　　　　B. 数量　　　　　C. 质量　　　　　D. 违约责任

12. 下列选项中，（　　）不是承担违约责任的方式。
    A. 继续履行　　　B. 保证金　　　　C. 违约金　　　　D. 赔偿金

13. 下列选项中，（　　）不是二手车交易合同纠纷的处理方式。
    A. 诉讼　　　　　B. 仲裁　　　　　C. 协商解决　　　D. 强行管制

14. 下列合同纠纷的解决方式中，（　　）不需要第三方介入。
    A. 协商解决　　　B. 调解解决　　　C. 仲裁　　　　　D. 诉讼

15. 买方在二手车交易市场开具二手车交易发票后，可以不变更的项目是（　　）。
    A. 行驶证　　　　B. 登记证书　　　C. 机动车驾驶证　D. 车辆购置税完税证

16. 机动车档案由（　　）建立和管理。
    A. 车辆管理所　　B. 汽车维修厂　　C. 交通局　　　　D. 4S店

17. 机动车档案从办理注销登记之日起保存（　　）年后销毁。

A. 1   B. 2   C. 3   D. 5

18. 过户发票的过户登记联有效期为（　　）个月

A. 1   B. 2   C. 3   D. 4

19. 进行二手车拍卖时，拍卖人于拍卖日（　　）日前发布公告。

A. 3   B. 5   C. 7   D. 10

20. 进行二手车拍卖时，车辆的展示时间不得少于（　　）天。

A. 2   B. 3   C. 7   D. 10

21. 进行网上二手车拍卖，应在网上公布车辆的彩色照片和"拍卖车辆信息"，公布时间不得少于（　　）天。

A. 2   B. 3   C. 7   D. 10

22. 办理转出登记时，需要携带机动车来历凭证，此来历凭证是指（　　）。

A. 新车发票原件   B. 二手车发票原件

C. 权益转让书   D. 二手车销售发票注册登记联原件

23. 办理二手车转出登记时，车管所不收回（　　）。

A. 机动车登记证书原件   B. 二手车销售发票注册登记联原件

C. 机动车号牌   D. 机动车行驶证

24. 属于机动车所有权发生转移的，在办理转入登记时，车辆管理所在机动车登记证书上不记载的内容是（　　）。

A. 机动车的使用性质   B. 机动车获得方式

C. 机动车销售价格   D. 转入地车管所名称

三、多项选择题

1. 凡销往外城市的二手车，交易完成后，均需办理（　　）。

A. 过户登记   B. 转出登记   C. 转入登记   D. 变更登记

2. 过户登记所需的主要证明材料有（　　）。

A. 现机动车辆所有人的身份证明   B. 机动车登记证书

C. 机动车行驶证、机动车来历凭证   D. 申请办理过户登记的机动车的标准照片

3. 下列选项中，（　　）不予办理过户手续。

A. 利用报废车辆的零部件拼（组）装的

B. 机动车办理了抵押登记的

C. 机动车所有人提交的资料无效的

D. 机动车所有人的住所不在车辆管理所管辖区内的

4. 下列选项中，（　　）应当申请变更登记。

A. 机动车所有人更改姓名、单位名称或者身份证明号码的

B. 改变车身颜色的

C. 机动车所有人住所迁至外城市的

D. 因故损坏无法修复需要更换同型号车身或者车架的

5. 下列选项中，（　　）应该申请注销登记。

A. 在达到了国家或地方规定的报废标准的车辆

B. 灭失的车辆

C. 因故不在我国境内道路上使用的车辆

D. 汽车生产商召回的车辆

6. 我国合同当事人按其法律地位来划分，包括（　　）。

A. 成年人　　　　B. 法人　　　　C. 其他组织　　　　D. 自然人

7. 下列选项中，（　　）属于二手车交易合同中的其他条款。

A. 根据法律规定的或按合同性质必须具备的条款

B. 合同的包装要求

C. 某种特定的行业规则

D. 当事人之间交易的惯有规则

8. 下列选项中，（　　）可以变更或解除合同。

A. 当事人双方经协商同意，并且不因此损害国家利益和社会公共利益

B. 由于不可抗力致使合同的全部义务不能履行

C. 由于另一方在合同约定的期限内没有履行合同

D. 尚未成立的合同

9. 下列选项中，（　　）不是二手车合同违约责任的性质。

A. 违约惩罚　　　B. 违约保证　　　C. 等价补偿　　　D. 刑事处罚

10. 二手车交易合同可分为（　　）。

A. 二手车买卖合同　B. 二手车抵押合同　C. 二手车居间合同　D. 二手车拍卖合同

11. 下列选项中，（　　）具有开具二手车交易发票的资格。

A. 二手车经纪机构　B. 二手车交易市场

C. 二手车拍卖公司　D. 二手车经销企业

12. 机动车所有人如需查询本人的机动车档案，可携带（　　），到车辆管理所按照查阅档案的有关规定进行查询。

A. 身份证件　　　B. 行驶证　　　C. 登记证书　　　D. 车辆购置税完税证

13. 二手车交易市场开具二手车销售统一发票时，需将（　　）交给购车人。

A. 发票联　　　B. 过户登记联　　　C. 记账联　　　D. 存根联

14. 下列情形中，不予办理转入登记的有（　　）

A. 机动车所有人擅自改动、更换机动车或者机动车档案的

B. 《机动车注记规定》中列出的"不能办理过户登记的情形"的

C. 外省市的出租营运车辆

D. 曾经从事出租营运的车辆

15. 在办理转出登记手续时，需提交的材料有（　　）。

A. 原车主的身份证明　　　　　　B. 现车主的身份证明

C. 机动车登记证书原件　　　　　D. 机动车行驶证

四、判断题

（　　）1. 并不是所有机动车都可办理过户手续。

（　　）2. 机动车所有人的住所不在该车辆管理所管辖区内的，不能办理过户手续。

（　　）3. 办理机动车过户手续时，原车主与新车主必须在同一个车管所辖区。

（　　）4. 交易后的二手车，必须先办理过户手续后，方可办理机动车登记证书。

(   ) 5. 机动车所有权转移日,是指重新办理了机动车登记的日期。
(   ) 6. 二手车交易成功后,应先办理机动车过户登记手续,后办理保险批改手续。
(   ) 7. 二手车转出时,可以带原牌照一起转出。
(   ) 8. 对办理了抵押登记的机动车,不能办理过户登记。
(   ) 9. 对超过检验周期的二手车,应先进行安全检测,之后才能办理过户手续。
(   ) 10. 机动车过户后,应重新核发机动车行驶证。
(   ) 11. 机动车不在环保和安全检验合格有效期内,不能办理转出登记手续。
(   ) 12. 办理转入登记的机动车中要符合转出地的环保规定方可办理转入登记。
(   ) 13. 机动车或者机动车档案被人民法院、人民检察院、行政执法部门依法查封扣押的车辆不能办理过户。
(   ) 14. 机动车的来历凭证(海关监管车辆除外)、车辆购置税的完税证明或者免税证明记载的内容与机动车不一致的不能办理过户。
(   ) 15. 办理机动车转出登记时,应交回《机动车登记证书》、机动车号牌和机动车行驶证。
(   ) 16. 机动车抵押登记时,机动车所有人为抵押权人。
(   ) 17. 机动车变更时,需交回原机动车行驶证,领取重新核发的机动车行驶证。
(   ) 18. 如果机动车维修时更换了发动机,则必须申请变更登记。
(   ) 19. 二手车交易合同应当在当事人之间充分协商、意见表达一致的基础上订立。
(   ) 20. 在订立二手车交易合同时,政府部门可以干预。
(   ) 21. 在二手车交易合同中,当事人一方要求必须规定的条款不属于主要条款。
(   ) 22. 交易合同在没有签字成立之前,应合同内容做一定的修改称为变更。
(   ) 23. 由于另一方在合同约定的期限内没有履行合同,则本方可以要求解除合同。
(   ) 24. 合同当事人违反合同的,无论这种违约是否已经给对方当事人造成财产损失,都要依照法律规定或合同约定,承担相应的违约责任。
(   ) 25. 违约方在支付了违约金、赔偿金后,合同关系即视为终止。
(   ) 26. 承担违约责任,并不是承受法律制裁。
(   ) 27. 受让人是指有意出让二手车合法产权的组织或自然人。
(   ) 28. 合同当事人违反合同的,只有这种违约给对方当事人造成财产损失,才需要承担相应的违约责任。
(   ) 29. 如果两个人之间私下达成二手车买卖,则没必要开具二手车交易发票。
(   ) 30. 交易过户业务在二手车交易市场里办理,获取二手车销售统一发票。
(   ) 31. 达成二手车交易意向后,在二手车交易市场获取二手车销售发票时,二手车交易市场还需要进行车辆和各项证件的核查。
(   ) 32. 二手车经纪机构能够直接给买方开具二手车销售统一发票。
(   ) 33. 二手车销售发票的价款中包括评估费。
(   ) 34. 如果二手车交易成功后,没有办理保险批改手续,则原保险的受益人为原车主。
(   ) 35. 二手车交易后,对于购置税可以不进行变更。
(   ) 36. 二手车购买人取得二手车交易发票及机动车行驶证和机动车登记证书,就完成了车辆的所有权转移。

（　　）37. 在二手车经销企业购买二手车，因为要签订二手车交易合同，所以不需要核查有关车辆的合法性手续。

（　　）38. 在拍卖会上，买受人和拍卖企业也必须签订二手车交易合同。

（　　）39. 在拍卖会上购买二手车时，不需要核查有关车辆的合法性手续。

（　　）40. 在二手车交易市场开发票时，需要核查与车辆相关的手续，其中查违法就是核查二手车是否是非法车辆。

（　　）41. 车辆拍卖完成后，购买者向委托人支付拍卖所得车款。

（　　）42. 如果拍卖未成交，拍卖人不得向委托人收取服务费用。

（　　）43. 办理转入登记手续时，车管所需重新核发机动车登记证书。

（　　）44. 车辆管理所办理转入登记时，要在机动车登记证书上记载机动车的使用性质。

（　　）45. 办理转出登记时，原机动车号牌可以不交回。

项目 4

二手车经销

 任务 4-1　二手车收购定价

 任务导入

二手车收购定价是买者以经营为目的的车辆价格估算,以便于和卖主讨价还价。

在市场经济体制下,价格是一个非常重要的因素,它直接影响到企业产品的销售和利润,同时也是实现企业经营目标的主要手段和策略。因此,必须切实加强定价决策工作,以便扩大市场占有率和追求长期利润的增长。二手车流通企业收购和出售车辆的价格要结合新车市场价格,充分考虑影响二手车收购与销售定价的诸多因素,以市场营销的理念,科学、公正地确定二手车收购与销售价格,才能兼顾企业利润、顾客需求和社会利益,把主动权掌握在自己的手里。

本任务主要学习二手车收购定价的方法及注意事项。

学习目标

(1) 能够用直线折旧法和快速折旧法计算二手车的折旧额。
(2) 能够正确分析机动车折旧与二手车估价的异同。
(3) 能够正确分析影响二手车收购定价的影响因素。
(4) 能够选择合适的定价方法与计算方法,确定不同类型二手车的收购价格。

（5）能够引导客户办理二手车收购业务。
（6）培养成本意识、经营风险预测等职业素养。

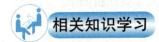相关知识学习

一、机动车折旧

1. 概念

企业在生产经营过程中使用固定资产而使其损耗导致价值减少至仅余一定残值，其原值与残值之差即为累计折旧额，累计折旧额在其使用年限内各年的分摊值即为年折旧额。固定资产折旧是指在固定资产使用寿命内，按照确定的方法对应计折旧额进行系统分摊的过程。

2. 机动车的折旧算法

二手车作为固定资产，按现行财务制度规定应计提固定资产折旧额。固定资产折旧计算方法很多，《金融保险企业财务制度》规定，银行固定资产折旧的计算一般采用平均年限法和工作量法。对于技术进步较快或使用寿命受工作环境影响较大的固定资产，经财政部批准，可采用双倍余额递减法或年份数求和法。机动车的折旧根据车辆的价值、使用年限，用所规定的折旧方法计算。对于允许使用的折旧方法，不同的国家有不同的规定，一般有直线折旧法、快速折旧法等多种方法，我国大多数采用直线折旧法。

1）直线折旧法

直线折旧法又称使用年限法或平均折旧法，是指用车辆的原值除以车辆规定使用年限，以求得每年平均折旧额的方法。计算公式为

$$D_t = \frac{1}{N}(K_0 - S_v)$$

式中：D_t——年折旧额，元；
K_0——机动车原值，元；
S_v——机动车残值，元；
N——规定的折旧年限，年。

2）快速折旧法

快速折旧法常用的算法有两种，即年份数求和法和余额递减法。

（1）年份数求和法。年份数求和法是指每年的折旧额可用车辆原值减去残值的差额乘一个逐年变化的递减系数来确定的一种方法。此递减系数的分母为车辆使用年限（通常为报废年限）历年数字的累计之和，即每年递减系数的分母均相等；分子的大小等于当年时止还余有的使用年数。一般来说，车辆使用年限为 N 时，递减系数的分母等于 $N(N+1)/2$，分子等于 $N+1-t$。年份数求和法的计算公式为

$$D_t = (K_0 - S_v) \times \frac{N+1-t}{N(N+1)/2}$$

式中：$\frac{N+1-t}{N(N+1)/2}$——递减系数（或年折旧率）；

t——机动车在使用期限内的某一确定年度。

（2）余额递减法。余额递减法是指任何年的折旧额用现有车辆原值乘以在车辆整个寿命期内恒定的折旧率，接着用车辆原值减去该年折旧额作为新的原值，下一年重复这一做法，直到折旧总额分摊完毕。在余额递减中所使用的折旧率，通常大于直线折旧率，当使用的折旧率为直线折旧率的 2 倍时，称为双倍余额递减法。余额递减法的计算公式为

$$D_t = K_0 a (1-a)^{t-1}$$

式中：K_0——机动车原值，元；

a——折旧率，直线法折旧率为 $a = 1/N$。

t——在使用期内某一确定的年度。

应用该公式计算时，在使用期终仍有余额，为了使折旧总额到使用期终分摊完毕，到一定年度后，要改用直线折旧法。通常，在连续计算各年折旧额时，如果发现使用双倍余额递减法计算的折旧额小于采用直线折旧法计算的折旧额，则应改用直线折旧法计算折旧。

案例：某机动车的原值为 10 万元，规定使用年限为 10 年，残值忽略不计，试用上述两种快速折旧法分别计算其折旧额。

解：计算过程见表 4-1 和表 4-2。

表 4-1 用年份数求和法计算折旧额

年数	基数/元	递减系数	年折旧额/元	累计折旧额/元
1	100 000	10/55	18 181	18 181
2		9/55	16 363	34 544
3		8/55	14 545	49 089
4		7/55	12 727	61 816
5		6/55	10 909	72 725
6		5/55	9 090	81 815
7		4/55	7 272	89 087
8		3/55	5 454	94 541
9		2/55	3 636	98 177
10		1/55	1 818	99 995

表 4-2 用双倍余额递减法计算折旧额

年数	基数/元	折旧率（×10%）	年折旧额/元	累计折旧额/元
1	100 000	20	20 000	20 000
2	80 000	20	16 000	36 000
3	64 000	20	12 800	48 800
4	51 200	20	10 240	59 040
5	40 960	20	8 192	67 232
6	32 768	20	6 553.6	73 785.6
7	26 214.4	25	6 553.6	80 339.2

续表

年数	基数/元	折旧率（×10%）	年折旧额/元	累计折旧额/元
8	26 214.4	25	6 553.6	86 892.8
9	26 214.4	25	6 553.6	93 446.4
10	26 214.4	25	6 553.6	100 000

> 说明：为使累计折旧额在第10年期终分摊完毕，表4-2从第7年起使用了直线折旧法。

3. 机动车折旧与估价的异同

1）实体性贬值与折旧额的区别

实体性贬值不同于折旧额，不能用账面上累计折旧额代替实体性贬值。在车辆使用过程中，价值的运动依次经过价值损耗、价值转移和价值补偿，折旧作为转移价值，是在损耗的基础上确定的，但折旧是高度政策化了的损耗。

2）使用年限与折旧年限的区别

规定使用年限不同于规定折旧年限。折旧年限是对某一类资产做出的会计处理的统一标准，是一种高度集中的理论系数和常数，对于该类资产中的每一项资产虽然具有普遍性、同一性和法定性，但不具有实际磨损意义上的个别性或特殊性。实际上，它的特征表现在以下几个方面。

（1）折旧年限是一个平均年限，对于同一类型中的任何一项资产均适用。

（2）它是在考虑损耗的同时，又考虑技术、经济政策和生产力发展水平，有时甚至以之为经济杠杆，体现对某类资产的鼓励或限制生产政策。

（3）它是以同类资产中各项资产运转条件均相同的假定条件为前提的。在这种情况下，同类型的资产，无论其所在地如何，维护情况、运行状况如何，均适用同一的折旧年限。因此评估工作中，鉴定评估人员不能直接按照会计学中的折旧年限来取代使用年限。

3）成新率与基础损耗的区别

确定折旧年限的损耗包括有形损耗（实体性损耗）和无形损耗；而评估中确定成新率的损耗包括实体性损耗、功能性损耗和经济性损耗。由于折旧中的有形损耗不是具体的损耗，而无形损耗覆盖面比功能损耗和经济损耗之和还要广，所以成新率对应的实体损耗并不等同于折旧率中的基础损耗。

二、二手车收购定价的影响因素

二手车收购定价的影响因素有车辆的总体价值、二手车收购后应支出的费用、市场宏观和微观环境、经营的需要、品牌知名度和维修服务条件等。

1. 车辆的总体价值

二手车收购要充分考虑车辆的总体价值，它主要包括车辆实体产品价值和各项手续价值。

1）车辆实体的产品价值

除了用鉴定评估的方法评估车辆实体的产品价值外，还应根据经验结合目前市场行情综合评定。主要评定的项目包括车身外观整齐程度、漆面质量如何等静态检查项目和发动机怠速声音、尾气排放情况等动态检查项目。另外，配置、装饰、改装等项目也很重要，包括有无 ABS、转向助力装置、真皮座椅、电动门窗、中控防盗锁、CD 音响等；有效的改装包括动力改装、悬架系统改装、音响改装、座椅及车内装饰改装等。

2）各项手续的价值

各项手续主要包括登记证、原始购车发票或交易过户票、行驶证、购置税本、车船使用税证明、车辆保险合同等。如果收购车辆的证件和规费凭证不全，就会影响收购价格，因为代办手续不但要耗费人工成本，而且可能造成转籍过户中意想不到的麻烦及带来许多难以解决的后续问题。

2. 二手车收购后应支出的费用

二手车收购除了支付车辆产品的货币以外，从收购到售出时限内，还要支出的费用有：保险费、日常维护费、停车费、收购支出的货币利息和其他管理费等。

3. 市场宏观和微观环境

1）宏观环境

二手车收购要注意国家宏观政策、国家和地方法规的变化因素以及这些影响导致的车辆经济性贬值。

2）微观环境

这里所说的市场微观环境，主要指新车价格的变动以及新车型的上市对收购价格的影响。例如千里马轿车降价后，旧车的保值率就降低了，贬值后收购价格自然也会降低。另外，新款车型问世挤压旧车型，"老面孔"身价自然受影响。

4. 经营的需要

二手车经营者应根据库存车辆的多少来提高或降低收购价格。例如本期库存车辆减少、货源紧张时，应适当提高车辆收购价格，以补充货源，保证库存的稳定；反之，库存车辆多时，则应降低收购价格。另外一种情况是，某一车型出现断档情况，该车型的收购价格会提高。如某公司本期二手桑塔纳轿车销售一空，该公司会马上提高桑塔纳车型的收购价格；反之，如果某公司本期二手桑塔纳轿车销路不畅，库存积压显著，那么应降低桑塔纳轿车的收购价格，同时库存桑塔纳轿车的销售价格也会降低。

5. 品牌知名度和维修服务条件

对不同品牌的二手车，由于其品牌知名度和售后服务的质量不同，也会影响到收购价格的制定。像一汽、上汽、东风、广本等，都是国内颇具实力的企业，其产品具有很高的品牌知名度，技术相对成熟，维修服务体系也很健全，二手车收购定价可以适当提高。

三、二手车收购定价方法

二手车收购价格的确定是根据其特定的目的，在二手车鉴定评估的基础上，充分考虑市场的供求关系，对评估的价格做快速变现的特殊处理。按不同的原则，一般有以下几种方法。

1. 基于现行市价、重置成本的方法

由现行市价法、重置成本法对二手车进行鉴定估算产生客观价格，再根据快速变现原

则，估定一个折扣率并以此确定二手车收购价格。如运用重置成本法估算某机动车的价格为 10 万元，据市场销售情况调查，估定折扣率为 20% 即可出售，则该车辆收购价格为 8 万元。

2. 基于清算价格的方法

清算价格的特点是企业（或个人）由于破产或其他原因，要求在一定的期限内将车辆变现，在企业清算之日预期出卖车辆，收回快速变现资金。具体来说主要是根据二手车技术状况，运用现行市价法或重置成本法估算其正常价值，再根据处置情况和变现要求，乘以一个折扣率，最后确定评估价格。

基于清算价格的方法确定收购价格，由于顾客要求快速转卖变现，因此其估价大大低于二手车市场成交的同类型车辆的公平市价，一般来说也低于车辆现时状态客观存在的价格，所以可作为收购估价的参考。

3. 基于快速折旧的方法

根据机动车的重置成本，计算折旧额来确定收购价格。年折旧额的计算方法建议采用年份数求和法或双倍余额递减法。由于年份数求和法折旧较快，所以通常采用年份数求和法。

四、二手车收购价格的计算方法

二手车收购价格的确定是指被收购车辆手续齐全的前提下对车辆实体价格的确定。如果所缺失的手续能以货币支出补办，则收购价格应扣除补办手续的货币支出、时间和精力的成本支出，具体采用以下几种方法。

（1）运用重置成本法对二手车进行鉴定评估，然后根据快速变现的原则，估定一个折扣率，将被收购车辆的估算价格乘以折扣率，即得二手车的收购价格，用数学式表示为

$$收购价格 = 评估价格 \times 折扣率$$

折扣率是指车辆能够当即出售的清算价格与现行市场价格之比值，它是由经营者对市场销售情况的充分调查和了解凭经验而估算的。

（2）运用现行市价法对二手车确定评估价格，再根据上述办法计算收购价格，表达式同上式。

（3）运用快速折旧法。首先计算出二手车已使用年数累计折旧额，然后将重置成本全价减去累计折旧额，再减去车辆需要维修换件的总费用，即得二手车收购价格，用数学式表示为

$$收购价格 = 重置成本全价 - 累计折旧额 - 维修费用$$

重置成本全价一律采用国内现行的新车市场价格。

下面通过一个评估案例介绍二手车收购定价中值得注意的一些问题。

在现实的二手车收购业务中，除了参考当前新车的售价以外，有时也要考虑二手车的原始价格，以平衡买卖双方的利益。

例如，某车是在半年前购买的，发票上注明的价格是 11.48 万元，而该车当时的厂家指导价为 11.98 万元，由此可见是优惠了 0.5 万元后购买的。而在半年后，厂家和 4S 店加大了对该车型的优惠幅度，达到 1.5 万元，目前提车时，发票上所注价格为 10.48 万元。那么，根据重置成本法中有关重置成本方面的要求，需要按 10.48 万元作为重置成本评估标准。假如按第一年折旧率 15%～20% 来计算，则该车的收购行情价在 8.4 万～8.9 万元。那么就与该车主原购买价有近 3.2 万元的差距。试想一下，11 万多元购买的新车，使用仅半

年,且车况良好,卖车时损失近 3.2 万元,车主显然是无法接受的。

在二手车交易具体环节中,买卖双方都会追求自身利益的最大化,只有在交易双方达成一致、认可价格的基础上,才能达成交易。对于上述这辆车,如果二手车经营者想达成交易,就要保证车主的损失不应过大,至少应该在其可以接受的范围之内。所以,比较现实的做法就是依据购车发票上的原始价格,即 11.48 万元来进行价值评估,评估价范围在 9.2 万~9.8 万元之间。当然,如果收购价格达到 9.8 万元,与当前新车优惠后的购买价,即 10.48 万元过于接近,对二手车经营者来说,必然造成经营风险,所以现实中是采取"折中"的办法,一般会选择 9.2 万元的价格,或适当再高一些的价格。因为选择"9 万出头"这样的收购价,二手车商家再转手时,例如增加 0.7 万~0.9 万元的利润,销售价也不会超过 10 万元,这让消费者在心理上也可以接受。例如收购价超过 9.5 万元,那么想不超过 10 万元转手,利润最多不会超过 0.5 万元。这样对于二手车经营者而言,利润显然太薄了。但如果转手价超过 10 万元,就与新车售价(即 10.48 万元)非常接近,消费者是很难接受的。

从上面的例子可见原购车发票价格的重要性,所以在车辆收购环节中,不应过分依赖评估方法和各种公式,应权衡利弊,斟酌损益。二手车经营的最终目的是顺利地达成交易,实现经济利益。但需要注意的是,对于一些使用年限短,通常为使用一年或一年以内的车辆适用于上述办法。

任务实施

一、应用折旧法计算二手车收购价格

1. 基本情况

2021 年 5 月,某二手车销售公司欲收购一辆南京菲亚特轿车,车辆基本情况如下。

车型:南京菲亚特西耶那 1.5EL。

型号:NJ7153。

注册登记日期:2018 年 6 月。

行驶里程:38 000 km。

经核对相关税费票据、证件(照)齐全有效。该车型新车目前市场行情价为 7.8 万元,试确定其收购价格(残值忽略不计)。

2. 收购定价过程

1)相关已知条件

从 2018 年 6 月到 2021 年 5 月,该车已使用 3 年,$t=3$,按 GB/T 30323—2013 的规定,该车规定使用年限为 15 年,$N=15$。重置成本价格为 $K_0=78\ 000$ 元,残值忽略不计,即 $S_v=0$。

2)用年份数求和法计算二手车的累计折旧额

递减系数为 $\dfrac{N+1-t}{N(N+1)/2} = \dfrac{16-t}{120}$,年折旧额计算公式为

$$D_t = (K_0 - S_v) \times \dfrac{N+1-t}{N(N+1)/2}$$

计算结果见表4-3。

表4-3 年份数求和法计算累计折旧额

年份	重置成本/元	递减系数	年折旧额/元	累计折旧额/元
2018年6月—2019年5月	78 000	15/120	9 750	9 750
2019年6月—2020年5月		14/120	9 100	18 850
2020年6月—2021年5月		13/120	8 450	27 300

3）计算二手车收购价格

二手车收购价格计算公式为

$$P = B - \sum D_t - F_s$$

式中：P——二手车的收购价，元。

B——二手车重置成本全价，元。

$\sum D_t$——二手车已使用年限t内的累计折旧额，元。

F_s——二手车需要的维修费用，元。

题目没有给出需要修理的项目及费用，因此，本例中$F_s=0$。由表4-3可知，年份数求和折旧法计算的累计折旧额为27 300元，所以有

收购价格 = 78 000 - 27 300 = 50 700（元）

二、引导客户收购二手车

1. 核查

1）核查卖方身份

卖方身份证明或者机构代码证书原件应合法有效。

2）核实卖方对交易车辆的所有权或处置权

（1）机动车登记证书、行驶证与卖方身份证明名称一致。

（2）国家机关、国有企事业单位出售的车辆，应附有资产处理证明。

（3）委托出售的车辆，卖方应提供车主授权委托书和身份证明。

（4）二手车经销企业销售的车辆，应具有车辆收购合同等能够证明经销企业拥有该车所有权或处置权的相关材料，以及原车主身份证明复印件。原车主名称应与机动车登记证、行驶证名称一致。

3）核查相关手续

车辆号牌、机动车登记证书、机动车行驶证、机动车安全技术检验合格标志真实、合法、有效。

4）核查车辆合法性

交易车辆不属于《二手车流通管理办法》第二十三条规定禁止交易的车辆。

2. 磋商价格

与卖方商定收购价格，如对车辆技术状况及价格存有异议，则经双方商定可委托二手车鉴定评估机构对车辆技术状况及价值进行鉴定评估。

3. 签订收购合同

（1）达成车辆收购意向的，签订收购合同，收购合同中应明确收购方享有车辆的处置权。

（2）按收购合同向卖方支付车款。

三、防范二手车收购风险

在二手车收购的过程中，环境的变化有可能产生机会，也有可能带来风险。风险是指由于客观环境的变化带来损失，从而难以实现某种目的的可能性。二手车收购中的风险是指由于二手车收购环境的变化，给二手车的销售带来的各种损失。收购环境的变化是绝对的、客观的，并经常会发生的，因而在二手车收购过程中，既充满了机会，同时又会出现许多风险。所以，二手车流通企业要生存与发展，就必须加强收购活动中的风险管理，能否获取期望利润，关键在于能否有效地控制和降低风险损失。

由于二手车价格的某些不可预见因素，收购过程具有比销售过程更大的风险，对企业造成的潜在损失也更大。因此，如何有效地将收购风险控制在一定的范围内，善于分析研究环境变化可能带来的风险，发现并及时规避风险，对于降低收购成本、增加企业的利润、最大限度地减小可能遭受的损失具有重大意义。

1. 收购风险防范原则

二手车收购环境的变化是绝对的、必然的，收购风险也势必是经常发生的。不可能完全避免收购风险，而只能掌握战胜风险的策略和技巧，积极化险为夷，把风险变为机会，实现成功的转化，总体原则如下。

（1）要提高识别二手车收购风险的能力。应随时收集、分析并研究市场环境因素变化的资料和信息，判断收购风险发生的可能性，积累经验，培养并增强对二手车收购风险的敏感性，及时发现或预测收购风险。

（2）要提高风险的防范能力，尽可能规避风险。可通过预测风险，从而尽早采取科学的防范措施来规避风险。在二手车收购工作中，要尽可能谨慎，最大限度地消除二手车收购风险发生的隐患。

（3）在无法避免的情况下，要提高处理二手车收购风险的能力，尽可能最大限度地降低损失，并防止引发其他负面效应和有可能派生出来的消极影响。

2. 收购风险的影响因素

在二手车收购中的风险防范上，具体可从以下几个方面考虑影响二手车收购中的风险因素，以便积极采取相应的防范措施。

1）新车型的影响

新车型大量应用了新技术，技术含量的提高将会使老车型贬值甚至被淘汰。从国内市场看，新车型投放明显加快，技术含量和配置也越来越高，如转向助力、安全气囊、ABS + EBD、电子防盗、CD音响都已成了标准装备。以一汽捷达为例，捷达自在国内生产以来经历了多次改款，虽然该车的生产平台未变，但是早期的捷达与现在的新款捷达在外观和装备上已不可同日而语。因此，二手车经营者在收购二手车时应以最新款车的技术装备和价格来作参照，否则会给二手车收购带来一定的风险。

2) 车市频繁降价的影响

在新车市场频繁降价、优惠促销的环境下，二手车经销公司面临着很大的风险，如出现损失只能自己承担。所以，二手车收购价格都是以某一款车目前新车市场的开票价格来计算，而不会去考虑消费者买车时的价格。如果某一款车最近有降价的可能，二手车经销公司要考虑新车降价的风险，开价往往要比正常的收购价还要低一些。如果某一款车刚降完价，那么收购价就会稳定一段时期。为了减少车辆频繁降价的风险，规范市场、稳定价格成为当务之急。另外通过二手车代卖的方式，一方面可从中收取一定的交易费，另一方面可以降低风险。

3) 折旧加快的影响

从实际行情看，使用期限在3年以内的车辆折旧最高，使用3年的车辆往往要折旧到40%~50%，其后的几年进入了一个相对稳定的低折旧期，接近10年折旧又开始加快。所以，3年以内的车要收购的话，收购定价要考虑车辆的大幅折旧因素的影响。

4) 放标准提高的影响

尾气排放标准提高也加速了在用车辆的折旧和淘汰。越来越严格的排放标准将使老旧车型加速淘汰。因此，在确定二手车收购价格时应考虑车辆排放标准提高的影响。

5) 车况优劣的影响

有的车虽然只开了两三年，但是机件的磨损已经很严重了，操作起来感觉不好；而有的车已使用五六年了，发动机的状况依然良好，各机件操作顺畅。这些不同车辆的技术状况自然会影响到二手车的收购价格。

6) 品牌知名度的影响

知名品牌的汽车因其市场保有量大、质量可靠而深受消费者的青睐。这些品牌的汽车在新车市场售价较为稳定，口碑好，所以在二手车市场认同率较高，贬值的程度自然要低于其他品牌。

7) 库存的影响

若二手车销售顺畅，求大于供，二手车经销公司的库存急剧减少，商家们为了保持正常的经营运转，维持一定的库存，可适当抬高一些收购价格；反之在二手车销售低迷时，商家们库存积压，流通不畅，供大于求，商家的主要矛盾是消化库存，这个时期应压低收购价格，规避由于库存积压所带来的风险。

8) 二手车收购合法性的影响

二手车的收购要防止收购盗抢车、伪劣拼装车，要预防收购那些伪造手续凭证、伪造车辆档案的车辆。一旦有所失误，不仅会给公司造成直接经济损失，更重要的是会造成社会不良影响从而损害公司的公众形象。

9) 宏观环境的影响

要密切关注国家有关二手车的政策与法规的变化，做到未雨绸缪，要能够根据已有的和即将颁布的国家有关二手车的政策与法规预测二手车价格的可能变动趋势，及时调整二手车的收购价格，使收购二手车的风险降到最低。

技能考核

（1）教师为每组学员提供一款二手车的详细资料，包括技术鉴定情况。

（2）学员根据本任务所学的知识与能力，确定其收购价格，并将详细的计算确定过程编制成计算报告，打印后提交给老师。

（3）每两名学员为一组，互相扮演二手车评估师与客户（二手车收购者），由二手车评估师扮演者为客户详细讲解二手车收购的流程及注意要点。

（4）教师观察学员演示过程和审阅计算报告后，完成考核表（见表4-4）。

表4-4　教师考核记录表

实训项目：二手车收购定价

班级学号		姓名		
项目	必要的记录		分值	评分
讲解是否规范			10	
讲解是否通俗			10	
讲解是否详细			10	
客户是否明了			10	
报告完整性			10	
格式			10	
分析的准确性			20	
计算的正确性				
总分				
			教师签字：_____ _____年___月___日	

学习效果检验

一、思考题

1. 什么是机动车折旧？
2. 什么是年份数求和折旧法？
3. 什么是余额递减折旧法？
4. 说明二手车实体性贬值与折旧额的区别。
5. 详细说明车辆使用年限与折旧年限的区别。
6. 影响二手车收购价格的因素有哪些？
7. 简单描述二手车收购定价的3种方法。

二、单项选择

1. 为计算机动车的年折旧额，最常用的方法是（　　）。

    A. 平均年限法　　　B. 直线折旧法　　　C. 年份数求和法　　　D. 余额递减法

2. 二手车提取折旧基金的根本目的是（　　）。

A. 保证机动车更新　　　　　　　　B. 积累企业资产
C. 合理避税　　　　　　　　　　　D. 评价机动车剩余的价值

3. 每年的折旧额可用车辆原值减去残值的差额乘一个逐年变化的递减系数来确定的一种方法称为（　　）。
A. 直线折旧法　　B. 快速折旧法　　C. 年份数求和法　　D. 余额递减法

4. 任何年的折旧额用现有车辆原值乘以在车辆整个寿命期内恒定的折旧率，接着用车辆原值减去该年折旧额作新的原值，下一年重复这一作法，直到折旧总额分摊完毕。这一折旧方法称为（　　）。
A. 直线折旧法　　B. 快速折旧法　　C. 年份数求和法　　D. 余额递减法

5. 根据机动车的重置成本计算折旧额来确定收购价格时，所采用的最佳折旧计算方法为（　　）。
A. 直线折旧法　　B. 快速折旧法　　C. 年份数求和法　　D. 余额递减法

6. 下列关于二手车收购价格的确定的叙述中，不正确的是（　　）。
A. 应根据其特定的目的　　　　　　B. 以二手车鉴定评估为基础
C. 要充分考虑市场的供求关系　　　D. 要考虑车辆的未来用途

7. 下列关于实体性贬值与折旧额的描述中，不正确的是（　　）。
A. 账面上累计折旧额即等同于实体性贬值
B. 折旧是由损耗决定的，但折旧并不就是损耗
C. 折旧是高度政策化了的损耗
D. 在折旧作为转移价值，是在损耗的基础上确定的

8. 下列关于使用年限与折旧年限的区别的描述中，不正确的是（　　）。
A. 使用年限不同于折旧年限
B. 同类型的车辆，其折旧年限是不同的
C. 折旧年限对于该类资产中的每一项资产具有普遍性、同一性和法定性
D. 折旧年限不具有实际磨损意义上的个别性或特殊性

9. 收购价格受（　　）的作用，其价格大大低于市场价格。
A. 鉴定评估　　　　　　　　　　　B. 供求关系
C. 快速变现原则　　　　　　　　　D. 社会必要的劳动时间

10. 二手车收购价格与市场价的关系是（　　）。
A. 大于　　　　B. 小于　　　　C. 等于　　　　D. 不一定

11. 使用（　　）年的车辆，往往价格要折旧到40%~50%。
A. 3　　　　　B. 5　　　　　C. 10　　　　　D. 15

12. 二手车使用接近（　　）年折旧又开始加快。
A. 5　　　　　B. 10　　　　　C. 15　　　　　D. 20

三、多项选择题

1. 直线折旧法又称为（　　）。
A. 使用年限法　　B. 平均折旧法　　C. 快速折旧法　　D. 线性折旧法

2. 下列关于实体性贬值与折旧额的描述中，正确的是（　　）。
A. 账面上累计折旧额即等同于实体性贬值

B. 折旧是由损耗决定的，但折旧并不就是损耗

C. 折旧是高度政策化了的损耗

D. 折旧作为转移价值，是在损耗的基础上确定的

3. 下列关于使用年限与折旧年限的区别的描述中，正确的是（　　）。

　　A. 规定使用年限不同于规定折旧年限

　　B. 同类型的车辆，其折旧年限是不同的

　　C. 折旧年限对于该类资产中的每一项资产具有普遍性、同一性和法定性

　　D 折旧年限不具有实际磨损意义上的个别性或特殊性

4. 下列选项中，（　　）是二手车从收购到售出时限内，还要支出的费用。

　　A. 保险费　　　　　　　　　　B. 日常维护费

　　C. 收购支出的货币利息　　　　D. 各项手续费

5. 二手车收购的市场微观环境主要指（　　）。

　　A. 新车价格的变动　　　　　　B. 供求关系

　　C. 环保法规　　　　　　　　　D. 新车型的上市对收购价格的影响

6. 下列关于二手车收购定价影响因素的描述中，正确的是（　　）。

　　A. 二手车总体价值高，则收购价格就高

　　B. 二手车收购后需要支出的费用高，则收购价格就高

　　C. 二手车经销企业库存量大，则收购价格就高

　　D. 二手车品牌知名度高，则收购价格就高

7. 在确定二手车收购价格时，如果缺失的手续可以补办，则收购价格应扣除（　　）。

　　A. 补办手续费　　　　　　　　B. 时间成本费

　　C. 精力成本费　　　　　　　　D. 上述三项费用的利息

8. 下列关于二手车收购价格计算中折扣率的描述中，正确的是（　　）。

　　A. 折扣率是车辆的清算价格与现行市场价之比

　　B. 折扣率是基于对市场情况的了解凭经验确定的

　　C. 折扣率越大，收购价格越高

　　D. 用快速折旧法计算收购价格时，不再用到折扣率

9. 运用快速折旧法计算二手车收购价格时，需用重置成本全价减去（　　）。

　　A. 实体性贬值　　　B. 功能性贬值　　　C. 累计折旧额　　　D. 维修费用

10. 下列关于防范二手车收购风险原则的描述中，正确的是（　　）。

　　A. 提高杜绝风险能力，尽量实现无风险收购

　　B. 要提高识别二手车收购风险的能力

　　C. 要提高风险的防范能力，尽可能规避风险

　　D. 在无法避免的情况下，要提高处理二手车收购风险的能力

11. 下列描述中，正确的是（　　）。

　　A. 使用期限在 3 年以内的车辆折旧率最高

　　B. 使用接近 10 年后的车辆折旧率高

　　C. 尾气排放标准提高，收购二手车的价格应提高

　　D. 收购非法车辆可能会获得更高的利润

12. 在收购4S店经销的二手车时,为核查其所有权或处置权,需要确认( )。
   A. 4S店组织机构代码证书合法、有效   B. 登记证书、行驶证与卖方身份证明一致
   C. 车辆收购证明或其他证明材料   D. 原车主的身份证明

四、判断题

( ) 1. 固定资产折旧是指在固定资产使用寿命内,按照确定的方法对应计折旧额进行系统分摊的过程。

( ) 2. 用余额递减法计算折旧额时,所使用的折旧率通常大于直线折旧率。

( ) 3. 通常,在连续计算各年折旧额时,如果发现使用双倍余额递减法计算的折旧额小于采用直线折旧法计算的折旧额,则应改用直线折旧法计算折旧额。

( ) 4. 折旧年限是一个平均年限,对于同一类型中的任何一项资产均适用。

( ) 5. 当机动车作为固定资产时,才可以提取折旧额。

( ) 6. 一般情况下,在机动车估价时,可以用累计折旧额替代实体性贬值。

( ) 7. 一般情况下使用年限大于折旧年限。

( ) 8. 成新率对应的实体损耗并不等同于折旧率中的基础损耗。

( ) 9. 城市扩大了"黄标车"的限行区域,致使"黄标车"贬值,该项贬值属于功能性贬值。

( ) 10. 某一车型出现断档情况,该车型的收购价格会降低。

( ) 11. 车辆的总体价值中,包括各项手续的价值。

( ) 12. 二手车鉴定评估的价格,其实就是二手车的收购价。

( ) 13. 二手车的收购定价是以经营为目的,由买者估算车辆价格,以便和卖主讨价还价。

( ) 14. 车辆收购价格是指在被收购车辆手续齐全的情况下,对车辆完全价值的确定。

( ) 15. 风险是指由于客观环境的变化带来损失,从而难以实现某种目的的可能性。

( ) 16. 用快速折旧法计算二手车折旧额时,要用到机动车原值,即机动车的账面原值。

( ) 17. 二手车收购定价计算方法中的折扣率,是指车辆能够当即出售的清算价格与现行市场价格之比值。

( ) 18. 二手车收购中的风险是指由于二手车收购环境的变化,给二手车的销售带来的各种损失。

( ) 19. 二手车经营者在收购二手车时应以最新款车的技术装备和价格来作参照。

( ) 20. 二手车收购价格都是以某一款车目前新车市场的开票价格来计算,而不会去考虑消费者买车时的价格。

( ) 21. 品牌知名度低的车辆,由于市场认同率低,故收购后可能产生的利润就低。

任务4-2 二手车的销售定价

任务导入

二手车的销售价格是决定二手车流通企业收入和利润的唯一因素。因此,企业必须根据

成本、需求、竞争及国家方针、政策、法规并运用一定的定价方法和技巧来对二手车制定切实可行的价格政策。

本任务主要学习二手车销售定价的方法与策略。

（1）能够分析影响二手车销售定价的影响因素。

（2）能够根据企业的定价目标，选择合适的定价方法与计算方法，并选择合适的销售定价策略，确定不同类型二手车的销售价格。

（3）能够引导客户办理二手车销售业务。

（4）培养企业经营理念、法律法规意识、营销策略等职业素养。

一、二手车销售定价的影响因素

影响二手车销售定价的主要因素有成本、供求关系、竞争状况和国家政策法规等。

1. 成本

产品成本是销售定价的基础和最低界限，二手车的销售价格如果不能保证成本，企业的经营活动就难以维持。二手车流通企业销售定价应分析价格、需求量、成本、销量、利润之间的关系，正确地估算成本，以作为定价的依据。二手车销售定价时应考虑收购车辆的总成本费用，总成本费用由固定成本费用和变动成本费用之和构成。

1）固定成本费用及其摊销率

（1）固定成本费用。固定成本费用是指在既定的经营目标内，不随收购车辆的变化而变动的成本费用。如分摊在这一经营项目的固定资产的折旧、管理费等项支出。

（2）固定成本费用摊销率。固定成本费用摊销率是指单位收购价值所包含的固定成本费用，即固定成本费用与收购车辆总价值之比。如某企业根据经营目标，预计某年度收购100万元的车辆，分摊固定成本费用1万元，则单位固定成本费用摊销率为1%；如花费4万元收购一辆旧桑塔纳轿车，则应该将400元计入固定成本费用。

2）变动成本费用

变动成本费用指随收购价格和其他费用的变化而相应变动的费用，主要包括车辆实体的价格、运输费、保险费、日常维护费、维修翻新费、资金占用的利息等。

由上面成本分析可知，一辆二手车收购的总成本费用是这辆车应分摊的固定成本费用与变动成本费用之和，用数学式表达为

二手车的总成本费用＝收购价格×固定成本费用摊销率＋变动成本费用

2. 供求关系

在市场经济中，产品的价格由买卖双方的相互作用来决定，以市场供求为前提，所以供给和需求也是决定价格的两个基本因素。需求大于供给，价格就会上升；需求小于供给，价格就会下降。市场的一切交易活动和价格的变动都遵循这一规律，这就是供求规律或称供求

法则，它是市场变化的基本规律。供求关系表明：价格只能围绕价值上下波动，而价值仍然是确定价格水平及其变动的决定性因素。企业在做定价决策时，除了以产品价值为基础外，还可以自觉运用供求关系来分析和制定产品的价格。

价格受供求影响而有规律性的变动过程中，不同商品的变动幅度是不一样的。因此在销售定价时还要考虑需求价格弹性。所谓需求价格弹性，是指因价格变动而引起的需求相应的变动率，它反映需求变动对价格变动的敏感程度。按照相关经济学理论，当某种产品需求价格弹性较小时，提高价格可以增加企业利润；反之，当产品需求价格弹性较强时，降低价格也可以增加企业利润，同时还能起到打击竞争对手、提高自己产品市场占有率的作用。

对于二手车来说，其需求价格弹性较强，即二手车价格的上升（或下降）会引起需求量较大幅度的减少（增加）。因此，在二手车的销售定价时，应该把价格定得低一些，即以薄利多销达到增加盈利、服务顾客的目的。

3. 竞争状况

在产品供不应求时，企业选择定价方式的自由度较大；而在供大于求时，竞争必然随之加剧，定价方式的选择只能被动地根据市场竞争的需要来进行。为了稳定维持自己的市场份额，二手车的销售定价要考虑本地区同行业竞争对手的价格状况，根据自己的市场地位和定价的目标，选择与竞争对手相同的价格，甚至低于竞争对手的价格进行定价。

4. 国家政策法规

任何国家对物价都有适度的管理，所不同的是，各个国家和地区对价格的控制程度、范围、方式等存在着一定的差异，完全放开和完全控制的情况是没有的。一般而言，国家可以通过物价部门直接对企业定价进行干预，也可以用一些财政、税收手段对企业定价实行间接影响。

二、二手车销售定价的目标

二手车销售定价的目标是指二手车流通企业通过制定价格水平，凭借价格产生的效用来达到预期的目的。企业在定价以前，必须根据企业的内部和外部环境，制定出既不违背国家的方针政策，又能协调企业的其他经营目标的价格。企业定价目标类型较多，二手车流通企业要根据自己树立的市场观念和市场微观、宏观环境，确立自己的销售定价目标。企业定价目标主要有两大类，即获取利润目标和占领市场目标。

1. 获取利润目标

利润是考核和分析二手车流通企业营销工作好坏的一项综合性指标，是二手车流通企业最主要的资金来源。以利润为定价目标有 3 种具体形式，即预期收益、最大利润和合理利润。

1）获取预期收益目标

预期收益目标是指二手车流通企业以预期利润（包括预交税金）为定价基点，并以利润加上商品的完全成本构成价格出售商品，从而获取预期收益的一种定价目标。预期收益目标有长期和短期之分，大多数企业都采用长期目标。预期收益高低的确定，应当考虑商品的质量与功能、同期的银行利率、消费者对价格的反应以及企业在同类企业中的地位和在市场竞争中的实力等因素。预期收益定得过高，企业会处于市场竞争的不利地位；定得过低，又会影响企业投资的回收。一般情况下，预期收益适中，可能获得长期稳定的收益。

2）获取最大利润目标

最大利润目标是指二手车流通企业在一定时期内综合考虑各种因素后，以总收入减去总成本的最大差额为基点，确定单位商品的价格，以取得最大利润的一种定价目标。最大利润是企业在一定时期内可能并准备实现的最大利润总额，而不是单位商品的最高价格，最高价格不一定能获取最大利润。当企业的产品在市场上处于绝对有利地位时，往往采取这种定价目标，它能够使企业在一定时期内获得高额利润。最大利润一般应以长期的总利润为目标，在个别时期，甚至允许以低于成本的价格出售，以便招揽顾客。

3）获取合理利润目标

合理利润目标是指二手车流通企业在补偿正常情况下的社会平均成本的基础上，适当地加上一定量的利润作为商品价格，以获取正常情况下合理利润的一种定价目标。企业在自身力量不足，不能实行最大利润目标或预期收益目标时，往往采取这一定价目标。这种定价目标以稳定市场价格、避免不必要的竞争、获取长期利润为前提，因而商品价格适中，顾客乐于接受，政府积极鼓励。

2. 占领市场目标

以市场占有率为定价目标是一种志存高远的选择方式。市场占有率是指一定时期内某二手车流通企业的销售量占当地细分市场销售总量的份额。市场占有率高意味着企业的竞争能力强，说明企业对消费信息把握准确、充分，资料表明，企业利润与市场占有率正向相关，提高市场占有率是增加企业利润的有效途径。

由于企业所处的市场营销环境不同，自身条件与营销目标不同，企业定价目标也大相径庭。因此，二手车流通企业应在综合考虑市场环境、自身实力及经营目标的基础上，将利润目标和占领市场目标结合起来，兼顾企业的眼前利益与长远利益，来确定适当的定价目标。

三、二手车销售定价的方法

定价方法是二手车流通企业为了在目标市场实现定价目标，给产品制定基本价格和浮动范围的技术思路。成本、需求和竞争是影响企业定价的最基本因素，产品成本决定了价格的最低限，产品本身的特点决定了需求状况，从而确定了价格的最高限，竞争者产品与价格又为定价提供了参考的基点。基于上述原因，形成了以成本、需求、竞争为导向的3大基本定价思路。

1. 成本导向定价法

成本导向定价法可分为成本加成定价法、目标收益定价法和边际成本定价法3种。

1）成本加成定价法

成本加成定价法也称为加额定价法、标高定价法或成本基数法，是一种应用比较普遍的定价方法。它首先确定单位产品总成本（包括变动成本和固定成本），然后在单位产品总成本基础上加上一定比例的利润从而形成单位产品的销售价格。该方法的计算公式为

$$单位产品销售价格 = 单位产品总成本 \times (1 + 成本加成率)$$

由此可以看到，成本加成定价法的关键是成本加成率的确定。成本加成率与单位产品成本、资金周转率及需求价格弹性反向变化。

2）目标收益定价法

目标收益定价法又称投资收益率定价法，是根据企业的投资总额、预期销量和投资回收期等因素来确定价格。在产品供不应求的条件下，或产品的需求价格弹性很小的细分市场中，目标收益法具有一定的应用价值。

3）边际成本定价法

边际成本是指每增加或减少单位产品所引起的总成本的增加或减少。边际成本定价法是以单位产品的边际成本作为定价依据和可接受价格的最低界限。在价格高于边际成本的情况下，企业出售产品的收入除完全补偿变动成本外，尚可用来补偿一部分固定成本，甚至可能提供利润。边际成本定价法在竞争激烈的市场条件下具有极大的定价灵活性，在有效地应对竞争、开拓新市场、调节需求的季节差异、形成最优产品组合等方面可以发挥巨大的作用。

2. 需求导向定价法

需求导向定价是以消费者的价值认知、需求强度及对价格的承受能力为依据，以市场占有率、品牌形象和最终利润为目标，真正按照有效需求来策划价格。需求导向定价法又称顾客导向定价法，是二手车流通企业根据市场需求状况和消费者的不同反应分别确定产品价格的一种定价方式。其特点是：平均成本相同的同一产品价格随需求变化而变化，一般是以该产品的历史价格为基础，根据市场需求变化情况，在一定的幅度内变动价格，以致同一商品可以按两种或两种以上价格销售。这种差价可以因顾客的购买能力、对产品的需求情况、产品的型号和式样以及时间、地点等因素而采用不同的形式。

3. 竞争导向定价法

竞争导向定价是以企业所处的行业地位和竞争定位而制定价格的一种方法，是二手车流通企业根据市场竞争状况确定商品价格的一种定价方式。其特点是：价格与成本和需求不发生直接关系。它主要以竞争对手的价格为基础，并与竞争品价格保持一定的比例。竞争品价格未变，即使产品成本或市场需求变动了，也应维持原价；竞争品价格变动，即使产品成本和市场需求未变，也要相应调整价格。

上述定价方法中，企业要考虑产品成本、市场需求和竞争形势，研究价格如何适应这些因素。但在实际定价中，企业往往只能侧重考虑某一类因素，选择某种定价方法，并通过一定的定价策略对计算结果进行修正。成本加成定价法深受企业界欢迎，主要是由于以下原因。

1）定价工作简化

由于成本的不确定性一般比需求的不确定性小得多，定价着眼于成本可以使定价工作大大简化，不必随时依需求情况的变化而频繁地调整，因而大大地简化了企业的定价工作。

2）可降低价格竞争程度

只要同行业都采用这种定价方法，那么在成本与加成率相似的情况下价格也大致相同，这样可以使价格竞争减至最低限度。

3）对买卖双方都较为公平

卖方不利用买方需求量增大的优势趁机哄抬物价，因而有利于买方；固定的加成率也可以使卖方获得相当稳定的投资收益。

四、二手车销售定价的策略

在二手车的市场营销中，尽管非价格竞争作用在增长，但价格仍然是影响销售的重要因素，是营销组合中的关键因素。定价是否恰当，不仅直接关系到二手车的销量和企业的利润，而且还关系到企业其他营销策略的制定。营销中定价策略的意义在于有利于挖掘新的市场机会，实现企业的整体目标。在市场经济条件下，价格决策已成为企业经营者面临的具有现实意义的重大决策课题。

二手车销售定价策略是指二手车流通企业根据市场中不同变化因素对二手车价格的影响程度而采用不同的定价方法，制定出适合市场变化的二手车销售价格，进而实现定价目标的企业营销战术。

二手车销售定价策略分为阶段定价策略、心理定价策略和折扣定价策略等。

1. 阶段定价策略

阶段定价策略就是根据企业成长期各阶段不同的市场特征而采用不同的定价目标和对策。投入期以打开市场为主，成长期以获取目标利润为主，成熟期以保持市场份额、利润总量最大为主，衰退期以回笼资金为主。另外还要兼顾不同时期的市场行情，相应修改销售价格。

2. 心理定价策略

不同的消费者有不同的消费心理，有的着重经济实惠、物美价廉；有的注重名牌产品；有的注重产品的文化情感含量；有的追赶消费潮流。心理定价策略就是在补偿成本的基础上，按不同的需求心理确定价格水平和变动幅度。如尾数定价策略就是企业针对消费者的求廉心理，在二手车定价时有意定一个与整数有一定差额的价格。这是一种具有强烈刺激作用的心理定价策略。价格尾数的微小差别，能够明显影响消费者的购买行为，会给消费者一种经过精确计算的、最低价格的心理感觉。如某品牌的二手车标价 69 998 元，给人以便宜的感觉，认为只要不到 7 万元就能买一台质地不错的品牌二手车。

3. 折扣定价策略

二手车流通企业在市场营销活动中，一般按照确定的目录价格或标价出售商品。但随着企业内外部环境的变化，为了促进销售者、顾客更多地销售、购买本企业的产品，往往根据交易数量、付款方式等条件的不同，在价格上给销售者或顾客一定的减让，这种生产者给销售者或消费者的一定程度的价格减让就是折扣。灵活运用价格折扣策略，可以鼓励需求、刺激购买，有利于企业搞活经营，提高经济效益。

五、二手车最终销售价格的确定

二手车流通企业通过以上程序制定的价格只是基本价格，只确定了价格的范围和变化的途径。为了实现定价目标，二手车流通企业还需要考虑国家的价格政策、用户的要求、产品的性价比、品牌价值及服务水平，应用各种灵活的定价战术对基本价格进行调整，同时将价格策略和其他营销策略结合起来，如针对不同消费心理的心理定价和让利促销的各种折扣定价等，以确定具体的最终价格。

六、汽车置换

随着汽车产业的快速发展，汽车保有量越来越多，同时人们对汽车的需求也越来越多样化，汽车置换作为汽车交易的一种方式逐渐显示出满足人们需要的优越性和调节汽车流通的重要作用。

1. 定义

置换业务源自国外，在字典上有两个单词与之相近：Exchange 与 Displacement。就字面意义而言，Exchange 这个词偏重交换的等价性；而 Displacement 则强调的是旧物品（或次一等，较差的）与新物品（较好的）进行交换，这种交换的不等价性由置换方给予差额补贴。

2. 我国主要汽车置换运作模式

1) 我国汽车置换模式

从国内的交易情况来看，目前在我国进行汽车置换有以下 3 种模式。

（1）用本厂旧车置换新车（即以旧换新）。如厂家为"一汽大众"，车主可将旧捷达车折价卖给一汽大众的零售店，再买一辆新宝来车。

（2）用本品牌旧车置换新车。如品牌为"大众"，假设拥有一辆旧捷达的车主看上了帕萨特车，那么他可以在任何一家"大众"的零售店里置换到一辆他喜欢的帕萨特车。

（3）只要购买本厂的新车，置换的旧车不限品牌。国外基本上采用的是这种汽车置换方式。上海通用诚新二手车开展的就是这种汽车置换模式，消费者可以用各种品牌的二手车置换别克品牌的新车。

如果考虑买车人的选择余地和便利程度，当然是第 3 种方式最佳。不过，这种方式对厂商和经销商而言非常具有挑战性。这是因为，我国的车主一般既不从一而终地在指定维修点维护修理，也不保留车辆的维修档案，车况极不透明；再者，不同品牌、不同型号的车在技术和零部件上千差万别；而且，对于个别已经停产车型更换零部件将越来越麻烦。

车辆更新对于车主来说，是一个烦琐的过程，首先要到二手车市场把车卖掉，这其中要经历了解市场行情、咨询二手车价格、与购买者讨价还价直至成交、办理各种手续和等待回款，至少要好几天。等拿到钱后再到新车市场买新车，又是一番周折。对于车主来说更新一部车比买新车麻烦得多。在生活节奏日益加快的今天，人们期盼能否有一种便捷的以旧换新业务，使他们在自由选择新车的同时，很方便地处理要更新的旧车。因此，具有汽车置换资质的经销商作为中介的重要作用就显现出来了。

2) 汽车置换授权经销商

汽车置换授权经销商是我国汽车置换运作的中介主体。汽车置换授权经销商的车辆置换服务将消费者淘汰旧车和购买新车的过程结合在一起，一次完成甚至一站完成，为用户解决了先要卖掉旧车再去购买新车的麻烦。我国汽车置换授权经销商的汽车置换服务一般具有以下特点。

（1）打破车型限制。与以往的一些开展汽车置换的厂家或品牌专卖店不同，汽车置换授权经销商对所要置换的旧车以及选择购买的新车，都没有品牌及车型的限制，可以任意置换。汽车置换授权经销商采用汽车连锁超市的模式经营新车的销售，连锁超市中经营的汽车品牌众多，可以满足消费者的不同需求，也可根据顾客的要求，到指定的经销商处为顾客购进指定的车辆，真正做到了无品牌限制的置换。

（2）让利置换，旧车增值。汽车置换授权经销商将车辆置换作为顾客购买新车的一项增值服务，与顾客将旧车出售给二手车经销公司不同，汽车置换授权经销商通常是以二手车交易市场中最高收购价格确定二手车价格，经双方认可后，置换二手车的钱款直接冲抵新车的价格。

汽车置换授权经销商通常拥有自己的二手车经纪公司，同时与二手车交易市场中的众多经纪公司保持联系，保证市场信息渠道的畅通，以保证所置换的旧车能够有快速的通路。车况较好的旧车，汽车置换授权经销商经过整修后，补充到租赁车队中投放低端租车市场，用租赁收入弥补旧车的增值部分后，到二手车市场处置；或者发挥汽车置换授权经销商租车网络优势，在中小城市租赁运营。

（3）"全程一对一"的置换服务。汽车连锁销售提供的车辆置换服务，是一种"全程一对一"的服务模式。由于汽车置换授权经销商的业务涉及汽车租赁、销售、汽车金融以及二手车经纪，因此顾客在汽车置换授权经销商选择置换的购车方式后，从旧车定价、过户手续，到新车的贷款、购买、保险、牌照等过程都由汽车置换授权经销商公司内部的专业部门完成，保证了效率和服务水准。

（4）完善的售后服务。在汽车置换授权经销商通过置换购买的新车，汽车置换授权经销商将提供包括保险、救援、替换车、异地租车等服务在内的完善的售后服务。对于符合条件的顾客及车辆，汽车置换授权经销商还提供更加个性化的车辆保值回购计划，使顾客可以无须考虑再次更新时的车辆残值，安心使用车辆。

3. 汽车置换质量认证

汽车置换中一个最重要、最容易引起争议的问题就是置换旧车的质量问题。与新车交易相比，二手车市场存在很多不透明的地方，二手车评估本身就比较复杂，加上二手车交易又是"一旦售出，后果自理"，所以在购买二手车时，大部分的消费者并不信任卖家。

为了保障交易双方权益、减少纠纷，国外汽车厂商从20世纪90年代就开始对汽车进行质量认证，我国的汽车厂商也早已开始进行这一业务。汽车厂家利用自己的技术、设备、人员以及信誉优势，对回购的二手车进行检测、修复，给当前庞大的二手车消费群体提供"放心车""明白车"，即使价格高于其他市场上的二手车，消费者也认为值得。同时汽车厂家介入二手车市场也为规范二手车市场、降低交通安全隐患产生了积极影响。

1）认证的基本概念

经汽车厂商授权的汽车经销商将收上来的该品牌二手车进行一系列检测、维修之后，使该车成为经品牌认证的车辆，销售出去之后可以给予一定的质量担保和品质保证，这一过程通称为认证。

二手车认证方案的开展是市场对二手车刮目相看的首要原因，现在已经得到广泛的支持，很多汽车生产厂家还针对二手车推出了一些令人鼓舞的消费措施。目前，认证方案项目一般包括：合格的质量要求、严格的检测标准、质量改进保证、过户保证以及比照新车销售推出的送货方案等，一些大公司开展的认证还包括提供与新车一样利率的购车贷款。通过认证，顾客和经销商双方都从中得到了实惠。首先顾客对自己购买二手车的心态更加趋于平和，相应地，经销商也实现了认证车辆的溢价销售。而且，顾客再不会有车刚到手就发生故障的经历，经销商也不必再去经常性地处理客户的投诉。

2）我国的二手车认证状况

我国二手车认证主要是在一些合资企业中开展，这其中以上汽通用公司和一汽大众公司为代表，我国一般的二手车认证流程如图4-1所示。

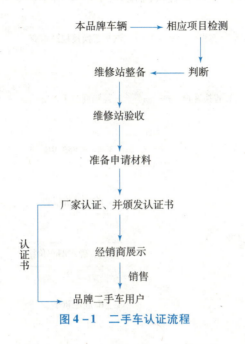

图 4-1 二手车认证流程

（1）上汽通用公司的二手车认证。上海通用汽车认证的二手车要经过多道程序的严格筛选。首先，认证的二手车有自己统一的品牌，是和诚信谐音的"诚新"，能通过认证，并打上这个牌子的二手车要达到以下条件：首先是无法律纠纷，非事故车，无泡水经历；其次使用不超过5年，行驶10万km以内；原来用途不是用于营运和租赁。

上汽通用的二手车认证有106项检验项目，这106项检验要进行两次，进场第一次，整修后还要进行一次。106项检验主要包括车身、电气、底盘、制动等6大类，基本囊括了整个汽车的零配件。通过筛选的二手车，经过整修，再进行106项检测，全部合格后才能获得上海通用公司的认证书。经认证过的二手车出售后能获得半年或1万km的质量保证，在质保期间，如果车辆出现质量问题，客户可以在全国联网的品牌专业维修店获得免费修理和零配件更换。

（2）一汽大众的二手车认证。一汽大众的二手车认证有141项检测标准，包括：发动机（检查压缩比、排放、点火正时等11项）；离合器（离合器线束调整、噪声检测等5项）；变速器（变速器各挡位操控性、变速器油位等8项）；悬架（减震器泄漏等5项）；传动系统（差速器泄漏和噪声等4项）；转向系统（转向齿条等7项）；制动系统（制动蹄片磨损情况等8项）；制冷系统（管道泄漏等4项）；轮胎轮辋（前轮定位等5项）；仪表（仪表灯亮度等15项）；灯光系统（车内外灯光光线、报警灯等10项）；电子电器（蓄电池、各种熔断器等8项）；车辆外部（刮水器胶皮磨损等7项）；车辆内部（座椅、杯架、后视镜等9项）；空调（气流、风向等6项）；收音机及CD（播放器、扬声器等3项）；内饰、外观（各种塑料件、装饰件等3项）；车身及漆面（破裂、剐蹭等5项）；完备性（备胎、说明书等7项）；最终路试（操控性、循迹性等11项）。

4. 汽车置换的服务程序

汽车置换包括旧车出售和新车购买两个环节。不同的汽车置换授权经销商对汽车置换流程的规定不完全一样，一汽大众汽车置换流程如图4-2所示。

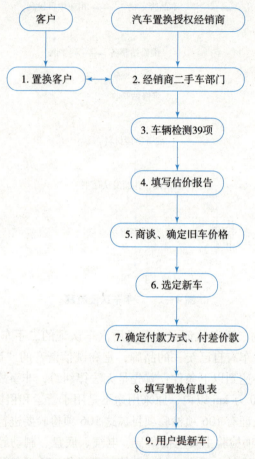

图4-2 一汽大众汽车置换流程图

国内一般汽车置换程序如下。

（1）顾客通过电话或直接到汽车置换授权经销商处进行咨询，也可以登录汽车置换授权经销商的网站进行置换登记。

（2）旧车评估定价。

（3）汽车置换授权经销商销售顾问陪同选订新车。

（4）签订旧车购销协议以及置换协议。

（5）置换旧车的钱款直接冲抵新车的车款，顾客补足新车差价后，办理提车手续，或由汽车置换授权经销商的销售顾问协助在指定的经销商处提取所订车辆，汽车置换授权经销商提供一条龙服务。

（6）顾客如需贷款购新车，则置换旧车的钱款作为新车的首付款，汽车置换授权经销商为顾客办理购车贷款手续，建立提供因汽车消费信贷所产生的资信管理服务，并建立个人资信数据库。

（7）汽车置换授权经销商办理旧车过户手续，顾客提供必要的协助和材料。

（8）汽车置换授权经销商为顾客提供全程后续服务。

在汽车置换中，如果旧车贷款尚未还清，可由经销商垫付还清贷款，款项计入新车需交钱款。

七、二手车质量保证

二手车的质量保证就是销售商承诺对车辆进行有条件、有范围、有限期的质量保证，并切实履行承诺的责任和义务。

1. 意义

（1）保护消费者权益。

（2）促进二手车行业的规范发展。

（3）有利于经营品牌的创立。

（4）有利于开辟新的交易方式。

根据我国目前二手车发展水平，这种质量保证只能是有条件、有范围和有限期的质量保证。

2. 前提及质量保证期

二手车质量保证只对二手车经销企业要求。《二手车交易规范》对质量保证有如下规定：

（1）二手车质量保证的前提。使用年限在 3 年以内或行驶里程在 6 万 km 以内的车辆。

（2）二手车质量保证期限。不少于 3 个月或 5 000 km。

（3）二手车质量保证的范围。发动机系统、转向系统、传动系统、制动系统和悬架系统等。

3. 二手车的售后服务

1）二手车售后服务的规定

《二手车交易规范》对二手车售后服务有如下规定。

（1）二手车经销企业向最终用户提供售后服务时，应向其提供售后服务清单。

（2）在提供售后服务的过程中，不得擅自增加未经客户同意的服务项目。

（3）二手车经销企业应建立售后服务技术档案，售后服务技术档案保存时间不少于 3 年。

2）售后服务技术档案内容

（1）车辆基本资料。

（2）客户基本资料。

（3）维修记录。

任务实施

一、计算二手车销售价格

1. 基本情况

品牌型号：一汽大众捷达 CIF。

号牌号码:辽 A55H3×。

发动机号码:EK5647×××。

车辆识别代号/车架号:LF×××。

注册登记日期:2016 年 12 月 20 日。

年审检验合格至 2021 年 6 月。

车辆购置税完税证明:有,真实。

某 4S 店于 2021 年 4 月收购,收购价格为 4.40 万元。该车欲于 2021 年 10 月销售。

2. 销售价格确定

1)确定固定成本费用摊销率

按该 4S 店的固定成本构成情况分析,分摊在二手车销售这一块的固定成本费用摊销率为 1%。

2)确定变动成本

(1)该车实体价格即为收购价格为 4.40 万元。

(2)收购车辆时的运输费用合计为 65 元。

(3)从收购日起到预计的销售日,分摊在该车上的日常维护费用约为 400 元。

(4)该车收购后,维修翻新费用合计 3 200 元。

(5)车辆存放期间,银行的活期存款利率为 0.36%。

变动成本 =(收购价格 + 运输费用 + 维护费用 + 维修翻新费用)×(1 + 银行活期利率)

= (44 000 + 65 + 400 + 3 200)×(1 + 0.36%)= 64 824(元)

总成本费用 = 收购价格 × 固定成本费用摊销率 + 变动成本

= 44 000 × 1% + 64 824 = 69 224(元)

3)确定销售价格

按成本加成定价法,本车型属于大众车型,市场保有量较大,且销售情况平稳。根据销售时日的市场行情,一般成本加成率在 6% 左右。因此该车的销售价格为

销售价格 = 该车总成本 ×(1 + 成本加成率)

= 69 224 ×(1 + 6%)= 73 377(元)

4)确定最终价格

(1)该 4S 店目前处于比较稳定的经营时期,二手车经销状况也比较稳定,故应以获取合理利润为目标,所以成本加成率不做调整,即仍取 6%。

(2)该车不准备采用折扣定价策略,而上述计算结果中有精确的尾数,即采用尾数定价策略,也不再做调整。

故该二手车的最终销售价格确定为 73 377 元。

二、引导客户办理二手车销售业务

(1)二手车经销企业对车辆进行检测和整备。

(2)二手车经销企业对进入销售展示区的车辆按车辆信息表的要求填写有关信息,在显要位置予以明示,并可根据需要增加车辆信息表的有关内容。

(3)达成车辆销售意向的,二手车经销企业与买方签订销售合同,并将车辆信息表作为合同附件。

（4）按合同约定收取车款，向买方开具税务机关监制的统一发票，并如实填写成交价格。

（5）销售企业向买方提供质量保证书，并交付二手车。

（6）买方持规定的法定证明、凭证到公安机关交通管理部门办理过户登记手续。相关的证明、凭证包括以下几类。

① 买方的身份证明。

② 机动车登记证书。

③ 机动车行驶证。

④ 二手车交易市场、经销企业、拍卖公司按规定开具的二手车销售统一发票。

⑤ 属于解除海关监管的车辆，应提供中华人民共和国海关监管车辆解除监管证明书。

（7）完成车辆转移登记后，买方应按国家有关规定，持新的机动车登记证书和机动车行驶证到有关部门办理车辆购置税、保险变更手续。

技能考核

（1）教师为每组学员提供一款二手车的详细资料，包括收购日期、收购价格、计划销售日期、收购至销售期间的各项费用。

（2）学员根据本任务所学的知识与能力，确定其销售价格，并将详细的计算确定过程编制成计算报告，打印后提交给老师。

（3）两名学员为一组，互相扮演二手车评估师和二手车销售者，由二手车评估师扮演者为二手车销售者详细讲解二手车销售的流程及注意要点。

（4）老师观察学员演示过程和审阅计算报告后，完成考核表，见表4-5。

表4-5 教师考核记录表

实训项目：二手车销售定价

班级学号		姓名	
项目	必要的记录	分值	评分
讲解是否规范		10	
讲解是否通俗		10	
讲解是否详细		10	
客户是否明了		10	
报告完整性		10	
格式		10	
分析的准确性		20	
计算的正确性			
总分			
		教师签字：_____ 年____月____日	

学习效果检验

一、思考题

1. 影响二手车销售定价的因素有哪些？
2. 解释变动成本费用、固定成本费用摊销率、固定成本费用等专业术语的含义。
3. 什么是需求价格弹性？在进行二手车销售定价时，如何运用这一规律？
4. 解释获取合理利润目标、获取最大利润目标、获取预期收益目标等术语的含义。
5. 二手车销售定价的方法有哪些？
6. 解释边际成本定价法、目标收益定价法、成本加成定价法等专业术语的含义。
7. 为什么成本加成定价法深受企业界欢迎？
8. 简单分析二手车销售定价的策略。

二、单项选择

1. 下列选项中，（　　）是销售定价的基础和最低界限。
   A. 产品成本　　　　B. 供求关系　　　　C. 竞争状况　　　　D. 利润
2. 下列选项中，（　　）不属于固定成本。
   A. 房租　　　　　　B. 车辆维护费　　　C. 管理费　　　　　D. 折旧
3. 固定成本费用摊销率是固定成本费用与（　　）之比。
   A. 固定资产值　　　B. 收购车辆总价值　C. 销售总额　　　　D. 利润总额
4. 供求关系表明，价格与价值的关系是（　　）。
   A. 相等　　　　　　　　　　　　　　　B. 价格高于价值
   C. 价格低于价值　　　　　　　　　　　D. 价格只能围绕价值上下波动
5. 在（　　）时，定价方式的选择只能被动地根据市场竞争的需要来进行。
   A. 供大于求　　　　B. 供等于求　　　　C. 供小于求　　　　D. 上述三种情况
6. 买主最难获得的二手车信息是（　　）。
   A. 价格　　　　　　B. 品牌　　　　　　C. 性能　　　　　　D. 服务
7. 二手车销售定价的目标是指二手车流通企业通过制定价格水平，凭借（　　）产生的效用来达到预期的目的。
   A. 价格　　　　　　B. 品牌　　　　　　C. 性能　　　　　　D. 服务
8. 下列选项中，（　　）是二手车流通企业以预期利润（包括预交税金）为定价基点，并以利润加上商品的完全成本构成价格出售商品，从而获取预期收益的一种定价目标。
   A. 长远利润　　　　B. 预期收益　　　　C. 最大利润　　　　D. 合理利润
9. 下列选项中，（　　）是指二手车流通企业在补偿正常情况下的社会平均成本的基础上，适当地加上一定量的利润作为商品价格，以获取正常情况下合理利润的一种定价目标。
   A. 长远利润　　　　B. 预期收益　　　　C. 最大利润　　　　D. 合理利润
10. 下列选项中，（　　）不是以利润为定价目标的形式之一。
    A. 收益现值　　　　B. 预期收益　　　　C. 最大利润　　　　D. 合理利润
11. 下列选项中，（　　）是一种高瞻远瞩的目标。
    A. 获取预期收益　　　　　　　　　　　B. 获取最大利润

C. 获取合理利润 D. 占领市场
12. 下列选项中，（　　）不是二手车销售定价的基本思路之一。
A. 收益　　　　　B. 成本　　　　　C. 需求　　　　　D. 竞争
13. 下列选项中，（　　）为定价提供了参考的基点。
A. 收益目标　　　B. 成本　　　　　C. 需求　　　　　D. 竞争者产品与价格
14. 下列选项中，（　　）不是成本导向定价法的基本方法之一。
A. 利润定价法　　B. 成本加成定价法　C. 目标收益定价法　D. 边际成本定价法
15. 首先确定单位产品总成本（包括变动成本和固定成本），然后在单位产品总成本的基础上加上一定比例的利润，从而形成单位产品的销售价格，此种销售定价方法称为（　　）。
A. 利润定价法　　B. 成本加成定价法　C. 目标收益定价法　D. 边际成本定价法
16. 根据企业的投资总额、预期销量和投资回收期等因素来确定销售价格的方法称为（　　）。
A. 利润定价法　　B. 成本加成定价法　C. 目标收益定价法　D. 边际成本定价法
17. 在确定销售定价时，首先考虑应用（　　）法。
A. 成本加成　　　B. 目标收益　　　C. 需求导向　　　D. 边际成本
18. 下列关于二手车销售阶段定价策略的叙述，不正确的是（　　）。
A. 投入期以打开市场为主
B. 成长期以稳定市场为主
C. 成熟期以保持市场份额、利润总量最大为主
D. 衰退期以回笼资金为主
19. 预期收益高低的确定，可不考虑（　　）。
A. 商品的质量与功能　　　　　　B. 同期的银行利率
C. 在市场竞争中的实力　　　　　D. 管理费
20. 下列选项中，（　　）不是二手车流通企业销售定价应考虑的因素。
A. 收购价格　　　B. 需求量　　　C. 购买的对象　　D. 利润
21. 下列选项中，（　　）不是成本加成定价法的优点。
A. 对买卖双方都较为公平　　　　B. 可降低价格竞争程度
C. 可以实现企业的最大利润目标　　D. 定价工作简化
22. 按供求基本原理，需求大于供给，则价格就会（　　）。
A. 上升　　　　　B. 下降　　　　　C. 不变　　　　　D. 不一定
23. 汽车置换中一个最重要、最容易引起争议的问题就是（　　）问题。
A. 旧车价格　　　B. 旧车的质量　　C. 新车的价格　　D. 售后服务
24. 经汽车厂商授权的汽车经销商将收上来的该品牌二手车进行一系列检测、维修之后，使该车成为经品牌认证的车辆，销售出去之后可以给予一定的质量担保和品质保证，这一过程通称为（　　）。
A. 整修　　　　　B. 回收　　　　　C. 置换　　　　　D. 认证
25. 诚新二手车是（　　）公司的二手车品牌。
A. 上海通用　　　B. 一汽大众　　　C. 东风日产　　　D. 广州本田

26. 下列选项中，（　　）不能成为认证二手车。
   A. 刚上牌的新车　　B. 非本地牌照车　　C. 出租车　　D. 保险已到期
27. 使用年限在（　　）年以内的车辆方可享有二手车质量保证。
   A. 3　　B. 4　　C. 5　　D. 6
28. 行驶里程在（　　）万 km 以内的车辆方可享有二手车质量保证。
   A. 3　　B. 4　　C. 5　　D. 6
29. 二手车质量保证期限为不少于（　　）个月。
   A. 3　　B. 4　　C. 5　　D. 6
30. 二手车质量保证期限为不少于（　　）km。
   A. 3 000　　B. 4 000　　C. 5 000　　D. 6 000
31. 二手车售后服务技术档案保存时间不少于（　　）年。
   A. 1　　B. 2　　C. 3　　D. 4
32. 下列选项中，（　　）是二手车从收购到售出时限内，不再需要支出的费用。
   A. 保险费　　　　　　　　　　　　B. 日常维护费
   C. 收购支出的货币利息　　　　　　D. 各项手续费

三、多项选择题

1. 影响二手车销售定价的主要因素有（　　）等。
   A. 成本　　B. 供求关系　　C. 竞争状况　　D. 国家政策法规
2. 下列选项中，（　　）属于变动成本费用。
   A. 管理费　　B. 运输费　　C. 资产的折旧　　D. 资金占用的利息
3. 下列选项中，（　　）属于固定成本。
   A. 折旧　　B. 管理费　　C. 日常维护费　　D. 维修翻新费
4. 下列选项中，（　　）属于获取利润目标。
   A. 长远利润　　B. 预期收益　　C. 最大利润　　D. 合理利润
5. 预期收益高低的确定，应当考虑（　　）等因素。
   A. 商品的质量与功能　　　　　　B. 同期的银行利率
   C. 消费者对价格的反应　　　　　D. 企业在同类企业中的地位
6. 下列关于成本加成率的描述，正确的是（　　）。
   A. 应与单位产品成本成正向变化
   B. 与资金周转率成反向变化
   C. 与需求价格弹性成反向变化
   D. 需求价格弹性不变时加成率也应保持相对稳定
7. 下列选项中，（　　）是成本加成定价法的优点。
   A. 对买卖双方都较为公平　　　　B. 可降低价格竞争程度
   C. 可以实现企业的最大利润目标　　D. 可使定价工作简化
8. 下列选项中，（　　）是二手车销售定价策略。
   A. 阶段定价策略　　B. 心理定价策略　　C. 折扣定价策略　　D. 长远定价策略
9. 广义的汽车置换概念则是指在以旧换新业务的基础上，还同时兼容（　　）业务。
   A. 二手商品整新　　B. 跟踪服务　　C. 二手商品再销售　　D. 折抵分期付款

10. 下列选项中，（　　）是汽车置换授权经销商可以开展的业务。
 A. 旧车定价　　　B. 过户手续　　　C. 新车的贷款　　　D. 保险
11. 目前，二手车认证方案项目一般包括（　　）。
 A. 合格的质量要求　　　　　　　B. 严格的检测标准
 C. 质量改进保证　　　　　　　　D. 过户保证
12. 下列对二手车售后服务规定的描述，正确的是（　　）。
 A. 二手车经销企业向最终用户提供售后服务时，应向其提供售后服务清单
 B. 在提供售后服务的过程中，不得擅自增加未经客户同意的服务项目
 C. 二手车经销企业应建立售后服务技术档案
 D. 售后服务技术档案保存时间不少于5年

四、判断题

（　　）1. 二手车的总成本费用由固定成本费用和变动成本费用之和构成。
（　　）2. 在既定的经营目标内，不随收购车辆的变化而变动的成本费用称为变动成本。
（　　）3. 需求大于供给，价格就会上升。
（　　）4. 需求价格弹性，是指因价格变动而引起的需求相应的变动率。
（　　）5. 由于二手车的需求价格弹性小，所以提高价格可能会增加企业利润。
（　　）6. 提高二手车的收购价格，就意味着将来销售利润的减少。
（　　）7. 如果从竞争状况考虑，二手车销售定价时，应选择与竞争对手相同的价格，甚至低于竞争对手的价格进行定价。
（　　）8. 二手车销售定价是受国家相关法律制约的。
（　　）9. 要获取最大利润，二手车经销企业应必须采用高的销售价格。
（　　）10. 预期收益定得高些，二手车经销企业在未来就会有更大的利润。
（　　）11. 各台二手车的销售价格定为最高价，方可实现最大利润目标。
（　　）12. 获取最大利润目标能够使企业在长期内获得高额利润。
（　　）13. 以单位产品的边际成本作为定价依据和可接受价格的最低界限的销售定价方法称为成本加成定价法。
（　　）14. 成本加成率与单位产品成本、资金周转率及需求价格弹性反向变化。
（　　）15. 用单位产品总成本和成本加成率即可计算二手车的销售定价，因而可以认为成本加成率与单位产品总成本成正比。
（　　）16. 只有当二手车的销售价格高于其边际成本时，才有可能为企业创造利润。
（　　）17. 竞争导向定价法是二手车流通企业根据市场竞争状况确定二手车价格的一种定价方式。
（　　）18. 当采用竞争导向定价法确定二手车销售价格时，其价格值将与成本和需要无关。
（　　）19. 同一二手车可以按两种或两种以上价格销售。
（　　）20. 竞争导向定价法要求，竞争品价格未变，即使产品成本或市场需求变动了，也应维持原价。
（　　）21. 根据成本加成定价法可知，如果某产品的需求价格弹性高，则最适当的加

成率也应相对较高；反之亦然。

（　　）22. 汽车置换授权经销商通常是以二手车交易市场中的最高收购价格确定二手车价格的。

（　　）23. 二手车的折扣定价，就意味着经销企业收入的减少。

（　　）24. 车辆置换业务就是指以旧换新。

（　　）25. 汽车置换授权经销商对其销售的新车必须提供车辆保值回购服务。

（　　）26. 二手车价值具有很强的时间性。

（　　）27. 二手车经销企业在提供售后服务的过程中，可以增加但不能减少服务项目。

（　　）28. 二手车质量保证只对二手车经销企业要求。

（　　）29. 报废价值是指机动车报废后，某些零、部件的回收价值。

（　　）30. 二手车的报废价值就是其残余价值。

参 考 文 献

[1] 高群钦. 二手车鉴定与评估一点通 [M]. 北京：国防工业出版社，2006.
[2] 韩建保. 旧车鉴定及评估 [M]. 北京：高等教育出版社，2006.
[3] 王若平. 汽车评估师 [M]. 北京：北京理工大学出版社，2005.
[4] 庞昌乐. 二手车评估与交易实务 [M]. 北京：北京理工大学出版社，2007.
[5] 李江天. 旧机动车鉴定评估 [M]. 北京：人民交通出版社，2006.
[6] 明光星. 二手车鉴定与评估 [M]. 北京：中国人民大学出版社，2011.
[7] 吴兴敏. 汽车整车性能检测 [M]. 3版. 北京：北京邮电大学出版社 2019.
[8] 安相璧. 汽车检测诊断技术 [M]. 北京：北京理工大学出版社，2005.
[9] 邹小明. 汽车检测诊断技术 [M]. 北京：人民交通出版社，2006.